Beck'sche Reihe
Länder
BsR 850

Dieses bewährte, jetzt vollständig neubearbeitete und um die Länder Transkaukasiens/Zentralasiens erweiterte Nachschlagewerk hilft den politisch interessierten Lesern, den Politikern, Wirtschaftlern, Journalisten, Dozenten, Studenten, Schülern und allen, die in die Länder des Nahen und mittleren Ostens sowie Nordafrikas reisen, die Zusammenhänge und Hintergründe des aktuellen politischen Geschehens besser zu verstehen.

Die Herausgeber *Udo Steinbach,* Direktor des Deutschen Orient-Instituts, *Rolf Hofmeier,* Direktor des Deutschen Instituts für Afrika-Kunde, sowie *Mathias Schönborn* haben hervorragende Landeskenner als MitarbeiterInnen gefunden. Weitere Informationen über die AutorInnen siehe auch auf den Seiten 370–374.

Politisches Lexikon Nahost/Nordafrika

3., neubearbeitete Auflage

Herausgegeben von
Udo Steinbach, Rolf Hofmeier
und Mathias Schönborn

VERLAG C.H.BECK MÜNCHEN

Mit 1 Karte

Die 1. und 2. Auflage des Buches erschienen unter dem Titel „Politisches Lexikon Nahost“

Die Deutsche Bibliothek – CIP-Einheitsaufnahme

Politisches Lexikon. – Orig.-Ausg. – München : Beck.
Nahost/Nordafrika / hrsg. von Udo Steinbach ... –
3., neubearb. Aufl. – 1994
(Beck'sche Reihe ; Bd. 850 : Länder)
ISBN 3 406 35171 9
NE: Steinbach, Udo [Hrsg.]; GT

Originalausgabe
ISBN 3 406 35171 9

3., neubearbeitete Auflage. 1994
Einbandentwurf: Uwe Göbel, München

Gesamtherstellung: C.H.Beck'sche Buchdruckerei, Nördlingen
Gedruckt auf säurefreiem,
aus chlorfrei gebleichtem Zellstoff hergestelltem Papier
Printed in Germany

Inhalt

Vorwort zur 3. Auflage

Dieses vollständig neu bearbeitete Buch wendet sich vornehmlich an den politisch interessierten Leser, der über die politischen Systeme des Nahen Ostens (unter Einschluß Transkaukasiens/Zentralasiens) und Nordafrikas nach Informationen sucht, die über das hinausgehen, was Funk, Fernsehen und Tageszeitungen bieten können. Damit folgt diese Veröffentlichung den Erfahrungen, die mit den Politischen Lexika Afrika (4. Auflage 1988), Asien, Australien, Pazifik (2. Auflage 1989), Lateinamerika (3. Auflage 1992) und GUS (2. Auflage 1993) gemacht worden sind. Die Erstauflage war 1980 unter dem Titel „Politisches Lexikon Nahost" erschienen.

Einem einheitlichen Gliederungsschema folgend, das jedoch wegen der teilweise erheblichen Unterschiede bei den Strukturen und anderen Merkmalen der behandelteten Länder nicht immer streng eingehalten werden konnte, haben sich die Autoren bemüht, die gegenwärtigen politischen Systeme in den Zusammenhang ihrer historischen Entwicklung, der Sozialstrukturen und auch der wirtschaftlichen Gegebenheiten zu stellen. Dem Charakter eines Lexikons entsprechend und bei einer Zahl von über 25 fast durchweg selbständig behandelten Ländern sowie einer Darstellung von regionalen Gruppierungen und politischen Bewegungen, mußte der Umfang der einzelnen Beiträge verständlicherweise begrenzt bleiben. Daher kann keine umfassende wissenschaftliche Analyse der behandelten politischen Systeme geleistet werden. Der Band bietet in knapper Form einen Überblick über die historische Entwicklung und die grundlegenden Strukturen der vielfältigen politischen Systeme in der behandelten Region. Zusätzlich wird auf die für die politische Entwicklung besonders relevanten wirtschaftlichen Gegebenheiten der einzelnen Länder in stark geraffter Form eingegangen. Angesichts des raschen politischen Wandels im Raum Transkaukasien/Zentralasien mußte sich die Darstellung der Situation der auf grundlegende Tatbestände in relativ kursorischer Form beschränken.

Auf einen wissenschaftlichen Apparat mit Fußnoten etc. wurde im Interesse der Kürze und leichten Lesbarkeit bewußt verzichtet. Zur weitergehenden Information wurde den Länderbeiträgen jeweils eine kurze Literaturliste beigegeben, die sich auf besonders wichtige deutsche (in Einzelfällen auch englische und französische) und im übrigen einigermaßen leicht zugängliche Titel konzentriert. Eine Liste der wichtigsten außeruniversitären Bibliotheken mit umfangreichem Literaturangebot zu Politik, Gesellschaft und Wirtschaft der Länder in der hier behandelten Region findet sich im Anhang. Besonders hingewiesen sei in diesem Zusammenhang auf das Referat „Vorderer Orient" der Übersee-Dokumentation in Hamburg, das auf Anfrage Literaturauskünfte zu einzelnen Themen und Wissensgebieten erteilt.

Um einen raschen Zugriff zu den gesuchten Informationen zu ermöglichen, ist dem Band ein Abkürzungsverzeichnis der politischen Parteien und Organisationen beigefügt, das sowohl die Abkürzungen erklärt als auch darauf verweist, in welchem Länderartikel die jeweiligen Organisationen behandelt werden. Außerdem werden in einer weiteren Zusammenstellung die wichtigsten Regionalorganisationen des behandelten Raumes übersichtlich erfaßt.

Die Schreibweise der Ländernamen und die Angaben der offiziellen Staatsbezeichnung in deutscher Sprache folgen dem „Verzeichnis der ausländischen Staatennamen für den amtlichen Gebrauch in der Bundesrepublik".

Allen Länderbeiträgen sind einige wesentliche Basisdaten vorangestellt, um wenigstens einen groben Vergleich zwischen den einzelnen Ländern im Hinblick auf diese Indikatoren zu ermöglichen. Da es schwierig ist, für alle Länder in gleicher Weise verläßliche Daten zu bekommen, denen eine einheitliche methodische Erfassung zugrunde liegt, wurden die statistischen Angaben weitestgehend dem Weltbankatlas 1992 und dem Weltentwicklungsbericht 1992 der Weltbank entnommen. Ergänzend wurden außerdem Angaben aus verschiedenen nationalen und internationalen Quellen sowie aus dem Jahresbericht 1992 des „Development Assistance Committee" der OECD herangezogen. Die von der Weltbank präsentierten Zahlen sind nach bestmöglichen Kenntnisstand methodisch miteinander vergleichbar gemacht worden; zur Erklärung der zugrunde gelegten Definitionen sei auf die verwendeten Publikationen der Weltbank verwiesen. Dennoch mögen die von der Weltbank angegebenen Zahlen in einzelnen Fällen nicht unbeträchtlich von Angaben aus jeweiligen nationalen Quellen abweichen. Die *Einschulungsrate* ist bezogen auf die Zahl der Bevölkerung im

Grundschulalter, so daß sie deswegen in einzelnen Fällen einhundert Prozent übersteigen kann. Die Angaben über die Parität der einzelnen nationalen Währungen sind den Monatsberichten der Deutschen Bundesbank entnommen.

Bei der Transskription von Eigennamen, Begriffen, Bezeichnungen von Institutionen und Namen von Parteien aus nahöstlichen Sprachen (vornehmlich dem Arabischen) sind die Herausgeber bemüht gewesen, einen Mittelweg zu gehen. Die insbesondere durch die Medien vertraute Schreibweise wurde weitgehend beibehalten; andererseits wurde versucht, sprachliche und orthographische Eigenheiten so zum Ausdruck zu bringen, daß einerseits der Lautstand reflektiert wird, andererseits aber die Transkription dem Laien beim Verständnis der Aussprache nicht entgegensteht. Das dem französischen Zirkumflex entlehnte Zeichen über Vokalen deutet dessen Länge an. Das arabische „dschim" (wie z.B. bei Mudschahidin) wird durchweg als j transkribiert; dh entspricht dem englischen th wie in „there". Im Beitrag über die Türkei (und zum Teil auch über Zentralasien) wurde die normale türkische Orthographie beibehalten.

Ein Lexikon zu gegenwärtigen politischen Systemen von Ländern der Dritten Welt, die ständig Veränderungen unterworfen sind, ist immer in Gefahr, in Teilbereichen bereits im Augenblick des Erscheinens von den Ereignissen überholt zu sein. Dieser Band ist jedoch nicht ausschließlich an der Aktualität orientiert. Die Herausgeber haben es als ihre Aufgabe angesehen, Hintergrundinformationen zu bieten, die helfen können, das tagespolitische Geschehen besser zu verstehen. In diesem Sinne sind sie bemüht gewesen, den Band auf einen aktuellen Stand zu bringen, der an die Tagespolitik heranführt. Redaktionsschluß für die Einzelbeiträge war der Herbst 1992/Frühjahr 1993; bei der redaktionellen Bearbeitung konnten die Entwicklungen bis zur Jahresmitte 1993 zum Teil noch berücksichtigt werden. Im übrigen wird empfohlen, zur Information über aktuelle Fortentwicklungen auf die vom Deutschen Orient-Institut bzw. Institut für Afrika-Kunde herausgegebenen Jahrbücher (Nahost bzw. Afrika, Leske + Budrich Verlag, Opladen) zurückzugreifen.

Die Herausgeber hoffen, daß dieses von Landeskennern verfaßte Nachschlagewerk den politisch interessierten Lesern, den Politikern, Wirtschaftlern, Journalisten, Dozenten, Studenten, Schülern und allen in die Länder des Nahen und mittleren Ostens und

Nordafrikas Reisenden hilft, die Zusammenhänge und Hintergründe des aktuellen politischen Geschehens besser zu verstehen.

Hamburg und München, im August 1993

Udo Steinbach
Rolf Hofmeier
Mathias Schönborn

Afghanistan (Islamische Republik Afghanistan)

Grunddaten: *Fläche:* 647497 km². *Einwohner:* 13,362 Mio. (1989). *Einschulungsrate:* 24% (1989). *Lebenserwartung:* 42 Jahre. *Verstädterung:* 17% (1989). *Anteile am BIP:* Landwirtschaft: 60%, Industrie: 10%, Dienstleistungen: 30% (1989). *PKE* (in US-$): 130–150. *BIP* (in Mio. US-$): 4850 (1986). *Währung:* 1 Afghani = 100 Puls; 1 DM ~ 31,5 Af (offiz. Kurs), ~ 675 Af (kommerz. Kurs) (Dez. 1992).

1. Historischer Überblick

1.1. Afghanischer Nationalstaat. Die Gründung des afghanischen Nationalstaates geht auf Ahmad Schah Abdali, genannt *„Durrani"*, zurück, der 1747 die Macht ergriff. Davor hatte Afghanistan (A.) abwechselnd dem ind. oder dem pers. Reich angehört. Deren Niedergang bot ihm eine günstige Gelegenheit, einen unabhängigen afghan. Staat mit einer enormen Ausdehnung – im N bis zum Oxus in Zentralasien, bis nach Khurasan im W und bis zum Indus und darüber hinaus im S und SO – zu schaffen. Er eroberte 1756 Delhi, die Hauptstadt des zerfallenden Mogulreiches, zog sich aber freiwillig zurück.

Die geopolit. Veränderungen im vorderasiat. Raum am Anfang des 19. Jh. riefen die *europ. Staaten* auf den Plan. Die ehrgeizigen Pläne Napoleons, die er mit Rußlands (Rs) Hilfe verwirklichen wollte, sahen einen Einmarsch nach Indien (IND) vor, um die Briten von dort zu vertreiben. Zwar wurde daraus nichts, aber R schob mit der Annexion der Khanate in Zentralasien seine Grenze weiter nach S vor und bedrohte den Bestand des afghan. Staates. GB versuchte, Einfluß auf die Regierung in A. zu gewinnen, und setzte 1839 Truppen von IND aus in Richtung Kabul in Marsch, dies tat auch R. Beide mußten sich geschlagen geben, R bereits im Winter 1839/40 und GB 1842, nachdem es zuvor Kabul eingenommen und einen König eigener Wahl auf den Thron gehoben hatte. Mit den Engländern mußte auch der König aus dem Land gehen.

Das Gerangel zwischen R und GB um Einflußgewinnung ging unvermindert weiter. 1875/76 drangen russ. Truppen nach Khiva vor und entsandten eine diplomat. Mission nach Kabul. GB bemühte sich ebenfalls um die Errichtung einer Mission in Kabul, die verwehrt wurde. Dies beantwortete es 1878 mit der Entsendung von Truppen. König Sher Ali vertraute auf den Beistand Rs, mit dem er einen Verteidigungspakt abgeschlossen hatte. Die ersehnte Hilfe blieb aus, und König Ya'qub Khan, dessen Vater Sher Ali mittlerweile verstorben war, mußte nach In. ins Exil gehen. Ein Neffe von Sher Ali wurde als neuer König eingesetzt, der gegen die Bezahlung von jährl. Subsidien auf die außenpol. Kompetenz zugunsten von GB verzichtete.

Der Versuch der russ. Truppen, 1885 nach Herat vorzudringen, führte fast zu einem Krieg mit GB. 1891 einigten sich Moskau und London darauf, daß die nördl. des Amu Darya gelegenen Gebiete zu R und die südl. davon gelegenen zu A. gehörten. Die endgültige Festlegung der Nordgrenze erfolgte 1896. Die Grenze zu IND *(Durand Line)* war 1893 vereinbart worden; sie sah zwischen den beiden Staaten einen *Gürtel des Stammesgebietes* vor. Damit verlor A. die seit 1879 durch GB annektierten Landesteile (Kurram, Pischin, Sibi, Khyberpaß) endgültig. 1907 legten R und GB ihre jeweil. Einflußsphären in Zentralasien durch einen Vertrag fest. Darin einigten sie sich im Prinzip über die Funktion A.s als *Pufferstaat* zwischen R und Brit.-IND.

Während des 1. Weltkrieges hielt sich eine deutsch-türk. Mission vom Sept. 1915 bis Mai 1916 in Kabul auf. Sie konnte aber Amir Habibullah nicht zum Eingreifen in IND überreden. GB dankte ihm nach dem Krieg dafür und trug damit möglicherweise zu seiner Ermordung im Feb. 1919 bei. Sein Sohn *Amanullah* trat die Nachfolge an und setzte sich an die Spitze der nationalist. Bewegung zur Erlangung der außenpolit. Souveränität. Zwar konnte er in dem nachfolgenden militär. Kampf gegen Brit.-IND keine Siege erringen, wurde aber bei den Verhandlungen unerwartet mit der polit. Eigenständigkeit A.s belohnt (*Vertrag von Rawalpindi* vom Aug. 1919). Dies zog ein Freundschaftsabkommen mit der SU (vom 26. 5. 1921) nach sich, gefolgt durch einen Vertrag (vom 22. 11. 1921) über zweiseitige Beziehungen mit GB.

1.2. König Amanullah und die erste Verfassung. Amanullah, der den Königstitel annahm, erließ 1923 die erste Verf., die die Rechte und Pflichten des Staatsvolkes definierte und eine Reihe von Menschenrechten garantierte. Sie sah die Bildung eines Staatsrats und von Provinzräten vor, deren Mitglieder teils gewählt, teils vom König ernannt werden sollten, sowie die Errichtung eines Obersten Gerichtshofes. Und obwohl die *Sharīʿa* weiterhin die Grundlage des Rechts bildete, begann man mit der Kodifizierung des Säkularrechts. Die Reformgesetzgebung betraf viele Bereiche, z.B. die Einführung der allg. Schulpflicht, die Sicherung der Frauenrechte sowie Eingriffe in die Bodenbesitzverhältnisse. Dies führte 1924 zu einem Aufstand in Khost (Paktia), der niedergeschlagen wurde. 1928 ging Amanullah nach einer Europareise dazu über, das Land nach westl. Vorbild radikal zu modernisieren. Der dazu einberufenen *Loya Jirga* (Stammesversammlung) wurden Verf.änderungen vorgelegt, die von der Errichtung einer konstitut. Monarchie, der Bildung eines gewählten Parlaments, der Trennung staatl. und geistl. Macht bis hin zur Reform des Eherechts mit dem Ziel der Abschaffung der Polygamie reichten. Zudem wollte König Amanullah die europ. Kleidung für Männer vorschreiben und die Entschleierung der Frauen sowie die allg. Schulpflicht einführen. Es kam zur Revolte von Habibullah, genannt Batscha-e Saqqao (Sohn des Wasserträgers), der mit Hilfe der Geistlichkeit und der Stämme Amanullah aus dem Amt jagte. Amanullah, den man später als Reformator verehrte, scheiterte an der Hast, mit der er seine Reformen durchsetzen wollte, und an der Macht der Schriftgelehrten.

1.3. König Nadir Schah und die zweite Verfassung. General Nadir Schah gelang es, der Herrschaft des Batscha-e Saqqao im Okt. 1929 ein Ende zu setzen. Er machte einige der spektakulären Maßnahmen Amanullahs in bezug auf die Frauen rückgängig. Ein von ihm einberufener Nationalrat (*Shûrâ-ye millî)* verabschiedete eine neue Verf. (31. Okt. 1931). Formal sah sie ein parlament. System, bestehend aus zwei Kammern, dem gewählten Nationalrat (*Majlis-e shûrâ-ye millî)* und dem ernannten Senat (*Majlis-e ʿâlî-ye Aʿyân),* in Verbindung mit einer erbl. Monarchie vor. In der Praxis scherten sich weder Nadir Schah, der am 8. 11. 1933 ermordet wurde, noch seine Brüder Mohammed Hashim (1933–1946) und Schah Mahmud (1946–1953), die als Premierminister seinem Sohn König Mohammed Zahir Schah die Regierungsgeschäfte mit starker Hand führten, um die Verf. Der Nationalrat bestand aus handverlesenen Mitgliedern, die ohne Debatte die Regierungsmaßnahmen zu billigen pflegten. Als Reformwünsche jüngerer, z.T. im Ausland ausgebildeter Afghanen in einer Zeit der wirtschaftl. Rezession infolge des 2. Weltkrieges, aus dem sich A. herausgehalten hatte, laut wurden, trat Hashim Khan im Mai 1946 zurück. Das Amt übernahm sein Bruder Schah Mahmud, der eine Periode der Liberalisierung einleitete.

In Mahmuds Regierungszeit fiel GBs Rückzug aus IND im Aug. 1947. Bereits zuvor hatte A. seinen Anspruch auf die „Stammesgebiete“ angemeldet und die Gültigkeit der *Durand Line* als Staatsgrenze in Abrede gestellt. A. opponierte gegen die Aufnahme Pakistans (P.s) als eines der beiden Nachfolgestaaten von Brit.-IND in die UNO und machte seine Zustimmung von der Anerkennung des Selbstbestimmungsrechts der Paschtunen durch P. abhängig. Von da an verschrieb sich die afghan. Regierung der Unterstützung für „Paschtunistan“ als einem unabhängigen Staat, bestehend aus mehrheitl. von den Paschtunen bewohnten Gebieten P.s. Die Folge war eine schwere Belastung der Beziehungen zu P. und die zeitweilige Sperrung der Grenze für den afghan. Warenverkehr durch P.

1949 fanden Wahlen zum Nationalrat statt, aus denen eine Gruppe von 40–50 reformist. Abgeordneten hervorging. Sie nahm die Aufgabe der Opposition wahr und verwandelte damit den Charakter des Parlaments von einem Zustimmungsorgan zu einem krit. Begleiter der Regierungspolitik. Sie vermochte aber wenig auszurichten. 1951 scheiterte ein Mißtrauensvotum gegen die Regierung. Ein Versuch zur Bildung einer polit. Partei wurde dadurch verhindert, daß die Regierung die beteiligten Personen verhaften ließ. Die Oppositionellen durften 1952 an den Wahlen nicht teilnehmen, und somit konnten nur regierungsgenehme Abgeordnete ins Parlament gelangen. Statt dadurch die erhoffte Stabilität zu erzielen, schürten diese Maßnahmen noch größere Unruhe im Land, so daß Premierminister Schah Mahmud am 6. 9. 1953 zurücktreten mußte.

Sein Neffe Mohammed Daud trat die Nachfolge an und führte die Regierungsgeschäfte (1953–1963) ebenfalls mit starker Hand. Er leitete die Modernisierung der Streitkräfte ein, stärkte die Staatsmacht, holte geschickt Entwicklungshilfe aus dem Westen und Osten, leitete Reformen im Erziehungs- und Gesundheitswesen ein und hob den Schleierzwang für Frauen auf. Aber seine Konfrontationspolitik gegenüber P., das zuerst dem Bagdadpakt, dann der CENTO und der SEATO beitrat, trieb ihn immer mehr in die Arme der SU. Die Zusammenarbeit mit der SU auf militär. Gebiet half die Armee zu reorganisieren und sie mit modernen Waffen auszurüsten, schuf aber Probleme mit den jungen Armeeoffizieren, die in den sowjet. Militärakademien zu ideologiefesten Kommunisten ausgebildet wurden. Die Fortschritte auf wirtschaftl. Gebiet (der 1. Fünfjahresplan 1956–1962 konnte keine großen Erfolge vorweisen) wurden durch den Abbruch der diplomat. Beziehungen zu P. am 6. 9. 1961 und die Unterbindung des Transithandels durch dieses Land zunichte gemacht. Bis dahin bildete die Verkehrsverbindung zum pakistan. Hafen Karachi die Hauptschlagader des afghan. Handels. Alternative Transitwege über Iran und die SU standen nicht zur Verfügung (die Straßenverbindung über den Salang-Paß nach N wurde erst 1964 fertiggestellt). Die Wirtschaftskrise und die allg. Unzufriedenheit mit der Politik Dauds verschafften dem König eine willkommene Gelegenheit, ihn zu entlassen und sich vom Familienclan zu befreien.

1.4. König Zahir Schah und die dritte Verfassung. König Zahir Schah leitete mit der Ernennung von Dr. Mohammed Yusuf (1963–1965) zum Premierminister die zweite Demokratisierungsepoche ein, die zur Verkündung der dritten Verf. am 1. 10. 1964 führte. Auf der Grundlage einer konstitut. Monarchie sah sie Gewaltenteilung und die Bildung eines repräsentativen Parlaments vor. Die bürgerl. Rechte fanden in der Verf. ebenso Platz, wie im Wahlgesetz vom Mai 1965 die allg., freien, geheimen und direkten Wahlen mit aktivem und passivem Wahlrecht, auch für Frauen, festgeschrieben wurden. Die Bildung von polit. Parteien war vorgesehen, aber ein Parteiengesetz konnte bis zum Sturz Zahir Schahs 1973 nicht unterschrieben werden. Ein Pressegesetz vom Juli 1965 regelte die Pressefreiheit und bewirkte, daß zahlreiche Zeitungen und Zeitschriften erscheinen konnten.

Dieser Umstand wurde von den polit. Gruppierungen, die legal nicht arbeiten durften, so ausgenutzt, daß sie die zugelassenen Zeitungen zum Transformationsriemen für ihre jeweilige Ideologie einsetzten. Im einzelnen waren es: 1) *Progressiv-Demokratische Gemeinschaft (Jamʿîyat-e dimûkrât-e mutaraqqî)* von Mohammed Hashim Maiwandwal, die für die parlament. Demokratie und für einen „revolutionären Sozialismus" eintrat; 2) *Volksgemeinschaft (Jamʿîyat-e ʿawâm)* von Mir Siddiq Farhang, ihr Vorbild war die Kongreß-Partei In.s mit ihrem gemäßigten Sozialismus; 3) *Sozialdemokratische Gemeinschaft (Jamʿîyat-e susiyâl-dimûkrât)* von Ghulam Mohammed Farhad, die in Anlehnung an den Namen des Parteiorgans *Afghân millat* genannt wurde. Eine Abspaltung aus ihr nannte sich *Millat (Nation)* und war ein Sammelbecken marxist.-leninist. orientierter Intellektueller; 4) *Demokratische Strömung des Volkes (Jiryân-e dimûkrâtik-e khalq),* die sich später

Demokratische Volkspartei (DVP; Ḥizb-e dimûkrâtik-e khalq) nannte, aber im allg. wegen des Parteiorgans „*Khalq*“ genannt wurde. Eine ihrer dissidenten Gruppen mit eigener Zeitschrift „*Partscham*“ *(Fahne)*, die später diesen Namen tragen sollte, führte zur Bildung von Fraktionen innerhalb der pro-sowjet. marxist.-leninist. Partei DVP; 5) *Bewegung der neuen Demokratie (Jiryân-e dimûkrâsî-ye navîn)*, die sich in Anlehnung an ihre Zeitschrift „*Shuʿlaye jâvîd*“ *(Ewige Flamme)* nannte. Sie war eine pro-chines.-marxist. Partei; 6) *Muslimbrüder (Ikhwân al-muslimîn)* und 7) *Islamische Gemeinschaft (Jamʿîyat-e islâmî)* waren ausgesprochen relig. Gruppierungen, die für die Errichtung einer islam. Gemeinschaft eintraten.

Die Volksbeteiligung bei den Parlamentswahlen vom Aug./Sept. 1965 betrug 15–20%. Zu den gewählten Parlamentariern gehörten auch einige linksorientierte Intellektuelle von der DVP, darunter Babrak Karmal und Anahita Ratibzad. Sie waren an den tätl. Auseinandersetzungen innerhalb und außerhalb des Parlaments beteiligt, die das Vertrauensvotum im Volksrat begleiteten. Und obwohl der Regierung von Dr. Yusuf das Vertrauen ausgesprochen wurde, trat der Premierminister im Okt. 1965 von seinem Amt zurück. Die Zusammenarbeit mit dem Parlament gestaltete sich auch für seine Amtsnachfolger Mohammed Hashim Maiwandwal (Nov. 1965–Okt. 1967) und Nur Ahmad Etemadi (Nov. 1967–Mai 1971) sehr mühsam. Die Wahlen von 1969 bewirkten einen Rechtsruck, und das Parlament geriet in die Hand von Klerikalen und Großgrundbesitzern. Angesichts fehlender polit. Parteien verkam die Volkskammer zu einem Debattierklub und büßte dabei ihre Funktionsfähigkeit ein. Bis 1972 gelang es der Regierung nicht, ein einziges wichtiges Gesetz durchzusetzen. Die Premierminister Dr. Abdul Zahir (Juli 1971–Dez. 1972) und Musa Shafiq (Dez. 1972–Juli 1973) sahen sich dem Unmut der Massen ausgesetzt, der sich immer häufiger in Demonstrationen und Unruhen entlud. Gerüchte kamen auf, daß der König das Parlament entmachten, gar auflösen und deshalb die fälligen Wahlen im Herbst 1973 auf unbestimmte Zeit verschieben wollte. Der Ruf nach einem starken Mann wurde immer lauter. Man sprach im Frühj. 1973 von einem bevorstehenden Militärputsch, der schließl. am 17. 7. 1973 stattfand. Daran beteiligt waren sowohl das Königshaus in der Person eines Cousins des Königs, Mohammed Daud, als auch Teile des Offizierkorps, die der *Partscham*-Fraktion der DVP angehörten. Diese seltsame Allianz war ein Zweckbündnis zwischen zwei ungleichen Partnern zur Erlangung der Macht.

1.5. Republik Afghanistan und die vierte Verfassung. Daud hatte jüngere, zum größten Teil in der SU ausgebildete Offiziere und Akademiker um sich versammelt und wollte mit deren Hilfe Reformen einleiten, wie er sie am 20. 8. 1973 in seiner „Botschaft an die Bürger A.s" skizzierte. Er sprach von der Erweiterung der bürgerl. Rechte und Freiheiten sowie von Umwälzungen im sozialen, polit. und wirtschaftl. Leben. Wegen seines autokrat. Regierungsstils und seiner Unfähigkeit, die gesellschaftl. relevanten Kräfte für eine Zusammenarbeit zu gewinnen, wurde daraus nichts. In mancherlei Hinsicht bedeutete seine „Revolution", die ledigl. ein Staatsstreich gewesen war, einen Rückschritt gegenüber früher. Die von ihm am 24. 2. 1977 erlassene vierte Verf. entpuppte sich als ein Instrument zur Bündelung der Macht beim Präsidenten. Symptomatisch dafür war auch, daß Daud gleichzeitig als Staatspräsident, Premier-, Verteidigungs- und Außenminister fungierte. Die Verf. sah einen Einpartei-Zentralstaat mit Präsidialsystem vor. Die *National-Revolutionäre Partei (Ḥizb-e inqilâb-e millî; HIM)* hatte das Recht, einen Kandidaten für das Präsidentenamt vorzuschlagen, der von der *Loya Jirga* mit Zweidrittelmehrheit zu wählen war. Neben dem Präsidentenamt sollte er auch das Parteiamt bekleiden und gleichzeitig Oberkommandierender der Streitkräfte und Vorsitzender der *Loya Jirga* sein, auf dessen Zusammensetzung er entscheidenden Einfluß ausübte.

Die Einheitspartei HIM wurde am 17. 7. 1977 gegründet. Sie konnte aber zu keinem Zeitpunkt Funktionsfähigkeit erlangen. Dagegen waren die beiden Fraktionen der DVP (*Partscham* und *Khalq*) aufeinander zugegangen und betrieben gemeinsam mit Hilfe der Armeeoffiziere den Sturz von Daud. Dieser hatte sich von seinen Partscham-Helfern getrennt. Die Haltung der DVP gegenüber der Regierung von Daud wurde maßgebl. dadurch beeinflußt, daß die SU der Außenpolitik Dauds immer mehr mißtraute. War Daud ursprüngl. der Architekt einer pro-sowjet. Politik gewesen (seine erste Auslandsreise nach der Machtergreifung führte ihn im Juni 1974 nach Moskau, wo er Kooperationsverträge unterschrieb), so waren ihm hinsichtlich des prakt. Nutzens dieser Freundschaft für die polit. und wirtschaftl. Entwicklung A.s Zweifel gekommen. Er schien sich aus der Umklammerung der SU befreien zu wollen, wozu er sich sogar bereit fand, die Politik seiner Regierung in der Paschtunistanfrage zu ändern.

Die SU, die 1975 den Neutralitäts- und Nichtangriffspakt von 1926–1931 verlängert hatte, war über Dauds außenpolit. Kurs sehr beunruhigt und ließ ihn bei seinem Moskau-Besuch im April 1977 wissen, daß sie A.s engen Kontakt mit Iran und den USA mißbilligte. Daud lehnte es ab, Belehrungen darüber von Moskau entgegenzunehmen, und betonte die Blockfreiheit seines Landes. Er brach die Verhandlungen ab und kehrte nach Kabul zurück. Damit war Dauds Schicksal besiegelt. Moskau gab der DVP freie Hand zur Machtergreifung durch einen Militärputsch. Inwieweit die prekäre innenpolit. und wirtschaftl. Lage dazu beigetragen hat, muß hier vernachläßigt werden. Denn entscheidend war der Umstand, daß der Putsch gegen Daud mit Billigung und Ermunterung Moskaus vonstatten ging.

1.6. Demokratische Republik Afghanistan und die fünfte Verfassung. Der Putsch (*Saur-Revolution*), bei dem Daud getötet wurde, fand am 27. 4. 1978 statt. Der Vorsitzende der DVP Nur Mohammed Tarakai rief am 30. 4. die „Demokratische Republik Afghanistan“ aus, deren Präsidentschaft er übernahm. Die Verf. von 1977 wurde annulliert, und an ihre Stelle traten die am 9. 5. 1978 verkündeten „Grundlinien der revolutionären Pflichten der Regierung der Demokratischen Republik A.“. Bereits im Juli 1978 brachen Machtkämpfe zwischen den beiden Flügeln Khalq und Partscham aus, bei denen sich vorerst die Khalq durchsetzte. Zu den Sofortmaßnahmen der Regierung gehörten eine hastig durchgeführte Landreform und ein Dekret über die Gleichberechtigung von Männern und Frauen. Hinzu kam ein Alphabetisierungsprogramm, das rigoros Männer und Frauen erfaßte. Es wurde in einer Art und Weise durchgeführt, die von der Mehrheit der Bevölkerung als brutal und gegen die Sitten des Volkes gerichtet abgelehnt wurde. Widerstand regte sich auch gegen die blutige Verfolgung von vermeintl. Gegnern des Regimes. Der seit dem Putsch von Daud 1973 bestehende Treck von afghan. Flüchtlingen in Richtung P. und Iran verwandelte sich zu einem Strom. Hand in Hand damit ging ein bewaffneter Kampf gegen die Regierungstruppen einher.

Die internen Machtkämpfe im Regierungslager gingen unvermindert weiter. Im März 1979 sicherte sich Hafizullah Amin das Premierministeramt, das zuvor in Personalunion von Staatspräsident Tarakai verwaltet worden war. Im Sept. 1979 kam es während einer Kabinettssitzung zu einer Schießerei, der Tarakai und weitere Personen erlagen. Amin übernahm nebst Fraktionsleitung und Ministerpräsidentenamt alle Staats- und Parteiämter, die zuvor von Tarakai gehalten worden waren. Dies geschah offensichtl. gegen den Willen Moskaus. Eine Militärrevolte gegen seine Herrschaft am 14. 10. 1979 konnte er niederschlagen. Gegen den Einmarsch sowjet. Truppen am 27. 12. 1979, die angebl. auf einen Hilferuf der afghan. Regierung gemäß Artikel 4 des Freundschafts- und Kooperationsvertrages vom 5. 12. 1978 ins Land gekommen waren, war er machtlos. Er wurde getötet, und seine Ämter wurden von Babrak Karmal aus der Partscham-Fraktion übernommen, der angebl. mit den russ. Truppen aus dem Exil zurückgekehrt war. Nach wie vor herrscht Unklarheit über die Hintergründe für den Einmarsch sowjet. Truppen. Amin kann sie nicht gerufen haben, weil er ihr erstes Opfer wurde. Sollte Karmal dies veranlaßt haben, wie im allg. angenommen wird, muß die Frage nach der Legalität des Truppeneinmarsches gestellt werden. Karmal war zu dieser Zeit nicht berechtigt, im Namen der Regierung zu handeln. Vermutlich schien Amin der SU nicht vertrauenswürdig, zumal er Signale in Richtung P. gesandt hatte, die dort als ein Hilferuf aufgefaßt worden waren.

Babrak Karmal verkündete am 21. 4. 1980 die „Grundlegenden Prinzipien der Demokratischen Republik A.“, die bis zur Verabschiedung einer Verf. gelten sollten. Danach gehörte die Staatsgewalt, die sich auf die *Nationale Vaterlandsfront* – einen Zusammenschluß von diversen Organisationen des Landes – gründete, dem arbeitenden Volk. Die DVP war die führende Kraft der Gesellschaft und des Staates. Die *Loya Jirga* war das höchste Organ der Staatsgewalt, deren Aufgaben bis zu ihrer Konstituierung vom Revolutionsrat übernommen wurden. Die Exekutivgewalt lag beim Präsidenten des Revolutionsrates, der gleichzeitig Staatspräsident und Oberbefehlshaber der Streitkräfte war. Die Aufzählung der bürgerl. Rechte und Pflichten, bis hin zur freien Religionsausübung, entsprach dem Vorbild früherer Verf. Der Islam wurde hervorgehoben und als eine heilige Religion bezeichnet, die beachtet werden sollte. Das Recht auf Privateigentum wurde anerkannt, „soweit es nicht gegen die Interessen des Volkes und der Gesellschaft verstößt“. Karmal gelang es während seiner Präsidentschaft nicht, die anvisierte Verf. zu proklamieren. A. driftete in einen

Bürgerkrieg mit verheerenden Folgen für das Land und für die Bevölkerung, die millionenfach der Heimat den Rücken kehrte und in P. und Iran Zuflucht suchte. Der seit der Revolution von Daud sich formierende Widerstand (*Mujâhidîn*) rekrutierte seine Kämpfer unter den Flüchtlingen und lieferte den sowjet. Truppen und den Streitkräften aus Kabul blutige Kämpfe. Karmal, der für den Einmarsch sowjet. Truppen verantwortl. gemacht wurde, kam bei der Bevölkerung nicht an. Die von ihm gestarteten zahlreichen Friedensinitiativen blieben erfolglos, weil die Mujâhidîn Verhandlungen mit seiner Regierung, die international isoliert war, ablehnten. A.s Mitgliedschaft in der *Organisation der Islamischen Konferenz (OIK)* wurde 1980 suspendiert. An Kabuls Stelle durften später Mujâhidîn-Vertreter an den OIK-Sitzungen teilnehmen.

Karmal wurde im Mai 1986 von Najib(ullah) als Vorsitzender der DVP abgelöst, blieb aber vorerst Präsident des Revolutionsrates und Staatspräsident. Offiziell wurde Najib im Sept. 1987 zum Präsidenten des Revolutionsrates und zwei Monate später zum Staatspräsidenten gewählt. Aber faktisch war er als Generalsekretär der DVP seit Mai 1986 der eigentl. Machthaber. Der Grund dafür, weshalb Karmal gehen mußte, mag darin liegen, daß die SU unter Gorbatschow sich aus A. zurückziehen wollte, womit Karmal nicht einverstanden war. Najib bot sich als Alternative an. Er glaubte, ohne die sowjet. Truppen auskommen zu können, und war deshalb bereit, als Vorbedingung für deren Abzug die seit 1982 unter UNO-Ägide laufenden indirekten Verhandlungen mit P. zum Abschluß zu bringen. Das entsprechende „Genfer A.-Abkommen“ wurde am 14. 4. 1988 unterzeichnet. Darin verpflichteten sich die Vertragspartner zur Nichteinmischung in die internen Angelegenheiten der Gegenseite und zur freiwilligen Rückkehr von afghan. Flüchtlingen in ihre Heimat. Die USA und die SU traten als Garantiemächte auf, vereinbarten aber die Fortsetzung der Waffenlieferungen an ihre jeweil. Verbündeten („positive Symmetrie“). Gekoppelt damit war ein stufenweiser Abzug sowjet. Truppen binnen 9 Monaten.

Die *Loya Jirga* verabschiedete am 30. 11. 1987 A.s fünfte Verf. Darin lautete der Staatsname, unter Wegfall des Wortes „Demokratische“, lediglich „Republik A.“. Der Islam wurde zur Staatsreligion erklärt, gegen dessen Lehren kein Gesetz erlassen werden durfte. Die Bildung und Betätigung von polit. Parteien, Verbänden und Gewerkschaften wurde erlaubt. Garantiert wurden das Privateigentum und das Recht auf unentgeltl. Ausbildung. Die Blockfreiheit wurde festgeschrieben und die Gründung von Militärbasen durch fremde Mächte auf afghan. Territorium ausgeschlossen. Offensichtl. war man bemüht, sich vom Sozialismus zu distanzieren.

Die Mujâhidîn ließen sich davon ebensowenig beeindrucken wie drei Jahre später von der Änderung des Namens der DVP in *Vaterlandspartei (Ḥizb-e waṭan)*. Nach dem termingerechten Abzug sowjet. Truppen und der Auflösung der SU 1991 geriet Najibs Regime in die Isolation und mußte schließl. aufgeben. In einem von der UNO eingefädelten Modus wurde die Macht am 28. 4. 1992 an die Mujâhidîn übergeben. Sibghatullah Mujaddidi, der zuvor als Vorsitzender des aus 50 Mitgliedern bestehenden Mujâhidîn-Rates gewählt worden war, übernahm das Präsidentenamt, das er nach einem Monat an Burhanuddin Rabbani übergab. Die Übereinkunft der Mujâhidîn sah eine viermonatige Amtszeit für Rabbanis Regierung vor, in der eine Interimsregierung gebildet werden sollte, die innerhalb von eineinhalb Jahren Parlamentswahlen durchzuführen haben wird.

2. Das politische System

Mit dem Machtwechsel im April 1992 trat A. in eine neue histor. Phase ein. Es ist noch zu früh, eine Prognose zu stellen, welchen polit. Kurs das Land nehmen wird und ob es den Mujâhidînführern gelingen kann, das angestrebte „Islamische Regierungssystem" zu etablieren. Davon wird es auch abhängen, ob es polit. Parteien geben wird oder nicht und inwieweit die Mitwirkung des Volkes am polit. Prozeß von den Herrschenden zugelassen wird. Ob es den Paschtunen gelingen kann, gestützt auf ihre zahlenmäßige Überlegenheit gegenüber anderen Ethnien und ihre tradit. Führungsrolle in der Geschichte, weiterhin das Land zu beherrschen, kann angesichts neuer Machtstrukturen nicht mit Sicherheit beantwortet werden. Die Mujâhidînführer und -feldkommandanten dürften zukünftig die Stützen der Regierung in Kabul sein, aber gleichzeitig werden sie die Macht der Zentralregierung in den Regionen begrenzen. Ein Auseinanderbrechen A.s entlang den ethn. und konfess. Grenzen kann nicht ausgeschlossen werden. Die Oberschicht der Stämme mag einen gewissen Einfluß in der Landespolitik wiedererlangen. Die Beamtenschaft aus Kabul wird auch dem neuen Regime dienlich sein. Die Zusammensetzung der Armee, insbesondere des Offizierkorps, wird sich grundlegend ändern, weil sie die Mujâhidînkämpfer aufnehmen muß. Der Einfluß dieser neuen Armee auf die Politik dürfte eher zunehmen als sich verringern.

2.1. Verfassung und formale Legitimationsbasis des politischen Systems. Eine Interimsverfassung, die die Verf. von 1987 ersetzen und bis zur Verkündung der *„islamischen Verfassung"* gelten soll, wird seit Juli 1992 ausgearbeitet.

2.2. Politische Parteien. In der Verf. von 1964 wurde die Bildung von polit. Parteien gestattet, ohne daß ein Parteiengesetz vom König unterzeichnet wurde. Dennoch entstanden polit. Zirkel in Kabul, die zwar nicht als Parteien auftreten durften, aber sich über ihre Presseorgane zu Wort meldeten. Aus dieser Zeit stammen die *Demokratische Volkspartei (DVP);* die *Islam. Gemeinschaft* und die *Islam. Partei.* Die *Nationale Revolutionspartei (Ḥizb-e inqilâb-e millî),* die gemäß der Verfassung von 1977 als Einheitspartei konzipiert worden war, ging mit dem Ende des Daud-Regimes unter. Karmal übertrug diese Funktion in den „Grundlegenden Prinzipien der Demokratischen Republik A." von 1980 der DVP und erklärte sie zur „einzigen führenden und mobilisierenden Kraft in der Gesellschaft und im Staat". Die Verf. von 1987 erlaubte zwar die Bildung von polit. Parteien, faßte sie aber nunmehr in der *Nationalen Front* zu einer Organisation zusammen. Im Zuge der Verf.änderungen wurde 1990 der entsprechende Artikel fallengelassen. Statt dessen wurde der „polit. Pluralismus" zur Basis des „polit. Systems der Republik A." erklärt. Auch dies führte nicht zur Entstehung unabhängiger polit. Parteien in Kabul. Viel eher geschah dies im Untergrund oder im pakist. und iran. Exil, von wo aus sich der Widerstand gegen das Regime in Kabul organisierte.

Von den aus Peshawar operierenden Parteien galten fünf als relig. orientiert, die A. in einen islam. Staat umwandeln wollten. Im einzelnen waren dies: 1) Die *Islamische Partei (Ḥizb-e islâmî)* von Gulbadin Hekmatyar, deren Anhang überwiegend aus Paschtunen bestand. 2) Eine Abspaltung davon nannte sich ebenfalls die *Islamische Partei (Ḥizb-e islâmî)* und wurde von Yunus Khalis geleitet. 3) Die *Islamische Gemeinschaft (Jam'îyat-e islâmî)* von Burhanuddin Rabbani rekrutierte ihre Anhänger unter den Tadschiken und Usbeken. 4) Die *Islamische Einheit (Ittiḥâd-e islâmî)* von Abdul Rasul Sayyaf galt als die Partei der Wahhabiten. 5) Die *Revolutionäre islamische Bewegung (Ḥarakat-e inqilâb-e islâmî)* von Nabi Muhammadi war relig.-nationalistisch. Zwei Parteien galten als weltl. orientiert, obschon sie von hochangesehenen relig. Würdenträgern geleitet wurden. Es waren 6) die *Nationale Befreiungsfront (Jabhaye nijât-e millî)* von Sibghatullah Mujaddidi aus einer traditionsreichen relig. Familie und 7) die *Nationale islamische Front (Mahâz-e millî-ye islâmî)* des aus einer Pir-Familie stammenden Sayyid Ahmad Gailani. In Iran entstanden unter den afghan. Flüchtlingen, die vorwiegend der schiit. Konfession angehörten, mehrere polit. Parteien, die sich ebenso wie die Mujâhidîn aus Peshawar am Befreiungskrieg gegen das Regime in Kabul beteiligten. Sie schlossen sich 1991 in einem Bündnis *(Ḥizb-e waḥdat)* zusammen und treten seither als eine geeinte Schiiten-Partei auf. Ob die Parteien weiterhin unter den hier erwähnten Namen auftreten und die gegenwärtige Organisationsform beibehalten werden, ist nicht übersehbar. Sicher dagegen ist, daß sie künftig auf der polit. Szene eine gewichtige Rolle spielen werden.

2.3. Partizipation der Bevölkerung am politischen System. A.s Bevölk. hat in der Vergangenheit kaum die Gelegenheit gehabt, sich am polit. Prozeß zu beteiligen. Es lag zum Teil am Aufbau der Gesellschaft, die sich durch ihre Feudalstruktur auszeichnete. Zum anderen war der Versuch der Demokratisierung halbherzig und nur zum Schein gewesen. Die Parlamentswahlen von 1965 und 1969 waren relativ frei, aber der Regierung gelang es, die Abgeordneten im Zaum zu halten. Die *Loya Jirga* war ohnehin ein ernanntes Gremium, bestehend aus Stammesvertretern und Regierungsgünstlingen. Sie besaß dem gewählten Parlament gegenüber mehr Befugnisse und auch bessere Einflußmöglichkeiten. Die Machtsicherung erfolgte durch die Streitkräfte und in der sozialist. Phase über die Kaderpartei DVP und weitere Organisationen. Die in dieser Zeit (1978–1992) durchgeführten Wahlen waren alles andere als demokratisch. Aber auch die *Mujâhidîn-Parteien* besitzen keine demokrat. Strukturen. Sie halten nichts von einer innerparteil. Demokratie, haben sich aber über die Abhaltung von Wahlen in A. nach zwei Jahren geeinigt. Einige sind bereits davon abgerückt und möchten mit einem ernannten Parlament, das sie in *Majlis-e shûrâ* umgetauft sehen wollen, regieren. Dies würde bedeuten, daß die Bevölk. weiterhin von der Teilnahme am polit. System ferngehalten werden soll. Symptomat. ist die gegenwärtig geführte Diskussion über die Frage, ob im künftigen islam. A. den Frauen das Stimmrecht gewährt werden soll oder nicht.

3. Sozialstruktur

Die soziale Organisation richtet sich nach der *Blutsverwandtschaft*, weshalb die Genealogie bei allen gesellschaftl. Interaktionen eine wichtige Rolle spielt. Verbindungen zur Großfamilie, zum Stamm, zur Sippe und zur Ethnie werden im allg. gehalten und gepflegt. Die soziale Mobilität ist mit Ausnahme der städt. Bevölk. gering. Die *Nomaden* haben gegenüber der bäuerl.-seßhaften Bevölk. deutl. abgenommen, nachdem sie am Anfang des Jh. noch ein Drittel der Bevölk. ausmachten. Die nomad. Stämme bilden eine halbautonome polit. Einheit, die ein bestimmtes Gebiet quasi bewohnen und für die Einhaltung von Recht und Ordnung unter ihren Mitgliedern sorgen. Sie werden durch das *Stammesoberhaupt (Khân)*, gewählt durch Akklamation in der Stammesversammlung (*Jirga*), geleitet. Der Khan muß in allen wichtigen Fragen die Jirga zu Rate ziehen. Daher kommt der großen Stammesversammlung (Loya Jirga) im Gefüge des Staates eine wichtige Rolle zu.

Die seßhafte Dorfbevölkerung hat eine ähnl. Sozialstruktur. Die *Dorfbewohner* gehören meistens einer einzigen Ethnie oder einem einzigen Stamm an. Der Dorfvorsteher (*malik*), ein erbliches Amt, ist Bindeglied zwischen der Regierung und der Dorfgemeinschaft. Der *Vorbeter (maulavî, mullâ)* ist zwar nicht immer wohlhabend, gilt aber als eine Respektsperson. Grund- und Viehbesitz spielen bei der Sozialordnung eine wichtige Rolle, ebenso die Stärke der bewaffneten Helfer.

In der *urbanen Gesellschaft* von Kabul ist die Zahl der Eliten sehr klein. Zu ihr gehören neben den Angehörigen des früheren Hofes Beamte, Händler und Offiziere. Die nächste Stufe bilden Intellektuelle, Professionals und Lehrpersonal an den Hochschulen. Die mittlere Einkommensgruppe ist in den letzten Jahren gewachsen, und die Schul- und Hochschulbildung hat an Prestige gewonnen, ohne allerdings die alten Statussymbole ersetzen zu können. Die Mehrheit der städt. Bevölk. stellen Handwerker, Hausbedienstete, Müllmänner, Kleinhändler und Gelegenheitsarbeiter. Viele von ihnen stehen mit ihrem Ursprungsdorf und der Sippe in Kontakt. Ein Klassenbewußtsein existiert nicht. Dies dürfte wohl ein Grund dafür gewesen sein, daß die DVP mit ihren Klassenkampfparolen scheiterte.

Bis auf einige Tausend Hindus und Sikhs und wenige Judenfamilien ist A. ein rein *islam. Land* mit einer überwiegend *sunnit.* Bevölk. Der Anteil von *Schiiten* wird auf 15–20% geschätzt. Paschtunen sind mit ca. 43% der Bevölk. die größte Ethnie, gefolgt von Tadschiken (28,5%), Usbeken (9,3%), Hazara (7,8%), Aimak (3,6%), Turkmenen (2,9%) und anderen (4,9%). Paschtu und Dari (identisch mit Persisch) sind die Hauptverkehrssprachen.

4. Binnen- und außenwirtschaftliche Gegebenheiten und Entwicklungsziele

Land- und Viehwirtschaft beherrschen die Ökonomie des Landes, das über reiche *Bodenschätze,* die kaum abgebaut werden, verfügt. Die SU war am *Erdgas* interessiert, das sie zu Sonderkonditionen beziehen durfte. Durch die Wirren des Bürgerkrieges hat die Wirtschaft bleibende Schäden erlitten. Insbesondere der *Agrarsektor,* der einstmals 75% der Exporterlöse einbrachte und zwei Drittel der Staatseinnahmen beisteuerte, liegt darnieder. Die *Industrie* spielt in der afghan. Volkswirtschaft eine untergeordnete Rolle. Der Aufbau von Polytechniken mit Hilfe der sozialist. Länder hat zwar Fortschritte gemacht, aber die Industrialisierung hat damit nicht Schritt gehalten. Die diversen Entwicklungspläne brachten kaum nennenswerte Veränderungen. Die Landreform der sozialist. Regierung mußte ebenso wegen der Widerstände gestoppt werden wie die Alphabetisierungskampagne. Die Zulassung von Privatinvestitionen wurde wieder eingeführt, aber die verstaatlichten Betriebe, auch der Außenhandel, befinden sich noch in staatl. Hand. Die Auswirkungen einer mögl. Einführung der islam. Wirtschaftsordnung sind noch unübersehbar.

5. Zusammenfassende Charakterisierung der gegenwärtigen innen-, außen- und sicherheitspolitischen Situation

Die Übernahme der Macht durch die Mujâhidîn im April 1992 ist zu neu, um eine sichere Prognose über die künftige Entwicklung abgeben zu können. Der Machtkampf zwischen versch. Parteien und Interessengruppen ist noch nicht entschieden. Von dessen Ausgang wird es abhängen, welchen innen- und außenpolit. Kurs das Land nehmen wird. Durch die Entstehung zentralasiat. Muslimstaaten an der Nordgrenze A.s ist eine neue Lage entstanden, der jede künftige Regierung Rechnung tragen muß. Beziehungen zu P. und Iran, aber auch zu einigen arab. Staaten, die den Kampf der Mujâhidîn mit sehr viel Geld unterstützt haben, werden auf eine neue Grundlage gestellt werden müssen. Afghanistan wurde 1992 in die ECO (*Economic Cooperation Organization*) aufgenommen. A.s Mitgliedschaft in der OIK (*Organisation der Islamischen Konferenz*), die seit 1980 suspendiert war, wurde inzwischen restauriert.

Munir D. Ahmed

Lit.: Afghanistan, Ländermonographie, bearbeitet von der Arbeitsgemeinschaft Afghanistan, hrsg. von *P. Bucherer-Dietschi* und *Ch. Jentsch*, Liesetal 1986. Area Handbook for Afghanistan, hrsg. von *H. H. Smith* (u.a.), Washington 1973. *Dupree, L.*, Afghanistan, Princeton/N.J. 1973. *Gregorian, V.*, The Emergence of Modern Afghanistan, Stanford/Calif. 1969. *Hayatullah, A.*, Die wirtschaftlichen Entwicklungsprobleme Afghanistans unter besonderer Berücksichtigung der natürlichen Gegebenheiten und der Bevölkerung, Nürnberger Wirtschafts- und Sozialgeogr. Arbeiten, Bd. 6, Nürnberg 1967. *Klimburg, M.*, Afghanistan, das Land im historischen Spannungsfeld Mittelasiens, Wien 1966. *Kraus, W.* (Hrsg.), Afghanistan – Natur, Geschichte und Kultur, Staat, Gesellschaft und Wirtschaft, Reihe Ländermonographien des Instituts für Auslandsbeziehungen, Bd. 3, Stuttgart 1972. *Moltmann, G.*, Die Verfassungsentwicklung Afghanistans 1901–1981. Von der absoluten Monarchie zur sozialistischen Republik, Mitteilungen des Deutschen Orient-Instituts, Nr. 18, Hamburg 1982. *Roy, O.*, Islam and Resistance in Afghanistan, Cambridge 1986. *Sarwari, M. S.*, Afghanistan zwischen Tradition und Modernisierung, Bern/Frankfurt a.M. 1974.

Ägypten (Arabische Republik Ägypten)

Grunddaten: *Fläche:* 998000 km^2. *Einwohner:* 57,0 Mio. (1991). *Einschulungsrate:* 97% (1989). *Lebenserwartung:* 60 Jahre. *Verstädterung:* 47% (1990). *Anteile am BIP:* Landwirtschaft: 20%, Industrie: 29%, davon Verarbeitendes Gewerbe: 16%, Dienstleistungen: 53% (1990). *PKE* (in US-$): 600 (1990). *BIP* (in Mio. US-$): 33210 (1990). *Währung:* 1 Ägyptisches Pfund = 100 Piasters = 1000 Milliemes; 1 DM ~ 2,07 ägypt. £ (Dez. 1992).

1. Historischer Überblick

„Ägypten ist ein Geschenk des Nil." Dieser vielzitierte Satz Herodots gilt auch für das polit. System. Die klare Begrenzung des bewohnbaren Landes auf Niltal und Delta, die ethn. und sprachl. Homogenität seiner seßhaften Bevölkerung und der bis in jüngere Zeit von alljährl. Nilüberschwemmungen bestimmte Lebensrhythmus setzten Rahmenbedingungen für die Strukturen von Herrschaft und Verwaltung, deren Grundcharakter Jahrtausende unverändert blieb: Ein hohes Maß an notwendiger und mögl. Kontrolle führte zur *Zentralisierung und Bürokratisierung von Autorität und Herrschaft* („Wasserbaugesellschaft"). Zweieinhalb Jahrtausende der Fremdherrschaft von Persern, Griechen und Römern bis zu den Osmanen und Engländern haben daran wenig geändert, auch wenn sie alle ihre je eigenen Spuren hinterließen.

1.1. Der Kampf um Unabhängigkeit: Von Mohammed Ali bis zur Revolution von 1952. Gegen Ende des 18. Jh. hatte das Osman. Reich bereits in erhebl. Umfang die Kontrolle über seine Provinz Ägypten (Ä.) verloren, als 1798 mit einer *Militärexpedition Napoleon Bonapartes* eine eigenständige Entwicklung und damit zugleich die endgültige Ablösung des Landes einsetzte. In den Wirren nach dem Abzug Fs gelang es dem osman. Söldnerführer Mohammed Ali (1805–1848), zunächst zum Gouverneur Ä.s aufzusteigen, sich später von der Kontrolle des osman. Sultans zu lösen und schließl. – bei formaler Anerkennung osman. Oberhoheit – eine eigene Dynastie zu gründen. Mohammed Ali ließ den landwirtschaftl. Boden neu verteilen, langfaserige Baumwolle als Exportprodukt anbauen, mit europ. Hilfe Industrieanlagen errichten und eine schlagkräftige Armee aufbauen. Mit dem Übergang zur Exportwirtschaft, neuen Verwaltungs- und Bildungsinstitutionen und dem Aufstieg neuer, wenn auch noch kleiner Bildungseliten begann sich ein moderner Staat herauszubilden. Dabei blieben allerdings viele Elemente der für das Osman. Reich charakteristischen patrimonial-bürokrat. Herrschaftsorganisation erhalten. Den Erfolg seiner Politik verkörperte Mohammed Alis Armee, die den Sudan und Syrien eroberte und das osman. Heer zweimal vernichtend schlug, ehe ihn 1840–41 eine Koalition europ. Mächte zwang, die Armee drast. zu verkleinern und seine Großmachtträume aufzugeben. Mohammed Ali verlor danach auch das Interesse an seinen Industrieobjekten, die schnell verfielen.

Unter Mohammed Alis Enkel, dem *Khediven* (Vizekönig) *Isma'il* (1863–1879), erlebte Ä. einen neuen Entwicklungsschub, als der Baumwollexport stark davon profitierte, daß während des amerik. Bürgerkriegs der Baumwollexport aus den Südstaaten ausfiel. Der stark an europ. Vorbildern orientierte Isma'il ließ erstmals Ansätze zu einer konstitut. Beschränkung der Macht zu und berief

1866 eine beratende Versammlung von Notabeln ein. Diese konnte allerdings nicht verhindern, daß Isma'il Ä. hoch verschuldete, um umfangreiche Investitionen in die Baumwollwirtschaft und in den Suezkanal, aber auch ehrgeizige Bauprojekte (etwa die Kairoer Oper) und – da Staatskasse und Privatschatulle des Herrschers noch nicht getrennt waren – seine luxuriöse Hofhaltung zu finanzieren. Als ein Staatsbankrott drohte, zwangen ihm GB und F 1876 eine Schuldenverwaltung auf. Der dadurch verstärkte ausländ. Einfluß gab der konstitut. Bewegung Auftrieb, die ihre Forderungen zunehmend mit nationalen verband und 1878 die Bildung einer ersten Kabinettsregierung durchsetzte. Als unzufriedene Offiziere, unterstützt von Konstitutionalisten, die Einsetzung von Ahmed Orabi Pascha zum Kriegsminister erzwangen *(„Orabi-Revolte"), besetzte GB* 1882 im Interesse der beunruhigten ausländ. Gläubiger *„vorübergehend" Ä.*

Die unbeschränkten Rechte des Khediven wurden formal wiederhergestellt; die eigentl. Macht lag jedoch in den Händen des brit. Generalkonsuls, der seine Hauptaufgabe darin sah, die Gläubiger zu befriedigen und die Baumwollwirtschaft auf die Bedürfnisse der engl. Textilindustrie auszurichten. Gegen die de facto-Herrschaft GBs agitierten ab der Jh.wende nationalist. Parteien (*Nationale Partei* und *Volkspartei*), die den Briten allerdings erst nach Jahren geringe Konzessionen abringen konnten. Eine 1913 geschaffene gesetzgebende Versammlung hatte nur in Steuerfragen Einfluß.

Nachdem GB zu Beginn des 1. Weltkriegs Ä. von türk. Oberhoheit losgesagt und zum *brit. Protektorat* erklärt hatte, hofften Ä.s Nationalisten, nach dem Sieg der Alliierten Ä.s Unabhängigkeit zu erlangen. Als GB einer Delegation *(Wafd)* unter Saad Zaghlul verwehrte, die ägypt. Forderungen auf der Pariser Friedenskonferenz vorzutragen, kam es zu Unruhen im ganzen Land *(„Revolution von 1919")*, die GB schließlich veranlaßten, einseitig die *Unabhängigkeit Ä.s* zu proklamieren (22. 2. 1922). Obwohl sich GB weitgehende Rechte, so die Kontrolle der Suezkanalzone, die Landesverteidigung und den Schutz ausländ. Interessen, vorbehielt, akzeptierte Sultan Fuad (1917–1939) und nahm den Königstitel an.

Am 19. 4. 1923 wurde Ä. mit einer neuen Verfassung zur *konstitutionellen Monarchie.* Die Parlamentswahlen im selben Jahr gewann der als Partei angetretene *Wafd,* der unter Führung von Saad Zaghlul und dessen Nachfolger Mustafa Nahhas die nächsten

30 Jahre die beherrschende Partei blieb. Häufige Auseinandersetzungen mit kleineren Parteien – mehrere davon Abspaltungen vom *Wafd* – und mit dem König schwächten das parlamentar. System und ermöglichten es dem Hof mehrfach, den bei Wahlen stets siegreichen *Wafd* aus der Regierung zu drängen. Nur im Kampf um die volle Souveränität waren König und *Wafd* geeint. Doch erst eine nach monatelangen Unruhen gebildete nat. Koalitionsregierung konnte GB bewegen, im *Anglo-Ägyptischen Vertrag von 1936* einige Rechte aufzugeben, v.a. seine Truppen in die Suezkanalzone zurückzuziehen. Bündnisverpflichtungen aus dem Vertrag ließen Ä. im 2. Weltkrieg aber erneut zum de facto-Protektorat werden.

In den Nachkriegsjahren geriet das *polit. System in die Krise:* Da weder Verhandlungen der Regierungen noch Demonstrationen der Nationalisten GB zum Truppenabzug bewegen konnten, begannen schließl. Guerilla-Gruppen gegen brit. Einrichtungen in der Kanalzone zu operieren. Zugleich führten Übervölkerung, Arbeitslosigkeit, Massenarmut und extrem ungleiche Verteilung zu sozialen Spannungen, die sich immer häufiger in Streiks, Demonstrationen und Gewaltakten entluden. Die 1928 gegründete Muslimbruderschaft, aber auch ein Bündnis linker Kräfte gewannen als außerparlamentar. Bewegungen zunehmend Einfluß, weil die parlamentar. Parteien nur Interessen der Großgrundbesitzer und der städt. Oberschicht vertraten und selbst der Wafd seine Anziehungskraft verloren hatte. *König Faruk (1939–1952)* wurde für die weitverbreitete Korruption und Mißwirtschaft verantwortl. gemacht, insbesondere auch für den schlechten Ausrüstungsstand der Armee, die im Palästina-Krieg 1948 gegen das neugegründete Israel eine demütigende Niederlage erlitt.

Als am 26. 1. 1952 Demonstranten ausländ. Einrichtungen in Kairo in Brand setzten, vermochten in den folgenden Monaten einander in rascher Folge ablösende Regierungen die Krise nicht mehr zu bewältigen. In der Nacht zum 23. 7. 1952 übernahm eine Gruppe junger Offiziere in einem unblutigen Staatsstreich die Macht. Faruk wurde zur Abdankung gezwungen und ins Exil geschickt.

1.2. Vom Militärregime zum kontrollierten Mehrparteiensystem. Träger des Staatsstreichs war die von Oberst *Gamal Abdel Nasser* (1918–1970) aufgebaute Bewegung der *„Freien Offiziere"*, deren

Exekutivkomitee nach dem Staatsstreich einen Revolutionsrat bildete und den angesehenen älteren General Mohammed Nagib zum Vorsitzenden wählte. Nagib wurde Oberbefehlshaber der Streitkräfte und im Sept. 1952 auch Ministerpräsident. Die entscheidende Macht im Hintergrund war jedoch Nasser, der sich jederzeit auf eine Mehrheit im Revolutionsrat verlassen konnte.

Bereits 6 Wochen nach dem Staatsstreich dekretierte der Revolutionsrat eine Landreform, um die Macht der Großgrundbesitzer zu brechen, die eine Hauptstütze des alten Regimes gewesen waren. Im Dez. hob er die Verfassung von 1923 auf und löste kurz darauf die Parteien auf. Eine Verfassungsproklamation vom 10. 2. 1953 legte eine Übergangszeit von drei Jahren fest, in der der „Führer der Revolution" mit außerordentl. Vollmachten regieren sollte. Da der Revolutionsrat gegenüber dem Ministerrat die Richtlinienkompetenz erhielt, blieb er für die nächsten Jahre de facto oberstes Legislativ- und Exekutivorgan. Mit der im selben Monat gegründeten *Befreiungsfront* schuf sich Nasser eine Sammlungsbewegung, die als Parteiersatz Unterstützung für das Regime organisieren sollte. Da Mitglieder des Revolutionsrates zudem alle Schlüsselministerien übernommen hatten, war das Militärregime fest etabliert, als am 18. 6. 1953 die Republik ausgerufen wurde und Nagib auch das Amt des Staatspräsidenten übernahm.

Als Nagib für eine baldige Rückkehr zur Demokratie einzutreten begann, wurde er im April 1954 von Nasser als Ministerpräsident und ein halbes Jahr später auch als Präsident abgelöst. Nasser und die Mehrheit des Revolutionsrates verfolgten längerfristige Pläne: Nach der erfolgreichen polit. Revolution wollten sie eine *soziale Revolution,* mit der überhaupt erst die Voraussetzungen für eine polit. Demokratie zu schaffen sein würden. Schwerpunkte des entwicklungspolit. Konzepts, zu dem sich die zunächst sehr vagen Zielvorstellungen der „Freien Offiziere" allmähl. konkretisierten, waren neben einer umfassenden Agrarreform eine forcierte Industrialisierung und die Diversifizierung der Wirtschaft unter Führung des öffentl. Sektors. Schon in der Anfangsphase nach der Revolution fielen dafür langfristig bedeutsame Entscheidungen: Landreform, Bau des Assuan-Hochdammes und des Eisen- und Stahlkombinats Heluan. Zugleich sollten massive Investitionen in die soziale Infrastruktur (Bildung, Gesundheit), mehr noch als Landverteilungen an Kleinbauern, dem Ziel größerer sozialer Gerechtigkeit dienen.

Im Juni 1956 wurde durch Plebiszit eine *neue Verfassung* angenommen und Nasser gleichzeitig mit 99,9% der Stimmen zum Präsidenten gewählt. Die 1957 als einzig zugelassene polit. Organisation gegründete *Nationale Union* hatte die Kandidaten für die im selben Jahr gewählte *Nationalversammlung* aufzustellen. Die Verfassung als formale Legitimationsbasis bestätigte Nassers starke Stellung, indem sie dem Präsidenten als Chef der Exekutive weitgehende Rechte auch im legislativen Bereich einräumte. So hatte er ein Vetorecht gegenüber Beschlüssen der Nationalversammlung, die er ohne Angabe von Gründen jederzeit auflösen konnte.

Nassers Außenpolitik stützte die Revolution im Inneren nach außen ab: Bis 1954 war der brit. Truppenabzug und damit die volle Souveränität vertragl. gesichert. Nassers Eintreten für den *„positiven Neutralismus"* der Blockfreienbewegung und, damit verbunden, seine guten Beziehungen zu kommunist. Staaten (Waffenlieferungsabkommen mit der ČSSR, Anerkennung der VR China) führten zunächst zur Konfrontation mit dem Westen: Als die USA, gefolgt von GB und der Weltbank, ihre Finanzierungszusagen für den Assuan-Hochdamm zurückzogen, verstaatlichte Nasser im Juni 1956 den Suezkanal, was Israel, GB und F zum Anlaß für eine Militäraktion gegen Ä. nahmen *(Suez-Krieg).* Nassers polit. Erfolg in der Suez-Krise machte ihn trotz der militär. Niederlage zum unbestrittenen *Führer des pan-arab. Nationalismus* und brachte Ä. aufgrund seiner gewachsenen Bedeutung massive Wirtschaftshilfe aus West und Ost ein. Höhepunkt dieser Entwicklungsphase war 1958 Ä.s *Zusammenschluß mit Syrien zur „Vereinigten Arabischen Republik" (VAR).*

Die mangelnde Bereitschaft des Privatkapitals, in Projekte des ersten Fünfjahres-Entwicklungsplans (1960–65) zu investieren, veranlaßte Nasser im Juli 1961 zu *umfangreichen Verstaatlichungen.* Als sich betroffene Wirtschaftskreise in Syrien im Sept. 1961 an einem Staatsstreich beteiligten, der zur *Sezession Syriens* von der VAR führte, löste Nasser Nationalversammlung und Nationale Union auf. Ein *Nationalkongreß der Volkskräfte* verabschiedete 1962 die *Charta der nationalen Aktion,* die unter dem Schlagwort *„Arabischer Sozialismus"* die „totale Revolution" der ägypt. Gesellschaft einleiten sollte. Die bald darauf als neue polit. Organisation des Regimes gegründete *Arabische Sozialistische Union (ASU)* sollte das „Bündnis der arbeitenden Kräfte des Volkes" – Bauern, Arbeiter, Soldaten, Intelligenz und (nichtausbeutendes) nationales

Kapital – verwirklichen. In der Provisorischen Verfassung vom 25. 3. 1964 wurden die Prinzipien der Charta verankert.

Nach anfängl. guten Erfolgen mit der *binnengerichteten Entwicklungsstrategie* ließen ab 1963/64 eine Reihe von Faktoren die Anziehungskraft des Nasserismus verblassen: wachsende wirtschaftl. und v.a. finanz. Schwierigkeiten, verstärkt durch die Abwendung der USA und anderer westl. Geberländer; nicht zuletzt dadurch bedingt immer einseitigere *Abhängigkeit von sowjet. Hilfe;* ein erfolgloses *ägypt. Engagement im jemenitischen Bürgerkrieg (1962–69)* und schließl. die Eskalation im Nahost-Konflikt bis zur katastrophalen *Niederlage gegen Israel im Juni-Krieg 1967.* Nach der Niederlage sah sich das Regime verstärktem Druck versch. gesellschaftl. Kräfte, v.a. der Studenten, ausgesetzt, mehr Demokratie zuzulassen. Im *„Programm des 30. März“* 1968 versprach Nasser, die ASU von unten nach oben neu aufzubauen; eine von der ASU-Linken getragene, geheime Avantgarde-Organisation versuchte in den nächsten Jahren, die ideolog. und organisator. Voraussetzungen für die Umwandlung der ASU in eine revolutionäre Partei zu schaffen.

Da diese Gruppe sich mit anderen „Machtzentren“ verbündete, die nach Nassers Tod 1970 dem neuen Präsidenten *Anwar al-Sadat* (1918–1981) eine kollektive Führung aufzwingen wollten, wurde sie zerschlagen, als Sadat am 15. 5. 1971 mit einem Coup von oben seine innenpolit. Konkurrenten entmachtete (sog. *Korrektiv-Revolution*). Mit Prozessen wegen Machtmißbrauchs begann noch im selben Jahr eine deutl. Abkehr von der Nasser-Zeit, was sich auch in einer *neuen Verfassung* niederschlug (vgl. 2.1).

Sadat versuchte, der stagnierenden Wirtschaft durch eine *„Politik der Öffnung“ (Infitāḥ)* zum Weltmarkt neue Impulse zu geben und westl. Kredite und Investoren ins Land zu holen. Eine Voraussetzung dafür war eine *aktive Friedenspolitik,* mit der Ä. das Vertrauen des Westens wiedergewinnen sollte. Effektiv möglich wurde diese allerdings erst, nachdem Sadat mit dem für Ä. relativ erfolgreichen *Oktober-Krieg 1973* Israel zu größerer Konzessionsbereitschaft bewegen konnte. Nach zwei Truppenentflechtungsabkommen, die 1975 zu einem israel. Teilrückzug aus dem Sinai und zur Wiedereröffnung des Suezkanals führten, ermöglichte 1977 Sadats dramat. Reise nach Jerusalem den Beginn eines Verhandlungsprozesses, der über die US-vermittelten *Camp David-Abkommen* vom Sept. 1978 im Frühjahr 1979 zum *Friedensvertrag mit Israel* führte.

Nach dem Erfolg im Oktober-Krieg nahm Sadats *Liberalisierungspolitik* im *„Oktober-Papier"* vom April 1974 Gestalt an: Eine *Liberalisierung der Wirtschaft* sollte das Land westl. Investitionen öffnen (Investitionsgesetz vom Juli 1974) und *innenpolit. Demokratisierung* die gesellschaftl. Voraussetzungen dafür schaffen. Der Druck auf Sadat, mehr Partizipation zuzulassen, wuchs mit der „Öffnungspolitik": Während Sadat das nasserist. Wirtschafts- und Gesellschaftssystem modifizieren wollte, drängten Linke und Nasseristen auf Fortsetzung und Intensivierung des nasserist. Experiments. Rechte Kräfte dagegen forderten eine völlige Abkehr vom Nasserismus, einschl. der Reprivatisierung des staatl. Wirtschaftssektors.

Nach zwei Jahren immer offenerer Diskussionen über die gesellschaftspolit. Alternativen durften drei Wahlforen („Tribünen") der ASU im Okt. 1976 mit eigenen Kandidaten an den ersten halbwegs freien *Parlamentswahlen* seit der Revolution teilnehmen. Das mittlere Forum, das die Position des Präsidenten vertrat, errang 280 der 350 Sitze in der neuen *Volksversammlung,* das rechte 17 und das linke 2; der Rest fiel an unabhängige Kandidaten. Nach der Wahl durften sich die Foren als Parteien konstituieren (vgl. 2.2.). Doch schon 1978 veränderte Sadat das Parteiensystem wieder, indem er eine eigene Partei gründete: die *Nationaldemokratische Partei (NDP),* an die die aus dem mittleren Forum hervorgegangene *Miṣr-(Ägypten-)Partei* in wenigen Wochen fast alle ihre Mitglieder verlor, wodurch die NDP mit ihrer offiz. Zulassung zugleich zur Regierungspartei wurde.

Als Gegengewicht zu Nasseristen und Linken hatte Sadat Anfang der 70er Jahre an den Universitäten *Islamische Gemeinschaften* gefördert und darüber hinaus geduldet, daß die unter Nasser verfolgte *Muslimbruderschaft (MB)* wieder sozial und polit. aktiv wurde. In diesen Organisationen und in von ihnen abgespaltenen radikalen Gruppen erwuchs Sadat eine starke Opposition, als die „Öffnungspolitik" zwar eine beachtl. Zahl von Neureichen hervorbrachte, aber verhältnismäßig wenig zur Verbesserung der Lebensbedingungen für die breite Bevölkerung beitrug. Die Kritik der MB und besonders die der radikalen Islamisten verschärfte sich, als Sadats Außenpolitik Ä. unter den arab. und islam. Staaten isolierte, die Sadat vorwarfen, durch seinen Separatfrieden mit Israel eine Gesamtlösung des Nahost-Konflikts und der Palästina-Frage in weite Ferne gerückt zu haben.

Angefangen mit der blutigen Niederschlagung von „Brotunruhen" im Jan. 1977 wurden mit einem Streik- und Demonstrationsverbot sowie anderen repressiven Gesetzen die gerade erst geschaffenen Partizipationschancen nach und nach wieder eingeschränkt. Im Sept. 1981 ließ Sadat in einem letzten Versuch, die Krise seines Regimes zu lösen, 1500 Oppositionelle – hauptsächl. Islamisten, aber auch zahlr. Intellektuelle und muslim. wie kopt. Geistliche – verhaften. Einen Monat später, am 6. 10. 1981, wurde Sadat während der Militärparade zum Jahrestag des ägypt. Angriffs im Oktober-Krieg von Mitgliedern einer radikalen islamist. Gruppe ermordet.

Sadats Nachfolger *Hosni Mubarak* (* 1926) gelang es, mit einer *Politik der vorsichtigen Liberalisierung* die innenpolit. Situation relativ schnell zu entspannen. Die verhafteten Oppositionellen wurden freigelassen, die Pressefreiheit erweitert und polit. Aktivitäten der MB und der linken Oppositionsparteien in Grenzen zugelassen. Über Wahlbündnisse 1984 mit der *Neuen Wafd-Partei* und 1987 mit der *Sozialistischen Partei der Arbeit* zogen bekannte Mitglieder der MB sogar als Abgeordnete ins Parlament ein. Während sich diese pragmat. den Gegebenheiten anpaßten und auf radikalere Forderungen verzichteten, spielte sich die regierende NDP zunehmend selbst als konservative Sachwalterin islam. Werte auf. Partei und Regierung konnten damit jedoch nicht vermeiden, daß die *Militanz islamist. Gruppen* außerhalb des etablierten polit. Spektrums wieder deutlich zunahm, als sich Ende der 80er Jahre die wirtschaftl. und soziale Krise verschärfte und Ä. mit einem Aufstand der Bereitschaftspolizei in Kairo 1986 und mit Streiks in den wichtigsten Industriezentren die heftigsten Unruhen seit den „Brotunruhen" von 1977 erlebte.

Außenpolit. lockerte Mubarak die allzu enge Bindung an die USA und verbesserte wieder die Beziehungen zur SU. Als Israel 1982 wenige Wochen nach Erfüllung der letzten Bedingungen aus dem Friedensvertrag, näml. der endgültigen Räumung des Sinai, im Libanon einmarschierte, um die PLO militär. zu vernichten, berief Mubarak seinen Botschafter aus Tel Aviv zurück. Mit der dadurch eingeleiteten Politik eines *„Kalten Friedens" mit Israel* konnte er in den folgenden Jahren die Vorbehalte der arab. Staaten soweit abbauen, daß die Arabische Liga, die Ä.s Mitgliedschaft 1979 ausgesetzt hatte, Ä. 1989 wieder aufnahm und ihren Sitz von Tunis nach Kairo zurückverlegte.

2. *Das politische System*

2.1. Die Verfassung als formale Legitimationsbasis. Die *Verfassung der Arabischen Republik Ä.* wurde durch Volksabstimmungen am 11. 9. 1971 verabschiedet und am 22. 5. 1980 geändert und ergänzt. In 7 Kapitel gegliedert, enthält sie 211 Artikel. Die Verf. beruht in zentralen Passagen auf der *Provisor. Verfassung von 1964* und verankert damit Prinzipien von Nassers Arab. Sozialismus, wie sie in der „Charta der nat. Aktion" (vg. 1.2.) niedergelegt worden waren. Stärker als in der Provisor. Verf. werden die Grundrechte und der islam. Charakter der Gesellschaft betont.

Das Nebeneinander von gesellschaftspolit. Vorstellungen Nassers und Sadats, das die Kontinuität der Revolution von 1952 betonen sollte, inzw. aber zu einer irritierenden Diskrepanz zwischen Verf.prinzipien und ägypt. Wirklichkeit nach zwei Jahrzehnten „Öffnungspolitik" geführt hat, zeigt sich bereits in den ersten Verf.artikeln (Kap. 1: „Der Staat"): Nach Art. 1 hat Ä. ein „sozialistisches, demokratisches System, das auf dem Bündnis der arbeitenden Kräfte des Volkes beruht", während nach Art. 2 nicht mehr nur der Islam – wie schon 1964 – die Staatsreligion ist, sondern zudem die Prinzipien der *Sharî*ᶜ*a*, des islam. Gesetzes, die grundlegende Quelle der Gesetzgebung bilden. Das polit. System wird zwar seit der Verf.änderung von 1980 nicht mehr mit dem Bündnis der Volkskräfte identifiziert, sondern als Mehrparteiensystem bezeichnet (Art. 5). Andererseits müssen in der *Volksversammlung* wie in der 1980 neu eingerichteten zweiten Kammer, der *Shûrâ-* (= Rats-)*Versammlung*, mindestens die Hälfte der gewählten Mitglieder Arbeiter und Bauern sein (Art. 87, 196) – eine Vorschrift, die nur im Zusammenhang mit Nassers Bündniskonzept Sinn macht, das allerdings schon seinerzeit zuließ, daß Industriemanager als Arbeiter und wohlhabende Grundbesitzer als Bauern kandidierten.

Auch Kap. 2 über *„Die grundlegenden Elemente der Gesellschaft"* beginnt mit lapidaren Feststellungen, die teils die Handschrift Nassers: „Soziale Solidarität ist das Fundament der Gesellschaft" (Art. 7), teils die Sadats tragen: „Familie ist das Fundament der Gesellschaft, gegründet auf Religion, Moral und Patriotismus" (Art. 9). Dem Sinn nach unverändert folgen dann grundlegende Rechte aus der Verf. von 1964: das vom Staat garantierte Recht auf Arbeit, das Recht auf soziale Sicherheit und Gesundheitsfürsorge, das Recht auf Erziehung. Und im Abschnitt über die wirtschaftl. Faktoren heißt es unverändert: „Das Volk soll die Produktionsmittel kontrollieren und deren Mehrprodukt in Übereinstimmung mit dem vom Staat aufgestellten Entwicklungsplan verwenden" (Art. 24), und „Der öffentliche Sektor soll die Avantgarde des Fortschritts in allen Bereichen sein" (Art. 30).

In den Art. 40–63 garantiert die Verf. Menschen- und Bürgerrechte: von der Gleichheit aller vor dem Gesetz über Glaubens-, Meinungs- und Versammlungsfreiheit, das Recht auf Bildung von Gewerkschaften und Berufsverbänden bis hin zur Unverletzlichkeit der Privatsphäre. Aufgrund des Ausnahmezustandes, der seit der Ermordung Sadats 1981 immer wieder verlängert worden ist, sind die *Grundrechte* in der Praxis jedoch stark eingeschränkt. Andererseits garantiert die Verf. die Souveränität des Rechts und die *Unabhängigkeit der Gerichte* (Art. 64–72, 165–173), welche in der Praxis auch in bemerkenswertem Umfang gewahrt ist – selbst bei den Staatssicherheitsgerichten.

Ä. hat ein *präsidentielles Regierungssystem* (Kap. 5) mit einer herausragenden, durch plebiszitäre Regelungen verstärkten Stellung des Präsidenten, wie sie schon frühere Verf. vorsahen (Art. 73–85, 137–152): Der *Präsident* ist Staatsoberhaupt und oberster Befehlshaber der Streitkräfte und übt die Exekutivgewalt aus. Er wird auf Vorschlag der Volksversammlung durch Volksabstimmung auf 6 Jahre gewählt; Wiederwahl ist zulässig. Der Präsident bestimmt die Richtlinien der Politik und überwacht deren Ausführung. Er ernennt und entläßt Vizepräsident(en), Ministerpräsident, Minister, Provinzgouverneure, höhere Beamte, Offiziere und Diplomaten. Er kann in Ausnahmesituationen Verordnungen mit Gesetzeskraft erlassen, wenn ihn die Volksversammlung mit ⅔-Mehrheit dazu ermächtigt und seine Dekrete anschließend billigt (Art. 108). Schließl. kann sich der Präsident in „wichtigen Angelegenheiten, die die höchsten Interessen des Landes betreffen", jederzeit mit einem Referendum direkt ans Volk wenden (Art. 152).

Die *Regierung* (Art. 153–160) ist das höchste vollziehende und verwaltende Organ des Staates. Das Kabinett hat die Aufgabe, in Zusammenarbeit mit dem Präsidenten die allg. Politik des Staates festzulegen und deren Durchführung zu kontrollieren. Der Ministerpräsident überwacht die Tätigkeit der Regierung und ist dem Präsidenten verantwortlich.

Die Gesetzgebungskompetenz liegt bei der auf 5 Jahre gewählten *Volksversammlung* (Art. 86–136), die die allg. Grundsätze der Politik billigen sowie das Budget, den Entwicklungsplan und andere Regierungsvorlagen verabschieden soll. Der Volksversammlung gehören nach Art. 87 mindestens 350 gewählte Abgeordnete an; bis zu 10 weitere Mitglieder kann der Präsident ernennen.

Die *Shûrâ-Versammlung* (Kap. 7) hat demgegenüber v.a. beratende Funktionen: die Prinzipien der Revolution zu wahren, die nat. Einheit und den sozialen Frieden zu festigen sowie „das Bündnis der arbeitenden Kräfte des Volkes und die sozialistischen Errungenschaften" zu schützen (Art. 194). Der Shûrâ-Versammlung gehören mindestens 132 Mitglieder an, von denen alle drei Jahre jeweils ein Drittel für eine 6jähr. Amtsperiode gewählt wird; das letzte Drittel der Mitglieder ernennt der Präsident, und zwar nach jeder Wahl jeweils zur Hälfte.

Sowohl der Präsident als auch die Volksversammlung können *Verfassungsänderungen* vorschlagen, die von der Volksversammlung mit Zweidrittelmehrheit verabschiedet und anschließend durch eine Volksabstimmung gebilligt werden müssen (Art. 189).

2.2. Entwicklung und Struktur der Parteien. Das heutige Parteiensystem ist aus der *Arabischen Sozialistischen Union (al-Ittiḥâd al-ishtirâkî al-ʿarabî; ASU)* hervorgegangen, der 1962 gegründeten polit. Massenorganisation des Regimes (vgl. 2.1.). Nachdem die ASU Mitte der 70er Jahre bereits die Kontrolle über die ihr unterstellten gesellschaftl. Organisationen – Gewerkschaften, Berufs-, Frauen- und Jugendverbände – und über die verstaatlichte Presse zu verlieren begonnen hatte, wurde sie weitgehend funktionslos, als nach den Parlamentswahlen von 1976 die drei Wahlforen der ASU in unabhängige polit. Parteien umgewandelt wurden (vgl. 1.2.). Nach den ersten Wahlen mit dem Mehrparteiensystem 1979 wurde die ASU aufgelöst und 1980 aus der Verf. gestrichen.

Die Zulassung von weiteren Parteien war von Sadat nicht vorgesehen und wurde deswegen im *Parteiengesetz* vom Juli 1977 durch die Bedingung erschwert, daß zu den Gründungsmitgliedern 20 Parlamentsabgeordnete gehören müssen. Dennoch gelang es Anhängern der alten *Wafd*-Parteien bereits im folgenden Monat, unter den Unabhängigen die erforderl. 20 Abgeordneten für die Gründung der *Neuen Wafd-Partei* zu gewinnen. Ein Jahr später nutzte Sadat selbst die Möglichkeiten dieses Gesetzes, um die NDP als seine eigene Partei zu gründen und die *Sozialistische Partei der Arbeit* als eine ihm genehme Oppositionspartei gründen zu lassen.

Die *Nationaldemokratische Partei (al-Ḥizb al-waṭanî al-dimuqrâṭî; NDP)* wurde im Juli 1978 von Präsident Sadat mit dem Ziel gegründet, in der Phase nach dem Friedensschluß mit Israel eine Partei zu haben, deren Führungskräfte unbelastet von der Tradition pan-arab. Konfrontationspolitik an die Aufgabe des „Wiederaufbaus" herangehen können. Die NDP konnte sich jedoch dem Druck der Überläufer aus der *Miṣr-Partei* nicht lange widersetzen (vgl. 1.2.), so daß sich ihre Mitgliedschaft kaum von dieser unterscheidet. Vorsitzender der Partei ist seit dem Tode Sadats Präsident Mubarak. Darüber hinaus machen die Regierungsmitglieder, Provinzgouverneure und zahlreiche hohe Beamte wie ländl. Notabeln als Mitglieder die NDP zur Partei des Regimes schlechthin. Als einzige Partei verfügt sie über eine Massenbasis und kann sich bei allen Wahlen auf komfortable Mehrheiten über 70% der Stimmen verlassen.

Die *Nationale Fortschrittlich-Unionistische Sammlungspartei (Ḥizb al-tagammuʿ al-waṭanî al-taqaddumî al-waḥdawî*, kurz: *Tagammuʿ)* ist aus dem linken ASU-Forum hervorgegangen und wurde zum Auffangbecken linksliberaler, sozialist. und kommunist., aber auch links-muslim. und -kopt. Gruppen und Intellektueller. Ihr Vorsitzender, Khalid Muhieddin, ist das letzte polit. noch aktive Mitglied des Revolutionsrats von 1952 – aus dem er allerdings bereits 1954 wegen opposit. Meinungen ausgeschlossen worden war. Die Opposition der beiden *Tagammuʿ*-Abgeordneten im Parlament von 1976 hat Sadat so gereizt, daß er die SPA als „linke" Alternative gründen und das Wahlgesetz so manipulieren ließ, daß der *Tagammuʿ* bei den nächsten Wahlen chancenlos war. Mit ihrer vielbeachteten Wochenzeitung *al-Ahali* (Die Massen), die Auflagen von zeitweilig über 150000 Exemplaren erreichte, blieb die Partei jedoch eine wichtige opposit. Kraft, die seit den Wahlen von 1990 auch wieder im Parlament vertreten ist.

Die aus dem rechten ASU-Forum hervorgegangene *Liberale Partei*, ursprünglich *Partei der Sozialistischen Liberalen (Ḥizb al-aḥrâr [al-ishtirâkiyyîn])* näherte sich in ihren Zielsetzungen – nicht nur wirtschaftspolit. – so der Regierung an, daß sie jede Bedeutung verlor und 1984 nicht mehr den Sprung ins Parlament schaffte. Vor den Wahlen 1987 bildete sie mit SPA und MB die *Islamische Allianz*, die ihr die Rückkehr ins Parlament ermöglichte.

Die *Neue Wafd-Partei (Ḥizb al-wafd al-jadîd)* knüpfte sowohl in ihrer Programmatik als auch in der Person ihres Vorsitzenden Fuad Sirag al-Din – bis 1952 Generalsekretär des alten *Wafd* – an vorrevolutionäre Traditionen an. Der *Neue Wafd* stützte sich auf privatwirtschaftl. Interessen und trat für polit. und wirtschaftl. Liberalismus ein. Mit rigoroser Kritik am Nasserismus und durch den Rückgriff auf den alten *Wafd* als Symbol der nationalen Einheit fand der *Neue Wafd* starken Zulauf – bis Sadat ihn 1978 durch ein Referendum über ein „Gesetz zum Schutz der inneren Front und des sozialen Friedens" zwang, seine Parteitätigkeit zu suspendieren. Als der *Neue Wafd* 1983 seine Aktivitäten wiederaufnahm, erhielt er vor dem Obersten Verwaltungsgericht Recht. Vor den Wahlen 1984 schloß die Partei ein Bündnis mit Kandidaten der als Organisation weiterhin verbotenen *Muslimbruderschaft* (*al-Ikhwân al-muslimûn;* MB) und zog danach mit 58 Abgeordneten als einzige Oppositionsfraktion ins Parlament ein. Die sozialen und wirtschaftl. Zielsetzungen der Partner waren jedoch so verschieden, daß das Bündnis mit der MB bald zerbrach. Mit nur noch 35 Abgeordneten war der *Neue Wafd* 1987 im folgenden Parlament nur noch zweitstärkste Oppositionsfraktion. Die Wahlen von 1990 hat die Partei – wie die meisten Oppositionsparteien – boykottiert (vgl. 2.3.).

Sadat selbst verhalf 1978 der *Sozialistischen Partei der Arbeit*, jetzt *Partei der Arbeit (Ḥizb al-ʿamal [al-ishtirâkî]; SPA)*, zu den für die Gründung notwendigen 20 Parlamentsmitgliedern, indem er Abgeordnete seiner Partei zur SPA „abkommandierte". Sadats langjähr. Freund Ibrahim Shukri – vor 1952 führendes Mitglied der nationalist. Bewegung *Jung-Ägypten (Miṣr al-fatât)* bzw. der daraus hervorgegangenen *Sozialist. Partei* – sollte mit der SPA, in Konkurrenz zum *Tagammuʿ*, eine „ehrenwerte Opposition" schaffen. Obwohl die Hälfte der 34 Abgeordneten, mit denen die SPA 1979 ins neue Parlament einzog, ihre „Mission" damit offensichtl. für beendet hielt und zur NDP übertrat, entwickelte die SPA sehr bald ein eigenes Profil als linke Opposition. Bereits im Parteiprogramm der SPA von 1978 standen hinter den „sozialist." Forderungen soziale und wirtschaftl. Reformziele, die islam. begründet wurden; darüber hinaus drängte die SPA nach der Verf.änderung 1980 mehr als andere darauf, die Prinzipien der Sharîʿa unmittelbar zur Hauptquelle der Gesetzgebung zu machen. Von da war es nur ein Schritt, 1987 mit der MB und der Liberalen Partei eine *Islamische*

Allianz (al-Taḥâluf al-islâmî) zu bilden, die mit dem Slogan „Der Islam ist die Lösung!" In den Wahlkampf ging und mit 59 Abgeordneten stärkste Oppositionsfraktion wurde.

Einem Gerichtsbeschluß verdankte 1983 die islam. orientierte *Umma-(= Volks-)Partei – umma* in relig. Bedeutung meint hier die Gemeinschaft der Muslime – ihre Zulassung, obwohl sie die vom restriktiven Parteiengesetz geforderten Bedingungen nicht erfüllte. Sie trat nur bei Kommunalwahlen an und blieb bedeutungslos.

Ebenfalls auf Beschluß des Obersten Verwaltungsgerichts wurden 1990 gleich drei neue Parteien zugelassen: die *Ägyptische Partei der Grünen (Ḥizb al-khuḍar al-miṣrî)*, die *Demokratisch-Unionistische Partei (al-Ḥizb al-ittiḥâdî al-dimuqrâṭî)* und die Partei *Neues Jung-Ägypten (Miṣr al-fatât al-jadîd)*, die im Namen an die Bewegung der 30er Jahre anknüpft, aus der indirekt auch die SPA hervorgegangen ist. Auch diesmal wieder abgelehnt wurde der Zulassungsantrag der Nasseristen, deren Zielsetzungen unvereinbar mit Demokratie seien. Keine der neuen Parteien erzielte einen nennenswerten Wahlerfolg.

2.3. Die Partizipation der Bevölkerung am politischen System. Nach der Revolution wurden Parteien und außerparlamentar. Bewegungen (Kommunisten, MB) aufgelöst und alle gesellschaftl. relevanten Kräfte strikt kontrolliert. Partizipation blieb auf die vom Regime geschaffenen Organisationen beschränkt; v. a. konnte keine gesellschaftl. Gruppe strukturelle Autonomie gewinnen oder sich gar als Gegenelite aufbauen. Eine Sonderstellung nahm vorübergehend das Militär ein, doch endete die Autonomie der Streitkräfte nach der Niederlage 1967.

Mit Sadats *Öffnungspolitik* begann Mitte der 70er Jahre ein Prozeß wirtschaftl. und polit. Liberalisierung, der zunächst durch größere Pressefreiheit zu einer Pluralisierung des Meinungsspektrums und dann zu polit. Pluralisierung innerhalb der ASU führte. Aber selbst nach dem formalen Übergang zum Mehrparteiensystem blieben die Handlungsspielräume für opposit. Kräfte eng begrenzt: Das Streik- und Demonstrationsverbot nach den Brotunruhen 1977, das restriktive Parteiengesetz, das Betätigungsverbot für relig.-polit. Bewegungen und für Parteien, die an vorrevolut. Traditionen anknüpfen, und andere Gesetze schränkten viele der gerade gewährten Freiheiten wieder ein (vgl. 1.2.; 2.2.).

Unter Mubarak wurden *Oppositionsparteien* und deren Presse zwar nicht mehr so direkt behindert wie unter Sadat. Andererseits behinderte allein schon der seit 1981 bestehende Ausnahmezustand den Demokratisierungsprozeß. Ein übriges tat das noch vor jeder Wahl geänderte Wahlgesetz, das Oppositionsparteien oder unabh. Kandidaten auf versch. Weise benachteiligte. So wurde z.B. 1984 nicht nur eine 8%-Hürde errichtet, an der alle Oppositionsparteien außer dem Neuen Wafd scheiterten; es wurden auch alle Stimmen, die nicht für den im Wahlkreis erfolgreichen Kandidaten abgegeben wurden, dem Gewinner zugerechnet, so daß die NDP mit 73% der für sie direkt abgegebenen Stimmen auf 87% der Abgeordnetensitze kam, während der Neue Wafd trotz eines Stimmenanteils von über 15% nicht einmal 13% der Sitze erhielt.

Mehrfach erklärte das Verf.gericht Wahlergebnisse wegen derlei Regelungen für ungültig. Doch auch die geänderten Wahlgesetze stellten die Oppositionsparteien nicht zufrieden, weswegen sie mehrmals Wahlen boykottierten. So trat bei der Neuwahl der *Shûrâ*-Versammlung 1989 nur die SPA gegen die NDP an – die diesmal sämtliche Sitze gewann und seither in der *Shûrâ*-Versammlung unter sich ist, nachdem auch das vom Präsidenten ernannte Drittel der Mitglieder ausschließl. der NDP angehört. Auch bei den im folgenden Jahr erforderl. gewordenen Neuwahlen zur Volksversammlung erhöhte die NDP nur noch ihren Anteil auf 348 (80%) der 444 Sitze, als sich der Fraktion nach der Wahl zahlreiche Abgeordnete anschlossen, die als „Unabhängige" erfolgreich gegen ihre eigene Partei angetreten waren, weil die NDP sie nicht (mehr) aufstellen wollte. Neben der verschwindend kleinen einzigen Oppositionsfraktion aus 6 Tagammuʿ-Abgeordneten (1,4%), zogen allerdings auch bekannte Mitglieder jener Oppositionsparteien, die die Wahlen offiz. boykottiert hatten, als Unabhängige ins neue Parlament.

Neutrale Beobachter haben die Wahlen von 1990 dennoch als die bisher fairsten in Ä. bezeichnet – was die alte Vermutung bestätigt, daß die Partei des Präsidenten auch ohne Wahlmanipulationen stets komfortable Mehrheiten gewinnen würde. Zu gut funktionieren nach wie vor autoritäre Strukturen und Verhaltensweisen, die es der Mehrheit der Menschen geraten scheinen lassen, sich an den Inhabern der Macht zu orientieren. Informelle Wege der Partizipation – beispielsw. über Klientel-Beziehungen – haben deswegen Vorrang vor formalen, institutionell geregelten.

Wie wenig das polit. System von den Ägyptern selbst als funktionierendes kompetitives Mehrparteiensystem gesehen wird, zeigt sich an der niedrigen *Wahlbeteiligung:* Nur die Hälfte aller Ägypter im Wahlalter ist als Wähler registriert, und von diesen wiederum ging weniger als die Hälfte zur letzten Wahl; am weitaus geringsten war dabei die Wahlbeteiligung in den besseren Wohnvierteln der großen Städte, also gerade dort, wo jene Schichten leben, die das Regime tragen bzw. noch am ehesten von dessen Politik profitieren. Aktive Partizipation der Bevölk. im Parteiensystem ist wohl erst zu erwarten, wenn es polit. Organisationen mit klar definierten gesellschaftspolit. Zielsetzungen möglich wird, unbehelligt als polit. Alternative aufzutreten. Dies ist gegenwärtig aber weder der säkularist. Linken noch der islamist. Opposition erlaubt.

3. Sozialstruktur

Aufgrund geogr. Umstände hat Ä. eine *ethn. und sprachl. homogene, seßhafte Bevölkerung.* Beduinen, die noch bis ins frühe 19. Jh. die Bauern zu bedrohen vermochten, wenn die Zentralmacht schwach war, sind heute eine verschwindend kleine, überwiegend selbst seßhafte Minderheit. Die etwa 4 Mio. *Kopten* verstehen sich als direkte Nachkommen der alten Ägypter (*al-Qibṭ* ist die arabisierte Form des griech. *aigyptoi,* „die Ägypter"), müssen jedoch als christl. Minderheit in einem islam. Land immer wieder mit Benachteiligungen rechnen; dies gilt besonders wieder in jüngster Zeit (Anfang 1993), wo sie von islamist. Fanatikern als „natürl. Verbündete" des christl. Westens ausgegrenzt und angegriffen werden.

Ungeachtet der Homogenität der Bevölk. haben zweieinhalb Jahrtausende der *Fremdherrschaft* die Kluft zwischen Bevölk. und polit. Elite vertieft. Regierung, Verwaltung und Militärführung lagen auch noch im 19. Jh., als die neuzeitl. Entwicklung Ä.s begann, in den Händen einer fremdstämmigen – türk.-tscherkess. – Elite. Daneben beherrschten Ausländer – v. a. Griechen, Italiener und Engländer – die Wirtschaft, insbes. den Baumwollhandel. Die weit überwiegende Mehrheit der Ägypter dagegen war auf die tradit. Sektoren Landwirtschaft, handwerkl. Produktion und Kleinhandel beschränkt. An den gesellschaftl. Grundstrukturen änderte der ägypt. Nationalismus, der sich seit Ende des 19. Jh. in der Auseinandersetzung mit der fremdstämmigen Elite und der brit. Besatzungsmacht entwickelte, zunächst wenig.

Erst als sich in den 20er Jahren das *Bevölk.wachstum* beschleunigte und einen Prozeß der *Landflucht* und *Urbanisierung* auslöste, begannen sich die sozialen Strukturen merklich zu ändern: Arbeitslosigkeit und extrem niedrige Einkommen ließen übervölkerte Elendsviertel mit einer großen neuen Schicht *städt. Armer* entstehen, während parallel dazu – vor allem in den Jahrzehnten nach der Revolution – die Diversifizierung der Wirtschaft, zunehmende Bürokratisierung, die Verbreitung neuer Berufe und nicht zuletzt der Ausbau des Bildungswesens vielen den Aufstieg in *neue „Kleinbürger"- und Mittelschichten* ermöglichte.

Die Armeeoffiziere, die 1952 die Macht übernahmen, fanden eine *segmentierte Gesellschaft* vor, in der stabile, autonome Gruppen als Instrumente der Interessenvertretung nie eine entscheidende Rolle gespielt und sich auch mit der beginnenden Industrialisierung keine Klassen herausgebildet hatten. Den Offizieren fiel es darum leicht, als Träger ihrer sozialen Revolution „ohne Klassenkampf" ein autoritäres Regime aufzubauen, in dem *„neo-patrimoniale" Strukturen* den Vorrang gegenüber demokrat. aufgebauten gesellschaftl. Institutionen hatten (vgl. 1.2.; 2.3.).

Gewerkschaften, Berufsverbände, Jugend-, Studenten- und Frauenorganisationen, die in den 60er Jahren der ASU eingegliedert wurden, erhielten mit deren Auflösung seit Mitte der 70er Jahre mehr Bewegungsfreiheit. Einigen dieser Organisationen, insbes. den Gewerkschaften, ist es aber bis heute nicht gelungen, sich in autonome Organisationen zu wandeln, die die Interessen ihrer Mitglieder auch gegen die der Regierung durchzusetzen vermögen. Andere Organisationen dagegen haben sich verselbständigt, v.a. jene, die – wie die Berufsverbände der Ärzte und der Anwälte oder die Studentenvertretungen an den Universitäten – unter die Kontrolle der MB und anderer islam. Kräfte geraten sind.

Trotz der in jüngerer Zeit wieder stark gewachsenen Bedeutung islam. Normen sind viele ägypt. *Frauen* in allen Zweigen der Wirtschaft und der Bürokratie berufstätig. Ihr Aufstieg in Spitzenpositionen ist allerdings schwerer geworden, und sozial wie polit. hat ihre Emanzipation deutl. Rückschläge erlitten: Das von Sadat 1979 dekretierte Familiengesetz, das Frauen u.a. die Scheidung erleichterte, wurde 1985 vom Verwaltungsgericht wegen Formfehlern aufgehoben und danach durch ein weniger liberales Gesetz ersetzt. Eine Bestimmung im Wahlgesetz von 1979, die 30 zusätzl. Parlamentssitze ausschl. für Frauen vorsah, wurde 1984 gestrichen. Die kleine, aber auch international sehr engagierte, säkularist. *Solidaritätsvereinigung Arabischer Frauen (AWSA)* wurde 1991 „wegen unzulängl. Verwaltung ihrer Finanzen" aufgelöst.

4. Binnen- und außenwirtschaftliche Gegebenheiten und entwicklungspolitische Konzeption

Der *Nil* ist nach wie vor Ä.s wichtigste *natürliche Ressource*, nicht nur als Grundlage für Landwirtschaft und Fischerei, sondern auch für die Energieerzeugung (Assuan-Hochdamm) und die Binnenschiffahrt. Bodenschätze – v.a. Erdöl – spielen daneben eine wachsende Rolle. Der Beitrag der Landwirtschaft zum Bruttoinlandsprodukt (BIP) ist zwar seit der Revolution von über 30% auf unter 20% gesunken; sie bleibt aber mit über 40% aller Beschäftigten (1953: 64%) der wichtigste Arbeitgeber. Mit einem Anteil der Industrie am BIP von fast 30% (1953: 19%) gehört Ä. heute zu den semi-industrialisierten Ländern; mit einem durchschn. PKE von etwa 600 US-$ im Jahr nach Weltbank-Klassifikation zugleich zu den Ländern mit niedrigem Einkommen.

Hauptstrukturschwäche der ägypt. Wirtschaft vor der Revolution war die extreme Abhängigkeit von einem einzigen Produkt, der Baumwolle, die fast 90% der ägypt. Exporte stellte. Entwicklungspolit. Ziel war deswegen rasche Industrialisierung und Diversifizierung in Produktion und Export. Im Rahmen umfassender Planung und unter Führung des öffentl. Sektors waren Eckpfeiler der *binnengerichteten Entwicklungsstrategie:* eine Landreform, die Nationalisierung des modernen Sektors der Wirtschaft sowie massive Investitionen in die Infrastruktur und in das Erziehungs- und Gesundheitswesen. Diese Politik führte zwischen 1957 und 1964 zu überdurchschnittl. Wachstumsraten. Die Konzentration auf teure Großprojekte (Assuan-Hochdamm, Schwerindustrie) vertrug sich jedoch schwer mit der Notwendigkeit, die Konsumgüterproduktion zu steigern und Arbeitsplätze zu schaffen. Planungsfehler und Überbürokratisierung blockierten die Produktion. Der Rückgang ausländ. Hilfe, überdimensionierte Militärausgaben und wachsende Nahrungsmittelimporte entzogen der Wirtschaft knappe Investitionsmittel.

Nach dem Scheitern des nasserist. Entwicklungsmodells versuchte Sadat mit seiner *„Öffnungspolitik"* die Wirtschaft zu liberalisieren („Oktober-Papier" und Investitionsgesetz von 1974), ohne das gemischtwirtschaftl. System mit dominierendem öffentl. Sektor und das Prinzip umfassender Entwicklungsplanung aufzugeben. Ein Import- und Investitionsboom brachte Ende der 70er Jahre erneut hohe Wachstumsraten. Die neuen Privatinvestitionen flossen hauptsächl. in kurzfristig profitable Bereiche des tertiären Sektors (Banken, Handel, Hotels, Tourismus und Wohnungsbau) und – vom Erdölsektor abgesehen – nur sehr zögerlich in das verarbeitende Gewerbe. Da zugleich hohe Inflationsraten, Spekulationsgewinne und andere Faktoren die soziale Ungleichheit erhebl. verschärften, wurden wesentl. Ziele der Öffnungspolitik zunächst nicht erreicht.

Zudem ist seit Mitte der 70er Jahre auch die Außenabhängigkeit Ä.s wieder stark gewachsen: Während der Anteil von Baumwolle und Textilien am Warenexport seit Ende der 50er Jahre ständig zurückgegangen ist, sind seit 1978 Rohöl und Erdölprodukte mit einem Anteil zwischen 40 und 70% zum neuen dominierenden Exportgut geworden. Da Erdöl mit Weltmarktpreisen zwischen 10 und 40 US-$ pro Faß noch stärkeren Schwankungen unterlag als früher die Baumwolle, waren Ä.s Exporteinnahmen – die beim Erdöl zwischen 1,5 und 3 Mrd. US-$ pro Jahr schwankten – nur schwer längerfristig zu kalkulieren. Ä. ist aber auf vorhersehbare Deviseneinkünfte angewiesen, weil es seit 1975 im Durchschnitt dreimal so viel importiert, wie es exportiert. Doch ähnlichen, von Ä. kaum selbst beeinflußbaren Schwankungen unterliegen auch die anderen Hauptdevisenquellen: die Überweisungen der ägypt. Gastarbeiter aus den Golfstaaten in Höhe von 2–4 Mrd. US-$ pro Jahr, Tourismuseinnahmen von 1–3 Mrd. $ pro Jahr und die Suezkanal-Gebühren mit über 1 Mrd. $. Wie krisenanfällig damit Ä.s Außenwirtschaft geworden ist, zeigte sich während der Kuwait-Krise (1990/91) mit massiven Einbrüchen bei allen vier Einnahmequellen.

Trotz erhebl. gewachsener (Devisen-)Einnahmen hat sich Ä. in den letzten 20 Jahren so hoch im Ausland verschuldet, daß es – gemessen am BIP als Indikator der eigenen wirtschaftl. Leistungsfähigkeit – 1990 zusammen mit Polen das am stärksten verschuldete Land war. Von den damals über 50 Mrd. $ Auslandsschulden sind Ä. aber inzwischen als polit. Anerkennung für seine Rolle in der Kuwait-Krise (vgl. 5.) und nach Strukturanpassungsmaßnahmen, die der IWF seit längerem gefordert hatte, etwa die Hälfte gestrichen worden; weitere 7 Mrd. $ sollen bei entspr. Wohlverhalten gegenüber den Forderungen des IWF 1993/94 folgen.

5. *Zusammenfassende Charakterisierung der gegenwärtigen innen-, außen- und sicherheitspolitischen Situation*

Wie seine Amtsvorgänger Nasser und Sadat regiert nun auch Mubarak Ä. schon seit über einem Jahrzehnt. Im Gegensatz zu diesen hat Mubarak jedoch nie eine vergleichbar charismat. Führungskraft entwickelt wie Nasser und in gewissem Maße noch Sadat. Entsprechend ist seine Amtszeit auch nicht von Höhepunkten und Niederlagen gekennzeichnet. Ohne Glanz, aber mit berechenbarer Beharrlichkeit ist es Mubarak über die Jahre gelungen, Ä. den Platz als wichtigste Macht der arab. Welt zurückzugewinnen.

Vergebl. hatten Syrien und der Irak in der Zwischenzeit versucht, Ä.s Platz einzunehmen. Viele Beobachter glaubten dementsprechend, daß Saddam Husain mit dem Überfall auf Kuwait 1990 auch Mubarak und das arab. Staatensystem treffen wollte, um seinen gesamtarab. Führungsanspruch zu unterstreichen – überfiel er doch Kuwait genau einen Tag, bevor die Arab. Liga zum ersten Mal seit Sadats Friedensschluß mit Israel wieder zu einer Gipfelkonferenz nach Kairo eingeladen war. Mubaraks aktive Beteiligung an der US-geführten Koalition gegen Saddam Husain hat die zentrale Stellung Ä.s in der Folgezeit gefestigt: Als das einzige Land, das mit Israel Frieden geschlossen hat, konnte Ä. eine aktive Vermittlerrolle bei der Madrider Konferenz (Okt. 1991) und im anschl. Friedensprozeß spielen. Die tiefe Spaltung der arab. Welt konnte allerdings auch Mubarak nicht überwinden.

Über Krisen und militär. Niederlagen hinweg ist das ägypt. polit. System seit 1952 eines der stabilsten im Nahen Osten geblieben. Der Prozeß der Partizipationsausweitung zu einem formalen Mehrparteiensystem hat diese Stabilität erhöht. Auch wenn Ä. weit von einer demokrat. Ordnung entfernt ist, in der ein Machtwechsel durch Wahlen denkbar wäre, genießt die Bevölkerung mehr Freiheiten und ist der Prozeß der Pluralisierung weiter gediehen als in den meisten anderen autoritären Staaten der Region.

Mubarak ist es allerdings nicht gelungen, die Wirtschaftsprobleme Ä.s und die dadurch mitverursachte soziale Krisensituation in den Griff zu bekommen. Das hat Ende der 80er Jahre islamist. Kräften erhebl. Auftrieb gegeben; deren gegen das Regime gerichtete Aktivitäten haben nach dem pro-amerik. Engagement Ä.s während der Golf-Krise 1990/91 weiter zugenommen, wodurch sich das Regime wiederum gezwungen fühlte, mit immer schärferer Repression gegen militante Islamisten vorzugehen. Die Menschenrechtssituation ist dadurch schlechter geworden und das polit. Klima wieder autoritärer – ohne daß Mitte 1993 abzusehen wäre, wohin die Entwicklung geht.

Friedemann Büttner

Lit.: *Büttner, F./Klostermeier, I.*, Ägypten, München 1991. *Goldschmidt Jr., A.*, Modern Egypt. The Formation of a Nation-State, Boulder, Col. 1988. *Heikal, M.*, Sadat. Das Ende eines Pharao, Düsseldorf/Wien 1984. *Hinnebusch, R.*, Egyptian Politics under Sadat, Cambridge 1985. *Kepel, G.*, The Prophet and Pharaoh. Muslim Extremism in Egypt, London 1985. *Krämer, G.*, Ägypten unter Mubarak. Identität und nationales Interesse, Baden-Baden 1986. *Pawelka, P.*, Herrschaft und Entwicklung im Nahen Osten: Ägypten, Heidelberg 1985. *Robbe, M./Hösel, J.* (Hrsg.), Egypt: The Revolution of July 1952 and Gamal Abdel Nasser, Berlin 1989 (= asia, africa, latin america, special issue 23). *Tripp, Ch./Owen, R.* (Hrsg.), Egypt Under Mubarak, London 1989. *Schölch, A./Mejcher, H.* (Hrsg.), Die ägyptische Gesellschaft im 20. Jahrhundert, Hamburg 1992. *Schulze, R.*, Ägypten 1936–1956. Die Nationalisierung eines kolonialen Staates, in: Mommsen, W. J. (Hrsg.), Das Ende der Kolonialreiche, Frankfurt/M. 1990, 134–167. *Springborg, R.*, Mubarak's Egypt. Fragmentation of the Political Order, Boulder/London 1989. *Vatikiotis, P. J.*, The History of Egypt. From Muhammad Ali to Mubarak, London ^{3}1985.

Algerien (Algerische Demokratische Volksrepublik)

Grunddaten: *Fläche:* 2381741 km^2. *Einwohner:* 24,7 Mio. (1990). *Einschulungsrate:* 94%. *Lebenserwartung:* 65 Jahre. *Verstädterung:* 52% (1990). *Anteile am BIP:* Landwirtschaft: 13%, Industrie: 47%, davon Verarbeitendes Gewerbe: 12%, Dienstleistungen: 41% (1990); Mitglied der OPEC, 96% der Warenausfuhr sind Brennstoffe/Mineralien (1989). *PKE* (in US-$): 2060 (1990). *BIP* (in Mio. US-$): 42150 = 42,15 Mrd. US-$ (1990). *Währung:* 1 Algerischer Dinar = 100 Centimes; 1 DM ~ 14,1 DA (Dez. 1992).

1. Historischer Überblick

Die Regentschaft Algier, die dem heutigen Algerien (A.) den Namen gab, stand – wie Tunesien und Libyen – seit dem 16. Jh. unter osman. Suzeränität, während die eigentl. Machtträger im Küstenstreifen die Deys, im Hinterland lokale Notabeln und Stammesführer waren. Mit dem Beginn der franz. Siedlungskolonisation 1830 setzte ein Prozeß der polit. und ökonom. Umgestaltung ein, der ausschl. auf die Interessen Fs ausgerichtet war. Nach dem 1. Weltkrieg formierte sich die alger. nationalist. Bewegung, die sich für mehr polit. Mitsprache und eine ökonom. Besserstellung der autochthonen Algerier einsetzte. Ihre Versuche scheiterten an der Kompromißlosigkeit der „franz. Algerier“ und ihrer polit. Interessenvertreter in der Metropole. Am 1. 11. 1954 mündete die ausweglose Situation in den nationalen Befreiungskampf. Die alger. Befreiungsfront *(Front de Libération Nationale/FLN)* konnte nach über sieben Kriegsjahren mit den Verträgen von Evian (18. 3. 1962) die Dekolonisation A.s durchsetzen und am 3. 7. 1962 die *Unabhängigkeit* verkünden. Sowohl unter Präsident Ahmed Ben Bella (1962–1965) als auch nach dessen Entmachtung durch Houari Boumedienne (19. 6. 1965) wurde gemäß den vom FLN mit der *Plattform von Tripolis* (Juni 1962) und der *Charta von Algier* (April 1964) verabschiedeten Richtlinien für ein sozialist. Entwicklungsmodell plädiert, weil dies am ehesten geeignet schien, die hinterlassenen kolonialen Strukturen nach nationalen Interessen umzugestalten.

Das Ende des seit den 60er Jahren verfolgten sozialist. Entwicklungsweges wurde mit der Erweiterung der *Nationalen Charta 1986* eingeleitet, nachdem 10 Jahre zuvor mit der *Nationalen Charta von 1976* die seit der Unabhängigkeit betonte und nach dem Staatsstreich Oberst Boumediennes gegen Präsident Ben Bella 1965 intensivierte *sozialistische Option* zur Entwicklung des Landes vorangetrieben werden und in eine neue „revolutionäre Phase“ eintreten sollte. Die sozioökonom. Realitäten zwangen indes bereits nach dem Tode Boumediennes im Dez. 1978 den Nachfolger Oberst Chadli Bendjedid dazu, eine Politik der Anpassung zu betreiben, die gleichzeitig ein offiz. Abrücken von bisherigen wirtschaftspolit. Positionen war und sich in einer Restrukturierung und Dezentralisierung einzelner Wirtschaftsbereiche niederschlug. Die *erweiterte Nationale Charta von 1986* sollte den ideolog. Rahmen abstecken. Die wirtschaftl. Zwänge, die eine Entideologisierung und Liberalisierung notwendig machten, mündeten 1989 in eine vollständige Absage an das sozialist. Modell, das sich in der Praxis als unfähig erwiesen hatte, die polit. und gesellschaftl. Widersprüche aufzufangen, für eine Abschwächung sozialer Ungleichheiten und eine relativ ausgeglichene Verteilung von Wohlstand für breite Teile der Bevölkerung zu sorgen.

Die 80er Jahre hatten im Gegenteil nachdrückl. die wachsende Diskrepanz zwischen einer kleinen Schicht von reichen Profiteuren des Systems und der Mehrheit der Bevölk. akzentuiert, zumal die nach dem Tode Boumediennes eingeleiteten Reformen im Wirtschaftssektor die massiven Einbrüche bei den Staatseinnahmen als eine Folge des Rohstoffpreisverfalls und ungünstiger Kreditabschlüsse A.s nicht abfangen konnten bzw. die Handlungsmarge der Staatsführung weiter eingrenzten, so daß deren Regelungskapazitäten entsprechend sanken. Resultat dieser wachsenden Inkompetenz der Staatsführung, den Bedürfnissen und Erwartungen der Bevölk. gerecht zu werden, war der Anstieg sozialer Konflikte wie Streiks der gewerkschaftl. organisierten Arbeitnehmer um Lohnforderungen, Streiks von (Sekundar-)Schülern und Studenten wegen schlechter Studienbedingungen aufgrund fehlender Investitionen im Bildungsbereich und wegen mangelnder Berufsperspektiven sowie Proteste unterschiedlichster Bevölkerungsgruppen wegen Infrastrukturdefiziten (u.a. fehlenden Sozialwohnungen, zusammenbrechender Transportinfrastruktur oder Wasser- und Stromversorgung). Es trat eine *Politisierung* von Teilgruppen der alger. Gesellschaft ein, die das seit 1962 unverändert autoritäre System der Einheitsparteiherrschaft, die Verkrustung und Vernetzung unter den hohen Staats-, Partei-, Militär- und Verwaltungsfunktionären, den Klientelismus sowie die herrschende Korruption für diese Situation verantwortl. machten, eine grundlegende Systemveränderung und vor allem eine *soziale* Politik forderten. Einig über das gewünschte polit. System waren sich diese politisierten Gruppen und Einzelpersönlichkeiten indes nicht. Die Forderungen oszillierten zwischen einem demokrat., pluralist. Verfassungsstaat und einem – in den 80er Jahren zunehmend offener diskutierten und schließlich geforderten – „islamischen Staat".

Die während des Befreiungskampfes und seit der Unabhängigkeit A.s bis in die Gegenwart ungelösten und verdrängten Fragen der gesellschaftl. und polit. Organisation und ideolog. Verortung, über die nie plurale Debatten geführt wurden, waren in den 80er Jahren erneut aufgebrochen. Diese Fragen, die gegenwärtig noch zur Klärung anstehen, sind auch ein Erbe der kolonialen Vergangenheit. Die koloniale Unterdrückung der alger. muslim. Bevölk. hat einen wesentl. Anteil an der Betonung der arab.-*islamischen* Identität bereits während des Befreiungskampfes, und an der ideolog. wie kulturellen *Einheitsforderung* nach der Unabhängigkeit, da plurale Konzeptionen (z.B. die Forderung nach Anerkennung der arab. und berber. Kulturkomponente oder nach pluralist. polit. Organisation) als Gefährdung wahrgenommen und gehandhabt wurden.

Mehrere ideolog.-polit. Richtungen bestimmten während des Befreiungskampfes wie auch nach der Unabhängigkeit unterschiedl. einflußreich die innenpolit. Auseinandersetzungen und die polit. Maßnahmen der Staatsführung. Es handelte sich um Befürworter 1) eines kulturell-identitären Arabismus in einem sozialist. orientierten Einparteisystem, in dem die Partei die Avantgarde verkörpern sollte (wie der erste Präsident Ben Bella), 2) eines sozialist. Entwicklungsweges und eines Einparteisystems, das einer revolutionären Führung untergeordnet war (wie der zweite Präsident Boumedienne), 3) einer demokrat.-pluralist. Staatsorganisation, gekoppelt an eine Neudefinition der kulturellen Identität (als plurale), die stark berberophon geprägt war, und 4) der Stärkung relig. Traditionen und relig. Einflusses in Politik und Gesellschaft (damit war automat. die Forderung nach einer massiven Arabisierung verbunden, weswegen relig. Traditionalisten und die Verfechter des Arabismus Affinitäten und Tendenzen zur Kooperation aufwiesen). Da relig. Traditionalisten autoritäre Strukturen nicht in Frage stellten, hatten sie von seiten der Sozialismus- und Einheitsparteibefürworter generell keine Opposition zu erwarten.

Die Einheitspartei, als die der FLN seit der Unabhängigkeit bis 1989 fungierte, hatte zu Beginn der 60er Jahre Kritiker ausgegrenzt, war primär am Machterhalt interessiert und vereinte in ihren Reihen entsprechend Sozialisten boumediennescher Ausprägung, Arabismus-Verfechter, relig. Traditionalisten, aber auch gesellschaftspolit. Entwicklungen berücksichtigende Pragmatiker, die Reformen, eine Entideologisierung und parteiinterne Demokratisierung wünschten. Letztere traten allerdings erst mit der Einleitung des polit. Liberalisierungsprozesses 1989 in den Vordergrund.

Modernisierer, die für eine Anpassung an veränderte innen- wie außenpolit. Rahmenbedingungen und die Übernahme europ. – westl. wie östl. – (Wirtschafts-)Entwicklungskonzepte inklusive einer Säkularisierung eintraten, Traditionalisten, die teilweise die Moderne vollständig ablehnten, teilweise Einzelaspekte (sofern die ethisch-relig. Grundlagen nicht angetastet würden) aufnehmen wollten, und Reformer, die für eine Übernahme techn.-wissenschaftl. Errungenschaften und für eine geistig-relig. Erneuerung plädierten, hatten bereits nach der wachsenden kolonialen Einflußnahme Fs seit der 2. Hälfte des 19. Jh. miteinander konkurriert. Der Kampf um die nationale Unabhängigkeit einte sie vorübergehend. Eine Lösung für die Kontroverse zwischen Modernisierern, Reformern und Traditionalisten zeichnete sich indes nicht ab.

Der bewaffnete antikoloniale Kampf der 50er Jahre konnte – wie bereits der Widerstand der relig. Bruderschaften im 19. Jh. – die Mobilisierung der Bevölkerungsmehrheit gegen die Kolonialmacht nur über den Islam erreichen, während eine abstrakte Idee angesichts des Bildungsstandes der Bevölk. kaum imstande gewesen wäre, ein gleichartiges Unterstützungspotential zu aktivieren. Die politisierte Elite konnte auch aus diesem Grund um die künftige staatl. Organisation keine Grundsatzdiskussion im FLN bzw. seinem bewaffneten Arm, der *Armée de Libération Nationale (ALN),* führen. Nach der Unabhängigkeit verhinderten die Machtkämpfe mit und in der Befreiungsarmee eine diesbezügl. Diskussion. Die soziopolit. und sozioökonom. Maßnahmen (wie z. B. die Sozialisierung der Landwirtschaft, die Arabisierung und die Betonung der arab.-islam. Identität) haben ab 1970 Konflikte begünstigt, die, sofern sie die Einheitsideologie zur Zielscheibe hatten, repressiv (1981 ff. Konflikt mit Berberophonen), sofern sie die Intensivierung der Arabisierung, die Stärkung des Religiösen im Alltag zum Gegenstand hatten, mit Zugeständnissen beantwortet wurden.

Die auf sozioökonom. Druck (soziale Konflikte 1988, Eskalation in den Unruhen vom Okt. 1988) hin erfolgte *politische Liberalisierung* hat die ungelösten gesellschaftl. Grundsatzfragen und die innenpolit. Auseinandersetzungen um die Anerkennung der Forderungen einerseits nach Demokratie, Pluralismus, Trennung von Religion und Politik/Säkularisierung, andererseits nach „Islamisierung", Umsetzung des Konzeptes vom „islamischen (Einheits-)Staat", zur zentralen Debatte einer polit. aktiven Minderheit werden lassen.

Die alger. Entwicklung 1989 (neue Verf.) bis März 1992 (Verbot des *Front Islamique du Salut/FIS*) verdeutlichte, daß der Übergang vom autoritären Einparteisystem zum demokrat. Mehrparteiensystem nach 30 Jahren monolith. Herrschaft antidemokrat. Gegenbewegungen Auftrieb geben kann, insbes. dann, wenn die Bevölkerungsmehrheit der naiven Überzeugung anhängt, die formale Einführung von Demokratie bringe eine rasche sozioökonom. Verbesserung. Auf das Ausbleiben einer sofortigen Hebung des Lebensstandards reagierte ein Großteil der Bevölk. mit polit. Apathie, wie die Wahlbeteiligung an den ersten pluralen Kommunalwahlen im Juni 1990 und den Legislativwahlen 1991 verdeutlichte. Der Wahlsieg der im FIS organisierten Islamisten bei der Legislativwahl am 26. 12. 1991 hat in Absprache der militär. Führung mit der Staatsführung zu einem antidemokrat. Eingriff zur „Rettung der Demokratie" geführt. Präsident Bendjedid, der am 11. 1. 1992 zum Rücktritt bewogen wurde, um den islamist. Vormarsch besser abbremsen zu können, wurde – nach Umgehung einiger Verfassungsbestimmungen – durch einen kollegialen Rat ersetzt, den *Haut Comité d'Etat* (Staatsrat), präsidiert von Mohamed Boudiaf, einem der „historischen Führer" des Befreiungskampfes und einem Kritiker der Politik sowohl Ben Bellas als auch Boumediennes, der sich seit 1963 im Exil aufgehalten hatte. Der zweite Wahlgang wurde annulliert, die Wahl vom 26. 12. 1991 indirekt für ungültig erklärt und nach Ausschreitungen militanter FIS-Mitglieder und anderer islamist. Aktivisten am 9. 2. 1992 der *Notstand* ausgerufen. Diese Maßnahmen sollten dazu dienen, langfristig die in der Verf. von 1989 verankerte Demokratieoption zu sichern und ihre prakt. Konsolidierung einzuleiten. Auf der Basis der Verf.bestimmungen und ergänzender Gesetze (Parteiengesetz vom 5. 7. 1989; modifiziertes Versammlungsgesetz vom 2. 12. 1991; Gesetz vom 6. 12. 1991 zur Rolle der Armee bei der Sicherung der inneren Ordnung) wurde nunmehr konsequent gegen antidemokrat., verfassungswidriges Verhalten vorgegangen, während nach Annahme der Verf. von 1989 bis Juni 1991 (Ausnahmezustand 5. 6.–29. 9. 1991) und den ersten von seiten der Islamisten des FIS und autonomer Gruppen provozierten Konfrontationen mit der Staatsführung, um die sofortige Errichtung eines „islamischen Staates" zu erzwingen, zahlreiche gesetzwidrige Aktionen der Islamisten geduldet worden waren. Einen ersten Verstoß gegen die Bestimmungen des Parteiengesetzes, die u.a. vorschreiben, daß eine Partei, will sie legalisiert werden, sich zur Verf. bekennen muß und sich nicht auf die Religion stützen darf, beging die Staatsführung mit der Legalisierung des FIS und anderer islamist. Parteien selbst.

2. *Das politische System*

Bei Amtsantritt im Feb. 1979 hatte Präsident Bendjedid neben wirtschaftl. auch polit. Liberalisierungsmaßnahmen angekündigt, doch erfolgten keine systemischen Veränderungen, ledigl. einige Amnestien für polit. Gefangene und die Abschaffung von Ausreiseverboten für alger. Staatsbürger. Erst 10 Jahre später setzte Bendjedid gegen den Willen eines Großteils der FLN-Führungskader die *Aufhebung des Einheitsparteimonopols* durch. Die neue (bislang dritte) Verf. A.s wurde am 23. 2. 1989 per Referendum mit 73,43% der abgegebenen Stimmen bei einer Wahlbeteiligung von 78,98% angenommen. Diese Verf. brach zwar nicht mit dem Präsidialsystem, sie brach jedoch mit dem System der Einheitspartei und der bislang ebenfalls verfassungsmäßig verankerten Sozialismusoption.

2.1. Verfassung und formale Legitimationsbasis des politischen Systems. Die Verf. von 1989 zeichnet sich dadurch aus, daß keine direkten Erläuterungen zum neuen polit. System gemacht werden; so wird an keiner Stelle der Begriff *Mehrparteiensystem* verwendet. Doch wird – im Gegensatz zur Verf. von 1976 – dem FLN nicht mehr das Privileg zuteil, als einzige Partei den Präsidentschaftskandidaten zu stellen und die Kandidaten fürs Parlament vorzuschlagen. Auch wurde die *Nationale Charta* (von 1976 bzw. 1986) nicht mehr als ideolog. und polit. Grundlagentext erwähnt oder die Verpflichtung zum Sozialismus verankert. Vielmehr gilt „das Volk" als Träger der nat. Souveränität. Während der Großteil der Verf.bestimmungen zu den Rechten und Freiheiten und den Pflichten der Staatsbürger bestehen blieb (Art. 28–66), wurde mit Art. 32 eine Neuerung eingeführt: Art. 32 garantiert die individuelle und assoziative Verteidigung der Menschen-/Grundrechte und der individuellen und kollektiven Freiheiten. Das Streikrecht gilt ferner nicht mehr nur für den Privatsektor, und mit Art. 40 wurde das Recht zugestanden, *Vereinigungen politischen Charakters* zu begründen, womit ein Mehrparteiensystem zugelassen wurde.

Eine weitere wesentl. Änderung betrifft das Recht des *Premierministers,* die Regierungsmitglieder zu ernennen und das Regierungsprogramm zu formulieren, über das das Parlament abstimmt. Durch diese Bestimmungen wurde das Amt des (vom Präsidenten ernannten und ihm direkt unterstellten) Premierministers aufgewertet. Dennoch wurden die zentrale Funktion des *Staatspräsidenten* und seine Prärogativen nicht beschnitten, eine Kontrolle des Präsidenten ist in der Verf. von 1989 nicht vorgesehen. Er wird in allg., direkter und geheimer Wahl auf fünf Jahre gewählt (mit der

Möglichkeit der unbegrenzten Wiederwahl) und teilt die Gesetzesinitiative mit Regierungschef und Parlament. Als Inhaber der obersten richterl., exekutiven und gesetzgeber. Gewalt und als Oberbefehlshaber der Streitkräfte kommt ihm allein die Festlegung der Verteidigungs- und der Außenpolitik zu. Er ernennt ferner die zivilen und militär. Beamten, hat das Recht, Amnestien auszusprechen und kann sich in allen Fragen von nationaler Bedeutung *direkt* über einen Volksentscheid an die Bevölk. wenden und somit das Parlament umgehen. Er präsidiert dem (neugeschaffenen) *Verfassungsrat,* der nur durch den Staatspräsidenten oder den Parlamentspräsidenten zur Klärung der Verf.mäßigkeit von Gesetzen einberufen werden kann. Der Präsident hat ferner das Recht, eine 2. Lesung von Gesetzen zu verlangen (allerdings ist eine ⅔-Mehrheit im Parlament notwendig, um das Gesetz zu verabschieden). Er kann das Parlament nach Konsultation mit dem Regierungschef und dem Parlamentspräsidenten auflösen und innerhalb von drei Monaten Neuwahlen ausschreiben. Das Parlament wiederum hat die Möglichkeit, das Regierungsprogramm abzulehnen und der Regierung das Mißtrauen auszusprechen (die Annahme eines Mißtrauensvotums zwingt die Regierung zum Rücktritt). Zur Regelung der Nachfolge des Staatspräsidenten oder zum Inkrafttreten der Interimsregelung bei Amtsunfähigkeit wurde dem Verf.rat, bestehend aus sieben Mitgliedern, mit Art. 84 die Pflicht zur Verifizierung der Amtsunfähigkeit (nicht wie bisher, dem Zentralkomitee des FLN) übertragen. Nachfolger des Präsidenten wird laut Verf. ad interim der Parlamentspräsident. Eine Demission des Präsidenten ist in der Verf. von 1989 nicht vorgesehen.

Die in der Verf. von 1989 umfassend gewährten individuellen wie kollektiven Freiheiten und Grundrechte wurden 1) in der Praxis, wenn es sich um Übertretungen der Islamisten handelte, ungenügend geahndet, und 2) durch Gesetze wie u.a. das Presse- und das Arabisierungsgesetz oder die Wahlgesetzbestimmungen verwässert oder eingeschränkt (vgl. Strafregelungen des Pressegesetzes oder die Beibehaltung von Art. 54 (2) des Wahlgesetzes bis 30. 10. 1991, als er vom Verf.gericht für verfassungswidrig erklärt wurde; dieser Artikel erlaubte Ehegatten, bei Vorlage des Familienbuches füreinander abzustimmen, was in der Praxis bedeutete, daß viele Ehemänner anstelle ihrer Ehefrau abstimmten, deren Erlaubnis nicht einmal eingeholt werden mußte). Auf der anderen Seite wurde seit dem *Ausnahmezustand* im Sommer 1991 versucht, die Menschenrechte zu stärken: Am 18. 6. 1991 wurde ein Minister für Menschenrechte ernannt, nach der Regierungsumbildung vom 22. 2. 1992 wurde eine regierungsunabhängige staatl. Organisation, die dem Staatsrat zugeordnet ist, mit der Beobachtung der Menschenrechtslage in A. betraut. Im Mittelpunkt der Politik steht seit der Demission Präsident Bendjedids und der Verhängung des Notstandes die Verpflichtung der neuen Führung, Rechtsstaatlichkeit nach Innen und nach Außen unter Beweis zu stellen. Der Staatsrat will seiner selbst erklärten Aufgabe, die Demokratie zu schützen, gerecht werden. Seine fünf Mitglieder betonten ihre Bereitschaft zum Dialog auch mit Islamisten, sofern jene bereit seien, auf Gewaltanwendung zu verzichten und die Verf. anzuerkennen. Die Front derer, die den Staatsrat in seinen Bemühungen zur Wiederherstellung der inneren Ordnung und zum normalisierten institut. Leben als Vorbedingung für die Einleitung weiterführender liberalisierender Schritte unterstützen, schien – abgesehen von den militanten islamist. Gruppen, die nach wie vor Anschläge unternahmen – zunächst breit gestreut. Das Schaffen einer Vertrauensbasis zwischen Staatsrat/Regierung und liberal und demokrat. gestimmter Bevölk. hängt indes von verschiedenen Faktoren wie u.a. der Menschenrechtssituation und v.a. den unmittelbaren Auswirkungen des Wirtschaftsreformprogrammes ab. Die Armee hat bislang ihre Rolle als Verf.schützer und -verteidiger erfüllt und diese Grenzen auch nach der Ermordung des Staatsratspräsidenten Boudiaf am 29. 6. 1992 (sein Nachfolger wurde Ali Kafi) und trotz der Zunahme terroristischer Anschläge der militanten Islamisten nicht überschritten.

2.2. *Aufbau des Staates und Programm der Parteien.* Ende 1989 beschrieb der Generalsekretär des *Rassemblement pour la Culture et la Démocratie (RCD)*, Said Sadi, das polit. System A.s als immer noch durch den FLN getragenes System. Der FLN verfügte zu diesem Zeitpunkt jedoch weder über konstitut. Legitimität wie zur Zeit der Einparteiherrschaft, noch über eine Legitimität durch Wahl. Nach den Aufforderungen zur internen Demokratisierung nach den Unruhen vom Okt. 1988 und nach der erzwungenen Aufgabe seines Monopols durchlebte der FLN heftige interne Auseinandersetzungen, die ihn handlungsunfähig machten. Eine neue Strategie und ein neues Programm hatte er bis zur Legislativwahl 1991 und auch auf der außerordentl. Tagung seines ZK vom 19. 2.

1992 nicht vorgelegt. In die nach dem Kurswechsel seit 1988 eingesetzten Regierungen waren reformstützende Persönlichkeiten berufen, die teils parteilos waren, vielfach jedoch der Reformfraktion des FLN angehörten. Das immer noch ausschließl. mit FLN-Delegierten besetzte, am 26. 2. 1987 gewählte Parlament, tat sich gleichfalls mit den von der Regierung vorgelegten reformfreudigen Gesetzentwürfen schwer. Die Parlamentarier versuchten immer wieder (wie u.a. beim Presse-, Wahl-, Parteiengesetz), Elemente aus der Zeit der Einheitsideologie hinüberzuretten in die angesagte neue Ära, und erweckten so in der Öffentlichkeit den Eindruck, daß die Reformbereitschaft der Staatsführung halbherzig und die Staatsführung nur auf Privilegiensicherung bedacht sei. Gesten wie jene Präsident Bendjedids vom 10. 6. 1991, als er sein Amt als Präsident des FLN niederlegte, oder Premierminister Ghozalis, der seine am 18. 6. 1991 vorgestellte neu gebildete Regierung als „parteilose Übergangsregierung" bezeichnete, konnten über diese weiterhin bestehende enge Verflechtung mit dem FLN nicht hinwegtäuschen.

Vor diesem Kontext der rein FLN-besetzten staatl. Institutionen und Organisationen ist die Forderung der Opposition nach baldiger Durchführung von Legislativ- und Präsidentschaftswahlen bzw. nach Auflösung des Parlaments und Bildung einer Verf.gebenden Versammlung zu sehen. Mit den Kommunalwahlen vom Juni 1990 zeigten die „alten" FLN-Kader nochmals ihre mangelnde Bereitschaft, zugunsten des Nachwuchses auf ihre Kandidatur zu verzichten, wie es die Parteispitze vorgeschlagen hatte. Diese Wahlen, die dem FIS in 853 Gemeinderäten (von 1541) und 32 Provinzparlamenten (von 48) die Mehrheit brachten, bewirkten trotz allem auf lokaler und regionaler Ebene in den Verwaltungsgremien erste personelle Veränderungen. Institutionenmäßig fand keine Modifikation des Staatsaufbaus statt. Ledigl. in den Gemeinden mit FIS-Mehrheit versuchten die FIS-Delegierten – gesetzeswidrig – Parallelinstitutionen (in den von ihnen kontrollierten Moscheen) aufzubauen und Teile ihres gesellschaftl. Moralisierungsprogrammes auch in Bereichen umzusetzen, die der Entscheidungsbefugnis der Gemeinde/Provinz entzogen sind (z.B. Aufhebung gemischter Schulklassen). Die (FLN-)Provinzgouverneure verhielten sich indes zwiespältig, bis von zentralstaatl. Seite ab Sommer 1991 die Anweisung erging, Gesetzesübertretungen dieser Art zu unterbinden.

Der FIS hat mit seiner Forderung nach dem „islamischen Staat", gekoppelt an Aufrufe zur *Moralisierung der Gesellschaft* (v.a. der Frauen) und Versprechen, die die Lösung „aller gesellschaftlichen und politischen" Probleme verhießen, wenn nur erst der Staat nach den relig. Gesetzen (islamist. Interpretation) funktionieren würde, im Anschluß an die Unruhen vom Okt. 1988 massive Unterstützung gewonnen. Ein Beleg dafür sind die 3,5 Mio. Wählerstimmen, die er am 26. 12. 1991 bei den Legislativwahlen mobilisieren konnte. Rund 4 Mio. Wahlberechtigte sprachen sich bei dieser Wahl für eine islamist. Partei (FIS; *Mouvement Islamique de la Nahdha, Ḥarakat al-mujtamaʿ al-islâmî)* aus. Diesen islamist. Parteien mit dem Nahziel der Errichtung eines „islamischen algerischen Staates" und dem Fernziel (zumindest des FIS) der Proklamation eines Kalifats, deren polit. Ideologie als relig. begründete Einheitsideologie bezeichnet werden kann, stehen die zahlreichen, jedoch mitgliederschwachen und infrastrukturell leichtgewichtigeren Parteien gegenüber, die Demokratie und Pluralismus oder zumindest eine polit. Liberalisierung auf der Basis einer Trennung von Religion und Politik fordern (FFS; RCD; die „linken" Parteien wie *Parti des Travailleurs* und *Mouvement Ettahaddi*, vormals *Parti d'Avant-Garde Socialiste;* schließlich *Mouvement pour la Démocratie en Algérie, Mouvement Algérien pour la Justice et la Démocratie* und auch der FLN). Sie verfügen (mit Ausnahme des FLN) zudem über keinen starken finanz. Rückhalt aus dem In- oder Ausland wie die islamist. Parteien. Von den insgesamt 61 Ende des Jahres 1992 zugelassenen Parteien fällt die Mehrzahl polit. nicht ins Gewicht. Hinsichtl. der angestrebten staatl. Organisation läßt sich somit, ungeachtet der angewendeten Strategie (d.h. Befürwortung oder Ablehnung von Gewalt), eine *Polarisierung* unter den Parteien erkennen, die um die Frage der Stellung der Religion im Staat kreist. Einig ist sich jedoch die Mehrzahl der Parteien über die Aufhebung der Sozialismusoption: gefordert wird allerdings (insbes. auch vom FFS) eine „soziale Marktwirtschaft" und deren graduelle Einführung, um die Belastungen für die Bevölk. abzuschwächen.

Ein neuer Impuls für das parteipolitische Leben wird nach der geplanten Neuorganisation der Staatsführung (wahrscheinlich ein 3köpfiger Präsidialrat) im Herbst 1993 für eine zweijährige „Übergangsperiode" erwartet, in deren Anschluß nach Präsidentschaftswahlen Ende 1996 der abgebrochene Demokratisierungsprozeß wieder aufgenommen werden soll.

2.3. Partizipation der Bevölkerung am politischen System. Bei den vorgezogenen *Präsidentschaftswahlen* vom 22. 12. 1988, somit den ersten Wahlen nach den Unruhen vom Okt. 1988, die den Präsidenten veranlaßt hatten, eine polit. Liberalisierung und eine entsprechende Verf.reform anzukündigen (12.10.), beteiligten sich 89,07% der Wahlberechtigten. Der einzige Kandidat, Präsident Bendjedid, wurde mit 81,18% der abgegebenen Stimmen wiedergewählt. Es folgten am 3. 11. 1988 ein erstes Verf.referendum über eine geringfügige erste Verf.modifikation, an dem sich 82,7% der Wahlberechtigten beteiligten, von denen 92,2% für die Modifikationen stimmten. Im Feb. 1989 schließlich, als es um die Annahme der neuen, das Mehrparteiensystem einführenden Verf. ging, beteiligten sich 80% der Wahlberechtigten, von denen 73,43% für die neue Verf. stimmten. Bei diesem Ergebnis muß berücksichtigt werden, daß zahlreiche FLN-Kader aus Gründen der Vormacht- und Privilegienabsicherung gegen eine Aufhebung des Einparteisystems waren.

Mit der *Einführung des Mehrparteiensystems* sollten die zunächst für Dez. 1989 angesagten *Kommunalwahlen,* die aus techn. Gründen (um den Oppositionsparteien mehr Zeit zum kaum angelaufenen organisator. Parteiaufbau zu geben) schließl. am 12. 6. 1990 stattfanden, zum ersten Mal nicht mehr reine Akklamationswahlen zur scheindemokrat. Legitimierung der „Volksrepublik" sein, sondern eine freie, Wahloptionen bietende Abstimmung, die den Wählerwillen widerspiegelt. Der Wahlmodus (nach Gesetz vom 27. 3. 1990 Verhältniswahl in einem Durchgang mit Mehrheitsprämie) sollte Sorge tragen, den Einfluß des FLN zu erhalten. Als Träger des von Staatspräsident Bendjedid eingeleiteten Wandels, ungeachtet der parteiinternen Unwilligkeit, erhoffte sich die Partei einen Bonus bei der Wählerschaft. Die Kommunalwahlen hatten entgegen der Erwartung des FLN *Protestcharakter,* waren Ausdruck der Unzufriedenheit mit 30 Jahren FLN-Herrschaft und ließen bereits das Desinteresse eines Teils der Wählerschaft erkennen, ihre polit. Einflußmöglichkeiten auszuschöpfen. Der Rückzug eines Teils der Wahlberechtigten (46%) aus der polit. Beteiligung verstärkte sich nach den Kommunalwahlen trotz der negativen Erfahrungen mit den FIS-Gemeinderäten parallel zur sozioökonom. Misere.

Die *Legislativwahlen,* für Juni 1991 angesetzt, wegen den Ausschreitungen von Islamisten auf den 26. 12. 1991 (1. Wahlgang) bzw. 16. 1. 1992 (2. Wahlgang) verschoben, drückten gleichfalls diese Weigerung zum polit. Engagement aus: 41% der Wahlberechtigten gingen nicht zur Wahl, so daß der FIS 41,4% der abgegebenen Stimmen erhielt, jedoch tatsächl. lediglich 24,6% der Wahlberechtigten band. Der Wahl waren wiederum vergebliche Versuche der (FLN-)Parlamentarier vorausgegangen, durch ein neues Wahlgesetz und eine neue Wahlkreisaufteilung den FLN zu begünstigen. Nach Protesten aller Oppositionsparteien im Anschluß an die Verabschiedung der gesetzl. Regelung im April 1991 erfolgte eine Kompromißregelung mit dem Wahlgesetz und der Wahlkreisregelung vom 15. 10. 1991. Bemerkenswert ist, daß der Wahlsieger FIS am 26. 12. 1991 gegenüber den Kommunalwahlen von 1990 über 1 Mio. Stimmen verloren hatte, d.h. zahlreiche Protestwähler umgeschwenkt waren und einige Stimmen an die anderen erstmals antretenden islamist. Parteien (HAMAS, MIN usw.) gingen.

Über 300 Wahlanfechtungen, die sich überwiegend auf FIS-Wahlbeeinflussungen bezogen, machten (wie bereits 1990) deutlich, daß das Wahlergebnis durchaus nicht nur auf der Basis freiwillig erhaltener Stimmen zugunsten des FIS ausgegangen war. Während der Wahlgewinner FIS auf den Abbruch des Wahlganges mit Demonstrationen und Gewaltakten reagierte, verhielt sich die Mehrheit der alger. Bevölk. wiederum ruhig und abwartend. 41% der Wahlberechtigten hatten zwar ihr staatsbürgerl. Wahlrecht nicht in Anspruch genommen und damit ihrer Vorstellung von staatl. und gesellschaftl. Organisation keinen Ausdruck verliehen, doch war dieser schweigende und passive Teil der Bevölk. auch nicht bereit, in den Protest der Islamisten einzustimmen. Es drückte sich vielmehr nach der Bekanntgabe des Wahlabbruchs am 16. 1. 1992 Erleichterung darüber aus, daß dem FIS-Sieg Einhalt geboten worden war.

3. Sozialstruktur

A. besitzt eine starke, polit. aktive berberophone Minderheit (20% der Gesamtbevölk., d.h. 4,8 von 25 Mio.). Ihr Hauptsiedlungsgebiet ist – neben den Großstädten – die Kabylei. Von einem bedeutenden Regionalismus als Ursache für interne Probleme kann dennoch gegenwärtig nicht gesprochen werden, da der eigentl. Gegensatz zwischen der berberophonen Minderheit und der nicht-berberophonen, sich kulturell(-sprachlich) arab.-islam. definierenden Bevölkerungsmehrheit sich zwar zunächst offensichtl. in der Sprache manifestiert, es grundsätzl. jedoch bei den seit Beginn der 80er Jahre auftretenden Konflikten um die Anerkennung und Umsetzung eines *pluralen* Identitäts- und Kulturkonzeptes geht, das auch die Anerkennung der berber. Sprache als zweite nationale Sprache beinhaltet und den Alleingültigkeitsanspruch des Arabischen als Nationalsprache und allein kulturell prägendes Element aufbricht.

Die zweite Dimension dieses Konfliktes ist staatl.-organisator. Art, mit dem pluralen Identitäts- und Kulturkonzept eng verknüpft, und mündete ab 1980 verstärkt in Forderungen nach Pluralismus und Demokratie auf allen gesellschaftl. Ebenen. Die starke Verankerung liberal ausgerichteter Parteien (FFS, RCD bzw. liberaler, unabhängiger Kandidaten) in der Kabylei, aber auch im Mzab, und die geringe Verankerung islamist. Parteien in diesen Regionen ist ein Resultat dieser Einstellung.

Es sind neben den ideolog.-polit. in erster Linie die sozialen und wirtschaftl. Probleme, die sich auf die Beziehung Staatsbürger-Staat/Staatsführung (Mechanismen: Konfrontation, Kooperation, Entzug durch polit. Passivität) auswirken. Die 1,5 Mio. Arbeitslosen, von denen die Mehrzahl unter 30 Jahre alt ist, die wachsende Zahl der Unausgebildeten, Analphabeten oder Schulabgänger ohne Abschluß, die sich mehrheitl. auf die Bidonvilles um die großen Städte Nordalgeriens – die Hauptrekrutierungsgebiete der Islamisten – konzentrieren, und die nicht parallel zum Bevölkerungswachstum (1960: 10 Mio. Ew.; 1990: 25 Mio.; 2000: geschätzt 33 Mio.) ausgebaute Infrastruktur sind Ursache und Auslöser zahlreicher, auch gewaltsam verlaufender Konflikte seit den 70er Jahren. Von der spürbaren Rezession seit Mitte der 80er Jahre ist, bis auf eine kleine, eng mit der polit. Führung verknüpfte Führungsschicht, das Gros der Bevölk. betroffen, deren Lebensstandard rapide sinkt.

4. Die wirtschaftlichen Entwicklungen

Das ökonomische Entwicklungsmodell, das in A. unter der polit. Führung *Houari Boumediennes* zwischen 1965 (Entmachtung Ben Bellas) und 1978 (Tod Boumediennes) umgesetzt wurde, versuchte im Rahmen einer autozentrierten Entwicklung auf der Basis einer forcierten Industrialisierung (modelltheoretische Umsetzung der *Big-push-Theorie* mit Elementen der Theorie der Entwicklungspole) die kolonial bedingte Unterentwicklung zu überwinden. Die steigenden Weltmarktpreise für die Erdölprodukte vor allem Ende der 70er Jahre und eine massive Auslandsverschuldung erlaubten in beachtlichem Umfang die Durchführung des Industrialisierungsmodells, das allerdings sehr früh seine negativen sozioökonom. Konsequenzen offenbarte. Nicht nur in den Bereichen Technologie, Management und Finanzen stellten sich Probleme ein, deren sichtbarster Ausdruck die mangelnde Ausschöpfung der Produktionskapazitäten war, sondern auch die gesellschaftl. Strukturen wurden gravierend beeinflußt. Die vom Industrialisierungsprozeß ausgelöste *Landflucht*, die zu einem unkontrollierbaren *Wachstum der Städte* und einer *Zersiedelung* landwirtschaftl. fruchtbaren Küstenbodens führte, wie auch erhebl. Wohnraum-, Transport- und Infrastrukturprobleme und der *Rückgang der nationalen Agrarproduktion* mit der Folge umfangreicher Nahrungsmittelimporte waren hierbei die negativsten Entwicklungen.

Mit dem Übergang der polit. Entscheidungsgewalt im Jan. 1979 auf *Chadli Bendjedid* ergab sich die Notwendigkeit einer Modifizierung des Entwicklungskonzeptes. Die eingeleiteten Wirtschaftsreformen bezogen sich erstens auf die *Reduzierung der staatlichen Eingriffe*, was im November 1987 schließlich zur Abschaffung des Planungsministeriums führte, und zweitens auf die *Restrukturierung der großen Staatsunternehmen*, die in verschiedene kleinere regionale oder produktspezifische Einheiten aufgegliedert wurden. Die dadurch in Einzelbereichen erzielten Erfolge konnten wegen der seit Anfang der 80er Jahre drastisch zurückgehenden Erdöleinnahmen (Preisverfall für Kohlenwasserstoffe) die weitere Verschlechterung der Wirtschaftslage nicht verhindern. Bis heute konnte die Krise nicht überwunden werden, vor allem auch weil die hohen Auslandsschulden (1992: 26 Mrd. US-$) in den Jahren 1990–92 bei jährl. Gesamteinnahmen von höchstens 10–12 Mrd. US-$ keinerlei finanziellen Spielraum für Investitionen und Importe lassen. Die seit Juli 1992 von Premierminister *Belaid Abdessalam* geführte Regierung setzt gegenwärtig ein Wirtschaftsprogramm um, dessen Schwergewicht auf Austerität, Reorganisation und effizienterem Management liegt. In Abstimmung mit der Gewerkschaft UGTA und flankiert von Kompensationszahlungen für die niedrigen Einkommensschichten sieht dieses Programm *Einsparungen im Staatshaushalt* durch Subventionsabbau, den Stopp von Luxusimporten, die Mobilisierung interner Ressourcen, die Förderung der Landwirtschaft und den Kampf gegen Korruption vor. Die Politik der offenen Tür gegenüber den ausländischen Investoren im Öl- und Energiebereich soll fortgesetzt werden. Eine klassische Umschuldung wird nach wie vor abgelehnt.

Eine ökonomische Besserung, die für breite Bevölkerungsschichten spürbar und auch notwendig wäre, um das durch extremistische Gruppen mobilisierbare Potential an Unzufriedenen und das Potential an Demobilisierten (v.a. der jungen Generation) zu reduzieren, ist kurz- und mittelfristig jedoch nicht in Sicht.

5. Zusammenfassende Charakterisierung der gegenwärtigen innen-, außen- und sicherheitspolitischen Situation

Die nach der Demission Präsident Bendjedids, dem Abbruch der Legislativwahlen und der Verhängung des Notstandes (9. 2. 1992) ausgebrochene Konfrontation zwischen islamist. Aktivisten und Sicherheitsorganen nahm im ersten Halbjahr 1993 an Intensität zu. Die Mobilisierungskraft der aus dem Untergrund heraus agierenden bewaffneten islamist. Gruppen reichte jedoch nicht aus, größere Bevölk.teile zu einer Konfrontation mit der Staatsführung zu bewegen. Mit dem Verbot des FIS am 4. 3. 1992 wegen Verfassungsfeindlichkeit und Verstößen gegen das Parteiengesetz nach Klage des Innenministers durch das Verwaltungsgericht in Algier war nochmals deutlich geworden, daß zukünftig die gesetzl. Regelungen zum Schutz der 1989 eingeleiteten Liberalisierung rigoros angewendet werden sollten, und gleichzeitig war den anderen legalisierten Parteien islamist. Tendenz ein polit. Signal gesetzt worden. Bislang wurden nur der FIS und solche Personen oder Gruppierungen verhaftet und jurist. verfolgt, denen Gesetzesübertretungen angelastet werden können, während von einer generellen Verfolgung von Islamisten (bzw. Andersdenkenden) nicht gesprochen werden kann. Diese Haltung wie auch die Bereitschaft und der Versuch der Staatsführung, Bedingungen zu schaffen, um die Einleitung eines polit. Demokratisierungsprozesses in einem zweiten Anlauf zu ermöglichen, kann – gekoppelt an die inzw. durch Kooperationszusagen ausländ. Kreditgeber abgesicherten Versuche, das im Feb. 1992 lancierte Wirtschaftsreformprogramm umzusetzen, um dringl. das allg. Lebensniveau zu heben, Perspektiven für die Einbindung der Jugendlichen zu schaffen und die Bidonvilles abzuschaffen – das Vertrauen der Bevölk. in die Staatsführung (und generell die Zukunft des Landes) heben. Die alger. innenpolit. Entwicklung ist gegenwärtig nach wie vor „im Fluß“, wobei trotz der Versuche der Staatsführung, sie zu kanalisieren, ein Mäandern in Einzelbereichen nicht ausgeschlossen ist. Die Umsetzung des von der derzeitigen alger. Staatsführung gewünschten Demokratisierungsprozesses wird von zahlreichen Faktoren abhängen, darunter von der Fähigkeit der Staatsführung, sich gegen die (islamist. und nichtislamist.) Gegner einer Demokratisierung zu behaupten, deren Obstruktionspolitik zu vereiteln und zuverlässige Kooperationspartner und Unterstützer zu gewinnen.

Hinsichtl. der Außenpolitik hat der Präsident des Staatsrates deutl. zu verstehen gegeben, daß A. keine Destabilisierung in den Nachbarstaaten begünstigen werde und an einer schnellen Beilegung der Westsaharafrage interessiert ist. A. kann sich der Unterstützung seiner antiislamist. Strategie durch seine Nachbarn gewiß sein, so daß die Arabische Maghrebunion indirekt durch die klare innenpolit. Entscheidung der alger. Staatsführung zur Eindämmung des islamist. Einflusses gestärkt wird.

Sigrid Faath

Lit.: Algerien, in: *Koszinowski, Th./Mattes, H.* (Hrsg.), Nahost Jahrbuch 1988ff., Opladen 1989ff. *Brahimi, A.*, Stratégies de développement pour l'Algérie. Défis et enjeux, Paris 1991. *Faath, S.*, Algerien. Gesellschaftliche Strukturen und politische Reformen zu Beginn der neunziger Jahre, Hamburg 1990 (Mitteilungen des Deutschen Orient-Instituts. 40). *Dies.*, Demokratisierungsimpuls in Algerien seit 1989, in: Faath, S./Mattes, H. (Hrsg.), Demokratie und Menschenrechte in Nordafrika, Hamburg 1992, S. 229–288. *Faath, S./Mattes, H.* (Hrsg.), Algerien, Wnqûf Band 6, Hamburg 1992. *Mattes, H.*, Algerien, in: Sternberger, D. (Hrsg.), Die Wahl der Parlamente und anderer Staatsorgane, Band II: Afrika, Berlin/New York 1978, S. 345–459. *Rouadjia, A.*, Les frères et la mosquée. Enquête sur le mouvement islamiste en Algérie, Paris 1990.

Bahrain (Staat Bahrain)

Grunddaten: *Fläche:* 691 km². *Einwohner:* 503000 (1990). Analphabetenquote: 23% (1990). *Lebenserwartung:* 69 Jahre. *Verstädterung:* 80,7% (1981). *Anteile am BIP:* Landwirtschaft: 2%, Industrie: 46%, Dienstleistungen: 52% (1990); ca. 80% der Warenausfuhr ist Erdöl. *PKE* (in US-$): 6830 (1990). *BIP* (in Mio. US-$): 3680 (1991). *Währung:* 1 Bahrain-Dinar = 1000 Fils; 1 DM ~ 0,23 BD (Dez. 1992).

1. Historischer Überblick

Die 586 km^2 große Hauptinsel des Staates Bahrain (B.) mit der Hauptstadt Manama wird mit dem schon vor 3000 Jahren von Sumerern erwähnten Handelsplatz Dilmun gleichgesetzt; Plinius erwähnte sie als Insel Tylos. Die 170000 Grabhügel im NW der Insel aus der Zeit zwischen 2800 und 1600 v. Chr. sind Zeichen für eine umfangreiche seßhafte Bauern- und Händlerkultur, basierend auf ertragreichen Süßwasserquellen. Seit der Antike kam zur Handelsfunktion bis zu ihrem Niedergang in den 1930er Jahren die Perlenfischerei, die Händler von weit her anzog. 628 n. Chr. nahmen die semitischen, von Persien aus regierten Bewohner den Islam an. Im Spannungsfeld zwischen Iran und den Arabern konnte B., das Land zwischen den zwei Meeren, sich relativ eigenständig bewahren. Der portug. Besetzung 1521–1602, die ein imposantes Fort hinterließ, folgten die Perser, die sich mit zaiditischen Omanis Mitte des 18. Jh. um den Besitz stritten.

Ab 1783 ließ sich hier die aus der Arabischen Halbinsel über Zubarah (s. Katar) eingewanderte arab. beduin. Sippe der Al Khalifa nieder. Attacken aus Oman (1799), von den Wahhabis (1809) und Persern abwehrend, konnte sie ihre Herrschaft konsolidieren, nicht zuletzt durch Schutzverträge mit GB 1820, 1856, 1861, 1880 und 1892. Damit war B. nicht nur de facto Protektorat; es wurde auch als Sitz eines brit. polit. Agenten (ab 1904) bzw. des Residenten für den (Arabischen) Golf (ab 1936/46) wichtigster imperialer Stützpunkt mit Flottenbasis seit 1935. Die Mittlerfunktion, verstärkt durch eine brit. Organisation der inneren Verwaltung seit 1932 brachte dem Land – im Gegensatz zu den Nachbarn – eine ganzheitl. Entwicklung, die auch Bildungs- und Gesundheitswesen umfaßte. Der 1968 verkündete brit. Rückzug östl. von Suez schockte die Bahrainis, die sich allerdings nicht der geplanten Föderation der Arabischen Emirate am Golf (s. VAE) anschließen wollten.

Nach Wegfall der iran. Annexionsdrohungen 1970 erklärte Amir Shaikh Isa bin Salman Al Khalifa am 15. 8. 1971 die Unabhängigkeit des Staates, der Mitglied der UNO, der Arabischen Liga, der OAPEC sowie ab 1981 des Golf-Kooperationsrates (GCC) wurde.

2. Das politische System

Der Gegensatz zwischen den ursprüngl., seßhaften schiit. Einwohnern und den eingewanderten sunnit. Wüstenarabern (Al Khalifa und befreundete Gruppen) prägt auch mittelbar die polit. Landschaft in einem Land mit feudaler Tradition.

2.1. Verfassung und politisches System. Schon in den 1920er Jahren brachen Konflikte zwischen den *Bevölkerungsgruppen* aus. Ein 1954 gegründetes „Exekutiv-Komitee", das Schiiten und Sunniten gleichberechtigt repräsentierte, und eine sich daraus entwickelnde Gewerkschaftsbewegung konnten die polit. Entwicklung jedoch nicht maßgebl. beeinflussen. Die 1970 zum Teil gewählte (übrige Mitglieder vom Amir ernannt) Verfassunggebende Versammlung erarbeitete eine Verf. (in Kraft Juni 1973), die aber trotz ihrer demokrat. Konzepte wenig Wirksamkeit zeigte und seit 1975 nicht mehr angewendet wird. 28000 Männer wählten im Juni 1973 das in der Verf. vorgesehene Parlament mit 30 Mitgliedern, in dem „linke" Abgeordnete (Opposition gegenüber der Al Khalifa) die Mehrheit bildeten. Streiks und die Weigerung der Regierung, Gewerkschaften offiziell zuzulassen, führten im August 1975 zur Auflösung. Seitdem wird die Wiederherstellung des *Parlaments* kontinuierlich gefordert. Bisher regieren Shaikh Isa Al Khalifa (geb. 1933) mit Kronprinz Shaikh Hamad bin Isa Al Khalifa (geb. 1950) weitgehend absolutistisch. Sie ernennen die übrigen Mitglieder des 15köpf. *Ministerrates* (davon 7 Angehörige der Al Khalifa).

2.2. Politische Gruppen. Obwohl nach der Verf. durchaus möglich, sind polit. Gruppen, Parteien und Gewerkschaften im Lande nicht zugelassen. Frühe gewerkschaftl. (Union der Arbeiter B.s, 1955) und demokrat. Bewegungen äußerten sich bereits in den 1950er Jahren in Streiks, die mit der Ausrufung des Ausnahmezustandes endeten. In der Illegalität sollen folgende Gruppen existieren:

– *Nationale Befreiungsfront Bahrains* (kommunistisch, seit 1955);
– Regionale Abteilung der *Baath-Partei* (panarabisch-sozialistisch, seit 1956);
– *Volksfront Bahrains* (1957, kooperiert mit Nationaler Befreiungsfront);
– *Islamische Front für die Befreiung Bahrains* (schiitisch, seit 1975).

Verhaftungswellen (u.a. 1975, 1981) und Pressionen durch das in anderen Bereichen durchaus liberale Regime verhinderten die Konsolidierung dieser Gruppen. 75 Oppositionelle gingen 1981 ins

Exil. Im April 1992 bot ihnen der Herrscher straffreie Rückkehr an.

Der Golfkrieg zwischen dem Irak und Iran 1980–1988 sowie die Besetzung Kuwaits 1990/91 haben die wichtigsten regionalen Partner der Oppositionsgruppen paralysiert, so daß in den 80er Jahren die innenpolit. Szene vergleichsweise ruhig war. Mit der Niederwerfung des Irak 1991 erstarkte Iran, der seine historisch engen Bindungen zu B. gerne durch seine schiit. „Fünfte Kolonne" im Lande verstärken möchte. Noch wirken die paternalist. Systeme auf der arab. Seite des Golfes, wo jeder am Erdölwohlstand partizipiert, auch für den schiit. Basarhändler attraktiver als die islam. Demokratie Teheraner Prägung. Der Ruf nach inneren Reformen bleibt bestehen. Ende 1991 mahnte eine Exilgruppe die vom Herrscher versprochene Wiedereinsetzung des Parlamentes an.

3. Bevölkerung und Sozialstruktur

Im Gegensatz zu den anderen kleinen Golfstaaten steckt in der Geschichte des Landes bereits genügend ethn. *Konfliktstoff*. Die im 18. Jh. einwandernden beduin. Araber sunnit. Konfession unterjochten seßhafte schiit. Bauern („Baharna"), deren Nachkommen heute noch mit ca. 60% die Mehrheit bilden. Andererseits war die Bevölk. schon ausreichend groß (1950: 110000 Einwohner), daß beim Aufbau der Erdölwirtschaft ab 1934 die angloamerikan. Erdölgesellschaften auf umfangreiche Gastarbeiter-Zuwanderungen verzichten konnten. Die einigende Kraft der Staatsreligion Islam, der alle Bahrainis angehören, darf jenseits der Konfessionen ebenfalls nicht übersehen werden.

3.1. Bevölkerungsstruktur. Von der Gesamtbevölk., die 1992 auf ca. 500000 Menschen geschätzt wurde (letzte Volkszählung 1980: 350800), sind ein Drittel Ausländer, die allerdings bis 1990 die Hälfte der 200000 Arbeitskräfte ausmachten. Bahrain. Frauen haben zwar kein Wahlrecht, sind aber ökonom. stärker integriert und stellen 18% der Arbeitskräfte. Das natürl. Bevölk.wachstum der Bahrainis liegt bei ca. 9000 Menschen pro Jahr. Seit der Kuwait-Krise 1990/91 wurden Arbeitsgesetzgebung und Niederlassungsmöglichkeiten für Ausländer erleichtert, so daß man hofft, die Abwanderungen von 1990 kompensieren zu können.

Die starke Landflucht hat zu einer Konzentration der Bevölk. auf die Städte geführt, wo 80% der Einwohner leben, darunter in der Hauptstadt Manama (35% der Gesamtbevölkerung), der Insel Muharraq (18%) und der neuen Wohnstadt Isa Town (6%). Für das Jahr 2000 rechnet man mit 457000 Bahrainis und 197000 Ausländern. Die Prognosen aus den 80er Jahren (Prognose für 1992: 545000) scheinen allerdings zu hoch.

3.2. Soziale Strukturen und Bildung. Die tradit. Gegensätze zwischen schiit. Bauern und sunnit. Beduinen mit ihrer Verwaltungselite gibt es nicht mehr; außerhalb der höchsten Staatsfunktionen haben beide Gruppen gleiche Chancen. Nur noch 2,2% der aktiven Bevölk. leben von der Landwirtschaft, dagegen sind 15% (fast ausschließl. Bahrainis) bei staatl. Behörden, 16% (Gastarbeiter) im Baugewerbe und 9% in der Industrie abhängig beschäftigt. Die Banken (s.u.) bieten ca. 7000 Arbeitsplätze. Bei den 180000 Ausländern gibt es tradit. Hierarchien. Die einflußreichen pers. Händler sind oft schon seit Jh. im Land ansässig, pflegen jedoch ihre Familienbande zu Iran. Die größte Gastarbeitergruppe kommt vom ind. Subkontinent (Indien, Pakistan, Sri Lanka) und ist v.a. mit einfachen Arbeiten in Industrie und Dienstleistungen beschäftigt. Etwa 5000 europ. und nordamerik. Manager haben Leitungsfunktionen in den Banken und der Schwerindustrie. Ihre Zahl dürfte im Gefolge des Kuwait-Krieges und des Niederganges der *off shore*-Banken abgenommen haben.

Das Gesundheits- und Bildungssystem wird vom Staat kostenlos unterhalten. 660 Ärzte (710 Ew. pro Arzt) und 1500 Krankenbetten versorgen eine junge Bevölk. (34% unter 14 Jahren, Durchschnittsalter der Bahrainis: 18,5 Jahre) mit hoher Geburten- (26,5 Geburten pro 1000 Ew./Jahr) und niedriger Sterberate (3,2 pro 1000 Ew.) bei einer Lebenserwartung von 71 Jahren. Ca. 116000 Schüler besuchen die zu 90% staatl. Schulen (Schulpflicht); 77,5% der Erwachsenen sind alphabetisiert. Die ca. 12000 Studenten verteilen sich auf die Universität von Bahrain (entstanden 1986 aus *Gulf Technical College* und *Gulf University College*) mit 6000 Studenten, die *Gulf Polytechnic School* (2600) und die 1988 mit Finanzierung durch die GCC-Staaten und den Irak eröffnete *Arabian Gulf University* (AGU). Streitigkeiten in der Finanzierung und die Konkurrenz der Nachbaruniversitäten führten allerdings dazu, daß von den geplanten 5000 Studenten an der AGU 1992 erst 600 eingeschrieben waren.

Die früh einsetzende wirtschaftl. Entwicklung brachte den *Frau-*

en größere Freiheiten als in den Nachbarländern. Weder ist der Schleier als Kleidervorschrift verbindlich, noch gibt es Behinderungen der berufl. Tätigkeit. 51% der 4000 Oberschulabsolventen pro Jahr und 54% der 800 Universitätsabsolventen sind Frauen; unter den 27000 Staatsbediensteten machen sie 32% aus. Die „Bahrainisierungs-"Bestrebungen der 80er Jahre haben folgerichtig das Arbeitskräftepotential angezapft und die Frau in das öffentl. Leben integriert.

4. Naturraum und wirtschaftliche Entwicklung

4.1. Natürliche Ausstattung. Die reichen Süßwasserquellen, die heute noch ca. 75 Mio. m^3/Jahr (allerdings bei zunehmender Versalzung) erbringen, ermöglichten die Anlage eines 5 km breiten Gürtels mit Bewässerungsfeldbau im N der Insel. Meerwasserentsalzungsanlagen in Sitra, Abu Jarjur und Al-Dur versorgen die Städte mit weiteren 66 Mio. m^3 Wasser/Jahr. Die übrigen 98,5% der Staatsfläche bestehen aus Wüstensanden und einem eozänen Kalkplateau, in dem der Dschabal Dukhan (höchste Erhebung 122 m) herausragt. Mehrere Brücken verbinden die städt. bebaute Insel Muharraq (21,13 km^2, Flughafen, Industriebetriebe) sowie die ebenfalls besiedelten Nebeninseln Nabih Saleh (0,75 km^2) und Sitra (14,3 km^2) mit der Hauptinsel. Die Insel Umm Nassan (18,9 km^2) hat durch die Landverbindung nach Saudi-Arabien (S.-A.) Bedeutung und Einwohner bekommen; die flache Sandinsel Hawar (50,6 km^2) wird auch von Katar (s. dort) beansprucht und ist nicht dauerhaft bewohnt.

Der geringe Niederschlag (durchschnittlich 81 mm/Jahr in der letzten Dekade) und die zunehmende Konkurrenz mit der Stadtbevölkerung um das Wasser lassen nur noch einen geringen Grad an landwirtschaftl. Selbstversorgung zu. 1989 stammten nur 18% der landwirtschaftl. Produkte (wertmäßig) aus heimischer Produktion. Die heutige Entwicklung des Landes wird wie bei den Nachbarstaaten überwiegend durch die Erdölwirtschaft getragen.

4.2. Erdöl und Erdgas. Bereits 1934 begann die Förderung durch die damals US-amerik., seit 1979 staatl. *Bahrain National Petroleum Company* (BANOCO). Die erste Raffinerie am Golf 1936 in Sitra (Kapazität heute: 13 Mio. t/Jahr) war Grundstein für die Weiterverarbeitung. Die geringen eigenen Vorräte des Awali-Feldes von 11 bis 15 Mio. t (offiz. Angabe, 1991) ließen aber bald erkennen, daß das Land nicht auf Dauer von der Rohölproduktion leben kann, die daher schon seit den 70er Jahren (damals Höhepunkt mit 3,7 Mio. t/Jahr) auf heute 2,96 Mio. t sank. Zusätzl. stellt jedoch S.-A. 50% der Einkünfte aus dem durch die Grenze geteilten Abu Sa'afa *off shore*-Feld zur Verfügung, die 1991 bereits 60% der staatl. Erdöleinnahmen von 712 Mio. $ ausmachten.

4.3. Industrialisierung. Folgerichtig begann das Land sehr früh mit der Inwertsetzung des (assoziierten) Erdgases, wozu heute Trokkengas aus der Khuff-Formation (Reserven: 182 Mrd. m^3) kommt. Neben dem Export als Flüssiggas wird es v.a. in der ALBA-Aluminiumhütte (seit 1971, Kapazität heute 280000 t Reinaluminium/Jahr, Verdoppelung geplant) eingesetzt, die zu ¾ dem Staat und zu ¼ S.-A. gehört. Nachgeschaltet sind ein Aluminiumwalzwerk (Garmco, seit 1986, Kapazität 60000 t/Jahr) sowie weitere Aluminiumverarbeitungsbetriebe. Eine 1984 fertiggestellte Anlage zur Herstellung von Eisenoxid-Pellets (4 Mio. t/Jahr) lag wegen techn. und Absatzschwierigkeiten mehrmals still. Mit iran. Hilfe sollen ihre Kapazität erhöht und ein Stahlwerk angeschlossen werden.

Im petrochem. Bereich wurde mit Kapitalhilfe der Nachbarländer 1985, eine Anlage zur Herstellung von Ammoniak und Methanol (je 400000 t/Jahr) als Grundlage für Kunstdünger und Kunstharze eröffnet. Ebenso der Schwerindustrie zuzuordnen ist das ASRY-Trockendock (gegründet 1977), das in drei Einheiten (seit 1992) Tanker bis 500000 t reparieren kann.

4.4. Die Dienstleistungen. In Anbetracht des Arbeitskräftepotentials und der guten Infrastruktur setzte B. v.a. auf den Dienstleistungsbereich; man wollte in den frühen 80er Jahren Beirut ablösen und der „Libanon am Golf“ werden. Neben der Konsumgüterindustrie sollten v.a. *Banken* angezogen werden. Seit 1975 konnten sich internat. Institute ohne besondere Kontrolle als *off shore*-Banken (OBUs) niederlassen; ihre Zahl stieg bis 1984 (Maximum) auf 76 mit Einlagen von 72 Mrd. US-$ (1989: 76 Mrd., 1991: 51 Mrd.). Der andauernde Golfkrieg bis 1988 und der Rückzug der Saudis 1983 aus dem bahr. Geldmarkt ließen die Intensität der Geschäfte stagnieren. Die verbliebenen 51 OBUs (1991) sahen einen Rückgang der Einlagen von 15–50% während des Kuwait-Krieges. Inzwischen wird auch das kuwait. Kapital abgezogen; die internat.

Verflechtungen in einem Geschäft, das zu 60% mit den arab. Erdölförderstaaten, zu 25% mit Europa und zu 10% mit Asien abgewickelt wurde, lockern sich zugunsten einer mehr lokalen Rolle.

Auch die Position als *Luftverkehrsdrehscheibe* für den Golf hat gelitten. Zwar besitzt die von den GCC-Staaten Katar, Oman, Abu Dhabi und B. finanzierte Fluglinie Gulf Air weiterhin ihr Zentrum auf dem Flughafen Muharraq. Die größeren internat. Fluglinien, für deren Süd- und Ostasienrouten der Zwischenstop auf halbem Wege techn. und von der Kapazität her günstig war, sind teils nach Süden (Dubai, Sharjah) ausgewichen bzw. fliegen nun nonstop.

Einen wesentl. Impuls für den (regionalen) Tourismus brachte die 1986 eröffnete 25 km lange Brücke von der Insel nach S.-A. Sie führt 1 Mio. saud. Touristen pro Jahr ins Land und eröffnet der bahr. Konsumgüterindustrie einen Markt vor der Tür.

Die Liberalisierung des Niederlassungsrechtes, wonach auch vollständig ausländ. Firmen zugelassen sind, hat bisher ca. 120 Betriebe im Bereich Baustoffe, Metallverarbeitung und Service angezogen, die sich auf die Schaffung des gemeinsamen GCC-Binnenmarktes (1999) einstellen. Die Öffnung der Börse für ausländ. Kapital Ende 1992 wird die Internationalität verstärken.

5. Perspektiven

Der Kleinstaat B. bleibt trotz des höchsten Entwicklungsstandes aller Staaten am Golf und seiner diversifizierten Wirtschaft in einer schwierigen sozio-polit. Situation. Eingeengt von mächtigen Nachbarn wie Iran, das aus den histor. Bindungen zur schiit. Mehrheit ein Einmischungsrecht beansprucht, und S.-A., das die wirtschaftl. und soziale (Frauenemanzipation!) Liberalität vor der Haustüre mit gemischten Gefühlen sieht, ist der Spielraum gering. Auf S.-A., das Budgethilfe leistet und einen Teil des Militärs (Armee: 3000 Mann, Marine ca. 500) sowie der industr. Projekte finanziert, bleibt das Land mit Haushaltsdefizit und Auslands-Bankschulden von 12,5 Mrd. US-Dollar (Ende 1991) angewiesen. Für den Territorialkonflikt mit Katar (s. dort) ist keine schnelle Lösung in Sicht. Gut sind die Beziehungen zu den USA, die von 1948 bis 1978 im Hafen Al-Jufayr offiziell einen Marinestützpunkt hatten, und die B. als strateg. Drehscheibe während des Kuwait-Krieges nutzten (Verteidigungsabkommen vom 23. 6. 1992). Beim Staatsbesuch von Shaikh Isa in den USA im Okt. 1991 wurde die Verstärkung der Truppenpräsenz befürwortet. Allerdings sendet B. als einziger

GCC-Staat seit Sommer 1992 wieder positive Signale in Richtung Irak. Dies wohl auch im Bewußtsein, daß eine weitere Schwächung des Irak wohl Iran als einzige regionale Ordnungsmacht auf den Plan bringt, der seine Interessen in B. nie verleugnet hat.

In dieser labilen Situation ist zu hoffen, daß B., aufbauend auf seinen Traditionen, den Weg einer eigenständigen sozio-ökonom. Entwicklung jenseits der „Rentnermentalität" mancher Nachbarstaaten weitergehen kann. Das Zusammenleben der verschiedenen Konfessionen kann ebenfalls als Vorbild dienen.

Konrad Schliephake

Lit.: *Alkazaz, A./Gälli, A.*, Der arabische Banken-Sektor, München (Ifo) und Hamburg (DOI) 1985. *Kay, S.*, Bahrain Island Heritage, Dubai (1989). *Koszinowski, T.*, Bahrain: Landeskunde und Beziehungen zur Bundesrepublik Deutschland, in: G. Shanneik (Hrsg.), Die Beziehungen zwischen der Bundesrepublik Deutschland und den Arabischen Golfstaaten, Bonn 1990, S. 57–65. *Nakleh, E.*, Political participation and the constitutional experiments in the Arab Gulf. Qatar and Bahrain, in: T. Niblock (Hrsg.), Social and economic development in the Arab Gulf, London 1980, S. 161–176. *Scholz, F./Zimmermann, J.*, Bahrain – Inselstaat mit Erdölmangel, in: F. Scholz (Hrsg.), Die kleinen Golfstaaten (= Klett Länderprofile), Stuttgart 1985, S. 62–91. *Zimmermann, J.*, Bahrain, in: Steinbach, U./Robert, R. (Hrsg.), Der Nahe und Mittlere Osten, Bd. 2, Opladen 1988, S. 73–81.

Irak (Republik Irak)

Grunddaten: *Fläche:* 438446 km². *Einwohner:* 18,3 Mio. (1990). *Einschulungsrate:* 96% (1989). *Lebenserwartung:* 63 Jahre. *Verstädterung:* 71% (1990). *Anteile am BIP:* Landwirtschaft: 15%, Industrie: 24%, Dienstleistungen: 62%; Mitglied der OPEC, 98% der Warenausfuhr sind Brennstoffe/Mineralien (1989). *PKE* (in US-$): 2290 (1989). *BIP* (in Mio. US-$): 29730 (1984, Schätzung). *Währung:* 1 Irak-Dinar = 1000 Fils; 1 DM ~ 0,19 ID (Dez. 1992).

1. Historischer Überblick

1.1. Der Irak bis zur Machtübernahme der Baath-Partei 1968. Das Zweistromland zwischen Euphrat und Tigris gehört zu den ältesten Zentren menschl. Zivilisation, wo Sumerer, Babylonier, Assyrer und Perser die ersten Weltreiche gründeten. Nach der Ausbreitung des Islam im 8. Jh. wurde Bagdad Zentrum des arab.-islam. Weltreiches, bis es 1258 von den Mongolen zerstört wurde. Vom Beginn des 16. Jh. bis zum Ende des 1. Weltkrieges war das Gebiet des heutigen Irak (I.) Teil des Osmanischen Reiches mit den drei Provinzen Mosul, Bagdad und Basra. Während des 1. Weltkrieges besetzte GB den I. Seine Militärherrschaft endete formell 1920, als der I. brit. Mandat wurde und das Land eine Selbstverwaltung erhielt. Am 23. 8. 1921 wurde *Emir Faisal,* der Sohn des Scherifen Husain von Mekka, zum König proklamiert. Die spez. brit. Interessen wurden durch den *Anglo-Irakischen Vertrag* vom 10. 10. 1922 garantiert. Durch Vertrag vom 18. 7. 1926 wurde die Provinz Mosul, auf die auch die Türkei Anspruch erhoben hatte, an den I. angegliedert. Nach Abschluß eines Bündnisvertrages (auf 25 Jahre) mit GB am 30. 6. 1930 (brit. Nutzung von zwei Luftwaffenstützpunkten) wurde der I. am 3. 10. 1932 nach Beendigung des Mandats als *unabhängiger Staat* in den Völkerbund aufgenommen.

Am 21. 3. 1925 trat das Grundgesetz in Kraft, das den I. als eine *Erbmonarchie* definierte. Die Legislative lag beim Parlament und beim König. Das Parlament bestand aus der Abgeordnetenkammer *(Majlis al-nuwwâb)* und dem Senat *(Majlis al-aʿyân).* Das erste aus Wahlen hervorgegangene Parlament trat am 16. 7. 1925 zusammen (anfangs 88, später 132 Abgeordnete). Der König ernannte den Premierminister und die Minister. Der häufige Wechsel der Regierungen (von 1921–1958 58 Kabinette) spiegelte die innenpolit. Instabilität wider, die die Folge starker sozialer Spannungen war, v.a. zwischen der kleinen Schicht von Notabeln, führenden Familien und Stammesscheichen auf der einen und der Masse der übrigen Bevölk. auf der anderen Seite, die besitz- und rechtlos war. Die Rivalität der führenden Familienclans um polit. Einfluß war ein weiteres Hindernis für die Entwicklung eines demokrat. Staatswesens und die innenpolit. Stabilität. Der Tod König Faisals am 8. 9. 1933 (Nachfolger wurde sein Sohn Ghazi) verschärfte die inneren Konflikte. 1935 und 1936 erhoben sich die Stämme am mittl. Euphrat gegen die Zentralregierung, sie wurden aber durch die Armee unter General *Bakr Sidqi* niedergeworfen. Durch einen *Staatsstreich* am 29. 10. 1936 nahm die *Armee* unter Bakr unmittelbaren Einfluß auf die Politik. Zwar wurde Bakr im Aug. 1937 ermordet, aber die Armee blieb fortan ein bestimmender Faktor in der Politik und ein Element der Instabilität. Am 1. 4. 1941 griff die Armee erneut in die Politik ein, um unter Führung von Rashid Ali Gailani eine pro-deutsche Politik durchzusetzen. In den am 1. 5. ausbrechenden Kämpfen gegen die brit. Truppen unterlag die irak. Seite, und nach der Flucht Gailanis am 28. 5. brach der Aufstand zusammen.

Am 14. 7. 1958 beseitigte die Armee in einem *Staatsstreich* unter Führung von General Abd al-Karim Qasim die Monarchie (wobei König Faisal II., der Kronprinz und der langjähr. Ministerpräsident General Nuri al-Sa'id den Tod fanden) und rief die Republik aus. Am 8. 2. 1963 kam in einem erneuten Armeeputsch die *Baath-Partei* an die Macht, sie wurde jedoch bereits im Okt. von General Abd al-Salam Arif von der Macht verdrängt.

1.2. Der Irak unter der Herrschaft der Baath-Partei. Am 17. 7. 1968 übernahmen baathist. Offiziere unter Führung von General Ahmad Hasan al-Bakr die Macht und errichteten die Herrschaft der *Arabischen Sozialistischen Baath-Partei (ASBP).* Nach innen wurde eine Politik der Gleichschaltung auf der Grundlage der Ideologie der ASBP verfolgt, die die konsequente Entmachtung und Ausschaltung aller der Partei feindl. gesinnten Kräfte zum Ziel hatte. Das gleiche galt für die Armee, die durch Indoktrinierung und Säuberungen zu einem der Partei bedingungslos ergebenen Machtinstrument umgestaltet wurde. Treibende Kraft hinter dieser Politik war Saddam Husain al-Takriti, stellvertretender Generalsekretär der ASBP.

Den im Okt. 1968 ausgebrochenen *Aufstand der Kurden* unter Führung von Mulla Mustafa Barazani versuchte die Regierung zunächst mit Waffengewalt zu unterdrücken, jedoch ohne Erfolg. Im März 1970 legte sie einen Friedensplan vor, in dem sie den Kurden Autonomie versprach. Nach vorübergehender Waffenruhe und Ablauf der gesetzten Frist zur Annahme des Plans bis zum 11. 3. 1974 brach der Aufstand erneut aus. Um die iran. Unterstützung für die Kurden zu unterbinden, schloß Saddam Husain am 6. 3. 1975 in Algier einen Vertrag mit Iran, in dem er zugleich die Forderung des Schahs nach Anerkennung der Grenze in der Mitte des Schatt al-Arab (Talweglinie) akzeptierte. Unmittelbar danach brach der Aufstand zusammen. Die Regierung konnte nun ihre ganze Kraft auf die Umgestaltung der Wirtschafts- und Gesellschaftsordnung im Sinne der sozialist. Baath-Ideologie konzentrieren.

Am 16. 7. 1979 übernahm *Saddam Husain* von al-Bakr, der aus gesundheitl. Gründen zurückgetreten war, die Ämter des Staatspräsidenten, des Vorsitzenden des Revolutionsrates, des Generalsekretärs der ASBP sowie des Oberkommandierenden, nachdem er schon vorher die Politik weitgehend allein bestimmt hatte. Auf die Bedrohung durch die islam. Revolution Khomeinis 1979 reagierte Saddam Husain am 22. 9. 1980 mit einem *Präventivkrieg*, der jedoch nicht zu einem schnellen Sieg und zum Zusammenbruch der Herrschaft Khomeinis führte. Von 1982 an übernahm Iran die Initiative und drängte die irak. Truppen zurück. Wiederholte Friedensangebote des I. lehnte Khomeini ab. Im Frühj. 1988 gelang den irak. Truppen mit der Rückgewinnung der Halbinsel Fao ein großer moral. Sieg. Durch den Masseneinsatz von Raketen gegen die iran. Zivilbev. in den Städten sah sich Khomeini zur Beendigung des Krieges gezwungen, und am 20. 8. wurden die Kampfhandlungen eingestellt. Der I. galt nun mit einer Armee von 1 Mio. Mann und einem umfangreichen Arsenal an Raketen und Massenvernichtungswaffen (Giftgas) als die stärkste Militärmacht (neben Israel) im Nahen Osten.

Trotz der Beendigung des Krieges forcierte die irak. Führung den Aufbau ihrer Rüstungswirtschaft, v. a. auf dem Gebiet der Raketen und der Nukleartechnik, was in Israel und im westl. Ausland mit wachsendem Mißtrauen verfolgt wurde. Die Beschlagnahme von für den I. bestimmten Atomzündern im März 1990 in London verschärfte die Spannungen zwischen dem I. und GB sowie den USA. Der I. befürchtete einen erneuten Angriff auf seine Atomanlagen (1981 hatte Israel einen Reaktor zerstört) und drohte Israel für diesen Fall mit dem Einsatz von Giftgas. Von den ölreichen Nachbarstaaten forderte Staatschef Saddam Husain neue Finanzhilfen für den Aufbau der im Krieg zerstörten Wirtschaft und speziell von Kuwait eine Grenzveränderung (Abtretung der Insel Bubian) und Kompensationen für unrechtmäßig gefördertes Erdöl. Als Verhandlungen darüber scheiterten, besetzte der I. am 2. 8. 1990 *Kuwait* und annektierte es. Den von der UNO geforderten Rückzug (Resolution 660) ließ der I. verstreichen, so daß die alliierten Truppen nach Ablauf des Ultimatums am 17. 1. 1991 ein mehrwöchiges Bombardement begannen, das schwerste Zerstörungen in der Infrastruktur verursachte. Am 24. 2. setzte die Bodenoffensive ein. Nachdem der I. seine Truppen aus Kuwait abgezogen hatte, wurden die Kämpfe am 28. 2. eingestellt.

2. *Das politische System*

2.1. Verfassung und formale Legitimationsbasis des politischen Systems. Gemäß der seit dem 16. 7. 1970 gültigen provisor. Verf. ist der I. eine souveräne demokrat. Volksrepublik. Der I. ist Teil der arab. Nation. Das Volk besteht aus zwei Nationalitäten, der arab. und der kurdischen. Die offiz. Sprache ist Arabisch, in den kurd. Gebieten Kurdisch. Der Islam ist Staatsreligion, jedoch besteht Freiheit der Religion und des Glaubens (Art. 25). Alle Bürger sind vor dem Recht gleich, unabhängig von ihrer Rasse, Sprache oder Religion (Art. 19).

Das höchste Machtorgan ist der *Kommandorat der Revolution (Majlis qiyâdat al-thaura, KRR)* mit insgesamt acht Mitgliedern (Stand Aug. 1991). Er vereinigt in sich exekutive und legislative Gewalt, wählt den Vorsitzenden des KRR und den Präsidenten der Republik, erläßt Dekrete und Gesetze, erklärt Krieg und Frieden, billigt den Haushaltsentwurf und schließt internat. Verträge. Der Vorsitzende des KRR leitet die Sitzungen, unterzeichnet Gesetze und überwacht die Arbeit der Ministerien und Institutionen des Staates (Art. 37–46).

Die *Nationalversammlung* berät über die vom KRR vorgelegten Gesetze und billigt sie. Lehnt sie ein Gesetz ab, entscheidet eine gemeinsame Sitzung mit dem KRR mit Zweidrittelmehrheit (Art. 46–55). Gemäß dem Gesetz über die Nationalversammlung vom 15. 3. 1980 werden die 250 Abgeordneten in freien Wahlen gewählt. Die erste Nationalversammlung wurde am 20. 6. 1980 gewählt (erstmals seit dem Sturz der Monarchie 1958), die letzten Wahlen fanden am 1. 4. 1989 statt.

Der *Präsident* der Rep. ist zugleich Oberkommandierender der Streitkräfte. Er ernennt und entläßt die Minister und leitet die Sitzungen des Ministerrats, der ledigl. ausführendes Organ des Präsidenten bzw. des KRR ist (Art. 60–61). Am 18. 7. 1990 wählte das Parlament Saddam Husain zum Präsidenten auf Lebenszeit.

Im Rahmen der seit dem Ende des iran.-irak. Krieges angekündigten Demokratisierung billigte der KRR am 7. 7. 1990 den Entwurf für die neue ständige Verf. Diese sieht die Abschaffung des KRR vor, an dessen Stelle ein 50köpf. Konsultativrat treten soll. Ferner soll sie die Rahmenbedingungen für ein Mehrparteiensystem sowie eine freie Presse bilden. Die Amtszeit des Präsidenten beträgt nach der neuen Verf. acht Jahre (Art. 86).

2.2. Aufbau und Programm der Parteien

2.2.1. Die Arabische Sozialistische Baath-Partei. Die seit 1968 regierende *Arabische Sozialistische Baath-Partei* ist die dominierende polit. Kraft im I. Die ASBP versteht sich als eine Kaderpartei, die bei der Transformation der Gesellschaft von einer rückschrittl. zu einer modernen im Sinne der Baath-Ideologie die führende Rolle spielt. Das höchste Organ ist die Regionalführung, deren Mitglieder (17 bei den Wahlen vom 12. 9. 1991) vom Nationalkongreß gewählt werden. An der Spitze der Regionalführung steht der Generalsekretär, seit Juli 1979 Saddam Husain.

Die ASBP hat seit ihrer Machtübernahme alle staatl. Behörden, Betriebe und Massenorganisationen (Gewerkschaften, Frauen-, Studentenverbände usw.) mit Parteimitgliedern durchsetzt und übt auf diese Weise eine umfassende Kontrolle über die Gesellschaft aus. Gleichzeitig soll damit die Beeinflussung der Bevölk. im Sinne der Parteiideologie gewährleistet werden. In den staatl. Behörden üben sie zugleich die Funktion einer zweiten Kontrollinstanz neben der offiz. Verwaltungsorganisation aus. Die Zahl der Parteimitglieder liegt bei rund 1,75 Mio.

Die wesentl. Elemente der Baath-Ideologie sind der *arabische Sozialismus,* der die von der Partei angestrebte neue Gesellschaftsordnung für die Araber beinhaltet, sowie der *Panarabismus,* dessen Ziel die Vereinigung aller Araber ist (zusammengefaßt in den Schlagworten „Einheit, Freiheit, Sozialismus“). Während die Ideologie der ASBP im wesentl. auf der von seinem Parteigründer Michel Aflaq (gest. 23. 6. 1989) entwickelten Philosophie fußt, beruht das Programm der Partei auf den auf den einzelnen Parteitagen verabschiedeten Beschlüssen sowie auf den zahlreichen Reden und Erklärungen des Generalsekretärs Saddam Husain. Obwohl die wichtigsten Grundpositionen unverändert geblieben sind, hat die Partei im Laufe der zurückliegenden 20 Jahre ihre Politik in vielerlei Hinsicht revidiert und neu formuliert, was sich auf innenpolit., wirtschaftl. und außenpolit. Aspekte in gleicher Weise bezieht. So hält die Partei zwar an ihrem Grundsatz der Nichteinmischung des Staates in die Religion und umgekehrt fest, zugleich aber bemüht sich Saddam Husain unter dem Eindruck der Re-Islamisierung um eine Verbesserung des Verhältnisses zum Islam, um den von der islam. Opposition gegenüber der Partei erhobenen Vorwurf des Atheismus zu entkräften. Seit Ende des irak.-iran. Krieges hat die

Führung verstärkt Maßnahmen zur innenpolit. Liberalisierung (Parteienpluralismus, Rede- und Publikationsfreiheit) angekündigt, ohne jedoch Taten folgen zu lassen. Gemäß dem vom KRR Anfang Sept. 1991 verabschiedeten Gesetz für polit. Parteien sollen neue Parteien zugelassen werden, die jedoch die führende Rolle der ASBP nicht in Frage stellen dürfen.

2.2.2. Die Nationale Progressive Front (NPF). Obwohl die ASBP den polit. Führungsanspruch für sich erhebt, duldet sie bis zu einem gewissen Grade andere polit. Parteien, sofern diese prinzipiell mit der Politik der ASBP übereinstimmen und deren Primat anerkennen. Hierbei geht es der ASBP v.a. darum, die eigene Machtbasis zu erweitern und den Eindruck von Toleranz gegenüber anderen polit. Kräften zu erwecken. Im Juni 1973 wurde die *Nationale Progressive Front* gebildet, in der neben der ASBP die *Kommunistische Partei des Irak* vertreten war. Nur durch den Beitritt zur NPF war es der KP möglich, einen offiz. Status zu erlangen, nachdem sie zuvor wie alle anderen Parteien auch verboten war. Die 1934 gegründete KP, die ihre Mitglieder v.a. unter den städt. Intellektuellen rekrutierte, fand besonders viele Anhänger bei den Minderheiten wie Christen und Juden. Da sie ebenfalls ihre Ziele am Sozialismus orientierte, war sie der wichtigste polit. Rivale der ASBP. Zu den wichtigsten Bestimmungen der Zusammenarbeit innerhalb der NPF zählt, daß die Agitation und Werbung von Mitgliedern in den Streitkräften und Sicherheitsorganen der ASBP vorbehalten ist. 1978 kam es zwischen ASBP und KP zum Konflikt, weil die KP angebl. innerhalb der Streitkräfte Mitglieder geworben hatte. 1978 und 1979 wurden wiederholt Angehörige der KP hingerichtet. Im März 1979 erklärte die KP ihre Mitgliedschaft in der NPF für beendet. Seitdem arbeitet sie im Untergrund.

Neben der KP sind in der NPF mehrere kurd. Splitterparteien, die mit der Regierung in Bagdad kooperieren, vertreten, wie die *Kurdische Demokratische Partei (KDP)*, die *Kurdische Progressive Partei (KPP)* und die *Kurdische Revolutionäre Partei (KRP).*

2.3. Partizipation der Bevölkerung am politischen System. Die *Nationale Aktionscharta* vom 14. 11. 1971, in der die ASBP ihr polit. Programm vorlegte, nannte die Zusammenarbeit mit den Massen und die Bereitstellung der geeigneten legislativen und polit. Bedingungen für die Entstehung demokrat. Organisationen als eines der wesentl. Ziele der ASBP. Die Partizipation der Massen am polit. Entscheidungsprozeß sollte sich nach der Vorstellung der ASBP v.a. im Rahmen der sog. Massenorganisationen vollziehen, wie den Gewerkschaften, den Berufsverbänden, der Frauen-Union, dem Studentenverband, der Jugendorganisation u.a. Da alle diese Organisationen von Mitgliedern der ASBP geführt und kontrolliert werden, verläuft die Partizipation der Bevölk. in diesen Organisationen ebenfalls nach den Vorstellungen der ASBP. Aufgabe dieser Organisationen ist es, die Bevölk. für die von der Partei und Staatsführung gesetzten Ziele zu mobilisieren. Ein weiteres Instrument der Beteiligung der Bevölk. am polit. Prozeß ist die lokale Verwaltung. Erstmals wurden 1972 in Bagdad Selbstverwaltungsorgane (Volksräte) gewählt.

3. Sozialstruktur

3.1. Soziale Schichtung. Die Revolution von 1958 bedeutete für die irak. Gesellschaft eine tiefe Zäsur. Mit ihr wurde nicht nur die Monarchie gestürzt, sondern auch die Herrschaft der Großgrundbesitzer und (Basar-) Händler, die das alte Herrschaftssystem repräsentierten, gebrochen. Die Macht wurde nun von den Vertretern der mittleren und unteren Mittelschichten (Angehörigen der Armee, Lehrern und kleinen Ladenbesitzern) übernommen. Durch die Bodenreform sowie die Verstaatlichungen verloren die Vertreter der alten Herrschaftsschicht mir ihrer wirtschaftl. Grundlage auch den polit. Einfluß. Wie die alte Führungsschicht gehört auch die neue bezügl. ihrer ethn.-relig. Herkunft überwiegend dem *arab.-sunnit. Bevölkerungsteil* an. Der innere Machtkreis um Saddam Husain besteht insbesondere aus Verwandten Saddam Husains bzw. Bekannten aus der Stadt *Takrit* am oberen Euphrat, so daß die gegenwärtige Führungsschicht mit den Takritis, den Leuten aus Takrit, gleichgesetzt wird.

Die Umschichtung in der Bevölk., die sich nach dem 2. Weltkrieg vollzog, beruhte v.a. auf den wachsenden Öleinnahmen und den daraus resultierenden wirtschaftl. Veränderungen. In den Städten entstand eine große Schicht Lohnabhängiger, v.a. in der öffentl. Verwaltung. Dieser Trend setzte sich nach der Machtübernahme durch die ASBP im Jahre 1968 fort. Für die steigende Zahl von Schulabgängern aufgrund der Verbesserung des Erziehungswesens mußte der Staat Arbeitsplätze in den staatl. Behörden bereitstellen.

Der Staat entwickelte sich zum wichtigsten Arbeitgeber. Durch regelmäßige Lohnerhöhungen sowie großzügige Absicherungen im sozialen Bereich wurde die Schicht der Lohnabhängigen in der öffentl. Verwaltung und in den staatl. Betrieben in den Städten am meisten gefördert.

Die besseren Verdienstmöglichkeiten in den Städten führten zu einer verstärkten Landflucht, was ein starkes Anwachsen der städt. Bevölk. zur Folge hatte. 1990 lag die Urbanisierungsrate bei 71%. Auf dem Land hatte der Großgrundbesitzer, der zumeist auch Stammesscheich war, seinen Einfluß verloren. An seine Stelle traten die von der Regierung eingesetzten Funktionäre, die die Ämter auf dem Dorf bekleideten und als Vertreter der Zentralregierung Autorität ausübten. Mit dem Rückgang des Einflusses der Stammesscheiche verminderte sich auch die Bedeutung der Stämme. Allerdings blieben die verwandtschaftl. Bindungen auch weiterhin ein bestimmendes Element der Gesellschaft, die nach der Übersiedlung in die Stadt erhalten blieb. Die Loyalität gegenüber der Familie bzw. der jeweiligen ethn.-relig. Gruppe, der der einzelne angehört, ist nach wie vor stärker als gegenüber dem Staat und seinen Vertretern.

3.2. Ethnisch-religiöse Minderheiten. Die Bevölk. des I. ist aufgrund ethn. und relig. Unterschiede stark fragmentiert. Mit 70–75% bilden die Araber die überwiegende Mehrheit. Der Anteil der Kurden wird auf 18–20% geschätzt. Daneben gibt es kleinere Minderheiten wie Turkmenen (2–3%), Assyrer, Armenier sowie Iraner. Die Kurden unterscheiden sich von den Arabern v.a. durch ihre Sprache, das Kurdische (ein iran. Dialekt). Ihr autonomes Gebiet erstreckt sich auf die drei Provinzen Arbil, Sulaimaniya und Dohuk. Trotz der von der Zentralregierung gewährten Autonomie, die auch die Pflege der kurd. Sprache einschließt, fühlen sich die Kurden durch die nationalarab. Politik der ASBP in ihrer kulturellen Identität bedroht und widersetzen sich daher der Politik der Regierung in Bagdad.

Nach ihrer relig. Zugehörigkeit sind rund 95% der Bevölk. Muslime. Mit einem Anteil von 50–55% an der Gesamtbevölkerung bilden die Schiiten die größte relig. Gruppe. Die Kurden sind überwiegend sunnitisch. Da sich die sunnit. Muslime aus Kurden und Arabern zusammensetzen, bilden die sunnit. Araber, zu denen auch die Mehrheit der baathistischen Führungsschicht zählt, nur eine Minderheit. Die Zahl der Christen wird auf rund 3,5% der Bevölk. geschätzt. Die Christen zerfallen in zahlreiche Konfessionen und Sekten, von denen die bedeutendsten die Nestorianer und die syr.-orthodoxen Christen sind. Neben Muslimen und Christen gibt es kleine Gruppen anderer Religionen wie Jezidis, Mandäer, Bahais und Juden.

3.3. Gewerkschaften. Nach Artikel 26 der Verf. ist die Freiheit zur Bildung von Gewerkschaften garantiert. Die existierenden Gewerkschaften sowie Berufsverbände sind jedoch nicht unabhängig, sondern unterstehen der Kontrolle durch die herrschende ASBP und sind ein Instrument zur Mobilisierung der Arbeiter. Die Interessen der Frauen werden von der irak. Frauen-Union vertreten. Zwar werden der Frau gemäß der Verf. (Art. 19) gleiche Rechte wie dem Mann eingeräumt, in der Praxis hat sich jedoch die Frau ihm unterzuordnen. Trotzdem genießt sie im I. größere Rechte als z.B. die Frauen in den Golfstaaten, und ihre Stellung ist unter der Baath-Herrschaft insgesamt verbessert worden.

4. Binnen- und außenwirtschaftliche Gegebenheiten und Entwicklungsziele

Der I. zählt aufgrund seiner großen Erdölvorräte (mit ca. 100 Mrd. nach Saudi-Arabien die zweitgrößten der Welt) zu den reichsten Ländern der Region. Zudem verfügt der I. infolge des Wasserreichtums der beiden Flüsse Euphrat und Tigris über ein großes landwirtschaftl. Potential. Diese günstigen äußeren wirtschaftl. Bedingungen nutzte die ASBP seit ihrer Machtübernahme 1968, um ihr auf der sozialist. Baath-Ideologie basierendes wirtschaftspolit. Programm zu verwirklichen, wobei die Hauptziele die Beseitigung jedweder Abhängigkeit vom Ausland und die umfassende wirtschaftl. Entwicklung und Modernisierung waren. Durch die Verf. wurde der (arab.) Sozialismus als verbindl. Ordnungsmodell festgeschrieben und wurden die Produktionsmittel, Bodenschätze, Banken und der Handel verstaatlicht. Durch eine weitere Bodenreform (die erste erfolgte 1958) wurden der Großgrundbesitz eingeschränkt und die Bildung von Genossenschaften forciert. Grundsätzl. wurden die individuelle wirtschaftl. Freiheit und der private Besitz garantiert.

Der wichtigste Wirtschaftszweig ist die *Erdölwirtschaft,* die Erdölförderung, Verarbeitung und Export umfaßt. Für die ASBP war die wichtigste Forderung die Beseitigung des ausländ. Einflusses auf den Erdölsektor, um selbst über die Höhe der Förderung und die Einnahmen bestimmen zu können. Mit der Verstaatlichung der brit. *Iraq Petroleum Company (IPC)* im Juni 1972 übernahm der I. die Erdölindustrie, die seitdem von der *Iraq National Oil Company (INOC*, gegr. 1964) verwaltet wird. Bis 1979 wurde die Ölförderung auf 168 Mio. t erhöht, und die Öleinnahmen beliefen sich 1980 auf 26,4 Mrd. US-$ (99% des Gesamtexportwertes). Neben Erdöl verfügt der I. über reiche Vorkommen an Erdgas (ca. 2000 Mrd. m^3) sowie über Schwefel und Phosphat.

Die enormen Öleinnahmen ermöglichten dem I. seit Mitte der 70er Jahre den großzügigen Ausbau von Wirtschaft und Industrie. So wurde der Umfang des *Entwicklungsplanes* 1981–85 auf 130 Mrd. US-$ ausgeweitet, was einer Steigerung gegenüber dem vorangegangenen Entwicklungsplan 1976–80 von 46% entsprach. Priorität besaß die Erdölverarbeitungsindustrie. Durch Ausweitung der Raffineriekapazität sollte zum einen der Eigenbedarf des Landes mit Erdölprodukten gedeckt und zum anderen für den Export produziert werden. Der Export von raffiniertem Öl erhöhte sich im Zeitraum von 1972 bis 1979 von 4,5 auf 40 Mio. t.

Ein weiterer Schwerpunkt war die Errichtung einer chem. bzw. Düngemittelindustrie auf der Basis von Erdöl, Erdgas und Schwefel mit Basra als Zentrum. Durch den Aufbau neuer Industrien und eine Diversifizierung sollte die einseitige Abhängigkeit vom Erdöl verringert werden. Um den Bedarf der Bauwirtschaft nach Zement zu decken, wurde die Zementproduktion stark ausgeweitet (1987: ca. 9,7 Mio. t). Der Ausbau der Konsumgüterindustrie (Kühlschränke, Fernsehgeräte, Radios usw.) war ein weiteres Anliegen der Regierung. Die landwirtschaftl. Produktion sollte durch die Ausweitung der bewässerten Flächen erhöht werden. Zu diesem Zweck wurden neue Dammbauprojekte in Angriff genommen. Hohe Investitionen wurden auch in die Infrastruktur (Schienen- und Straßenbau) getätigt.

Der Krieg mit Iran beendete die günstige wirtschaftl. Entwicklung. Mit der Zerstörung der Verladeeinrichtungen am Golf und der Einstellung der Ölexporte verlor der I. fast seine gesamten Deviseneinnahmen. Allerdings konnte der I. mit Hilfe von Krediten der benachbarten arab. Ölstaaten sowie der westl. Industrieländer, die an Investitionen im I. interessiert waren, sein Wirtschaftsprogramm zunächst fortsetzen. Seit Mitte der 80er Jahre forcierte der I. den Ausbau seiner *Rüstungsindustrie.* Im Mittelpunkt stand das Programm für den Bau von Atombomben und anderen Massenvernichtungswaffen (chemische und bakteriologische), was gegenüber dem Ausland weitgehend geheimgehalten werden konnte und erst durch die Inspektionen der UNO-Vertreter nach Ende des irak.-iran. Krieges bekannt wurde. Bei Kriegsende im Aug. 1988 hatten sich die Schulden des I. auf rund 80 Mrd. US-$ akkumuliert. Da die Einnahmen von jährl. rund 15 Mrd. US-$ nicht ausreichten, um die fälligen Zinsen zu zahlen und gleichzeitig den Wiederaufbau der Wirtschaft zu finanzieren, geriet der I. in eine schwere Finanzkrise. Zwar konnte durch den Bau von Pipelines über die Türkei zum Mittelmeer (Iskenderun) und S.-A. zum Roten Meer (Yanbuʿ) sowie durch den Wiederaufbau der Hafenanlagen am Golf die Exportkapazität Ende 1989 auf rund 4 Mio. Barrel pro Tag gesteigert werden; trotzdem lagen die Öleinnahmen wegen der rückläufigen Ölpreise bei „nur" ca. 15 Mrd. US-$, was den irak. Finanzbedarf bei weitem nicht deckte.

Staatschef Saddam Husain versuchte diese Krise zu überwinden, indem er die arab. Ölstaaten, insbesondere Kuwait, zu einem Erlaß aller Schulden und zur Zahlung neuer Finanzhilfen zu bewegen versuchte. Als dies ohne Erfolg blieb, entschloß er sich am 2. 8. 1990 zum Einmarsch in Kuwait. Mit diesem Schritt hoffte er nicht nur in den Besitz der kuwait. Finanzmittel (ca. 100 Mrd. US-$) zu gelangen, sondern sich zugleich auch einen besseren Zugang zum Golf zu sichern. Die Verhängung der Wirtschaftsblockade durch den UNO-Beschluß 660 vom 6. 8. sowie der Krieg der alliierten Truppen unter Führung der USA, insbesondere aber die 6wöchige Bombardierung, haben die Wirtschafts- und Finanzkrise des I. verschärft und das Land an den Rand des Ruins getrieben. Zu den Kosten für den Wiederaufbau der Wirtschaft und die Rückzahlung der Schulden kommen nun noch die Entschädigungsforderungen Kuwaits und anderer Staaten.

5. Zusammenfassende Charakterisierung der innen-, außen- und sicherheitspolitischen Situation

Der Golfkrieg und die von der UNO verhängten Sanktionen haben den polit. Handlungsspielraum Saddam Husains auf ein Minimum eingeschränkt. Durch die Niederwerfung der Aufstände der Schiiten und Kurden konnte Saddam Husain seine Herrschaft zunächst festigen. Der weiterschwelende Konflikt mit den Kurden birgt jedoch eine ständige Bedrohung. Mit dem angekündigten Demokratisierungsprogramm soll die Basis der Regierung in der Bevölk. verbreitert werden. Das am 3. 9. 1991 veröffentlichte Gesetz Nr. 30 über polit. Parteien soll hierfür die Grundlage bilden. Die auf dem 10. Kongreß der Regionalführung (12.–13. 9. 1991) von Saddam Husain in seiner programmat. Rede geäußerte scharfe Kritik an allen prowestl. Kräften deutet jedoch eher auf eine Verhärtung des innenpolit. Kurses hin. Saddam Husain hat sich in der Vergangenheit bei der Absicherung seiner Herrschaft v. a. auf repressive Maßnahmen gestützt, was er auch in Zukunft tun wird. Während er diese Politik jedoch durch ein großzügiges Sozialprogramm und umfangreiche Subventionen für Grundnahrungsmittel und Konsumgüter abstützen konnte (dank der Öleinnahmen), fallen diese günstigen Begleitmaßnahmen so lange weg, wie der Wirtschaftsboykott der UNO in Kraft bleibt. Dies könnte die innenpolit. Stabilität mittelfristig gefährden. Die Weigerung der USA und anderer Staaten (Ägypten, Saudi-Arabien), mit Saddam Husain zu verhandeln, macht eine aktive Außenpolitik unmöglich. Durch die Anwesenheit der UNO-Inspekteure zur Aufspürung und Vernichtung von Massenvernichtungswaffen und ihren Produktionsanlagen wird auch die Souveränität des I. eingeschränkt, was zu einer weiteren Schwächung des Ansehens Saddam Husains beitragen dürfte. Das größte Problem für die Führung stellt die Wirtschaftsblockade dar, die das Land lähmt und die allg. Krise verschärft. Ein Ende der Sanktionen wird von der Erfüllung der UNO-Forderungen abhängig gemacht. Auf absehbare Zeit fällt der I. daher als Akteur auf der nahöstl. Bühne aus. Dies dürfte so lange gelten, wie Saddam Husain an der Macht bleibt. Längerfristig aber dürfte der I. aufgrund seines Ölreichtums und seines Bevölkerungs- und Wirtschaftspotentials seine Position als wichtiger Faktor in der nahöstl. Politik wiedererlangen.

Thomas Koszinowski

Lit.: *Batatu, H.*, The Old Social Classes and the Revolutionary Movements of Iraq: Study of Iraq's Old Landed and Commercial Classes and of its Communists, Bathists and Free Officers, Princeton 1978. *Karsh, E./Rautsi, I.*, Saddam Hussein. A Political Biography, London 1991. *Al-Khalil, S.*, Republic of Fear: Saddam's Iraq, 2nd edition, London 1990. *Kienle, E.*, Ba'th v. Ba'th, London 1990. *Salinger, P./Laurent, E.*, Krieg am Golf, München 1991. *Sluglett, P./Farouk-Sluglett, M.*, Der Irak seit 1958. Von der Revolution zur Diktatur, Frankfurt/Main 1991.

Iran (Islamische Republik Iran)

Grunddaten: *Fläche:* 1645000 km². *Einwohner:* 58 Mio. (1993). *Einschulungsrate:* 109% (1989). *Lebenserwartung:* 63 Jahre. *Verstädterung:* 57% (1990). *Anteile am BIP:* Landwirtschaft: 21%, Industrie: 21%, davon Verarbeitendes Gewerbe: 8%, Dienstleistungen: 58% (1990); Mitglied der OPEC, 89% der Warenausfuhr sind Brennstoffe/Mineralien (1989). *PKE* (in US-$): 2490 (1990). *BIP* (in Mio. US-$): 116040 (1990). *Währung:* Rial; 1 DM ~ 940 Rls („floating rate") (Juni 1993).

1. Historischer Überblick

1.1. Vorrevolutionäre Geschichte. 1971 ließ der damalige Herrscher Irans (I.), Schah Mohammed Reza Pahlawi, das 2500jährige Jubiläum der iran. Monarchie feiern. Wenn auch keineswegs von einer so kontinuierl. geschichtl. Entwicklung I.s gesprochen werden kann, wie das Ereignis es ausdrücken sollte, signalisierte das Jubiläum doch nicht zu Unrecht, daß I. als einer der ältesten Staaten der Erde bezeichnet werden kann. Mit der Machtübernahme durch Kyros I. (558–528 v. Chr.) trat Persien (P.) ins Licht der Geschichte. Der Dynastie der Achämeniden folgten die Dynastien der Arsakiden (Parther/250 v. Chr.–224 n. Chr.) und der Sassaniden, deren letzter Herrscher im Jahre 636 von den arab. Eroberern gestürzt wurde. Die iran. Geschichte war bis zu diesem Zeitpunkt durch eine fast ununterbrochene Großreichspolitik, bedeutende kulturelle Leistungen und eine eigene Religion gekennzeichnet.

Nach einer – relativ raschen – Ausbreitung des *Islam* begannen bereits im 9. Jh. wieder kulturelle und polit. Eigenentwicklungen einzusetzen, die zur Emanzipation von dem starken arab. Einfluß, zur Entstehung einer zum Teil auf pers. Tradition und Sprache beruhenden „nationalen" Kultur und zur Entstehung kleiner Staatsgebilde führten, die dem arab.-islam. Kalifat in Bagdad nur noch lose verbunden waren.

Nach wechselvollem polit. Geschick, der Katastrophe der *Mongoleneinfälle* (ab 1200) sowie den Verwüstungen durch *Timur Leng* (1370–1405) bildete sich in der zweiten Hälfte des 15. Jh. in der vornehml. von turkmen. Stämmen dominierten polit. Szene I.s eine Konstellation heraus, in der es 1500 dem Führer eines turkmen. relig.-militanten Ordens gelang, sich zum Alleinherrscher in P. zu machen. Nicht zu Unrecht wird *Schah Ismail I.* (1502–1524), Führer des Ordens der Safawiden in Ardabil und Gründer der gleichnamigen Dynastie, der Schöpfer des iran. Nationalstaates genannt. Tatsächl. hatte er nicht nur dem iran. Staat weitgehend seine Grenzen, sondern auch – mit der gewaltsamen Einführung der schiit. Richtung des Islam – eine Staatsreligion gegeben.

Aus den Wirren nach dem Zusammenbruch der Safawiden-Dynastie ging die gleichfalls turkstämmige Dynastie der Qadscharen hervor (1796–1925). Mit den Qadscharen fand sich P. erstmals in den Kampf um die kolonialist. Vorherrschaft Europas in Asien verstrickt. Für GB gewann das Land als Landverbindung zum ind. Subkontinent wachsende Bedeutung. Seit den 60er Jahren des 19. Jh. versuchten die europ. Kolonialmächte, wirtschaftl. Konzessionen zu erhalten, d. h. Teile der iran. Volkswirtschaft gegen relativ geringe Bezahlung in ihre Verfügung zu bekommen. Im Aug. 1907 wurde die anglo-russ. Entente unterzeichnet, die u. a. eine *Aufteilung des Landes* in drei Teile vorsah: Die russ. Einflußsphäre umfaßte Nord- und Zentral-I. mit Teheran und Isfahan; die brit. den Südosten; eine neutrale Zone (die das Gebiet enthielt, in dem 1908 Erdöl gefunden werden sollte) lag zwischen beiden. Als GB 1914 die Aktienmehrheit der *Anglo-Iranian Oil Company* erwarb, geriet ein zentraler Wirtschaftszweig für Jahrzehnte in ausländ. Hände.

Der Kette von inneren Unruhen über nahezu zwei Jahrzehnte (Verfassungsrevolution 1905/6, die mit der Wahl zum ersten *Majlis* im Okt. 1906 ihr vorläufiges Ende fand) wurde durch Reza Khan ein Ende gesetzt. 1921 als oberster iran. Offizier der Kosaken-Brigade von GB zum Kriegsminister gemacht, ließ er 1925 den *Majlis* das Ende der Qadscharen-Dynastie erklären und ernannte sich selbst zum Begründer einer neuen Dynastie – der *Pahlawi* (Name einer mittelpers. Dynastie).

Inspiriert durch seinen türk. Zeitgenossen Atatürk, bemühte sich *Reza Schah* I. zu modernisieren und in einen *Nationalstaat westl. Prägung* umzuwandeln. Gestützt auf Armee und Bürokratie, begann er das Land zu zentralisieren und industrialisieren. Neue Gesetzeswerke im Bereich des Wirtschafts-, Straf- und Zivilrechts, die Kündigung aller Kapitulationen, Entwaffnung und Seßhaftmachung der Nomaden, Reformen des Bildungswesens durch Einführung einheitl. säkularer Volksschulen und die Eröffnung der Universität Teheran (1935), die Einführung westl. Kleidung für die Männer und das Verbot für Frauen, Schleier zu tragen, waren Maßnahmen, die darauf zielten, die nat. Unabhängigkeit herzustellen, die Zentralgewalt in Teheran zu stärken, die Rolle der Geistlichkeit und des Islam zurückzudrängen und eine Grundlage für die industr. Entwicklung zu legen. Die Rückkehr zu einer nationalen Politik, die sich auf allen Ebenen ausprägte, war die Motivation für einen Widerruf der Konzessionen an die *Anglo-Iranian Oil Company*. Die nachfolgenden Verhandlungen brachten zwar günstigere Bedingungen, die jedoch mit einem Aufschub des Auslaufens der Konzessionen auf 1993 erkauft waren.

Die Einsetzung seines Sohnes *Mohammed Reza* (1941) durch die Besatzungsmächte GB und SU (Reza Schah war eine allzu deutschfreundl. Politik unterstellt worden) führte zu neuen Abhängigkeiten, wenn sich auch zunächst ein konstitut., vom Kabinett geführtes polit. System durchsetzen konnte. Es entstanden neue polit. Parteien. Die Ausrufung unabhängiger Republiken in Aserbaidschan und Kurdistan mit sowjet. Unterstützung stellte die Regierung andererseits vor die Notwendigkeit, zunächst die territoriale Einheit wiederherzustellen.

Bei den Wahlen von 1950 konnte eine Koalition nationalist. Kräfte, die *Nationale Front* unter Mossadegh, erhebl. Stimmengewinne buchen. Die Verstaatlichung der Anglo-Iranian Oil Company und ein internat. Ölboykott als Antwort darauf führten zu einer Krise, in der der Schah 1953 das Land verließ. Ein von der Armee geführter und von den USA unterstützter Gegencoup führte zur Rückkehr des Schahs und beendete zugleich diese Ansätze eines Konstitutionalismus. Mehr und mehr wurde jede Opposition, v.a. die kommunist. *Tudeh-Partei* und die *Nationale Front*, zerschlagen. Das Parlament verfiel der gleichen Bedeutungslosigkeit wie unter Reza Schah.

Das wirtschaftl. Leben verzeichnete demgegenüber einen Aufschwung. 1954 wurde ein Ölabkommen unterzeichnet, in dem zwar die Nationalisierung theoret. aufrechterhalten wurde, die tatsächl. Kontrolle jedoch an ein Ölkonsortium überging. Die Ertragsbeteiligung I.s aber wurde verbessert. Die 60er Jahre sahen eine Reihe sozialer und wirtschaftl. Reformen, unter denen die *Weiße Revolution* (Landreform verbunden mit einer Verbesserung des Erziehungssystems) einen herausragenden Platz einnahm. Erst die rasche Steigerung der Öleinnahmen ab 1971 machte es freilich möglich, die industr. Entwicklung so zu forcieren, daß der Schah sich zu der Vision versteigen konnte, I. werde in den nächsten 15

Jahren zu den größten Industrienationen der Welt gehören. Demgegenüber wurden die Möglichkeiten der polit. Mitbestimmung immer weiter eingeschränkt.

1977 begann sich ein weit verbreiteter Widerstand zu artikulieren, der in den ersten Monaten des Jahres 1978 in eine revolutionäre Bewegung gegen den Schah überging. Angesichts des Fehlens von Möglichkeiten zu freier Meinungsäußerung, von Mitbestimmung und Mitverantwortung waren die Kanäle, die die relig. Opposition zur Verfügung stellte – und die auch seit der Niederschlagung des letzten Aufstands, in dem die Geistlichkeit *('Ulamâ')* eine Rolle gespielt hatte (1963), nie hatten effektiv kontrolliert werden können –, die einzig wirksamen Wege, Widerstand zu artikulieren und zu praktizieren. Indem schließl. der *Ayatollah Khomeini*, der bereits die Unruhen von 1963 geschürt und 1965–1978 in Nadschaf (Irak) im Exil verbracht hatte, die Führung der Revolution übernahm, mußten für den Augenblick zwangsläufig die in dem Schlagwort der „Islamischen Republik" angedeuteten relig. Elemente des Widerstandes einseitig in den Vordergrund treten. Im Inneren geschwächt und auch von den USA nicht mehr unterstützt, brach das Regime schließl. zusammen: Am 16. 1. 1979 verließ der zweite Pahlawi, Mohammed Reza, Schahinschah-e Iran, Aryamehr (König der Könige, Licht der Arier), das Land, ein Abgang, der neuen Kräften und einem neuen polit. System Raum gab.

1.2. Die Entwicklung der „Islamischen Republik". Wohl kaum einer der Beteiligten hatte erwartet, daß das nach außen gefestigt erscheinende Regime so bald zusammenbrechen würde. Auf der anderen Seite zeigten sich von Anfang an grundlegende Schwierigkeiten des neuen Regimes: Zwar war die revolut. Bewegung gegen das Regime des Schahs je länger um so mehr als eine relativ homogene Bewegung unter relig. Führung erschienen. Diese Fassade war jedoch rasch abgebröckelt, als es nach dem Abgang des Schahs und der Machtübernahme Khomeinis um die Errichtung der zuvor verkündeten „Islamischen Republik" ging. Es zeigte sich, daß dieses vage Schlagwort für die unterschiedlichsten Erwartungen gestanden hatte: für soziale Gerechtigkeit und einen höheren Lebensstandard, für ein republikan. System, für eine eigenständige und ausgewogenere wirtschaftl. Entwicklung, für Unabhängigkeit von außen, für die Verwirklichung eines „dritten Weges"; negativ stand sie gegen Verwestlichung und Bestechung. Offenbar aber hatte auch Khomeini selbst keine ausgearbeitete inhaltl. Konzeption der Staatsform der Islam. Rep.

Die ersten Frontstellungen brachen auf, als Khomeini erkennen ließ, daß er eine Islam. Rep. auf einer *fundamentalistischen Interpretation des Islam* zu gründen gedachte. Anläßl. der Abstimmung über die Islam. Rep. (Ende März 1979) kam es zu Kontroversen zwischen Khomeini auf der einen und der liberaleren Geistlichkeit sowie den Kräften der Mitte und Linken auf der anderen Seite. Kontrovers waren auch die Diskussionen, die schließl. zur Ausarbeitung einer Verf. der Islam. Rep. führten. Bei dem Referendum über die Verf. am 2. 12. 1979 kam es zu neuen Kontroversen, die sich nicht zuletzt in dem Boykott des Referendums durch etwa 50% der iran. Öffentlichkeit manifestierten. Bereits am 4. 11. war der liberale Ministerpräsident Mehdi Bazargan zurückgetreten, eine Maßnahme, die zusammen mit der Besetzung der US-Botschaft durch radikale Anhänger Ayatollah Khomeinis am 4. 11. eine weitere Verschiebung der Machtverhältnisse zugunsten der extrem relig. Kräfte angezeigt hatte.

Die Wahl des Staatspräsidenten *Abul Hassan Bani Sadr* (Jan. 1980) und Wahlen zum ersten Parlament *(Majlis)* der Islam. Rep. Iran änderten nichts an dem für den polit. Prozeß seit dem Abgang des Schahs so charakerist. Widerspruch zwischen demokrat. Fassade und autokrat. Zugriff zur Macht durch die Geistlichkeit und ihre Anhänger. Zwischen 1980 und 1982 konsolidierte sich der revolut. islam. Staat. Hinter der Fassade der anhaltenden Geiselnahme an der US-Botschaft setzte eine rigorose Säuberung aller „nicht-islam." Kräfte ein. Bis auf die kommunist. *Tudeh-Partei,* die noch bis 1982 überlebte, da sie sich aufs engste mit Khomeinis Politik zu solidarisieren schien, verschwanden alle Parteien, die nach der Revolution das polit. Erscheinungsbild I.s geprägt hatten. Die polit. Bühne wurde von der *Islamisch-Republikanischen Partei* und einer Reihe relig.-polit. Bewegungen (nicht Parteien) beherrscht, die nahezu ausschließl. die Mitglieder des Parlaments stellten. Die innere Lage war um so chaotischer, als auch die Gegenseite, namentl. die *Volksmudschahidin* (eine Gruppe, die islam. mit dem Marxismus entlehnten Gedankengut mischt), mit bewaffneten Anschlägen zum Gegenangriff überging.

In diesem Klima sich entladender innerer Spannungen brach der Krieg mit dem Irak aus. Am 22. 9. 1980 überschritten irak. Truppen nach einem anhaltenden Spannungszustand die Grenze und machten Anstalten, Teile des benachbarten Khuzistan zu besetzen. In der krit. Phase der inneren Situation hatte der Krieg einen innenpolit. stabilisierenden Effekt. Dies erwies sich, als Mitte 1982 bei zwei Bombenanschlägen neben zahlreichen anderen Opfern sowohl Präsident Raja'i als auch der Führer der *Islamisch-Republikanischen Partei* und die graue Eminenz des Regimes, Beheshti, ums Leben kamen. Mehr und mehr konnte Khomeini von da an als unumstrittener Führer und Schiedsrichter in inneren und äußeren Angelegenheiten des Landes die polit. Geschicke der Islam. Rep. I. bestimmen.

Der *Krieg gegen den Irak* bestimmte die Entwicklung der Islam. Rep. nachhaltig. Nach der Zurückschlagung der irak. Truppen Mitte 1982 gingen die iran. Truppen ihrerseits zum Angriff gegen den Irak über. Bereits ab 1984 freilich wurde erkennbar, daß I. sein Potential gegenüber den weitgesteckten Zielen überschätzt hatte. Der Rüstung des Gegners, seiner internat. Unterstützung und der aktiven Teilnahme der Großmächte auf seiner Seite hatte I. nicht viel mehr gegenüberzustellen als die Motivation der Masse seiner Kämpfer, vor allem der *Revolutionsgarden (Pasdarân)* und der jugendl. Milizen *(Basîj)*, die sich bedingungslos einem Gegner opferten, der entschlossen war, Giftgas einzusetzen, wenn dies zur Stabilisierung der Front notwendig erschien. Die Lehre vom Märtyrer *(Shuhadâ')*, der bereit war, sein Leben für den Islam zu opfern, da er in diesem Falle unmittelbar ins Paradies eingehen würde, wurde auf iran. Seite zeitweise zu einer verführerischen Droge, der Hunderttausende junger Menschen erlagen. Die wachsende Abschnürung des Erdölexports durch irak. Luftangriffe sowie namentlich die Intensivierung des *Städtekrieges* brachten die iran. Führung im Juli 1988 dazu, eine Resolution des UN-Sicherheitsrats vom Juli 1987 anzunehmen, die die Bedingungen eines Waffenstillstandes regelte. In einer langen Rede vom 20. 7. 1988 bekannte Ayatollah Khomeini, daß ihm dieser Schritt schwerer gefallen sei als „Gift zu trinken".

Mit dem Ableben Khomeinis (3. 6. 89) und der Wahl Hashemi Rafsandschanis zum Staatspräsidenten begann die iran. Politik, einen pragmatischeren Charakter anzunehmen. Die Beziehungen insbes. mit europ. Staaten wurden normalisiert, ein Fünfjahresplan wurde verabschiedet, der halbwegs realist. Entwicklungsziele anvisierte, und der Einfluß des radikalen Flügels des relig.-polit. Establishments wurde zurückgedrängt. Die Parlamentswahlen vom

April 1992 bestätigten den Kurs Rafsandschanis: Die absolute Mehrheit der Abgeordneten unterstützte seinen Kurs pragmat. Wirtschaftsentwicklung und außenpolit. Öffnung. Mitte 1993 freilich stellte sich die wirtschaftl. Lage noch immer desolat dar, ein Umstand, der auch die innere Stabilität und die außenpolit. Entfaltung I.s nachhaltig belastete.

2. Das politische System

2.1. Verfassung und formale Legitimationsbasis des politischen Systems. Am 31. 3. 1979 wurde eine Volksabstimmung über die Frage: „Wollt ihr eine Islam. Rep. anstelle des alten Regimes?" durchgeführt. Wenn sich auch 97% der Abstimmungsberechtigten dafür aussprachen, so war doch den meisten unklar, worum es sich bei einer solchen „Islam. Rep." handeln sollte. Sie hatte keine histor. Vorbilder. Die Verf. der *Islamischen Republik Iran* war von einer gewählten Verfassunggebenden Versammlung ausgearbeitet worden, in der die Mitglieder radikal relig. Orientierung über eine erdrückende Mehrheit verfügten (ca. 60 von 73). Dies hatte es den Religiösen ermöglicht, eine Verf. zu erarbeiten, die das Attribut „islamisch" wahrhaft rechtfertigte.

In der langen Präambel wird u.a. als Ziel der Verf. erklärt, die Bedingungen zu schaffen, in denen die Menschen gemäß den „erhabenen Werten" des Islam leben können, weshalb den Geistlichen die Führerschaft im Staate eingeräumt werde. Art. 2 exponiert die Glaubensgrundsätze, die der Islam. Rep. zugrunde liegen. Kernstück der Verf., die sich ansonsten über weite Strecken formal von demokrat. westl. Verf. nur wenig unterscheidet, ist die Bestimmung über die *Herrschaft des Gottesgelehrten (Wilâyat-e faqîh).* In Art. 5 wird festgestellt, daß in Abwesenheit des (verborgenen) Imam (der als „unter göttlicher Leitung stehender" *Mahdi* erwartet wird) die Führung der Gemeinde dem relig. Rechtsgelehrten zusteht, der gerecht, fromm, gelehrt und stark ist sowie von der Mehrheit des Volkes als sein Führer anerkannt wird. Die Idee des „religiösen Führers" ist ein wichtiger Bestandteil der klassischen schiit. Staatslehre, nach der die oberste Geistlichkeit berufen ist, in der Zeit der Abwesenheit des Imam für die Erhaltung der rechten islam. Lehre Sorge zu tragen. Dies bezieht sich nicht nur auf den relig. Inhalt, sondern auch auf die Aufsicht über die weltl. Herrschaft.

Mit der Einrichtung der *Wilâyat-e faqîh* ist es freilich das erste Mal, daß dem obersten Geistlichen und relig. Wächter derart weitreichende unmittelbar polit. Funktionen eingeräumt werden. Der „religiöse Führer“ thront gleichsam als oberste Instanz über einem polit. System, das ansonsten als Präsidialdemokratie organisiert ist: mit einem gewählten *Parlament* und einem starken *Präsidenten.* Der „Führer“ verfügt über eine Reihe von Zuständigkeiten, die ihm weitreichende Eingriffsmöglichkeiten in das polit. Gefüge geben (Art. 107–112). Dies gilt auch im militär. Bereich, in dem er praktisch die Rolle des Oberkommandierenden der Streitkräfte innehat.

Im Bereich der *Judikative* ist dem „Führer“ die Ernennung der obersten rechtl. Instanz vorbehalten. In seiner auch polit.-gesellschaftl. Bedeutung nicht zu unterschätzen ist auch das Recht, die sechs relig. Mitglieder eines *Rats der Wächter* (Art. 91–99) zu bestimmen, der über die Konformität aller vom Parlament verabschiedeten Gesetze mit dem Islam und der Verf. zu wachen hat. (Die anderen Mitglieder müssen sechs islam. Juristen mit Spezialisierungen in verschiedenen Rechtsgebieten sein.) Schließl. bestätigt der „Führer“ den Präsidenten nach seiner Wahl durch das Volk und kann ihn unter Billigung durch das Oberste Gericht bzw. die Nationalversammlung entlassen.

Nach dem Ableben Khomeinis wurden an der Verf. leichte Änderungen durchgeführt, die am 28. 7. 1989 (zusammen mit den Präsidentschaftswahlen) in einem Referendum angenommen wurden. Diese bezogen sich insbes. auf Klärungen der Ämter des Präsidenten wie des Islamischen Führers. Die Stellung des ersteren wurde gestärkt. Für letzteren wurde die Qualifikation als *Marja' altaqlîd* (Instanz der Nachahmung) abgeschafft und durch die niedere Ebene des *Mujtahid* ersetzt. Der von Khomeini im Winter 1988 eingesetzte *Rat zur Festsetzung des Interesses des Staates,* ein Gremium der Beratung des Islamischen Führers und der Vermittlung zwischen unterschiedl. Standpunkten in Legislative und Exekutive, wurde verfassungsmäßig verankert.

2.2. *Aufbau und Programme der Parteien.* Die Errichtung der „Herrschaft des Gottesgelehrten“ mußte fast zwangsläufig in den totalitären Staat führen. Da die einzig anerkannte Grundlage eines legitimen Staates das Wort Gottes bzw. das aus ihm abgeleitete relig. Gesetz *(Sharî'a)* ist, können Parteien mit divergierenden Programmen als gesellschaftl. Kräfte nicht akzeptiert werden. Statt Pluralität auszudiskutieren und polit. zu organisieren, gilt es vielmehr den auf dem Islam basierenden Konsens der Gläubigen herbeizuführen – gegebenenfalls mit Gewalt. Polit. Parteien werden als den Konsens spaltende Kräfte von den Islamisten als un- oder antiislam. Elemente angesehen.

Die sich unmittelbar nach der Revolution entwickelnde Parteienlandschaft war ein Reflex des breiten polit. und weltanschaul. Spektrums der Kräfte, die die Revolution getragen hatten. Als Kraft der Mitte konnte die traditionsreiche *Nationale Front* (Partei Mossadeghs) angesehen werden. Liberalen Prinzipien verhaftet (wenn auch stärker islam. eingefärbt) stand ihr die *Freiheitsbewegung Irans* des Ingenieurs und ersten Ministerpräsidenten der Islam. Rep., Mehdi Bazargan, nahe.

Jeweils auf der nationalen (und säkularist.) Rechten bzw. Linken etablierten sich eine Reihe gemäßigter bis radikaler Gruppierungen. Auf der Linken war die kommunist. *Tudeh-Partei* die traditionsreichste Partei. Unter den ethn. gebundenen Parteien ist die *Demokratische Partei Kurdistans* zu nennen, die für die kurd. Autonomie innerhalb des iran. Staates eintrat.

Die relig. Kräfte organisierten sich vornehmlich in zwei Parteien: der fundamentalist. *Islamisch-Republikanischen Partei (IRP)* unter Führung des Ayatollah Beheshti, eines Vertrauten Khomeinis, und der liberalen *Republikanischen Partei des muslimischen Volkes,* die dem Ayatollah Shariatmadari nahestand. Während erstere als das Sprachrohr Khomeinis verstanden werden konnte, trat letztere durch offene Kritik an der weitgehenden Islamisierung des öffentl. Lebens hervor. Sie war eine Sammlungsbewegung jener Kräfte, die für eine weniger weitgehende Einflußnahme der Religion in der Politik eintraten. Die Partei wurde Anfang 1980 für illegal erklärt.

Der hartnäckigste und militanteste Widerstand gegen die Durchsetzung des khomeinist. Staatskonzepts kam aus den Reihen der *Volkskämpfer-Organisation (Mujâhidîn-e khalq).* Diese verbindet in ihrem Programm eine marxist. Weltanschauung mit einer aus dem Islam abgeleiteten Soziallehre, ein Programm, das ihnen während des Kampfes gegen den Schah die Bezeichnung „islamische Marxisten“ eingetragen hatte. Unter dem Druck des Regimes zogen sich die *Mujâhidîn* seit 1981 ins Ausland zurück (vornehml. den Irak und Westeuropa), von wo sie einen propagandist. und bewaffneten Kampf gegen das Regime in Teheran führen.

Mit dem Verbot der kommunistischen *Tudeh-Partei* Ende 1982 war die IRP die einzige Gruppierung von parteimäßigem Charakter in Teheran. (Die kaltgestellte *Befreiungsbewegung Irans* Mehdi Bazargans machte nur noch durch gelegentliche Kritik an der totalitären Machtausübung, am Versagen der Verwaltung und an der Fortsetzung des Krieges von sich reden.)

Mit der Durchsetzung des Machtmonopols der khomeinist. Kräfte hatte sich die Existenz der IRP erledigt. Folgerichtig löste sich die Partei im Juni 1987 auf. Damit zerfiel das herrschende relig.-polit. Establishment in eine Reihe von Gruppierungen, die wiederum in ein „pragmatisches“ und ein „radikales“ Lager geteilt wurden. Während erstere die islam. Revolution mit den institut.-rechtl.-kulturellen Veränderungen seit 1979 abgeschlossen sehen und eine Normalisierung der Stellung I.s in der internat. Gemeinschaft anstreben, fordern letztere eine – linke – Vertiefung der revolut. Veränderungen durch Umverteilung von oben und Ausweitung des staatl. Sektors sowie den anhaltenden Export der islam. Revolution. Die Spannungen zwischen beiden Flügeln haben die – namentlich wirtschaftl. – Entwicklung I.s auch nach dem Ableben Khomeinis blockiert. Mit den Wahlen zum *Majlis* vom April 1992 scheinen sich die „Pragmatiker“, deren Exponenten Staatspräsident Hujjat al-Islam Hashemi Rafsandschani und Khomeini-Nachfolger Ayatollah Khamenei sind, durchgesetzt zu haben.

2.3. Partizipation der Bevölkerung am politischen System. Dem Vorwurf totalitärer Machtausübung ist die Führung I.s mit dem Hinweis auf die Vielzahl von Wahlen und Abstimmungen begegnet, zu denen die Bürger seit März 1979 aufgerufen wurden. So wurde die Staatsform der Islam. Rep. ebenso per Referendum angenommen wie die Verf. (2. 12. 79) und deren Änderung (28. 7. 89); und die Wahl zum ersten Parlament im Frühj. 1980 war bereits der fünfte Urnengang (neben den beiden Abstimmungen waren auch die Verfassunggebende Versammlung, 3. 8. 79, und als erster Staatspräsident Abul Hassan Bani Sadr am 25. 1. 80 gewählt worden). Sie war noch relativ pluralistisch, obwohl das vom Revolutionsrat erlassene Wahlgesetz bereits strenge Kriterien der Vorauswahl der Kandidaten festsetzte, und vornehml. „linientreue“ Kandidaten zum Zuge kamen. Hatte die IRP bei der Wahl des ersten Staatspräsidenten nur 5% der Stimmen erhalten, so war sie dann einige Monate später bei der ersten Parlamentswahl, hauptsächl. unter Ausnutzung gegebener Manipulationsmöglichkeiten, um so erfolgreicher. Sie stellte zusammen mit ihr nahestehenden Wahllisten und unabhängigen Sympathisanten die absolute Mehrheit der Abgeordneten. Die zweitgrößte Fraktion stellen 1980 die Anhänger Bani Sadrs, die auf einer Liste der „Zusammenarbeit des Volkes" mit dem Präsidenten kandidiert hatten. Die bürgerl.-liberale *Freiheitsbewegung Irans* von Mehdi Bazargan gewann 7 Sitze, die links-muslim. *Mujâhidîn-e Khalq*, die kommunist. *Tudeh-Partei* und zahlreiche kleinere Parteien gewannen keinen. Drei gewählte Kandidaten der verbotenen *Demokratischen Partei Kurdistans* wurden nachträgl. ausgeschlossen. Zu den 265 muslim. Abgeordneten kamen (und kommen) fünf Abgeordnete der anerkannten religiösen Minderheiten (Christen, Juden, Zoroastrier).

Als das Parlament am 29. 8. 81 erstmals selbst ein Wahlgesetz verabschiedete, waren die meisten der mit der IRP konkurrierenden Parteien bereits verboten bzw. in die Illegalität abgedrängt worden. Das Gesetz war nicht dazu angetan, Parteigründungen zu ermutigen: Ein detailliert geregeltes Zulassungsverfahren steht dem ebenso im Wege wie Regelungen, nach denen allen Parteien verboten ist: „Beziehungen zu fremden Staaten..., die die ... Interessen der Islam. Rep. gefährden können", zu unterhalten; die „Verleumdung und Verbreitung von Gerüchten"; jegliche „Versuche, Spaltungen in der Nation zu schaffen oder zu fördern"; sowie „Verstöße gegen islam. Standards und Prinzipien der Islam. Rep." sowie die Verbreitung „schädlicher Publikationen". Von den zugelassenen Kandidaten waren bei den Urnengängen 1984 und 1988 etwa die Hälfte Geistliche.

Die Wahlen vom April 1992 ließen den Trend erkennen, die Übermacht der Geistlichen im Parlament zugunsten von Technokraten zurückzudrängen. Schon im Vorfeld der Wahlen wurde eine Reihe bekannter Protagonisten namentl. des radikalen Flügels der Geistlichkeit auf dem Wege des Auswahlverfahrens durch den *Wächterrat* von der Teilnahme disqualifiziert. Der Wahlausgang brachte dann auch einen klaren Sieg der „Pragmatiker", die Präsident Hashemi Rafsandschani nahestehen, der seinerseits am 28. 7. 89 vom Volk direkt gewählt worden war (Anzahl der Geistlichen im 1. Parlament: 148; 2. Parl.: 127; 3. Parl.: 81; 4. Parl.: 69).

Das seit dem Frühj. 1980 bestehende und seitdem in drei weiteren planmäßig durchgeführten Wahlen rekonstruierte Parlament der Islam. Rep. verdient zwar nicht das Attribut „frei gewählt" oder gar „demokratisch"; ihm muß jedoch ein Grad der Repräsentativität und Lebendigkeit zugestanden werden, den die Scheinparlamente in einigen anderen Staaten des Nahen Ostens mit Monarchien oder Einparteidiktaturen nicht besitzen. Auch im Vergleich zu den Parlamenten der letzten Jahrzehnte des Schah-Regimes spiegelt es sicher einen Fortschritt in Richtung auf größere Repräsentativität der Volksvertretung wider.

Das Parlament ist ein Reflex der breiten Streuung von Machtpositionen und Pfründen, dem das Regime seine bisherige Stabilität verdankt hat. Die mit großem propagandist. Aufwand durchgeführten „freien" Wahlen und Nachwahlen dienten jeweils der Betonung der Volkstümlichkeit des Regimes. Das Parlament hat jedoch auch einen wirklichen Beitrag zur Mitbestimmung der Provinzen in der Zentralregierung geleistet. Die zahlenmäßig eher überrepräsentierten Abgeordneten aus den Provinzwahlkreisen, die fast alle von dort stammen, haben sich nicht weniger aktiv als die aus der Hauptstadt und den anderen Großstädten an der parlamentar. Arbeit beteiligt und zu Wort gemeldet.

Bisher ist das Parlament allerdings nur ein Machtzentrum unter vielen, dessen Wirksamkeit in hohem Maße von anderen Machtzentren, wie den *Revolutionswächtern* und lokalen *Komitees*, den seit der Revolution ernannten *Provinz- und Landkreisgouverneuren* und der in zahllosen Propaganda- und Kontrollfunktionen aktiven *Geistlichkeit*, mitbestimmt wird.

3. Sozialstruktur

Die Revolution veränderte die Gesellschaftsstruktur I.s, die trotz der Modernisierung durch den Schah tradit. oriental. Züge aufwies, tiefgreifend. Die seit 1980 gewählten Parlamente waren ein Spiegelbild derjenigen gesellschaftl. Schichten, die sich während der Revolution 1978/79 am stärksten engagiert und von deren Sieg am meisten profitiert haben. Typ. Merkmal ist der große „Karrieresprung", den viele Aktivisten der Revolution im Frühj. 1979 gemacht haben: Geistliche, auch solche mit mittlerem und niederem Rang, wurden z.B. zu Herren über Leben und Tod als Revolutionsrichter, zur obersten „Polizei"-Autorität in ihrer Stadt als Vorsitzende von Revolutionskomitees, zu einflußreichen Freitagspredigern oder Propagandisten in „politisch-ideologischen Büros", in den Streitkräften und der Polizei, zu Verwaltern der beschlagnahmten Vermögen verurteilter oder geflohener Repräsentanten des alten Regimes usw. Lehrer, Hochschuldozenten, Ingenieure, Ärzte und auch einige Facharbeiter stiegen über Nacht zu hohen Staatsämtern bis hin zu Ministern oder Provinzgouverneuren auf, übernahmen die Leitung verstaatlichter Betriebe oder eroberten die „gesäuberten" Plätze von Beamten, z.B. im Erziehungs- und Gesundheitswesen.

Die revolut. Maßnahmen gesellschaftl. Umgestaltung richteten sich in erster Linie auf die Durchsetzung islam. Grundsätze in Recht, Gesellschaft und Kultur. Neben der Wiedereinführung des islam. Strafrechts und der Durchsetzung des Alkoholverbots hat vor allem die Durchsetzung der *„islamischen Moral"* das Gesicht I.s geprägt. Durch die Widerrufung der westl. geprägten Familiengesetzgebung des Schahs wurde die Frau rechtl. und in der Öffentlichkeit den Männern nachgeordnet. Druck wurde auf Frauen ausgeübt, Berufstätigkeit zumindest in öffentl. Ämtern einzuschränken. Frauen müssen sich in der Öffentlichkeit mit dem Kopftuch bedecken bzw. mit dem Schleier *(Tschador)* verhüllen. Die Geburtenrate, die die Bevölk. seit Beginn der Islamischen Republik von 34 auf 58 Mio. (1993) anwachsen ließ, hat in dieser Re-Traditionalisierung der Rolle der Frau eine Wurzel.

Es gelang dem revolut. Regime nicht, die Landflucht auch nur zu verlangsamen. Ca. 57% der Bevölk. lebt heute in den Städten; ihr Wachstum betrug während der letzten 10 Jahre 7,5%. Allein in Teheran leben heute 40% der städt. Bevölk. I.s. Auf dem Lande hat die Revolution zu keiner durchgreifenden Änderung der Besitz- und Herrschaftsstrukturen geführt. Zwar machte der radikale Flügel der relig. Kräfte anhaltende Versuche, die gesetzl. Grundlagen für eine durchgreifende Bodenreform zu schaffen; er scheiterte aber am Widerstand der traditionalist. Kräfte. Damit bleiben Großgrundbesitzer im Zusammenwirken mit dem konservativen Klerus die auf dem Land bestimmenden Kräfte.

4. Binnen- und außenwirtschaftliche Gegebenheiten und Entwicklungsziele

Die Wirtschaftspolitik des Schah war eines der auslösenden Momente für den Widerstand gegen das Regime gewesen. Der Formulierung neuer wirtschaftspolit. Prioritäten (Infrastruktur, Landwirtschaft etc.) waren deshalb die ersten programmat. Erklärungen der neuen Führer gewidmet. Der erste Staatspräsident der Islam.

Rep., Bani Sadr, galt als einer der führenden Theoretiker eines „islam. Wirtschaftssystems".

Dennoch wurde sehr bald klar, daß die Revolution kein realist. oder realisierbares, spezifisch „islam." wirtschaftspolit. Konzept mitgebracht hatte. Der Abzug nahezu aller ausländ. Experten, auferlegte Lohnfortzahlungen der in Schwierigkeiten geratenen Betriebe, die Ablösung des Managements durch revolut. Kräfte, die „Arbeit" von Komitees in den Betrieben und die – z. T. wegen der Flucht ihrer Eigentümer notwendig werdende – Verstaatlichung zahlreicher Betriebe bedeuteten einen anhaltenden Einbruch der iran. Volkswirtschaft, dessen Folgen auch bis Ende 1992 nicht überwunden werden konnten.

Der Ausbruch des Krieges mit dem Irak (1980) verschlechterte die wirtschaftl. Rahmenbedingungen. Die Erdölproduktion sank von 3 Mio. b/d auf 1,8 Mio. b/d (1981). Während der Rohölpreis 1979/80 noch bei 35 US-$/b lag, sank er in den folgenden Jahren kontinuierlich und erreichte 1987 mit 16,90 US-$/b einen Tiefpunkt.

Mangels militär. Unterstützung von außen mußte ein bedeutender Teil der Einnahmen auf dem überteuerten internat. Waffenschwarzmarkt ausgegeben werden. Die internat. Isolierung ließ auch die ausländ. Zulieferung für die vom Schah aufgebaute Industrie weitgehend versiegen. Eine nur geringe Auslastung zahlreicher Betriebe, hohe Arbeitslosigkeit und hohe Inflationsraten blieben negative Merkmale der iran. Volkswirtschaft auch über das Ende des Krieges (Aug. 1988) hinaus.

Die volkswirtschaftl. Rahmenbedingungen wurden durch Gegensätze innerhalb des Regimes über das „islam. Wirtschaftssystem" zusätzlich belastet. 1983 wurden alle Banken dem – nicht unumstrittenen – „islam. Zinsverbot" unterworfen. Einem Flügel pragmat. Geistlicher, der für die Fortsetzung tradit. Wirtschaftspraxis und Wirtschaftsethik eintrat, standen Geistliche gegenüber, die sich vehement für eine „sozialist." Umgestaltung der Wirtschaft unter islam. Vorzeichen einsetzten. Sie forderten eine weitgehende Landverteilung an die Bauern, die Verstaatlichung der Industrie sowie des Außen- und Binnenhandels. Zu Lebzeiten Ayatollah Khomeinis waren auch die Aufnahme ausländ. Kredite sowie die Einbindung in – westlich beherrschte – internat. Finanzorganisationen strikt untersagt. Die ideologisch bestimmten Auseinandersetzungen, die quer durch die Administration und das Parlament verliefen, blockierten jede langfristige Wirtschaftsplanung.

Mit dem Ableben Khomeinis und der Amtsübernahme Hashemi Rafsandschanis, der dem pragmat. Flügel zugerechnet wird, begann eine – allerdings sehr langsame – *wirtschaftliche Erholung*. Die Außenwirtschaftsbeziehungen, bes. mit Westeuropa, wurden verbessert. Anfang 1990 wurde ein neuer Fünf-Jahres-Plan verabschiedet, der Kreditaufnahmen in Höhe von 27 Mrd. US-$ vorsah. Die Tatsache freilich, daß im 1988 gewählten 3. *Majlis* (Parlament) der radikale Flügel über die absolute Mehrheit verfügte, verhinderte einen wirkl. Durchbruch in der Wirtschaftspolitik. Ende 1992 lebte ein Großteil der Iraner am Rande des Existenzminimums und war das innenpolit. Klima durch soziale und wirtschaftl. Unzufriedenheit und Unruhe gekennzeichnet. Nachdem die Rafsandschani nahestehende Gruppe bei den Wahlen zum 4. *Majlis* (April/Mai 1992) einen erdrutschartigen Sieg errang, dürften sich die polit. Rahmenbedingungen für weitere wirtschaftl. Erholung verbessert haben. Offen wird in Teheran von der Abkehr von einer „islam. Wirtschaft" gesprochen; und das Zinsverbot wurde gelockert. Die Auslandsverschuldung I.s lag Mitte 1993 bei ca. 25 Mrd. US-Dollar. Hatte man in der Vergangenheit eine restriktive Erdölförderung gefordert, um den Preis hochzuhalten, wird nun von einer drastischen Ausweitung in den nächsten Jahren gesprochen. Eine Regierungsverordnung erlaubt ausländ. Investitionen zu 100%, während selbst zu Zeiten des Schahs der ausländ. Anteil 35% nicht überschreiten durfte.

5. *Zusammenfassende Charakterisierung der gegenwärtigen innen-, außen- und sicherheitspolitischen Situation*

Etwa anderthalb Jahrzehnte nach ihrer Gründung erscheint die Islam. Rep. Iran noch ungefestigt. Zwar ist die Revolution, aus der die von Ayatollah Khomeini geführte relig. Richtung als bestimmende Kraft hervorgegangen ist, unumkehrbar. Insofern dürfte sie als eine der wenigen wirklichen Revolutionen der Weltgeschichte zu betrachten sein. Aber das Schicksal anderer Revolutionen, nicht das letzte Wort der Geschichte zu sein, ist auch ihr nicht erspart geblieben.

Der Anspruch Khomeinis, mit der Islam. Rep. den ersten wirklich legitimen islam. Staat seit dem Ableben des Propheten Mohammed zu schaffen, konnte nicht eingelöst werden. Im Krieg gegen den Irak (1980–88) nicht erfolgreich (was dem Konzept des Exports der Revolution ein Ende setzte), in einer anhaltend schweren wirtschaftl. Krise steckend, internat. noch weitgehend isoliert, ist seit dem Ableben des Gründers auch die Fortgeltung des der Islam. Rep. zugrunde liegenden relig.-polit. Prinzips der „Herrschaft des anerkannten Gottesgelehrten" *(Wilâyat-e faqîh)* fraglich geworden. Dies um so mehr, als unter den Machthabern in Teheran kein „anerkannter Gottesgelehrter" mehr ist und die meisten Großayatollahs in Qum und an anderen relig. Zentren der schiit. Welt Khomeinis Staatskonzept gegenüber in Zurückhaltung bis Ablehnung verharren.

Auf der anderen Seite ist nicht zu übersehen, daß I. eine bestimmende Macht am Golf, im Mittleren Osten und in Zentralasien sein wird. Ins Gewicht fallen insbes. die hohe Bevölkerungszahl (die bald 60 Mio. überschreiten wird), die vorhandenen Rohstoffvorkommen (Erdöl, Erdgas, Mineralien) und auch die Entschlossenheit der polit. Führung (die hierin bruchlos an das Selbstverständnis des kaiserl. Regimes anschließt), I. einen sichtbaren Platz in der Weltpolitik zu verschaffen.

Innenpolit. ist v.a. die Tatsache bemerkenswert, daß I. seit 1980 über eine lebhafte parlamentar. Tradition verfügt. Damit haben relativ breite Teile der iran. Bevölkerung die Erfahrung von, wenn auch begrenzter, Mitbestimmung und Kritik gemacht. In dem Maße, in dem sich die Religion als bestimmender Faktor des Systems zurückzieht, könnten Elemente eines polit. und weltanschaul. Pluralismus einziehen, die im Parlament ein Austragungsforum finden.

In der Außenpolitik sind seit dem Tode Khomeinis die Bemühungen, die „islam. Revolution" zu exportieren, deutlich zurückgeschraubt worden. Die abnehmende Unterstützung der libanes. Hizbollah, die sich in der Freilassung aller westl. Geiseln in Beirut manifestierte, ist dafür das deutlichste Anzeichen. Auf der anderen Seite sind islam. Koordinaten der Außenpolitik noch immer erkennbar. Sie liegen z.B. in der Unterstützung fundamentalist. Parteien (so des FIS in Algerien), in der militär. Zusammenarbeit mit dem islamist. Militärregime im Sudan beim Kampf gegen die südsudanes. Rebellen und in der militanten Parteinahme für die palästinens. Sache, verbunden mit der Polemik gegen Israel.

Der Einbruch in den iran.-europ. Beziehungen nach dem Todesurteil Khomeinis gegen den brit. Schriftsteller Salman Rushdie konnte im Herbst 1989 relativ schnell wieder rückgängig gemacht werden. Seither ist Teheran bemüht, die Beziehungen zu den Mitgliedsländern der EG zu verbessern. Die Zukunft der Beziehungen zu den USA wird ein Schlüssel für die Zukunft des ganzen Regimes sein. Trotz gelegentl. antiamerik. Ausfälle gegen die Macht, die Khomeini als den „großen Satan“ bezeichnete, namentlich seitens des Nachfolgers Khomeinis, Ayatollah Khamenei, nähern sich beide Seiten in kleinsten Schritten einander an. Für die Islam. Rep. ist die Normalisierung mit Washington insofern vital wichtig, als sie die Voraussetzung für die umfassende wirtschaftl. Zusammenarbeit mit dem Westen wäre, die notwendig ist, um das Land aus der wirtschaftl. Dauerkrise zu führen, in die es seit der Revolution abgerutscht ist. Die wirtschaftl. Sanierung aber wäre die wichtigste Voraussetzung für polit. Stabilität und außenpolit. Berechenbarkeit.

Udo Steinbach

Lit.: *Abrahamian, E.*, Iran. Between two Revolutions, Princeton 1982. *Ebert, H.-J./Fürtig, H./Müller, H.-G./Barthel, G.*, Die Islamische Republik Iran, Köln 1987. *Ehlers, E.*, Iran, in: Steinbach, U./Robert, R. (Hrsg.), Der Nahe und Mittlere Osten, Bd. 2: Länderanalysen, Opladen 1988, S. 115–144. *Fragner, B.*, Von den Staatstheologen zum Theologenstaat. Religiöse Führung und historischer Wandel im schiitischen Persien, in: Wiener Zeitschrift für die Kunde des Morgenlandes 15 (1983), S. 73–98. *Kooroshy, J.*, Wirtschaftsordnung der Islamischen Republik Iran. Anspruch und Wirklichkeit, Hamburg 1990. *Rieck, A.*, Das Parlament in der Islamischen Republik Iran, in: Orient 30 (1989) 4, S. 537–556. *Steinbach, U.*, Die „Zweite Islamische Republik“. Der Gottesstaat auf dem Weg in die Normalität, in: Außenpolitik 41 (1990) 1, S. 73–90. *Ders.*, Iran, in: Ende, W./Steinbach, U. (Hrsg.), Der Islam in der Gegenwart, München, ^{3}1991, S. 220–235. *Tellenbach, S.*, Untersuchungen zur Verfassung der Islamischen Republik Iran vom 15. 11. 1979, Berlin 1985.

Israel (Staat Israel)

Grunddaten: *Fläche:* 21 949 km^2. *Einwohner:* 5,05 Mio. (1990). *Einschulungsrate:* 93% (1989). *Lebenserwartung:* 76 Jahre. *Verstädterung:* 92% (1990). *Anteile am BIP:* Landwirtschaft: 7%, Industrie: 36%, Dienstleistungen: 57%. *PKE* (in US-$): 9550 (1990). *BIP* (in Mio. US-$): 53 200 (1990). *Währung:* 1 Neuer Schekel = 100 Agorot; 1 DM ~ 1,70 NIS (Dez. 1992).

1. Historischer Überblick

Zwei prägende histor. Grunderfahrungen des jüd. Volkes sind in der israel. Politik wirksam: die Tradition einer kontinuierl. Verbindung mit dem Land Israel *(Eretz Israel)*, auch wenn sie über lange Zeiträume eine geistige und keine geographisch-politische war, und das Bewußtsein, ständig von anderen Völkern verfolgt worden zu sein („Holocaust-Syndrom").

1.1. Bis zur zionistischen Einwanderung. Im 13.–12. Jh. v. Chr. eroberten jüd. Stämme das „gelobte Land"; im späten 11. Jh. gründete Saul das 1. Königreich, das 930 v. Chr. in zwei Teile zerfiel: Israel (I.), 721 von den Assyrern, und Judäa, 579 v. Chr. von den Babyloniern erobert. Damit begann die *vorderasiat. Diaspora.* Während der Periode des 2. Tempels (539 v. Chr. bis 70 n. Chr.) wechselte das Land mehrmals die Oberherrschaft und wurde 63 v. Chr. römisch. Nach der Niederwerfung des letzten großen jüd. Aufstandes (Bar Kochba, 135 n. Chr.) gaben die Römer der Provinz Judäa den Namen Palästina, um die Erinnerung an alles Jüdische auszulöschen. In dieser Zeit begann die *europ. Diaspora.* Die Herrschaft ging vom Oström. Reich (bis 634 n. Chr.) an die Araber (bis 1099), Kreuzfahrer (teilw. bis 1253), Mameluken (bis 1516) und an das Osman. Reich bis zur brit. Eroberung 1917/18 über.

Von der Zerstörung des 2. Tempels (70 n. Chr.) bis ins 19. Jh. lebten zeitweise nur wenige hundert jüd. Familien im Lande I., zu Friedenszeiten mehr, nach Verfolgungen nur wenige. Zu Beginn des 19. Jh. waren es ca. 5000 Juden, 25 000 Christen und 270 000 Moslems; um 1880 25 000 Juden.

1.2. Der Jischuw: Die vorstaatliche Gemeinschaft. 1881 begann die zionist. motivierte jüd. Einwanderung in das Gebiet des späteren Palästina. Sie erfolgte in mehreren Wellen (*Alijot*, Sing. *Alija*). Die 1. Alija (1881–1904) brachte ca. 25 000 vorwiegend bürgerl.-liberale osteurop. Juden ins Land; die 2. Alija (1904–14) ca. 35 000 mittelständ. sowie linkssozialist. Juden (v. a. aus Polen und Rußland). Die ersten polit. Parteien gründeten Mitglieder der 2. Alija: *Hapoel Hazair* („Der Junge Arbeiter", sozialdemokrat.) und *Poale Zion* („Arbeiter Zions", sozialist.).

Infolge der brit. Eroberung Palästinas (1922 brit. Mandatsgebiet) und des am 2. 11. 1917 in der *Balfour-Deklaration* von der brit. Regierung gegebenen Versprechens, die „Errichtung einer nationalen Heimstätte" zu erleichtern, beschleunigte sich der Aufbau des *Jischuw,* der in Palästina lebenden jüd. Gemeinschaft. Während der 3. Alija kamen 1919–23 ca. 35000 v.a. bürgerl. sowie linkssozialist. poln. und russ. Juden und während der 4. Alija 1924–31 ca. 80000 v.a. rechtsliberale Bürger und sozialdemokrat. Arbeiter aus Polen ins Land. 1918 waren 57000 von den 650000 Bewohnern Palästinas Juden, 1931 175000 von insgesamt 1033000.

Nach mehreren vorbereitenden Versammlungen wurden 1920 direkte, gleiche, geheime und allg. Wahlen zu einer *Delegiertenversammlung des Jischuw* abgehalten. Um möglichst alle zionist. Gruppen zu integrieren, wurde das Verhältniswahlrecht angewendet. Die Parteien des Arbeiter-Lagers gingen mit 35,4% der Stimmen als stärkster Block hervor, das Bürger-Lager erhielt 19,9%, die relig. Parteien 19,7% und die ethn. Gruppen (Sephardim, Jemeniten) 25%. Die Del.-Vers. beschränkte sich auf Grundsatzdebatten und überließ die Tagespolitik dem von ihr gewählten *Nationalrat,* dessen 6–14-köpf. Vorstand die Exekutive bildete. Die eigentl. Exekutive des Jischuw bestand jedoch im Vorstand der *Zionistischen Weltorganisation* (ZWO) in Palästina *(Jewish Agency).* Ihre Vormachtstellung beruhte darauf, daß die in der ZWO vertretenen Organisationen die Arbeit des Nationalrats und der meisten Institutionen des Jischuw finanzierten. Viele Mitgl. des Nationalrats gehörten auch der Exekutive der ZWO an. Die Institutionen des organisierten Jischuw *(Knesset Israel)* wurden 1927 von der Mandatsregierung offiziell anerkannt.

Weitere Wahlen zur Del.-Vers. fanden 1925, 1931 und 1944 statt. Die 1912 gegr. orthodoxe *Agudat Israel* (AI) boykottierte die beiden ersten Wahlen, weil Frauen das Stimmrecht erhielten. Unter den bürgerl. Parteien gab es eine starke Zersplitterung v.a. innerhalb der gemäßigten *Allgemeinen Zionisten* und zwischen diesen und den nationalist. *Revisionisten.* Das „bürgerliche" Lager erhielt 1931 insgesamt 30,2% der Stimmen, die relig. Parteien 8,1% und die ethn. Gruppen 7,6%; die 1930 aus einer Fusion der beiden Arbeiterparteien gegr. *Mapai* bekam 53,1% der Stimmen, jedoch aufgrund einer Kurienwahl keine absolute Mehrheit der Sitze. Nach dieser Wahl, wie bei allen nachfolgenden des Jischuw und des Staates I., war die stärkste Partei somit zur Bildung einer Koalition gezwungen. Die Mapai und die *Israelische Arbeitspartei* (IAP), als ihre Nachfolgerin, waren in allen Regierungen bis 1977 dominant.

Die 5. Alija (1932–39) stand unter dem Schatten der Weltwirtschaftskrise, des Naziregimes und der Judenverfolgungen in Osteuropa. Ca. 225000 v.a. bürgerl.-liberale Juden kamen aus Mitteleuropa nach Palästina. Die jüd. Bevölkerung stieg von 160000 auf 400000, d.h. von rund 18% auf 30% der Gesamtbevölk. 1936 begann ein arab. Aufstand, der sich gegen die Juden und die brit. Mandatsregierung richtete. Infolge des brit. *„White Paper“* von 1939 wurde die jüd. Einwanderung scharf begrenzt.

Nach dem 2. WK hielt die brit. Regierung an der restriktiven Immigrationspolitik fest. Der Jischuw ging zum offenen Widerstand über. GB gab das Mandat an die UN zurück, und die Vollversammlung beschloß am 29. 11. 1947 die Teilung Palästinas in einen jüd. und einen arab. Staat. Nach Abzug der brit. Truppen wurde der Staat I. am 14. 5. 1948 ausgerufen, der zugleich von den Armeen sechs arab. Staaten angegriffen wurde. Die Kampfhandlungen des isr. Unabhängigkeitskrieges dauerten bis Jan. 1949.

1.3. Israel nach der Unabhängigkeit. Die Wahlen zur Verfassunggebenden Versammlung fanden am 21. 1. 1949 (noch vor den Waffenstillstandsabkommen) statt. *David Ben-Gurion* wurde der 1. Ministerpräsident (MP), bildete die Regierung auch nach den Wahlen vom 30. 7. 1951 und trat 1953 freiwillig zurück. Nachfolger wurde sein Außenminister Mosche Scharett. Nach den Wahlen vom 26. 7. 1955 wurde Ben-Gurion wieder MP, ebenfalls nach den Wahlen vom 3. 11. 1959 und 15. 8. 1961, trat aber 1963 erneut zurück. Sein Nachfolger wurde Finanzminister Levi Eschkol, der nach den Wahlen vom 21. 11. 1965 im Amt blieb und wenige Tage vor dem Sechstagekrieg (Juni 1967) eine Regierung der Nationalen Einheit bildete, unter erstmal. Beteiligung der von *Menachem Begin* geführten, rechts-nationalen *Cherut-Partei.* Nach Eschkols Tod folgte 1969 *Golda Meir* als Ministerpräsidentin. Sie blieb nach den Wahlen vom 28. 10. 1969, die unter dem Schatten des „Zermürbungskriegs“ am Suezkanal und des Kampfes gegen die *PLO-Guerillas* standen, ebenso nach den Wahlen vom 31. 12. 1973 im Amt. Nach dem Jom-Kippur-Krieg (Okt. 1973) verstärkte sich aber die Kritik gegen ihre Amtsführung. Sie trat 1974 zurück, und *Jitzhak Rabin* wurde MP. Bis zu den Knessetwahlen vom 17. 5. 1977 kamen alle MPs und die Mehrzahl der Minister in Schlüsselpositionen aus der Mapai/IAP.

Die Wahlen von 1977 brachten einen grundlegenden Wechsel der polit. Konstellation. Als Ergebnis von parteiinternen Streitigkeiten, Korruptionsaffären und strukturellen Veränderungen in der isr. Gesellschaft fiel die IAP von 46,2% (1969) und 36,6% (1973) auf 24,6%. Stärkste Partei wurde der *Likud-Block* mit 34,4% der Stimmen. Menachem Begin wurde MP in einer Koalition mit den relig. Parteien, zu der später die neue Reformpartei *Demokratische Bewegung für Veränderung* (DBV) hinzutrat.

Nach den Wahlen vom 30. 6. 1981 blieb Begin im Amt, trat aber infolge von Auseinandersetzungen über den Libanonkrieg 1983 zurück. Sein Nachfolger wurde Außenminister *Jitzhak Schamir* (Likud). Bei den Knessetwahlen vom 23. 7. 1984 erhielt der Likud 31,9% , der IAP-geführte Block 34,9% der Stimmen. Da keine Partei eine von ihr dominierte Koalition bilden konnte, vereinbarten Likud und IAP eine „Koalition der Nationalen Einheit“ mit Ämterwechsel, in der vom 13. 9. 1984 bis 20. 10. 1986 zuerst *Schimon Peres* (IAP), dann bis 22. 12. 1988 wieder J. Schamir MP (und der jeweils andere Außenminister) wurden. 1988 vereinten sich Cherut und Liberale zur *Likud-National-Liberalen-Partei.* Bei den Knessetwahlen vom 1. 11. 1988 erhielt der Likud 31,1%, die IAP dagegen 30,0% der Stimmen. Schamir konnte MP bleiben; Peres mußte sich mit dem Finanzministerium abfinden. Nach zahlr. Streitigkeiten, die zu einer Lähmung entscheidender Bereiche der Politik führten, zerbrach die Große Koalition im Frühj. 1990. Nachdem Versuche von Peres zur Bildung einer Mitte-Links-Koalition scheiterten, gelang es Schamir, MP zu bleiben, gestützt von einer knappen Mehrheit von 62 Abgeordneten aus Likud sowie rechten und relig. Parteien (*Schass, Nationalreligiöse Partei/NRP, Degel Tora, Techija, Moledet, Zomet;* später auch AI).

Scharfe Meinungsverschiedenheiten v.a. über die *Siedlungspolitik* und I.s Haltung bei den nach dem *Golfkrieg* von 1991 einsetzenden Friedensverhandlungen mit den arab. Staaten und einer Palästinenserdelegation führten zum Austritt der rechts-nationalist. Vertreter von Techija aus der Regierungskoalition und zu Neuwahlen im Juni 1992. Gravierende Probleme bei der Integration der über 400000 seit 1989 eingewanderten Neubürger aus den Nachfolgestaaten der SU und die andauernde Wirtschaftskrise, verbunden mit hoher Arbeitslosigkeit, rückten die Debatte, ob sich I. sowohl Siedlungspolitik in den besetzten Gebieten als auch Sozialpolitik leisten könne, in den Mittelpunkt des Wahlkampfes.

Angesichts des fortdauernden Aufstands der Palästinenser in den besetzten Gebieten *(Intifâḍa)*, der Bedrohung I.s im Golfkrieg und der allg. Wirtschaftslage war schon 1991 die Anzahl der Neueinwanderer aus Osteuropa dramat. zurückgegangen. Die nach Intifâḍa und Golfkrieg noch intensivierte Siedlungspolitik der Schamir-Regierung hatte auch zu einer Verschlechterung der amerik.-isr. Beziehungen geführt: u.a. blockierte die Bush-Administration dringend benötigte Kreditgarantien in Höhe von 10 Mrd. US-$.

Sozialpolitik (und Friedenspolitik) *statt* Siedlungspolitik, das tradit. Argument der Parteien des Arbeiterblocks, wurde nun auch von zahlr. Wählern unter den noch immer wirtschaftl. und sozialpolit. benachteiligten oriental. Israelis gefordert. Die Rücktrittsdrohung von Außenminister David Levy (dem einzigen Politiker oriental. Herkunft in einer Spitzenposition der Likud-Partei) dramatisierte die Defizite in der Personalpolitik der Regierungspartei, obwohl sie seit dem Machtwechsel von 1977 vorwiegend von Israelis afro-asiat. Abstammung gewählt worden war. Aufgrund ihrer besonders schlechten wirtschaftl. Lage waren auch die Neubürger aus der ehemal. SU, die in Umfragen noch Anfang 1992 die polit. Positionen des rechten Lagers mit großen Mehrheiten unterstützten, bis zum Wahltag am 23. Juni bereits zu Protestwählern geworden.

Die Knessetwahlen von 1992 brachten daher einen neuerl. grundsätzl. Wechsel. Unter Führung von *Jitzhak Rabin* erhielt die IAP 34,6% der Stimmen und ihr wichtigster Koalitionspartner, der neue *Meretz-Block*, 9,5%. Die Likud-Partei fiel auf 24,9% zurück.

2. *Das politische System*

I. ist eine parlamentar. Demokratie, in der die Einrichtungen und Aktivitäten einer Vielzahl stark differenzierter polit. Parteien von Anfang an auch in gesellschaftl. und wirtschaftl. Bereichen eine breite Wirkung entfaltet haben.

2.1. Verfassung. I.s Lage Anfang 1949 veranlaßte die am 21. 1. gewählte Verfassunggebende Versammlung, sich im Übergangsgesetz vom 16. 2. als 1. *Knesset* zu konstituieren. Infolge eines grundlegenden Streites über den Geltungsbereich relig. Gesetze konnte keine Einigung über eine geschriebene Verf. erzielt werden. An deren Stelle traten Unabhängigkeitserklärung, Übergangsgesetz und Grundgesetze. Letztere regeln einzelne Bereiche des staatl. Lebens

(1958: Knesset, 1960: Böden, 1964: Staatspräsident, 1968: Regierung, 1975: Wirtschaft des Staates, 1976: Militär, 1980: Jerusalem, 1984: Judikative, 1988: Staatskontrolleur) und müssen von der Knesset mit absoluter Mehrheit angenommen werden.

Die Knesset wird spätestens alle 4 Jahre neu gewählt. Eine vorzeitige Auflösung ist durch ein Sondergesetz möglich, das den Wahltermin festsetzen muß. Die Wahlen sind allgemein, gleich, direkt und landesweit, d.h. das ganze Land bildet einen Wahlkreis. Die 120 Mandate werden proportional auf die Wahllisten nach Prozent der erhaltenen gültigen Stimmen verteilt, wobei eine 1%-Sperrklausel gilt. Israelis haben ab 18 das aktive, ab 21 Jahren das passive Wahlrecht. Der Wahlkampf wird staatl. finanziert.

Die Wähler machen das Wahlsystem für die Aufsplitterung des Parteienspektrums und das Schachern um Koalitionen mitverantwortlich. Im März 1990 befürworteten 80% der Befragten eine grundlegende *Reform des Wahlsystems* und der Regierungsform. Hunderttausende von Unterschriften unter Petitionen und massive Demonstrationen bewirkten bis 1992 ledigl. die Erhöhung der Sperrklausel bei den Knessetwahlen auf 1,5%. Nach den Wahlen von 1992 soll der MP direkt gewählt werden.

Der *Staatspräsident* wird von der Knesset für eine Amtszeit von 5 Jahren gewählt. Er nimmt zahlreiche repräsentative Aufgaben wahr. Nach Knessetwahlen oder dem Rücktritt einer Regierung beauftragt er ein Knessetmitglied mit der Bildung einer neuen Regierung.

Der *Ministerpräsident* und sein Stellvertreter müssen der Knesset angehören, Minister nicht unbedingt. Rücktritt oder Tod des MP kommen einem Rücktritt der Regierung gleich; ansonsten kann sie nur durch ein Mißtrauensvotum der Knesset abgesetzt werden.

Durch ein Grundgesetz von polit. Beeinflussung abgesichert, ist der *Staatskontrolleur* mit weitgehenden Befugnissen der Rechnungskontrolle und einem besonderen Amt für Beschwerden aus der Öffentlichkeit ausgestattet.

Der *Oberste Gerichtshof* ist die höchste Gerichtsinstanz in staats- und verwaltungsrechtl. Fragen. Die staatl. Gerichte haben ihre Unabhängigkeit wiederholt unter Beweis gestellt. Für das Personenstandsrecht der jüd. Bevölkerung sind *religiöse Gerichte* zuständig. Das Oberste Rabbinatsgericht ist die höchste Instanz. Fragen des Personenstandrechts bei den nicht-jüd. Bevölkerungsgruppen werden von ihren entsprechenden relig. Instanzen geregelt.

2.2. Parteien. Die in Westeuropa übliche polit. Skala von „linken“ bis „rechten“ Parteien trifft nur bedingt auf I.s *Parteienspektrum* zu, in dem die Spaltungslinien mehrdimensional verlaufen. Zu den Unterschieden zwischen sozialist. und sozialdemokrat. Parteien (Arbeiter-Lager) und den wirtschaftspolit. eher liberalen Parteien (Bürger-Lager) kommen mindestens vier weitere Spaltungsfaktoren hinzu:

1. Zionismus. Zionist. sind die Parteien des Arbeiter- und Bürger-Lagers sowie Schass und NRP. Nicht-zionist. sind die strengrelig. Parteien (Degel Tora, Agudat Israel) sowie jüd.-arab. Gruppierungen wie die *Progressive Friedensliste* und die *Demokratische Front für Frieden,* die viele ihrer Wähler unter den isr. Arabern finden.

2. Religion. Die orthodoxen Parteien bilden ein eigenes „Lager“ gegenüber den nicht-relig. Parteien wie IAP und Likud. Unter den Parteien des relig. Blocks bleiben die anderen Grundspaltungen jedoch wirksam.

3. „Ethnische“ Zugehörigkeit. Während die Parteien des Arbeiter-Lagers überwiegend von euro-amerik. Juden gewählt werden, neigen Israelis afro-asiat. Herkunft v.a. zum Likud, teilweise auch zum relig. Lager (v.a. Schass). Die Anhänger einiger relig. Parteien haben eine spezifisch „ethnisch“-geograph. Orientierung. Die mit der Mapai/IAP verbundenen *Arabischen Listen* (bis 1981) und die *Arabische Demokratische Partei* (ab 1988) sprachen ausschließl. arab. Israelis an.

4. Außenpolitik. Die Spaltung zwischen „Tauben“ und „Falken“ läuft nicht nur zwischen, sondern auch innerhalb der Parteien. Die „Tauben“ streben einen territorialen Kompromiß mit den palästinens. Arabern an, während die „Falken“ die Gebiete „Judäa und Samaria“ (das Westjordanland) als histor. Kern und unverzichtbare Bestandteile des *Eretz Israel* ansehen. Zu den „extremen Tauben“ gehören Kommunisten bzw. Demokrat. Front für Frieden und Progressive Friedensliste. Zu den „Tauben“ gehören auch die Bürgerrechtsbewegung, Mapam und Schinui (1992 als Meretz-Block vereint) – und mehrheitl. die IAP. Zu den „Falken“ gehören Likud, Techija und relig. Parteien wie NRP und Schass. Als Partei der extremsten Falken gilt Moledet.

2.2.1. Arbeiter-Lager. Die pragmat. sozialdemokrat., westlich orientierte *Mapai* war seit ihrer Gründung 1930 die dominante

Partei des Arbeiterblocks. Durch Zusammenschluß der Mapai mit *Achdut Haawoda* und *Rafi* entstand 1968 die *Israelische Arbeitspartei* (IAP). Sie ist die heterogenste Partei des Landes, zunehmend aber die Partei der „etablierten", gebildeten und meist wohlhabenderen Wählerschichten vorwiegend euro-amerik. Herkunft. Die 1948 gegr. tradit. linkssozialist. *Mapam* hat eine besonders starke Bindung an die Kibbutz-Bewegung, erhielt bis 1969 rund 7% der Stimmen und 8 oder 9 Mandate, als sie mit der IAP einen Block *(Maarach)* bildete, der 46,2% der Stimmen erhielt. Von diesem Höhepunkt des Einflusses sank der Stimmenanteil des Maarach bis 1977 auf 24,6%, stabilisierte sich dann auf ca. 30% der Stimmen, stieg aber 1992 wieder auf beinahe 35%. Die Mapam löste sich 1984 vom Maarach und erhielt 1988 2,5% der Stimmen. Unter dem Namen *Meretz* schlossen Mapam, Bürgerrechtsbewegung und Schinui 1992 ein Wahlbündnis, das 9,5% der Stimmen bekam.

Ideolog. zwischen den Parteien des Maarach und den Kommunisten hat es mehrere kleine, meist kurzlebige linkssozialist. Parteien gegeben. Von allen Parteien waren nur die *Kommunisten* ständig in der Opposition. Im hohen Maße vom Spaltpilz befallen, wurden sie zur Randerscheinung in der isr. Politik. Eine Ausnahme bildet die jüd.-arab. geführte Neue Kommunistische Liste (NKL), die seit 1977 als Demokratische Liste für Frieden und Gleichheit kandidierte und viele Stimmen von arab. Israelis erhielt (1988: 3,7% und 1992: 2,3%). Inzwischen nennt sich die NKL wieder Kommunistische Partei.

2.2.2. Bürger-Lager. Die Geschichte der Allgemeinen Zionisten und Revisionisten der ZWO ist geprägt von vielen Spaltungen und Neugruppierungen. Aus den Revisionisten und deren Militärorganisation *Ezel* ging als wichtigste bürgerl.-nationalist. Partei die *Cherut* unter Menachem Begin hervor. Der Stimmanteil der Cherut bei den Knessetwahlen wuchs von unter 12% (1949) auf 21% (Gachal-Block 1965), bis die Partei erstmals 1967 am Vorabend des Sechstagekrieges Teil der Regierungskoalition wurde. Bei den Wahlen 1977 wurde der *Likud-Block* (Cherut, Liberale und drei kleinere Parteien) stärkste Fraktion und übernahm die Regierung. Der Likud wird überwiegend von Wählern der weniger verdienenden, weniger gebildeten Bevölk. vornehml. afro-asiat. Herkunft bevorzugt. Als Vertreter der Interessen dieser mehrheitl. städt. und

„proletarischen" Wähler fordert er staatl. Zuschüsse für wirtschaftl. Grundgüter und befürwortet den sozialen Wohnungsbau in I. und in den besetzten Gebieten (jüd. Siedlungen).

Die 1979 von der Cherut abgespaltene *Techija* („Wiederauferstehung") lehnte den ägypt.-isr. Friedensvertrag ab und wird hauptsächl. von den Siedlungsaktivisten des *Gusch Emunim* unterstützt. Techija erhielt 1988 3,1% der Stimmen. Nachdem ihre radikale und starre Haltung in der Siedlungs- und Friedenspolitik wesentl. zur Auflösung der Regierungskoalition beitrug, scheiterte Techija 1992 an der Sperrklausel.

Die *Allgemeinen Zionisten* spalteten sich in Liberale, Progressive und Unabhängige Liberale Parteien. Die *Progressiven* (1949–1959 durchschn. 4% der Stimmen) waren bis zu ihrer Vereinigung mit einer anderen Fraktion der Allgemeinen Zionisten im Jahre 1961 zur Liberalen Partei an fast allen Mapai-geführten Regierungskoalitionen beteiligt. Dagegen gingen die *Liberalen* Wahlbündnisse mit der Cherut ein (Gachal ab 1965, Likud ab 1973) und vereinigten sich 1988 mit ihr zur *Likud-National-Liberalen Partei.* Die *Unabhängigen Liberalen* (UL) spalteten sich bei der Bildung des Gachal-Blocks 1965 ab und hielten weiterhin zu Mapai/IAP, bis sie 1981 weniger als 1% der Stimmen bekamen und danach Teil des Maarach wurden. 1987 fanden sich UL, Liberale Zentrumspartei und Schinui zur „Bewegung der Mitte" zusammen und errangen 1988 2 Mandate (1,7%), aber die neue Partei zerfiel bald wieder.

Zu den extrem nationalist. Gruppierungen gehört *Kach,* die Einmannpartei des 1990 ermordeten Meir Kachane, die 1984, 1988 und 1992 als „rassistisch" von den Gerichten bei den Knessetwahlen nicht zugelassen wurde. Die erstmals 1988 kandidierende *Moledet-* („Vaterland"-)Partei, deren Hauptforderung im Wahlkampf ein „Transfer" der Palästinenser aus „Judäa und Samaria" (aus den besetzten Gebieten des Westjordanlands) war, erhielt 1,9 und 1992 2,3% der Stimmen.

2.2.3. Religiöses Lager. Bei den ersten Knessetwahlen 1949 bildeten alle relig. Parteien einen Block, der schon ein Jahr später auseinanderfiel. *Misrachi,* eine gemäßigte relig. Partei, die zur Mitarbeit in der ZWO bereit war, und *Hapoel Hamisrachi,* eine kibbutz-orientierte relig. Bewegung, bildeten 1951 eine gemeinsame Wahlliste und schlossen sich 1956 zur *Nationalreligiösen Partei (NRP)* zusammen. Die NRP hat bis 1981 stets 8–10% der Stimmen und 10–

12 Mandate bekommen; seitdem ist ihr Stimmenanteil infolge der Zersplitterung des relig. Lagers auf 3,9% (1988) gesunken. Die NRP erholte sich 1992 leicht (4,9%).

Die 1925 von Orthodoxen der 4. Alija gegründete *Agudat Israel* (AI) versuchte, orthodox-relig. und sozialist. Ansätze zu vereinen. Obwohl sie eine Mitarbeit mit den Institutionen des Jischuw ablehnte, mäßigte die AI seit 1945 ihren Standpunkt und war mehrmals an Regierungskoalitionen beteiligt. Mit durchschn. 3,5% der Stimmen war AI meist mit 4 Abgeordneten vertreten. Bis 1988 war AI vornehml. eine Partei der Chassidim (einer im 18. Jh. in Osteuropa entstandenen jüd.-relig. Bewegung) geworden und konnte ihren Stimmanteil auf 4,5% erweitern.

NRP und besonders AI versuchten, relig. Grundsätze in allen polit. und gesellschaftl. Lebensbereichen durchzusetzen. Die *Religionspolitik* hat zu weitaus mehr Regierungskrisen geführt als alle anderen Streitfragen. Seit 1977 nahm die Tendenz zur Aufspaltung unter den relig. Parteien dramatisch zu, obwohl wenige der neuen Gruppierungen die 1%-Sperre überwanden. Erfolgreich waren die folgenden:

Stärkste Partei im relig. Lager wurde 1988 (mit 4,7%) und 1992 (4,9%) die 1983 von AI abgespaltene *Schass,* die sich für mehr Sozialpolitik zugunsten ihrer vornehml. marokk.-orthodoxen Wähler einsetzt und außenpolit. zu den „Falken“ gehört. Der Wahlkampf von 1992 verdeutlichte das Dilemma: Sozialpolitik oder Siedlungspolitik? Schass entschied sich für ersteres und trat der Koalition mit IAP und Meretz bei.

Degel Tora („Tora-Banner“) ist die Partei der orthodoxen „Supertauben“, die 1988 1,5% der Stimmen bekam. Obwohl sie rivalisierende relig. Parteien aufs schärfste befehdet und den weltl. Charakter des Staates ablehnt, war sie 1990 bereit, sich an der Likud-geführten Koalition zu beteiligen. Die gemeinsame Wahlliste von AI und Degel Tora erhielt 1992 nur 3,2% der Wählerstimmen. Auch – z. T. uralte – histor. relig. Spaltungen schwächten die relig. Parteien.

Da sich weniger als 15% der jüd. Israelis als orthodox oder „strikt“ religiös und rund 70% als „nicht religiös“ bezeichnen, stießen der stetig gestiegene Einfluß und die zahlr. neuen Forderungen der relig. Parteien in fast allen Bereichen des öffentl. Lebens, besonders in den Schulen, und v. a. die Befreiung von über 20000 Schülern der relig. Jeschiwot-Schulen vom Militärdienst auf wachsende Kritik. Im Wahlkampf 1992 versprachen IAP und Meretz, diesen Einfluß wieder einzuschränken. An den absoluten Zahlen der abgegebenen Stimmen gemessen, gelang es dem relig. Lager, seine Stammwähler 1992 zu erhalten, doch blieben die Neuwähler, v.a. die Einwanderer aus der ehem. SU, den relig. Parteien fern, deren relative Position damit deutl. geschwächt wurde.

2.2.4. Andere Parteien. Zu den wichtigsten *„Keilparteien"*, die sich zwischen den tradit. Parteilagern bildeten, gehörte die *Demokratische Bewegung für Veränderung* (DBV), die 1977 aus mehreren Gruppen und Persönlichkeiten unter Führung von Jigael Jadin entstand. Im Wahlkampf 1977 setzte sie sich für Reformen ein und bekam auf Anhieb 11,6% der Stimmen und 15 Knessetmandate. Damit stellte die DBV die drittstärkste Fraktion in der Knesset und wurde nach anfängl. Zögern Teil der Regierungskoalition. Differenzen über den ägypt.-isr. Friedensprozeß, der zu den Abkommen von Camp David führte, lösten aber den Zerfall der Partei aus. Aus der DBV blieb die *Schinui* („Bewegung für Veränderung") bestehen (1988: 1,0%). Sie fordert v.a. eine Reform des Wahlsystems.

Die seit 1973 in der Knesset vertretene *Bürgerrechtsbewegung* (BR, 1988 mit 4,3% der Stimmen) setzt sich besonders für Frauenpolitik und gegen die „Vergewaltigung" durch die relig. Parteien ein. Sie lehnte die „Koalition der nationalen Einheit" mit dem Likud ab. Da sie der Bewegung „Frieden Jetzt" eng verbunden ist, gehört die BR zu den entschiedensten „Tauben". Meretz, das Wahlbündnis aus Bürgerrechtsbewegung, Mapam und Schinui wurde 1992 – nach IAP und Likud – zum drittstärksten Block in der Knesset.

2.3. Partizipation der Bevölkerung. Die *Wahlbeteiligung* war bei den Wahlen zur ersten Knesset 1949 am höchsten (87%) und bei den Wahlen 1951 am geringsten (75%). Bis Ende der 60er Jahre lag die Wahlbeteiligung stets etwas über 80%, seitdem bei 79–80%. Bis 1977 war die Partizipation der isr. Araber bei den Wahlen stets höher als der Landesdurchschnitt, seitdem liegt sie einige Prozent darunter.

Innerhalb der Parteien dominierte lange Jahre die *Machtelite der Gründergeneration* (vornehml. Einwanderer der 2. und 3. Alija). Oligarchisierung und blockierte Aufstiegsmöglichkeiten für jüngere *Zabarim* (im Lande geborene Israelis) und oriental. Parteimitglieder waren die Folgen. Bis 1969 stieg das Durchschnittsalter der Knessetabgeordneten. Seit 1973 verstärken sich die Proteste gegen die starren Strukturen. Die BR, DBV, Schinui und andere neue Reformparteien machten „mehr Demokratie" zu einem Hauptthema im Wahlkampf. Unter den großen Parteien öffneten sich zuerst Cherut-Likud, dann die IAP für mehr Partizipation der Mitglieder. Seit 1973 ist das Durchschnittsalter der Abgeordneten gesunken.

3. Sozialstruktur

3.1. Die jüdische Gesellschaft. Nach I.s Unabhängigkeit trafen zwischen Mai 1948 und Ende 1951 in dem von rund 650000 Juden bewohnten Land 687000 neue *jüdische Einwanderer* ein. Davon kamen 326000, vornehml. Überlebende des Holocaust, aus Europa. Aus den arab. Ländern Asiens und Afrikas kamen 237000 bzw. 94000, mehrheitl. verfolgte oder gefährdete Juden. Die Neueinwanderer waren fast alle mittellos und stellten den jungen Staat vor schwerwiegende wirtschaftl. Probleme. In weiteren Einwanderungswellen kamen u.a. 1961–64 rund 120000 nordafrikanische, hauptsächl. marokk., und zwischen 1971 und 1982 insgesamt 163000 sowjet. Juden. Diese Masseneinwanderungen führten zu einer *Spaltung* der jüd. Gesellschaft I.s in *Aschkenasim* europ-amerik. und *oriental. Juden* afro-asiat. Herkunft.

In ihren alten Heimatländern vornehml. als Handwerker und Einzelhändler tätig, verdienten die meisten afro-asiat. Immigranten in I. ihren Lebensunterhalt in den „proletarischen" Berufen. Dieser Trend verstärkte sich sogar bei den *Zabarim,* bei der bereits in I. geborenen zweiten Generation. Trotz einer unverkennbaren Verbesserung der materiellen Bedingungen bleibt der Lebensstandard der oriental. Israelis noch immer deutlich unter dem ihrer euroamerik. Mitbürger. Vereinfacht gesagt: Israelis afro-asiat. Herkunft (besonders die marokk. und weniger die irak.) kamen aus weniger wohlhabenden Verhältnissen, verdienen weiterhin weniger und haben weniger Bildung, aber mehr Kinder als die Aschkenasim.

1948 waren 80% der jüd. Israelis Aschkenasim, 15% oriental. Juden und nur 5% Zabarim. 1989 stellten die afro-asiat. Juden eine relative Mehrheit von 42% dar gegenüber nur noch 38% Aschkenasim und 20% Zabarim (nach Herkunft des Vaters, also nach der 2. Generation gezählt). Die neue Masseneinwanderung osteurop.

Juden seit 1989 änderte die Verhältnisse wieder. 1992 waren die beiden „ethnischen" Gruppen ungefähr gleich stark.

Die oriental. Einwanderer brachten keine *Pionierideale* mit, wie es bei den europ. Einwanderergruppen vor der Staatsgründung der Fall gewesen war. V.a. von den sozialist. geprägten Vorstellungen der Gründungsväter hielten die Neuankömmlinge nichts. In den 50er und 60er Jahren bildeten aber die „sozialist." Parteien, allen voran die Mapai (später IAP), das „Establishment" und waren für die Sozialisation der oriental. Einwanderer verantwortlich. Es verstand sich fast von selbst, daß diese Gunst von den Wählern honoriert wurde, doch in den 60er Jahren ließ die Dankbarkeit der oriental. Wähler schon deutl. nach, als ihnen allmähl. bewußt wurde, daß die innerjüd. sozio-ökonom. Lücke nicht nur nicht überwunden, sondern im Gegenteil mit der Zeit gewachsen war. Trotz ihrer „proletarischen" Berufsstruktur fühlten sich die afro-asiat. Wähler, nun zu „Protestwählern" geworden, in zunehmendem Maße von den „bürgerlichen" Parteien angezogen, vor allem vom Likud-Block unter Führung der Cherut-Partei. Außerdem sind afro-asiat. Israelis religiöser und „nationalistischer" als ihre euro-amerik. Landsleute.

Erstmals hielten sich bei den Wahlen 1984 die beiden jüd. Bevölkerungsgruppen die Waage: genau die Hälfte der Wahlberechtigten war euro-amerik. bzw. afro-asiat. Herkunft. Bei den Wahlen 1988 hatten die oriental. Juden eine relative Mehrheit. Der „Anti-Establishment"-Trend im Wahlverhalten der oriental. Juden wird durch den Generationswechsel, mit dem wachsenden Einfluß der Zabarim, verstärkt. Da die Familien afro-asiat. Israelis die kinderreicheren sind, bedeutet *Zabarisierung* zugleich *Orientalisierung*. In der Politik bedeutet Zabarisierung eine Entideologisierung verhärteter parteipolit. Positionen, also die Neigung, prakt. Wirksamkeit höher zu bewerten als ideolog. Reinheit. Dies bedingte bei den polit. Engagierten unter den Zabarim eine stärkere Abwanderung von den Parteien des Arbeiter-Lagers. Schon vor der Wende bei den Wahlen von 1977 haben Zabarim eine größere Bereitschaft als ältere Israelis gezeigt, Cherut bzw. Likud zu wählen. Die jungen Zabarim sind polit. Aktivisten, und das trägt wiederum zur Polarisierung der polit. Landschaft bei. 1988 bevorzugten 69% der 20–24jähr. den Likud oder relig. Parteien, 31% wollten linke Parteien wählen. Dagegen wollten 69% der Altersgruppe über 65 linke Parteien, 31% rechte oder relig. Parteien wählen.

Auch die neueren, kleinen Parteien an beiden Enden des polit. Spektrums fanden bei den letzten Wahlen Anklang bei den jungen Zabarim euro-amerik. Herkunft. Bei den links-liberalen Parteien wie Schelli, Schinui und der Bürgerrechtsbewegung waren eher die gebildeten, höher verdienenden, nicht relig. orientierten Jungwähler zu finden, die rund die Hälfte der Wähler bei diesen Parteien ausmachten. Dagegen wurde aber die Partei der „Super-Falken", Techija, ebenfalls besonders von Zabarim euro-amerik. Herkunft unterstützt.

3.2. Israels Araber. Als „israelische Araber" werden diejenigen, amtl. als „nicht-jüdisch" bezeichneten, isr. Staatsbürger und deren Kinder verstanden, die schon vor dem Sechstagekrieg in den Grenzen I.s lebten.

Die *jüdisch-arabische Kluft* in I. ist polit. normativ bedingt. Von dem Schock des Unabhängigkeitskrieges konnten sich die nach der Massenflucht als Minderheit in I. verbliebenen rund 160000 Araber nur schwer erholen, zumal sie von ihrer Führungsschicht vollständig im Stich gelassen wurden und bis zum 31. 12. 1966 unter Militärverwaltung standen, d.h. in ihrer Bewegungs- und damit in ihrer wirtschaftl. Freiheit eingeschränkt waren. Seit dem Sechstagekrieg (1967) steht die arab. Bevölkerung I.s im Zwiespalt zwischen den jüd. Israelis und den palästin. Arabern der besetzten Gebiete. Ihre gesellschaftl. und polit. Stellung hängt davon ab, in welchem Ausmaß sich die isr. Araber als „Palästinenser" identifizieren oder als solche von jüd. Israelis wahrgenommen werden. Der im Dez. 1987 ausgebrochene Aufstand der Palästinenser in den besetzten Gebieten *(Intifâḍa)* und die Solidarisierung der Palästinenser mit dem Irak im Golfkrieg 1991 hat die „Palästinensierung" der in I. lebenden Araber verstärkt.

1989 lebten neben 3659000 Juden 817000 „Nicht-Juden" in I. (einschl. Ost-Jerusalem). Davon waren 78% Moslems, 13% Christen und 9% Drusen und andere. Die arab./palästin. Bevölkerung der besetzten Gebiete wird auf 1500000 geschätzt.

3.3. Gesellschaftliche Gruppen und Institutionen. Das Ziel der polit. Parteien des Jischuw war, ihre Mitglieder von der Wiege bis zur Bahre zu versorgen. Politik, Wirtschaft, Gesellschaft, Erziehung und Kultur waren und blieben eng verflochten. Nach der Unabhängigkeit des jüd. Staates machte sich Ben-Gurion zum Anwalt der gesamtstaatl. Interessen, deren Primat die Revisionisten bereits in den 1920er Jahren gefordert hatten.

Dies geschah zuerst im militär. Bereich, als 1948 die Widerstandsgruppen *Hagana* (1921 von den Arbeiterparteien gegr.), *Palmach* (1942 gegr. und vorwiegend eine Truppe der neuen Achdut Haawoda) und *Ezel* (1937 von den Revisionisten gegr.) in der *Isr. Verteidigungsarmee (Zahal)* aufgingen. In der Zahal ist jegl. Parteipolitik untersagt. Militärs dürfen sich erst nach ihrem Ausscheiden aus der Armee parteipolit. betätigen, was viele ehemal. hohe Offiziere besonders seit 1967 auch tun.

Seit der Staatsgründung wurde kein parteipol. Partikularismus im Rechtswesen geduldet. Ben-Gurion und der langjähr. Justizminister Pinchas Rosen (Progressive Partei) legten die Fundamente einer unabhängigen Judikative und setzten sich für die Entpolitisierung des öffentl. Dienstes sowie des staatl. Schulsystems ein. Die Bemühungen waren nicht vergeblich, wenn auch nicht durchwegs erfolgreich – auch unter späteren Regierungen.

Die Verflechtung zwischen Parteien und Gewerkschaften bleibt stark ausgeprägt. Nach wie vor dominieren die Parteien des Arbeiter-Lagers in der 1920 gegr. *Histadrut-Gewerkschaft,* obwohl deren Stimmenanteil bei den Wahlen zur Generalversammlung von 93% (1943) auf 55% (1989) gesunken ist. Mit 2,3 Mio. Mitgliedern, d.h. über 50% der Gesamtbevölk., ist die Histadrut die bei weitem größte Organisation in I. Die meisten Kibbutzim und Moschawim sind ihr angeschlossen. Sie ist nicht nur im engeren Sinne gewerkschaftl. (als Tarifpartner und betriebl. Arbeitervertretung), sondern auch als Unternehmer und umfassende Wohlfahrtsorganisation tätig. Die Histadrut führt u.a. Industriebetriebe, Konsumgenossenschaften, Kaufhäuser, die zweitgrößte Bank, das größte Bau- und Versicherungsunternehmen und hebrä. und arab. Zeitungen. Die größte Krankenkasse ist ein Unternehmen der Histadrut, die zugleich Krankenhäuser und Kliniken unterhält. Sie sorgt für Renten und führt Altersheime, Jugendorganisationen, Bildungs- und Kulturinstitute.

1934 gründeten die Revisionisten die *Nationale Arbeiterorganisation,* die im Gegensatz zur Histadrut den Streik ablehnt und an die Stelle von gewerkschaftseigenen Industrieunternehmen Arbeiter-Kooperativen befürwortet. Sie verfügt ebenfalls über eigene Unternehmen, landwirtschaftl. Siedlungen, Jugend- und Bildungsinstitutionen und eine Krankenkasse. Bei der *Poale Agudat Israel*

(PAI, eine von der AI getrennte, aber ihr nahestehende linkssozialist. relig. Partei) besteht eine Identität von Partei- und Arbeitnehmerorganisation.

Der *Industriellenverband* stand vor 1948 den Parteien des „bürgerlichen" Lagers nahe; von einer Verflechtung kann aber keine Rede sein. Der Wirtschaftspolitik der Likud-geführten Regierungen stand er mindestens ebenso kritisch gegenüber wie der der Mapai/IAP-dominierten Koalitionen. Bei den Wahlspenden der Industriellen 1988 war ein deutl. Übergewicht zugunsten der IAP erkennbar.

Die meisten *Kibbutzim* und *Moschawim* wurden von Organisationen gegründet, die mit den polit. Parteien eng verbunden sind. Ichud Hakibbutzim und Kibbutz Hameuhad (seit 1979 als Vereinigte Kibbutzbewegung zusammen) sowie Tenuat Moschawe Haowdim stehen der IAP nahe. Kibbutz Haartzi ist mit der Mapam, Haowed Hazioni (Moschawim) mit der Progressiven Partei und andere Moschawim sind mit der Cherut/Likud verbunden. Die NRP und PAI haben relig.-orientierte Kibbutzim und Moschawim gegründet.

4. Wirtschaft

4.1. Israels wirtschaftliche Entwicklung. Die Masseneinwanderung meist mittelloser jüd. Flüchtlinge in den ersten Jahren nach der Unabhängigkeit hat die Bevölk. mehr als verdoppelt und die Regierung zu drast. Sparmaßnahmen, Preiskontrollen und Rationierung gezwungen. Die Unterstützung der diaspora-jüd. Gemeinden und (ab 1953) die *Wiedergutmachungsleistungen* aus der BR Deutschland trugen zur Verbesserung der wirtschaftl. Lage bei. Die Jahre 1954–65 brachten ständiges Wachstum. Die Mapai-geführten Regierungen planten und subventionierten den Bau von neuen „Entwicklungsstädten", um die Bevölk. gleichmäßiger zu verteilen und mit neuen Industrieanlagen auch neue Arbeitsplätze, besonders für die vorwiegend oriental. Neueinwanderer, zu schaffen.

Nach einer Rezession 1966–67 folgten der Sechstagekrieg (1967) und eine Phase mit hohen Wachstumsraten von 1967 bis 1973. Erst nach 1967 wurden die USA I.s wichtigste Quelle für Kapitalimporte. Der „Zermürbungskrieg" (1968–70) sowie der Jom-Kippur-Krieg (1973) brachten drast. Erhöhungen im Verteidigungshaushalt. Den Inflationsschub bekämpfte die Regierung mit Abwertung der Währung, hohen Importzöllen, Zwangsanleihen und Subventionsstreichungen.

Nach dem Machtwechsel 1977 wurde die Begin-Regierung mit einer galoppierenden *Inflation* konfrontiert. Das Außenhandelsdefizit erreichte 1978 ein Viertel des BSP. Weiter steigende Verteidigungskosten, gestiegene Zinskosten für die wachsende Verschuldung und die Indizierung der Löhne und Gehälter heizten die Inflation weiter an. Zwei Finanzminister der Liberalen Partei versuchten drast. Sparprogramme und mußten gehen. Im Wahljahr 1981 erhöhte der Likud-Finanzminister die Subventionen für Waren des Grundbedarfs und senkte Steuern. Die Wahltaktik hatte Erfolg, aber die Einfuhren stiegen weiter, und die Inflation war nicht mehr zu bremsen.

Vor den Wahlen 1984 wurden wieder *Wahlgeschenke* verteilt und die Notenpresse beschleunigt. Die Inflation erreichte einen Rekord (373,8%). Intensiver Druck aus Washington und die Bildung einer „Koalition der nationalen Einheit“ führten 1985 und 1986 zu durchgreifenden Sparprogrammen mit Steuererhöhungen, Subventionsstreichungen, Währungsreformen, Lohn- und Preiskontrollen und Entlassungen aus dem öffentl. Dienst. Die Inflationsrate sank dramatisch, aber Arbeitslosigkeit, Abwanderung aus den Entwicklungsstädten und Auswanderung stiegen an.

Nach den Einsparungen auch im Verteidigungshaushalt brachte der Ausbruch der Intifâḍa wieder höhere Ausgaben und schwerwiegende Arbeitsausfälle durch den verlängerten Reservedienst. Diese Wirtschaftskrise traf die neuen Entwicklungsstädte mit ihrer vorwiegend oriental. Arbeiterschaft besonders hart und vergrößerte damit die nach wie vor bestehende Lücke zwischen den Israelis afro-asiat. und euro-amerikan. Herkunft. Die Eingliederung der Masseneinwanderung von Juden aus der SU brachte seit 1989 neue wirtschaftl. Herausforderungen. Während die Arbeitslosigkeit 1990–92 insgesamt bei ca. 15% lag, hatte nahezu die Hälfte aller Neueinwanderer zum Zeitpunkt der Knessetwahlen im Juni 1992 gar keinen, die meisten anderen keinen ihrem Bildungsstand entsprechenden Arbeitsplatz.

4.2. Wirtschaftliche Grundstrukturen. I. ist ein relativ *rohstoffarmes Land* und bleibt auf Einfuhren angewiesen. Hinzu kommt der Rüstungsbedarf des jüd. Staates. Rohstoffe und Erdöl machten 1987 70% aller Importe aus, Investitionsgüter 18%. In dem demokrat.

regierten Einwanderungsstaat, der die jüd. Diaspora an sich ziehen will, aber seinen Bürgern bzw. Wählern hohe Steuer- und Sicherheitslasten aufbürdet, wagte es bisher kaum eine Regierung, die Importe von Konsumartikeln drast. zu drosseln. Dennoch ist der Gesamtanteil der Verbrauchsgüter von fast 32% im Jahre 1949 auf 12% aller Importe 1987 zurückgegangen. Seit der Staatsgründung weist I. ein chron. *Defizit der Außenhandelsbilanz* auf. Steigende Ausfuhren trugen jedoch dazu bei, das Verhältnis zwischen Exporten und Importen zu verbessern. Während Ausfuhren 1949 nur 11% der Einfuhren ausmachten, waren es 1988 fast 77%.

Die dramat. Veränderung der *Exportstruktur* belegt die schnelle Industrialisierung. Seit der Staatsgründung hat sich das damals noch vorwiegend landwirtschaftl. geprägte Land zu einer modernen Industrie- und Dienstleistungsgesellschaft gewandelt. Das Verhältnis zwischen landwirtschaftl. und industr. Ausfuhren betrug 1949 64% zu 36%, 1988 waren es 6% zu 94%. Zitrusfrüchte machten nur 2% der Exporte, Diamanten dagegen 29% aus. Der Anteil der Rüstungsexporte wurde auf ca. 25% der Industrieausfuhren geschätzt. I.s wichtigster *Handelspartner* war 1988 die EG (52% der Importe, 33% der Exporte), gefolgt von den USA (17% der Importe, 31% der Exporte). Der Anteil der BRD an I.s Einfuhren ist von 1960 (14%) bis 1988 (11%) leicht zurückgegangen, bleibt aber noch bedeutend. Im selben Zeitraum ging der Anteil der Ausfuhren von 10% auf 5% zurück.

Zwischen 1952 und 1988 ging der *Anteil der Landwirtschaft* von rund 11% auf weniger als 4% des Nettoinlandsprodukts zurück. Ebenso schrumpfte der Anteil des Handels von 23% auf 12%. Nahezu gleichbleibend waren die Sektoren Verarbeitendes Gewerbe, Bau und Verkehr. Gestiegen sind vor allem die Anteile der öffentl. Dienstleistungen (von 18% auf 24%) und der Kreditinstitute und Versicherungen (von 3% auf 16%). Mit dem Ende der 80er Jahre setzte ein Trend zur Privatisierung staatl. und gewerkschaftseigener Unternehmen ein.

Die *Beschäftigungsstruktur* spiegelt diese Entwicklung wider und verdeutlicht zugleich die Unterschiede zwischen den Bevölkerungsgruppen. Im Baugewerbe waren 1988 unter 4% der jüd., dagegen 18% der arab. Israelis und rund 50% der in I. beschäftigten Palästinenser aus den besetzten Gebieten tätig. Während weniger als 5% der jüd. Israelis in der Landwirtschaft arbeiteten, waren es 7% der arab. Israelis und – als Lohnarbeiter – rund 20% der aus den besetzten Gebieten kommenden Palästinenser. Im öffentl. Dienstleistungsbereich waren 20% der arab. und 30% der jüd. Israelis beschäftigt.

5. *Zusammenfassende Charakterisierung der gegenwärtigen innen-, außen- und wirtschaftspolitischen Situation*

Der jüd. Staat I. steckt in einer *Identitätskrise*, die zugleich eine Polarisierung in „Falken" und „Tauben" und eine Zersplitterung des polit. Spektrums bewirkt hat. Diese Krise geht nicht nur auf die jüd.-arab. Spaltung, sondern auch auf einen fundamentalen Strukturwandel innerhalb der jüd. Gesellschaft zurück. Demograph. und polit. weicht der Einfluß der europ-amerik. Aschkenasim und damit die sozialist.-zionist. geprägte Ideologie der „Gründungsväter" einer zunehmenden Mehrheit von oriental. Juden afro-asiat. Herkunft. Dabei verstärkt die „Zabarisierung" (der wachsende Einfluß der im Lande geborenen 2. Generation) die „Orientalisierung", d.h. die Tendenz zu mehr relig., nationalist., außenpolit. „falkenhaften" Einstellungen. Umfrageergebnisse zeigen, daß sich die seit 1989 in großer Zahl einwandernden Sowjetjuden diesem Rechtstrend anschließen.

Der Brennpunkt der innen- und außenpolit. Polarisierung ist die *Siedlungspolitik* in den besetzten Gebieten. Im Westjordanland lebten 1972 nur 800 jüd. Siedler, im letzten Jahr der sozialdemokrat. geführten Regierung (1977) waren es 4400. Bis 1986 stieg die Anzahl der jüd. Siedler in „Judäa und Samaria" auf über 60000 und bis 1989 auf über 75000 an. Bis 1993 waren es ca. 140000 (mit Ostjerusalem ca. 250000) Siedler. Für einen Staat, dessen finanz. Ressourcen seit seiner Gründung beständig überstrapaziert sind, stellen die hohen Ausgaben für die Errichtung neuer Siedlungen, zur Schaffung von Arbeitsplätzen, Infrastruktur usw. eine Belastung dar, die auf Kosten anderer ebenfalls wichtiger Bereiche, v.a. der Sozialpolitik, geht. Für Sozialpolitik statt Siedlungspolitik argumentieren die kompromißbereiten „Tauben" meist euro-amerikan. Herkunft. Die Gegenseite, die Befürworter der Siedlungspolitik, argumentiert ebenfalls wirtschaftlich: der Wohnungsbau im dicht besiedelten isr. Kernland, v.a. in der Nähe von Tel-Aviv und Jerusalem, ist enorm teuer. Gleich nebenan, im Westjordanland, gibt es jedoch noch viel unbebautes, billiges Land. Nur durch den Bau preisgünstiger, staatl. finanzierter Wohnungen im Westjordanland kommen auch diejenigen Schichten in den Genuß von Eigentumswohnungen oder eigenen Häusern, die im isr. Kernland nicht einmal im Traum daran denken könnten, und das sind vornehml. oriental. Israelis. Sozialpolitik als Eroberungspolitik?

Der Kern des Dilemmas ist, daß auf demselben Gebiet Juden und Araber je ein geschlossenes Territorium, je einen eigenen, exklusiven Nationalstaat beanspruchen. Die gesellschaftl. Realität ist jedoch mehrnational. Solange die polit. Strukturen den gesellschaftl. nicht entsprechen, schwelen die Probleme. Die Bemühungen, das Westjordanland zu „judaisieren", müssen aber paradoxerweise zur „Entjudaisierung" des jüd. Staates führen. Ungewollt schaffen die Super-Falken das Traumziel der Super-Tauben: den binationalen, d.h. den jüd.-arab. Staat anstelle des rein jüd. bestimmten Gemeinwesens. Dies führt zu einer Verhärtung von Positionen und zu einer wachsenden Bereitschaft, den demokrat. Charakter des jüd. Staates in Frage zu stellen.

Im April 1990 sprach sich ein Drittel der jüd. Israelis dafür aus, die Gebiete zu *annektieren,* ohne den dort lebenden Arabern gleiche Rechte zu gewähren. Für die Einverleibung mit gleichen Rechten für die Palästinenser waren 24%. Im März 1989 waren 38% der jüd. Israelis sogar bereit, „eine Vertreibung" der Palästinenser aus dem Westjordanland zu „erwägen, wenn eine Friedensregelung unerreichbar" sei. Bis Sept. 1989 waren es bereits 52%. Im April 1990 wurden 59% für einen „Transfer" ermittelt. Andererseits sprachen sich rund 60% der jüd. Israelis in Umfragen vor den Knessetwahlen im Juni 1992 für eine Autonomie der Palästinenser aus. Die Lehren aus Intifâḍa und Golfkrieg, aus der andauernden Wirtschaftskrise und I.s mangelnder Attraktivität als Einwanderungsziel für Juden aus den Nachfolgestaaten der ehem. SU stellten die Wähler vor die Entscheidung: Sozialpolitik *oder* Siedlungspolitik. Offensichtl. will eine Mehrheit der Israelis lieber die Aufgabe auf sich nehmen, bis zu 2 Mio. Neubürger aus Osteuropa aufzunehmen als weiterhin über 2 Mio. palästinens. Araber zu herrschen.

Douglas Bokovoy/Michael Wolffsohn

Lit.: *Ben-Meir, D.,* Histadrut. Die israelische Gewerkschaft, Bonn/Bad Godesberg 1982. *Bin-Nun, A.,* Einführung in das Recht des Staates Israel, Darmstadt 1983. *Busch-Lüty, Ch.,* Leben und Arbeiten im Kibbutz, Köln 1989. *Eisenstadt, S.,* The transformation of Israeli society, Boulder 1985; deutsch: Frankfurt a.M. 1987. *Funke, H./Sterzing, Ch.,* Geschichte und Arbeit israelischer Friedensgruppen, Frankfurt a.M. 1989. *Herzog, Ch.,*

Kriege um Israel, Frankfurt a.M. 1984. *Karmon, J.*, Israel. Eine geographische Landeskunde, Darmstadt 1983. *Orland, N.*, Die Cherut. Analyse einer rechtsorientierten Partei, München 1983. *Schreiber, F.*, Aufstand der Palästinenser: Intifâda. Fakten und Hintergründe, Opladen [3]1992. *Ders./Wolffsohn, M.*, Nahost. Geschichte und Struktur des Konflikts, Opladen 1988. *Wallach, J.*, „... und mit der anderen hielten sie die Waffen". Eine Kriegsgeschichte Israels, Koblenz 1983. *Wolffsohn, M.*, Politik in Israel, Opladen 1983. *Ders.*, Israel. Politik – Gesellschaft – Wirtschaft, Opladen, [3]1991.

Jemen (Republik Jemen)

Grunddaten: *Fläche:* 528000 km². *Einwohner:* 11,2 Mio. (1990). *Analphabetenquote:* 62% (1990). *Lebenserwartung:* 48 Jahre. *Verstädterung:* 29% (1990). *Anteile am BIP:* Landwirtschaft: 20%, Industrie: 28%, davon Verarbeitendes Gewerbe: 8%, Dienstleistungen: 47% (1990). *PKE* (in US-$): 650 (1989). *BIP* (in Mio. US-$): 6690 (1990). *Währung:* 1 Jemen-Rial = 100 Fils, 1 DM ~ 7,4 Y.Rls (Dez. 1992); daneben noch im Gebrauch: Jemen-Dinar, 1 YD = 26 Y.Rls.

1. Historischer Überblick

1.1. Die politische Entwicklung im Nordjemen. Der Jemen (J.) war bereits im Altertum Zentrum einer Hochkultur, die v.a. auf dem Handel mit Weihrauch beruhte. Im 7. Jh. wurde der J. islamisch. 1517 eroberten die Osmanen den J. Ihre Herrschaft blieb jedoch auf die Küstenzone und die größeren Städte beschränkt, während das Hinterland, v.a. die nördl. Gebirgszone, von den zaiditischen Stämmen kontrolliert wurde. 1635 gelang es dem zaidit. Imam, den J. von der osman. Fremdherrschaft zu befreien. 1839 setzten sich die Briten in Aden fest und unterwarfen bis zum 1. Weltkrieg die angrenzenden Gebiete. Nach der Eröffnung des Suezkanals und der wachsenden strateg. Bedeutung der Meerenge am Ausgang des Roten Meeres setzte 1872 eine zweite osman. Eroberung des J. ein.

Die moderne Geschichte des Nordjemen (NJ.) begann mit *Imam Yahya,* der 1904 zum Imam gewählt wurde und den Kampf seines Vaters gegen die türk. Fremdherrschaft fortsetzte. Nach Abzug der Türken Ende des 1. Weltkrieges erlangte der J. die Unabhängigkeit. 1934 mußte der J. nach einer militär. Niederlage die Provinz Asir an Saudi-Arabien (S.-A.) abtreten. Im selben Jahr wurde mit GB ein Vertrag unterzeichnet, in dem London die Unabhängigkeit des

NJ. anerkannte und Imam Yahya den status quo der Grenze akzeptierte. Vor der Despotie Imam Yahyas, der sein Land zudem von allen äußeren Einflüssen freihielt, emigrierten viele Jemeniten, v. a. nach Ägypten (Ä.) und in das benachbarte Aden, wo sich eine Oppositionsfront unter dem Namen *Freie Jemeniten* organisierte und den Sturz Yahyas betrieb. Nach der Ermordung Yahyas 1948 übernahm sein Sohn *Ahmad* die Herrschaft. Auch seine Herrschaft war wie die seines Vaters despotisch. Ahmad nahm 1956 diplomat. Beziehungen mit der SU auf und trat 1958 der von Ä. und Syrien gebildeten *Vereinigten Arabischen Republik (VAR)* bei.

Nach dem Tode Imam Ahmads am 18. 9. 1962 konnte sein Sohn *al-Badr* zwar die Nachfolge antreten, er wurde aber bereits am 26. 9. durch einen Militärputsch unter Führung von *Abdallah al-Sallal* gestürzt. In Sana wurde die Republik ausgerufen und die Herrschaft von einem Revolutionsrat unter Leitung von al-Sallal übernommen. Der nun ausbrechende Bürgerkrieg zwischen Republikanern und Royalisten, in dem Ä. die Republikaner und S.-A. die Royalisten unterstützte, endete erst 1970. Die Royalisten kehrten nach Sana zurück und bestimmten von nun an maßgebl. die Politik und drängten den Einfluß der liberalen und gemäßigten Kräfte weiter zurück. Im selben Jahr trat eine permanente Verf. in Kraft, gemäß der das islam. Recht, die *Sharīʿa,* die alleinige Quelle der Gesetzgebung war. Die Legislative lag beim Parlament, dem Konsultativrat, und die Exekutive bei dem 5köpf. Republikanischen Rat, geleitet von Qadi (Richter) Abdarrahman al-Iryani. Zwischen ihm, der eine liberale Politik verfolgte, und dem konservat. Parlamentspräsidenten Abdallah Ibn Husain al-Ahmar, dem Führer des Hashid-Stammes, entwickelte sich ein Dauerkonflikt, der die Innenpolitik lähmte und die Zentralgewalt schwächte. Am 13. 6. 1974 übernahm das Militär unter Führung von Oberst Ibrahim al-Hamdi die Macht. Nach der Ermordung al-Hamdis am 11. 10. 1977 wurde Oberst al-Ghashmi zum Vorsitzenden des Revolutionsrates und nach Wiedereinsetzung des Parlaments am 6. 2. 1978 zum Präsidenten gewählt. Nach seiner Ermordung am 24. 6. wählte das Parlament Oberst *Ali Abdallah al-Salih* zum Präsidenten.

1.2. Die politische Entwicklung im Südjemen. Am 30. 11. 1967 erlangte der Südjemen (SJ.) seine Unabhängigkeit, nachdem die Briten ihre letzten Truppen vorzeitig abgezogen hatten. Die Macht übernahm die *Nationale Befreiungsfront (NBF)*, die seit 1963 gegen die brit. Kolonialherrschaft gekämpft hatte. Den Machtkampf in der NBF mit den gemäßigten Kräften konnte der marxist. Flügel für sich entscheiden. Nach dem Sturz Präsident Qahtan al-Shaʿbis am 22. 6. 1969 wurde Abd al-Fattah Ismaʿil Generalsekretär der NBF und Salim Rubai' Ali Staatspräsident. Gemäß der Verf. von 1970 war der SJ. eine Volksdemokratie, deren Gewalt von der Arbeiterklasse ausging. Grundlage der Politik war der „wissenschaftliche Sozialismus". Die Legislative lag beim 111 Mitglieder zählenden *Obersten Volksrat* (Parlament), die Exekutive beim Präsidialrat mit seinem Vorsitzenden als Staatspräsident. 1975 schloß sich die NBF mit der Demokratischen Volksunion (Kommunisten) und der Volksvorhut (Baathisten) zur *Vereinigten Politischen Organisation – Nationale Front* zusammen. Nach der Liquidierung Präsident Alis am 26. 6. 1978 wurde Anfang Okt. die *Jemenitische Sozialistische Partei (JSP)* gegründet. Der aus den ersten Parlamentswahlen am 16. 12. hervorgegangene *Oberste Volksrat* wählte Ismaʿil am 27. 12. zum Präsidenten.

Ismaʿil verfolgte nach innen eine Politik der sozialist. Umgestaltung von Wirtschaft und Gesellschaft und nach außen eine enge Anlehnung an die SU. Die sozialist. Maßnahmen, die v.a. im wirtschaftl. Bereich zu Rückschlägen führten, stießen auch in der Parteiführung auf Widerstand, und im April 1980 wurde Ismaʿil zum Rücktritt gezwungen. Seine Ämter als Staatspräsident und Generalsekretär der JSP übernahm Ministerpräsident Ali Nasir Mohammed, der eine pragmatischere Politik vertrat, ohne aber den Sozialismus und die enge Zusammenarbeit mit der SU in Frage zu stellen. Der Gegensatz zwischen ihm und den Anhängern Ismaʿils, der im Frühj. 1985 aus seinem Exil in der SU zurückgekehrt war, führte im Jan. 1986 zu bürgerkriegsähnl. Auseinandersetzungen, die mit der Niederlage Ali Nasir Mohammeds und seiner Flucht endeten, bei denen aber Ismaʿil und einige führende Anhänger den Tod fanden.

1.3. Der Vereinigungsprozeß. Das Ende der brit. Kolonialherrschaft 1967 weckte im gesamten Lande Hoffnungen auf die Vereinigung aller Gebiete des J. Aufgrund der gegensätzl. polit. Entwicklung im NJ. und SJ. sowie der Unterstützung der Opposition im jeweils anderen Teil verschlechterten sich jedoch die Beziehungen zwischen Sana und Aden. Nachdem im Sept. 1972 Kämpfe im

Grenzgebiet ausgebrochen waren, kam es Ende Okt. unter Vermittlung der Arabischen Liga in Kairo zu einer Beilegung des Konflikts, wobei beide Seiten erstmals offiz. ein Abkommen über die Vereinigung beider J. unterzeichneten. Dies wiederholte sich im März 1979, als nach einem kurzen Grenzkrieg die beiden Präsidenten, Ali Abdallah al-Salih und Abd al-Fattah Isma'il, am 30. 3. in Kuwait den Konflikt beilegten und ein Abkommen über die Vereinigung unterzeichneten. Ende 1981 einigten sich beide Seiten auf eine gemeinsame Verf.

Unter dem Eindruck des innerparteil. Konflikts vom Jan. 1986 und der Veränderungen in der SU sowie wachsender wirtschaftl. Schwierigkeiten setzten sich im SJ. die gemäßigten Kräfte durch. Am 30. 11. 1989 unterzeichneten der nordj. Präsident Salih und der Generalsekretär der JSP, Ali Salim al-Baid, ein Etappenprogramm, das die Vereinigung beider J. innerhalb eines Jahres vorsah. Als im NJ. die Proteste gegen die Vereinigung seitens der konservativen Kräfte und der Islamisten aus Furcht vor marxist. Einflüssen des SJ. zunahmen, wurde die Vereinigung vorverlegt. Am 22. 5. 1990 wurde die *Jemenitische Republik* in Aden proklamiert. Die Führung in Aden hatte zuvor ihre sozialist. Grundsätze aufgegeben.

2. Das politische System

2.1. Verfassung und formale Legitimationsbasis. Gemäß der am 15./16. 5. 1991 von der Bevölk. in einem Referendum gebilligten *Verfassung* ist das Volk des J. Teil der arab. Nation und der islam. Welt. Der Islam ist Staatsreligion und die Sharî'a ist die Hauptquelle der Gesetzgebung (Art. 2 und 3). Die Gewalt geht vom Volk aus. Die Wirtschaft beruht auf den Prinzipien der islam. Gerechtigkeit; der öffentl. Sektor soll über die Grundproduktionsmittel verfügen. Der Staat garantiert die Freiheit der Meinungsäußerung (Art. 26). Vor dem Gesetz wird die Gleichheit aller garantiert, unabhängig von Geschlecht, Hautfarbe, Rasse oder Religion (Art. 27). Die Legislative liegt beim *Parlament* (Abgeordnetenversammlung), das für die Verabschiedung der Gesetze und die allg. Politik zuständig ist. Die Abgeordneten werden in freien und geheimen Wahlen (für vier Jahre) gewählt. Wahlberechtigt ist jeder Jemenit ab dem 18. Lebensjahr einschließl. der Frauen, wählbar jeder Jemenit ab dem 25. Lebensjahr. Das nach der Vereinigung einberufene Parlament setzte sich aus den beiden Parlamenten des NJ. und SJ. (insges.

301 Abgeordnete, 159 aus dem NJ. und 111 aus dem SJ. sowie 31 weitere, vom Staatspräsidenten ernannte Abgeordnete) zusammen. Am 27. 4. 1993 fanden die ersten gesamtjemenit. Parlamentswahlen statt, mit denen die Übergangsperiode endete.

Die Staatsführung besteht aus dem *Präsidialrat,* dessen fünf Mitglieder vom Parlament (für fünf Jahre) gewählt werden. Aufgaben des Präsidialrates sind u.a. die Repräsentierung des Staates nach innen und außen, die Anberaumung von Parlamentswahlen oder einem Referendum, die Ernennung des Ministerpräsidenten und die Veröffentlichung des Dekrets mit der Regierungsliste sowie die Formulierung der allg. Politik. Die Mitglieder des Präsidialrates wählen einen Vorsitzenden, der die Funktion des *Staatspräsidenten* ausübt. Der amtierende Präsidialrat, dessen Amtsdauer nach Ende der Übergangsperiode verlängert wurde, wurde von dem 17köpf. Präsidialrat des SJ. und der 25köpf. Beratenden Versammlung des NJ. gewählt. Staatspräsident ist Ali Abdallah al-Salih, Vizepräsident Ali Salim al-Baid (Südjemenit). Die übrigen Mitglieder sind Qadi Abd al-Karim al-Arshi, bis dahin Sprecher der Shura-Versammlung in Sana, Salim Salih Mohammed, stellv. Generalsekretär der JSP (Südjemenit), sowie Abd al-Aziz Abd al-Ghani, bis dahin Ministerpräsident im NJ. Die *Beratende Versammlung* (al-Majlis al-istishâri), eine in der Verf. nicht vorgesehene Institution, besteht aus 45 Mitgliedern, die vom Präsidenten ernannt werden. Die derzeitige (1993) Beratende Versammlung setzt sich aus den 25 Mitgliedern der früheren nordjemeenit. Beratenden Versammlung sowie den Mitgliedern des früheren südjemeenit. Präsidialrats zusammen.

Der *Ministerrat* ist laut Verfassung (Art. 102) das höchste exekutive und administrative Organ. Der *Ministerpräsident,* der vom Präsidialrat ernannt wird, wählt in Konsultation mit diesem die Minister aus. Er muß nach max. 15 Tagen dem Parlament sein Regierungsprogramm vorlegen und billigen lassen (Art. 72). Das Parlament kann der Regierung ihr Vertrauen entziehen. Ministerpräsident der am 30. 5. 1991 gebildeten Koalitionsregierung ist Haidar Abu Bakr al-Attas (bis dahin Staatspräsident des SJ.). Gemäß Art. 117 verfügen die administrat. Verwaltungseinheiten über eine lokale Selbstverwaltung, die von der Bevölk. gewählt wird. Das Gerichtswesen ist unabhängig und nur dem Gesetz verpflichtet (Art. 120). Sondergerichte dürfen unter keinen Umständen gebildet werden.

2.2. *Aufbau und Programm der Parteien.* Bis zur Vereinigung gab es im NJ. keine Parteien. Die einzige polit. Organisation war der 1982 gebildete *Allgemeine Volkskongreß (AVK),* der keine Partei im eigentl. Sinne darstellte und auch wenig polit. Aktivitäten entwickelte. Im SJ. wurde noch vor der Vereinigung der Parteienpluralismus gesetzl. verankert. Mit der Vereinigung und der Einführung der neuen Verf. wurde mit dem Recht auf freie Meinungsbildung und polit. Organisation (Art. 26 und 39) auch die Bildung von polit. Parteien im gesamten J. erlaubt. Innerhalb kurzer Zeit bildeten sich über 30 Parteien.

Die beiden wichtigsten Parteien bzw. polit. Organisationen sind der AVK und die JSP, die gemeinsam die Vereinigung des J. durchführten und seitdem die bestimmenden polit. Kräfte sind. Beide waren vor der Vereinigung die alleinigen polit. Organisationen bzw. Parteien im NJ. bzw. SJ. Abgesehen davon, daß sie die Macht ausüben und prakt. die staatl. Medien (Rundfunk, Fernsehen) kontrollieren, verfügen sie über eingespielte Organisationen und einen festen Apparat. Aus ihren Reihen rekrutieren sich die Mitglieder der Regierung und der staatl. Verwaltung. Nach der Vereinigung haben beide ihre Organisationsstrukturen auf den jeweils anderen Teil des J. ausgedehnt, so daß sie nun im ganzen Land vertreten sind. Die JSP, ursprüngl. als Kaderpartei konzipiert, gilt immer noch als die am besten organisierte Partei, die ihre Basis v.a. im früheren SJ. (Aden) hat. Nach den Parlamentswahlen nahmen der AVK und die JSP Gespräche mit dem Ziel der Vereinigung beider Parteien auf.

Von den neugegründeten Parteien gilt die *Reform-Partei* (al-Tajammuʿ al-yamanî lil-iṣlâḥ), in der sich die Muslimbrüder und Vertreter der Stämme unter Führung von Scheich Abdallah Ibn Husain al-Ahmar zusammengeschlossen haben, als die bedeutendste. Ihr Ziel ist die polit. Reform auf der Grundlage der Sharîʿa und die absolute Vorherrschaft des Islam in allen Bereichen von Staat, Politik und Gesellschaft. Die Reform-Partei bildet gemeinsam mit dem AVK und der JSP die Regierungskoalition. Ein ähnl. Programm wie die Reform-Partei verfolgt die *Liga der Söhne des Jemen.* Von den Parteien mit einem laizist. Programm ist die *Jemenitische Unionistische Partei,* 1980 in Aden von liberalen Politikern gegründet, die wichtigste. Eines ihrer Anliegen ist der Schutz der Menschenrechte. Weitere Parteien sind die *Demokratische Unionistische Partei,* von der fünf Mitglieder in das Parlament berufen wurden, die

Nationaldemokratische Front, die vor der Vereinigung von Aden aus gegen das Regime in Sana kämpfte und von der zwei Mitglieder in das Parlament berufen wurden, u.a. ihr Führer Sultan Umar, sowie die *Baath-Partei* mit einem prosyr. und einem proirak. Flügel, und drei nasserist. Parteien, ferner die *Front der Union der jemenitischen Kräfte,* gegr. im März 1990 von den Anhängern des früheren südjemen. Präsidenten Qahtan al-Shaʿbi, die *Partei der liberalen Konstitutionalisten* unter Führung von Abd al-Rahman Mohammed Nuʿman, die *Progressive Volkspartei* unter Ahmad al-Shumani und die *Nationalsoziale Partei* unter Abduh Ahmad und Mohammed Awad.

2.3. Partizipation der Bevölkerung am politischen System

2.3.1. Die Entwicklung im früheren Nordjemen. Auf dem Gebiet des früheren NJ. spielen die tradit. Stammesstrukturen immer noch eine beherrschende Rolle im polit. Leben. Die Stammesführer bestimmen nicht nur innerhalb ihres eigenen Stammes, sondern üben auch auf nationaler Ebene entscheidenden Einfluß aus. Da Parteien nicht zugelassen waren, konnten sich neue Strukturen der Partizipation der Bevölk. am polit. Geschehen kaum herausbilden. Das starke Gewicht der Stämme wiederum verhinderte, daß sich die Zentralgewalt unkontrolliert entfalten konnte. Über die Stämme konnten die Belange großer Teile der Bevölk. unterhalb der Ebene der Zentralregierung geltend gemacht werden. Innerhalb der Stämme selbst herrschen Strukturen, die unter dem Begriff der Stammesdemokratie den einzelnen (männl.) Stammesmitgliedern ein gewisses Mitspracherecht bei polit. Entscheidungen einräumen.

Mitte der 70er Jahre wurden im Rahmen der *lokalen Selbstverwaltung* Maßnahmen zur Mobilisierung der Bevölk. auf unterer Ebene (Provinzen, Dörfer) eingeleitet, vor allem von al-Hamdi. Hierbei ging es vorwiegend um wirtschaftl. und soziale Belange, wie den Bau von Brunnen, Schulen und ärztl. Zentren. Die Herausbildung der lokalen Selbstverwaltung auf der Grundlage von Wahlen kann als ein wichtiger Ansatzpunkt für demokrat. Strukturen gewertet werden.

Ein erster Schritt zur Partizipation größerer Teile der Bevölk. am Prozeß der polit. Willensbildung war der vom jetzigen Präsidenten Ali Abdallah al-Salih gegründete *Allgemeine Volkskongreß,* der sich im Aug. 1982 konstituierte. Sein Ziel war die polit. Mobilisierung der Bevölk. für die Zentralregierung und ihre Stärkung gegenüber den partikularist. Interessen der Stämme. Der AVK entwickelte jedoch keine straffen Organisationsformen und spielte deshalb auch keine bedeutende Rolle in der Politik des NJ.

2.3.2. Die Entwicklung im früheren Südjemen. Aufgrund seiner bes. Vergangenheit (brit. Kolonialherrschaft seit 1839) verlief die polit. Entwicklung auf dem Gebiet des früheren SJ. anders als im Norden. Unter der Herrschaft der Briten bildeten sich in Aden schon in den 50er Jahren Gewerkschaften, die nicht nur soziale Forderungen (höhere Löhne und bessere Arbeitsbedingungen) stellten, sondern bald auch polit. Aktivitäten entwickelten und die Befreiung von der brit. Kolonialherrschaft zum wichtigsten Ziel erhoben. Gewalt und Terror prägten nicht nur den Kampf der *Nationalen Befreiungsfront (NBF)* gegen die Briten, sondern nach der Machtübernahme nach Abzug der Briten 1967 auch den Machtkampf innerhalb der Partei. Die 1978 nach osteurop. Vorbild gegründete Einheitspartei JSP sollte die Massen für ihre Ziele mobilisieren. Diesem Zweck dienten auch die Massenorganisationen, Gewerkschaften und Verbände der Bauern, Frauen, Studenten usw., die alle gleichgeschaltet waren. Andere Parteien, wie die Baathisten und Kommunisten, wurden nicht als eigenständige Parteien geduldet. Eines der wichtigsten Ziele, näml. die Überwindung der tradit. Stammesstrukturen, gelang nicht, wie die bürgerkriegsähnl. Auseinandersetzungen im Jan. 1986 in Aden zeigten. Als Folge der starken Politisierung ist im SJ. das polit. Bewußtsein stärker ausgebildet als im NJ. Das gilt v.a. auch für die Frauen, deren Emanzipation und Einbeziehung in den Arbeitsprozeß weiter fortgeschritten ist als im Norden.

2.3.3. Die Partizipation der Bevölkerung nach der Vereinigung. Die Vereinigung der beiden J., mehr noch aber die in der neuen Verf. garantierten Rechte der Meinungsäußerung und polit. Organisation haben das innenpolit. Klima grundlegend verändert und polit. Aktivitäten in einem bis dahin nicht gekannten Ausmaß hervorgebracht, wie die Gründung von über 30 Parteien deutlich macht. Die Tatsache, daß alle diese Parteien auch über Zeitungen verfügen, gibt ihnen die Möglichkeit, ihre polit. Ansichten in der Öffentlichkeit kundzutun. Unmittelbaren polit. Einfluß üben jedoch nur die beiden polit. Parteien, die vor der Vereinigung die

Macht innehatten, sowie die Reform-Partei aus. Die meisten der neugegründeten Parteien sind Splitterparteien, die keinerlei polit. Bedeutung besitzen. Bei den Parlamentswahlen vom 27. 4. 1993 erhielt der von Präsident *Ali Abdallah al-Salih* geführte Allgemeine Volkskongreß (AVK) die meisten Stimmen, nicht jedoch die absolute Mehrheit. Im einzelnen verteilen sich die Sitze im neuen Parlament wie folgt: AVK 122, Reform-Partei 62, JSP 56, Unabhängige 47, Baath-Partei 7, Partei des Rechts (islamistisch) 2, nasseristische Parteien 3.

3. Sozialstruktur

Die Bevölk. des J. ist fast ausschließl. arabisch. In der Küstenregion leben einige Minderheiten, wie Inder (3%) und Ostafrikaner. Die Religion ist islam., in der nördl. Gebirgsregion überwiegend zaiditisch (schiit.), im S sunnit. (schafiit.). Unter den Minderheiten gibt es Anhänger des Hinduismus und des Christentums. Die Zahl der Juden liegt bei einigen hundert (nach Auszug der Mehrheit nach Israel 1948). Ein wichtiges Element der jemen. Gesellschaft sind die Stämme. Das Stammesrecht *('Urf)* hat in den Stammesgebieten noch weitgehend Gültigkeit und bestimmt neben den auf dem Islam basierenden Traditionen die gesellschaftl. Strukturen. Für den einzelnen steht die Loyalität gegenüber dem eigenen Stamm über der gegenüber dem Staat (Zentralregierung). Der Zusammenhalt eines Stammes kommt v.a. in Zeiten von Krisen (Bedrohung von außen, durch einen anderen Stamm oder durch die Regierung) zum Tragen. Da die Stammesmitglieder bewaffnet sind, stellen die Stämme einen wichtigen Machtfaktor dar, den die Regierung nicht unberücksichtigt lassen kann. Als Folge der erhöhten Mobilität der einzelnen Stammesmitglieder (durch Arbeit in der Stadt oder im Ausland) ist der Zusammenhalt der Stämme schwächer geworden. Auch der Verlust der Autarkie und die Abhängigkeit von der Zentralregierung (von Finanzhilfen und materiellen Gütern) haben die Position der Stämme geschwächt.

Die Stammesmitglieder sind überwiegend als Ackerbauern tätig. Sie sind zugleich Krieger, die jederzeit bereit sind, ihr Stammesgebiet zu verteidigen. Während des Bürgerkrieges kämpften sie auf beiden Seiten und trugen nicht unwesentl. dazu bei, daß sich der Krieg so lange hinzog. Der Bürgerkrieg war nicht nur eine einträgl. Einnahmequelle für die Stämme, sondern er gab ihnen auch die Möglichkeit, ihren Einfluß auf die Zentralgewalt zu verstärken, was die Imame stets einzudämmen versucht hatten. Die einflußreichen Stammesführer haben deshalb meistens auch eine wichtige Rolle in der Innenpolitik gespielt und wichtige Posten in der Verwaltung innegehabt, wie Scheich Abdallah Ibn Husain al-Ahmar vom Hashid-Stamm als Parlamentspräsident oder Scheich Sinan Abu Luhum vom Bakil-Stamm als Gouverneur von Hudaida (wegen der Kontrolle über die Zolleinnahmen zugleich auch eine einträgl. Pfründe). Auch im früheren SJ. konnte die Regierung den Einfluß der Stämme trotz großer Bemühungen nicht eliminieren, wie die Kämpfe im Jan. 1986 gezeigt haben, bei denen es weniger um ideolog. Auseinandersetzungen als um Machtkämpfe zwischen rivalisierenden Stämmen ging.

Tradit. stehen die Stammesangehörigen über den Handwerkern und Händlern in den Städten. Die einstige Aristokratie der Sayyids, die ihre Herkunft auf die Familie des Propheten Mohammed zurückführten, verloren nach der Revolution ihre Sonderstellung, genießen aber immer noch hohes Ansehen. Sie sowie die Qadis (Richter) waren aufgrund ihrer Ausbildung allein für die höheren Ämter im Staat und in der Verwaltung geeignet. Durch den Aufbau eines modernen Erziehungssystems ist das „Bildungsmonopol" dieser Schicht inzw. aufgehoben. Während in den ländl. Regionen die tradit. Strukturen noch relativ gut erhalten sind, machen sich in den Städten, v.a. in Aden aufgrund der langen brit. Kolonialherrschaft, moderne Einflüsse deutlicher bemerkbar. Die Rückkehr von rund 850000 Gastarbeitern aus S.-A. hat die Tendenz zur Nivellierung vorhandener Traditionen und Strukturen verstärkt.

4. Binnen- und außenwirtschaftliche Gegebenheiten und Entwicklungsziele

Bis zur Revolution von 1962 war der NJ. ein reines Agrarland. Eine wirtschaftl. Entwicklung und zentral gesteuerte Wirtschaftspolitik setzten erst nach Ende des Bürgerkrieges mit der Errichtung der Zentralen Planungsbehörde 1972 und dem ersten Entwicklungsplan (1973/74–1975/76) ein. Hauptziel der Wirtschaftspolitik war in den 70er Jahren die Schaffung einer modernen Infrastruktur durch den Bau von Straßen, Schulen und Krankenhäusern sowie die Versorgung mit Strom und Wasser. Die Wirtschaftspolitik ist an liberalen, marktwirtschaftl. Gesichtspunkten orientiert. Der private Sektor wird gefördert (Investitionsgesetz von 1975) und die einheim. Industrie soll durch Schutzzölle vor ausländ. Konkurrenz geschützt werden. Der J. konnte von dem Wirtschaftsboom in den Golfstaaten durch die Überweisungen jemen. Gastarbeiter (in den 80er Jahren jährl. ca. 900 Mio. US-$), deren Zahl auf über eine Million anstieg, sowie Finanzhilfen seitens der Ölstaaten profitieren. Daneben erhielt der J. erhebl. Finanz- und Wirtschaftshilfe von internat. Organisationen sowie westl. Industriestaaten und auch dem Ostblock. Von 1970–1981 wuchs das BSP um durchschnittl. 9% jährlich, und das Prokopfeinkommen verdoppelte sich auf 612 $.

Zu Beginn der 80er Jahre geriet der J. als Folge der Wirtschaftsflaute in den Ölländern und des Rückgangs der Gastarbeiterüberweisungen in eine Wirtschaftskrise. 1990 erlitt die Wirtschaft einen weiteren Rückschlag, als im Zusammenhang mit der proirak. Haltung des J. im irak-kuwait. Konflikt S.-A. rund 850000 jemen. Gastarbeiter entließ, was zum einen zu einem weiteren Rückgang der Devisenüberweisungen führte und zum anderen die Zahl der Arbeitslosen erhöhte. Zudem stellten die Ölstaaten ihre Finanzhilfen an den J. weitgehend ein. 1991 wies der Haushalt bei einem Volumen von 4,25 Mrd. US-$ (50,8 Mrd. Riyal) ein Defizit von 1,39 Mrd. US-$ aus. Die Schulden beliefen sich auf 7 Mrd. $, die Deviseneinnahmen auf 1,25 Mrd. $. Positiv entwickelte sich hingegen der Ölsektor. Nachdem 1984 erstmals Öl entdeckt (im Gebiet Marib) und im Dez. 1987 das erste Öl exportiert worden war, erreichte die Ölförderung 1991 rund 215000 Barrel pro Tag, und die Öleinnahmen stiegen auf 437 Mio. US-$. Von besonderer Bedeutung sind die Ölvorkommen im Grenzgebiet bei Shabwa, um die es nicht zuletzt auch während des Grenzkrieges 1979 gegangen war. Während vor der Vereinigung dieses Feld von der SU erschlossen worden war (Bau einer 200 km langen Pipeline zum Indischen Ozean), wurden nach der Vereinigung westl., v.a. amerik. Firmen mit der weiteren Erschließung betraut. Neben Erdöl verfügt der J. über eine Vielzahl weiterer Bodenschätze, die aber z.T. kaum in ihrem Umfang bekannt sind. Von wirtschaftl. Bedeutung sind die Salzvorkommen, die bei Salif abgebaut werden. Im Hadramaut wurden Goldvorkommen entdeckt, mit deren Abbau begonnen werden soll. Des weiteren sind abbaubare Vorkommen an Kupfer, Nickel, Blei, Zink, Kohle und Uran bekannt.

Der J. verfügt aufgrund der Niederschläge durch die Ausläufer des Monsuns über ein beachtl. landwirtschaftl. Potential. In langer Tradition wird die Landwirtschaft z.T. in aufwendigen Terrassenkulturen betrieben. Da viele Jemeniten in den Ölstaaten als Gastarbeiter arbeiten, fehlen heute die Arbeitskräfte für die Instandhaltung der Terrassenkulturen. Hauptanbauprodukte sind Getreide, Baumwolle und Kaffee. Daneben wird Qat angebaut, eine Pflanze, deren Blätter wegen ihrer leicht narkotisierenden Wirkung gekaut werden. Der Qatanbau, der hohen Gewinn abwirft, hat andere Anbaufrüchte, wie z. B. Kaffee, z. T. verdrängt.

Der SJ. verfolgte aufgrund seiner am wissenschaftl. Sozialismus ausgerichteten Politik eine staatl. gelenkte Planwirtschaft, die noch vor der Vereinigung aufgegeben wurde. Wichtigster Industriebetrieb im SJ. ist die Raffinerie in Aden mit einer Kapazität von 170000 b/d. Mit osteurop. Hilfe wurde die Fischindustrie ausgebaut, in der rund 10000 Personen beschäftigt sind. 1990 wurden 78337 t gefangen. Im Zuge der wirtschaftl. Angleichung des SJ. an den NJ. werden die verstaatlichten Betriebe, auch in der Landwirtschaft, reprivatisiert und Besitzer für Verluste entschädigt.

Der Außenhandel ist stark defizitär. 1990 belief sich der Wert der Einfuhren (im NJ.) auf 18,8 Mrd. Y.Rls, der Ausfuhren auf 8,3 Mrd. Y.Rls (3% des Außenhandelsvolumens). Neben Öl werden Baumwolle, Häute, Felle, Reis und Kaffee exportiert. Wichtigste Lieferländer sind Japan, die USA, S.-A., F und D. 1990 waren 37,5% der Importe Nahrungsmittel, 16,3% Fahrzeuge und 6,9% Chem. Produkte. Im SJ. waren bis zur Vereinigung die SU und andere Ostblockstaaten die wichtigsten Wirtschaftspartner.

5. Zusammenfassende Charakterisierung der gegenwärtigen innen-, außen- und sicherheitspolitischen Situation

Seit dem Ende des marxist. Regimes im SJ. und der Vereinigung beider Landesteile im Mai 1990 befindet sich der J. in einem tiefgreifenden Wandlungsprozeß, der noch dadurch verstärkt wird, daß mit der Vereinigung ein Liberalisierungsprozeß einhergeht. Die Gründung einer Vielzahl von Parteien sowie eine Pressevielfalt, wie in kaum einem anderen arab. Land, haben den J. zu einem interessanten Experimentierfeld der Demokratie werden lassen. Sowohl die Einheit des J. als auch der Liberalisierungsprozeß sind noch nicht so gefestigt, daß sie als unumkehrbar gelten können. Eine Gefahr für die innenpolit. Stabilität ist die Wirtschaftskrise, die durch die Rückkehr der rund 850000 Gastarbeiter aus S.-A. verstärkt wird. Der Gegensatz zwischen den erstarkenden fundamentalist. Kräften im Verein mit den konservativen Stämmen im

NJ. und den laizist.-progressiven der JSP aus dem früheren SJ. sind ein weiteres Element der Instabilität. Während der NJ. aufgrund seines größeren Bevölkerungs- und Wirtschaftspotentials über ein natürl. Übergewicht verfügt, können sich die Vertreter des früheren SJ. auf eine besser organisierte Parteistruktur stützen. Durch die Einbindung der Islamisten der Reform-Partei in die Regierung hat sich der konservativ-islamische Einfluß auf die Politik verstärkt, zugleich verringerte sich dadurch aber die Gefahr einer Konfrontation mit den Progressiven.

Außenpolit. stößt der Liberalisierungsprozeß keineswegs nur auf Zustimmung. In den benachbarten Ölmonarchien sieht man in dem jemenit. Experiment durchaus eine Bedrohung für die eigene Ordnung. Insbesondere die fundamentalist. Kräfte, aber auch die Stämme, die tradit. mit S.-A. paktierten, lassen sich leicht instrumentalisieren, um das Entstehen eines demokrat. Systems zu sabotieren. Voraussetzung für einen Erfolg des jemenit. Experiments ist eine positive wirtschaftl. Entwicklung. Die Regierung setzt hierbei ihre Hoffnungen auf das Erdöl. Zwar kann der J. mit steigenden Öleinnahmen rechnen, aber diese allein werden nicht ausreichen, um die Wirtschaftsprobleme zu lösen. Deshalb bedarf es weiterer und umfassenderer Wirtschaftsmaßnahmen, um das Land auf eine gesunde wirtschaftl. Basis zu stellen.

Thomas Koszinowski

Lit.: *Bidwell, R.*, The Two Yemens, London 1983. *Braun, U.*, Ein anderer Fall von Vereinigung: Jemen, in: Außenpolitik 2/92, S. 174–184. *Burrowes, R.*, The Yemen Arab Republic: The politics of development 1962–1986, Boulder 1987. *Dresch, P.*, Tribes, Government, and History in Yemen, Oxford 1989. *Frese-Weghöft, G.*, Ein Leben in der Unsichtbarkeit: Frauen im Jemen, Reinbek 1986. *Ismail, T. Y. und J.*, The People's Democratic Republic of Yemen. Politics, Economics and Society, London 1986. *Lackner, H.*, P.D.R. Yemen. Outpost of Socialist Development in Arabia, London 1985. *Pridham, B. R.* (Hrsg.), Contemporary Yemen: Politics and Historical Background, London 1984. *Ders.*, Economy and Society and Culture in Contemporary Yemen, London 1985. *Scheider, C.*, Der südliche Jemen und die Sowjetunion. Großmachtengagement und politische Radikalisierung in der Dritten Welt, Hamburg 1989. *Weiter, M.*, Geographie im Jemen, Wiesbaden 1988.

Jordanien (Haschemitisches Königreich Jordanien)

Grunddaten: *Fläche:* 89206 km^2. *Einwohner:* 3,57 Mio. (1991). *Einschulungsrate:* 99% (1985). *Lebenserwartung:* 67 Jahre. *Verstädterung:* 61% (1990). *Anteile am BIP:* Landwirtschaft: 8%, Industrie: 26%, davon Verarbeitendes Gewerbe: 12%, Dienstleistungen: 66% (1990). *PKE* (in US-$): 1240 (1990). *BIP* (in Mio. US-$): 3330 (1990). *Währung:* 1 Jordan-Dinar = 1000 Fils; 1 DM ~ 0,43 JD (Dez. 1992).

1. Historischer Überblick

Jordanien (J.) entstand nach dem Ende des 1. Weltkrieges und der Auflösung des Osmanischen Reiches, zu dessen Herrschaftsbereich das Gebiet J.s seit dem 16. Jh. gehörte. GB setzte 1921 den *Amir Abdallah,* einen Sohn des Scherifen Husain von Mekka, als Herrscher in das neue Mandatsgebiet Transjordanien ein und erkannte es am 15. 5. 1923 als quasi unabhängigen Staat mit der Hauptstadt Amman an. Für die innere Sicherheit war die unter brit. Befehl stehende Arabische Legion zuständig. In einem Abkommen von 1928 erhielt J. größere Unabhängigkeit und das Recht auf eine eigene Verf., einen Exekutivrat (1939 in ein ordentl. Kabinett umgewandelt) und einen Legislativrat, der aus freien Wahlen hervorging.

Im Vertrag von London vom 22. 3. 1946 wurde das brit. Mandat offiziell beendet und ein unabhängiges Königreich proklamiert. Gemäß der neuen Verf. wurde eine aus zwei Kammern bestehende Legislative (Nationalversammlung) eingerichtet, bestehend aus der zu wählenden Abgeordnetenkammer (Unterhaus) und dem Senat (Oberhaus), dessen Mitglieder vom König ernannt werden. Die ersten Wahlen für die Abgeordnetenkammer fanden im Okt. 1947 statt; 20 Abgeordnete wurden für eine 5jähr. Legislaturperiode gewählt. Aufgrund der finanz. Abhängigkeit von GB und des brit. Oberbefehls über die Armee war die Souveränität J.s weiterhin eingeschränkt.

Im *arabisch-israelischen Krieg* von 1948 besetzte J. den nach dem UNO-Teilungsplan den Arabern zugesprochenen Teil Palästinas. Auf einem Kongreß im Dez. 1948 stimmte die Mehrheit der relig. Führer, Stammesscheiche und Abgeordneten von Flüchtlingslagern für den Anschluß Restpalästinas an J., woraufhin die jordan. Abgeordnetenkammer diesem Beschluß zustimmte. Bei den Wahlen vom April 1950 wurden je 20 Jordanier und Palästinenser gewählt, und am 24. 4. beschloß die neue Abgeordnetenkammer die Vereinigung beider Landesteile.

Am 20. 7. 1951 wurde König Abdallah in Jerusalem ermordet. Nachfolger wurde sein ältester Sohn Talal, der jedoch bereits nach einem Jahr aus gesundheitl. Gründen zugunsten seines Sohnes *Husain* zurücktrat. Die im Jan. 1952 in Kraft getretene Verf. ist bis heute gültig.

Husain trat am 2. 5. 1953 nach Erreichen der Volljährigkeit die Herrschaft an. Im Rahmen seiner Demokratisierungspolitik konnten sich die Parteien und die Presse relativ frei entfalten. Seit 1955 ernannte der König verfassungsgemäß den Vertreter der jeweils stärksten Partei in der Abgeordnetenkammer zum Regierungschef. Unter dem Druck nationalist. Kräfte sah sich Husain am 2. 3. 1956 zur Entlassung des brit. Oberkommandierenden Glubb Pascha gezwungen. Die aus den Wahlen vom Okt. hervorgegangene Linkskoalition unter Führung von Sulaiman Nabulsi verfolgte eine proägypt. Außenpolitik und kündigte am 13. 3. 1957 das anglo-jordan. Abkommen von 1948. Am 10. 4. erfolgten im Zusammenhang mit Gerüchten über einen Staatsstreich die Abberufung Nabulsis sowie des Generalstabschefs Ali Abu Nuwar und das Verbot aller Parteien.

Im *Junikrieg von 1967* verlor J. alle Gebiete westl. des Jordans. Unter dem Eindruck der Niederlage gewann die 1964 gegründete *Palästinensische Befreiungsorganisation (PLO)* an Einfluß und entwickelte sich bald zu einer Gefahr für den König und seine Herrschaft. Im Sept. 1970 brachen Kämpfe zwischen bewaffneten PLO-Gruppen und königstreuen Beduinentruppen aus, die mit der völligen Liquidierung der PLO in J. endeten. In den folgenden Jahren bemühte sich König Husain um die Festigung seiner Position durch die Schaffung eines 9köpf. Konsultativrates und eines Stammesrates (Aug. 1971) aus Scheichen und Notabeln sowie die Gründung der *Jordanischen Nationalen Union* im Sept. 1971. Im März 1972 verkündete Husain den Plan einer Föderation zwischen J. und Palästina unter dem Namen „Vereinigtes Arabisches Königreich", der die völlige Autonomie der beiden Regionen vorsah. Auf der arab. Gipfelkonferenz im Okt. 1974 in Rabat wurde die PLO von allen arab. Staaten, einschl. J., als alleinige und legitime Vertretung der Palästinenser anerkannt. Als Reaktion auf Bestrebungen der PLO nach einem unabhängigen Staat gab Husain am 31. 7. 1988 die

Aufgabe aller Ansprüche auf Palästina und die Lösung aller Bindungen zwischen den beiden Teilen bekannt.

Nach Unruhen am 17. 4. 1989 im Süden (Ma'an, Kerak) infolge von Preissteigerungen für Nahrungsmittel und Forderungen nach polit. Freiheiten versprach Husain Wahlen (im Febr. 1976 hatte die Abgeordnetenkammer ein Gesetz über die unbefristete Verschiebung von Wahlen verabschiedet), die am 8. 11. stattfanden und bei denen der „islamische Block" mit 20 Abgeordneten (plus elf Sympathisanten) die meisten Simmen erhielt. Am 22. 11. ernannte der König einen neuen Senat.

2. *Das politische System*

2.1. Verfassung und formale Legitimationsbasis des politischen Systems. J. ist nach der Verf. eine *konstitutionelle Monarchie.* Der *König* ist der oberste Entscheidungsträger. Er bestimmt im wesentl. die Politik, billigt Gesetze und unterzeichnet Verträge, die jedoch von der Nationalversammlung bestätigt werden müssen. Der König ernennt den Premierminister und die Mitglieder des Senats. Er bestimmt die Abhaltung von Wahlen, ruft die Abgeordnetenkammer ein und kann diese auflösen. Der König ist Oberkommandierender der Streitkräfte, er erklärt den Krieg und schließt Frieden.

Die Legislative liegt bei der *Nationalversammlung,* die sich aus zwei Kammern zusammensetzt, der *Abgeordnetenkammer* (Unterhaus) und dem *Senat* (Oberhaus). Nach dem (für die Wahlen vom Nov. 1989) modifizierten Wahlgesetz von 1986 liegt die Zahl der Sitze bei 80, von denen neun Christen, vier Beduinenstämmen und drei Tscherkessen vorbehalten sind. Die Abgeordneten werden in freien Wahlen gewählt, die Legislaturperiode dauert vier Jahre. Die Zahl der Senatsmitglieder liegt bei 40 (laut Verf. die Hälfte der Abgeordnetensitze). Die Mitglieder des Senats, die vom König für 4 Jahre ernannt werden, setzen sich aus Würdenträgern wie ehem. Ministern, hohen Richtern, Offizieren und früheren Mitgliedern der Abgeordnetenkammer zusammen.

Die Funktion der Abgeordnetenkammer ist legislativer Art. Ein Gesetz muß, bevor es dem König zur Billigung vorgelegt wird, die beiden Kammern passiert haben. Die Entscheidung der Abgeordnetenkammer kann durch das Vetorecht des Königs aufgehoben werden. Wird ein Gesetz von einer Kammer abgelehnt, wird es einer gemeinsamen Sitzung der beiden Kammern vorgelegt und mit

2/3-Mehrheit verabschiedet. Nach zweimaliger Verabschiedung mit 2/3-Mehrheit durch beide Kammern kann ein Gesetz auch gegen das Veto des Königs durchgesetzt werden. In der Praxis ist dies sehr unwahrscheinlich, da die Senatsmitglieder dem König gegenüber loyal eingestellt sind und daher zugleich als Korrektiv gegenüber der Abgeordnetenkammer fungieren. Insgesamt nimmt die Abgeordnetenkammer die ihr in der Verf. eingeräumten Kontrollfunktionen nur ungenügend wahr; ihre Tätigkeit erschöpft sich überwiegend in zeremoniellen und akklamator. Handlungen.

Der *Ministerrat* ist mit der Ausführung aller in- und ausländ. Staatsgeschäfte betraut. Er ist dem Abgeordnetenhaus in Fragen der allg. Politik verantwortlich. Die Abgeordnetenkammer kann einem Minister (mit 2/3-Mehrheit der Stimmen) das Mißtrauen aussprechen, worauf dieser zurücktreten muß. Jeder neue Minister muß der Abgeordnetenkammer sein Programm vorlegen und sich einer Vertrauensabstimmung stellen.

2.2. Aufbau und Programm der Parteien. Laut Art. 16/II der Verf. besteht ein Recht auf Parteienbildung. Dieses Recht wurde 1954 durch das Parteiengesetz spezifiziert. Nach diesem Gesetz war für die Bildung einer neuen Partei eine Lizenz erforderlich. Im Zusammenhang mit dem Umsturzversuch vom 10. 4. 1957 und der Verhängung des Ausnahmezustandes wurde ein Parteienverbot verhängt, das 1992 aufgehoben wurde. Allerdings operierten die meisten Parteien im Untergrund weiter, so v. a. die *Kommunisten* und die *Baath-Partei.* Die *Muslimbrüder,* die nicht als Partei galten, wurden geduldet, wenn sie auch nicht offiz. zugelassen waren.

Am 7. 9. 1971 verkündete König Husain die Gründung einer Einheitspartei, der *Jordanischen Nationalen Union* (im März 1972 in *Arabische Nationale Union* umbenannt). Sie sollte als eine Art nationale Front alle loyalen Kräfte zusammenfassen und hatte rund 100000 Mitglieder. Da sie keine polit. Wirkung ausübte, wurde sie im Feb. 1976 aufgelöst.

Anläßl. der Parlamentswahlen vom Nov. 1989 wurde das Parteienverbot ausgesetzt, was verschiedene polit. Gruppen veranlaßte, offiz. als Parteien aufzutreten. Hierbei handelte es sich um die *Kommunistische Partei Jordaniens* und die vom jordan. Flügel der *Democratic Front for the Liberation of Palestine (DFLP)* gegründete *Jordanian Popular Democratic Party (JPDP)* sowie die *Muslimbruderschaft.*

Angesichts des offiz. fortbestehenden Parteienverbots bildeten sich in der aus den Wahlen vom 8.11. 1989 hervorgegangenen Abgeordnetenkammer verschiedene polit. Blöcke, nämlich die *Islamische Bewegung* (Muslimbrüder), die *Demokratische Allianz* von Marxisten und linken arab. Nationalisten, der *Block der nationalen Unabhängigen* und der *Liberale Block*.

Im Rahmen seiner Reformbemühungen ernannte König Husain am 9.4. 1990 eine Kommission (60 Mitglieder) zur Ausarbeitung einer *Nationalcharta*, die die Zulassung von Parteien regeln und die Voraussetzung für ein Mehrparteiensystem bilden sollte. Diese Nationalcharta wurde am 9.6. vom König und von einer Konferenz von 2000 Politikern aller polit. Richtungen, auch opposit. Gruppen, gebilligt. Die Charta verfolgt auch das Ziel einer Versöhnung zwischen dem König und den Oppositionsgruppen, die ihrerseits im Rahmen dieser Nationalcharta die Monarchie grundsätzl. akzeptierten. Mit der Aufhebung des Kriegsrechts am 7.7. wurde ein weiteres Hindernis auf dem Wege zur Demokratisierung beseitigt. Am 1.9. 1992 trat das neue Parteiengesetz in Kraft, das die Zulassung von Parteien regelt. Als erste Parteien konstituierten sich im Dezember 1992 die *Jordanische Nationalallianz*, die *Volkseinheitspartei* und die *Islamische Aktionsfront* (Muslimbrüder)

2.3. Partizipation der Bevölkerung. Bis zur Aufhebung des Parteienverbots war eine polit. Betätigung der Bevölk. nur in beschränktem Umfang möglich. Eigentl. Forum für polit. Aktivitäten war deshalb die Nationalversammlung. Die Zusammensetzung der Mitglieder der beiden Kammern macht deutlich, daß nur ein relativ kleiner Teil der Bevölk. Zugang zur Nationalversammlung hat. Da jeder Wahlkandidat für die offiz. Kandidatur ein Leumundszeugnis des Innenministeriums vorlegen muß, können mißliebige Kandidaten durch Vorenthaltung eines solchen Zeugnisses leicht ausgeschaltet werden. Auch die Zahlung von 500 Dinar Nominierungsgebühr (gem. Art. 22 des Wahlgesetzes von 1986) schränkt den Kreis der Bewerber um einen Parlamentssitz ein. Schließl. sind nur die Bürger wahlberechtigt, die Steuern zahlen, wodurch die Zahl der Wahlberechtigten erhebl. reduziert wird.

Bei den Wahlen vom Nov. 1989 hatten sich 76% der Wahlberechtigten registrieren lassen. Von diesen ließen sich 86% einen Wahlausweis ausstellen. An der Wahl beteiligten sich schließl. nur 61,25% der Wahlausweisinhaber bzw. 54% der registrierten Wähler. Erstmals konnten Frauen von dem ihnen gem. Wahlgesetz von 1976 eingeräumten Wahlrecht Gebrauch machen. Unter den insges. 652 Kandidaten waren 12 Frauen, von denen aber keine ins Parlament gewählt wurde. Hingegen befand sich unter den vom König ernannten Mitgliedern des neuen Senats eine Frau (eine ehem. Informationsministerin). Im Dachverband der jordan. Gewerkschaften, der *Federation of Jordanian Labour Unions (FJLU)*, sind 17 Einzelgewerkschaften mit insges. 140000 (1990) Mitgliedern vertreten. Die Führung besteht aus dem 95köpf. Zentralrat, der laut Satzung das 14köpf. Exekutivkomitee wählt. 1972 ernannte das Ministerium für Arbeit und Soziales das Exekutivkomitee, um die Wahl unliebsamer Kandidaten zu verhindern. Die Mitgliedschaft in den Gewerkschaften ist frei, jedoch wird der größten Einzelgewerkschaft, der Transportgewerkschaft (90000 Mitglieder), vorgeworfen, daß die Mitgliedschaft in ihr obligatorisch sei.

3. Sozialstruktur

Die Bevölk. J.s ist zu 90% arabisch. Nach ihrer Herkunft setzen sich die Bewohner aus den eigentl. (autochthonen) Jordaniern und den v. a. seit der Gründung des Staates Israel zugewanderten Palästinensern aus dem Gebiet westl. des Jordans zusammen. Nach offiz. Angaben liegt der Anteil der Palästinenser unter 50%, nach inoffiz. bei über 60%. Aufgrund der gemeinsamen arab. Sprache und Religion (Islam) bestehen kaum Unterschiede zwischen den beiden Bevölkerungsteilen. Viele Palästinenser haben sich naturalisiert und fühlen sich als Jordanier. Unterschwellig besteht jedoch ein Bewußtsein für den Unterschied, der sich v. a. in Zeiten polit. Spannungen bemerkbar macht. An den Ereignissen in den von Israel besetzten Gebieten nehmen die Palästinenser einen stärkeren Anteil als die Jordanier.

Eine ethn. Minderheit bilden die im 19. Jh. aus dem Kaukasus eingewanderten Tscherkessen (ca. 25000). Sie haben sich größtenteils assimiliert, nicht zuletzt aufgrund der gemeinsamen Religion, des Islam. Daneben gibt es kleine Gruppen von Armeniern, Kurden und Türken.

Die Mehrzahl der Einwohner sind *sunnit. Muslime* (ca. 93%), nur eine kleine Gruppe (unter ihnen die aus dem Kaukasus stammenden Tschetschenen) sind Schiiten. Die wichtigste nicht-islam. Minderheit sind die *Christen* (5–7%), die hauptsächl. in den Gebieten um Madaba, Kerak, Salt und Ajlun leben. Die größte Gruppe unter ihnen bilden die Griechisch-Orthodoxen, gefolgt von den Griechischen Katholiken (Melkiten) und den Protestanten. Eine weitere nicht-islam. Minderheit sind die *Drusen,* die nahe der syr. Grenze leben.

Die Gesellschaft J.s war ursprüngl. überwiegend beduinisch. Durch die Modernisierung und die von der Regierung verfolgte Politik der Seßhaftmachung gibt es kaum noch Beduinen im eigentl. Sinn. Trotzdem halten die von den Beduinen abstammenden Bewohner vielfach an ihren Stammestraditionen fest und haben ein ausgeprägtes Gefühl für ihre Stammeszugehörigkeit bewahrt. Der beduin. Ehrenkodex spielt auch in der heutigen Gesellschaft eine bedeutende Rolle. Das starke Bevölkerungswachstum (über 3%) und das Fehlen von Arbeitsplätzen auf dem Lande haben die Landflucht und mit ihr die Urbanisierung (61%) beschleunigt. Aufgrund der Ausweitung des Erziehungssystems ist der Gegensatz zwischen Städtern und Landbewohnern zurückgegangen.

An der Spitze der jordan. Gesellschaft steht das *Königshaus,* dessen überragende Person König Husain ist. Sein Ansehen und seine Autorität beruhen nicht nur auf seiner Persönlichkeit, sondern auch auf der Tatsache, daß er ein unmittelbarer Nachfolger des Propheten Mohammed (*Sharîf*) ist. Wenn die Monarchie in J. bis in die Gegenwart alle Krisen überstanden hat, so ist das in erster Linie ein Verdienst des Königs. Der Bruder des Königs, Kronprinz Hasan, sowie andere Mitglieder der königl. Familie üben entscheidenden Einfluß auf die Politik des Landes aus. Kronprinz Hasan hat sich durch die Übernahme verschiedener Aufgaben, insbes. im wirtschaftl. Bereich, profiliert und dadurch in der Öffentlichkeit an Ansehen gewonnen.

Die jordan. Gesellschaft wird wesentl. durch die *führenden Familien* geprägt, die aufgrund besonderer Kriterien, wie Land- und Kapitalbesitz, hohe Positionen in der staatl. Administration, tradit. Ansehen als Clanchef oder islam. Würdenträger usw. eine homogene Schicht bilden und die Politik des Landes bestimmen. Sie sind in allen Führungsebenen in Politik, Wirtschaft, Verwaltung und Kultur vertreten. Die Zugehörigkeit zu diesen Familien ist zugleich eine wichtige Voraussetzung für den Zugang zu hohen Regierungs- und Verwaltungsposten. Eine herausragende Gruppe bilden die *Beduinen.* Sie gelten als wichtige Stütze des Königs und der Monarchie. In den Streitkräften, besonders im höheren Offizierskorps, sind sie das dominierende Element. Der Einfluß der Beduinen auf die jordan. Gesellschaft geht weit über ihren Anteil an der Bevölkerung (ca. 5%) hinaus. Eine ähnl. Rolle kommt den *Tscherkessen* zu. Trotz ihres geringen Bevölkerungsanteils von nur ca. 0,5% sind sie in zahlr. hohen Positionen, v.a. im Offizierskorps, vertreten und gelten daher als ein stabilisierendes Element.

Als eigentl. Stütze des Königs und der Monarchie fungiert das *Militär,* das mit einer Armee von rund 100000 Mann eine erhebl. finanzielle Belastung darstellt. J. wird daher nicht ohne Grund auch als eine Militärmonarchie bezeichnet. Seit dem Putschversuch von 1957 sind die Angehörigen der Streitkräfte von jeder polit. Aktivität, auch von Wahlen, ausgeschlossen. In jüngster Zeit hat sich die Zusammensetzung der Armee deutl. verändert, indem immer mehr Palästinenser in ihr dienen. Auch die Loyalität der Beduinen gilt nicht mehr uneingeschränkt, wie die Unruhen im April 1989 in Gebieten mit überwiegend beduin. Bevölk. gezeigt haben.

Obwohl den Christen wegen ihrer Nichtzugehörigkeit zum Islam eine Reihe hoher Ämter verschlossen bleibt (auch im höheren Offizierskorps), stellen sie aufgrund ihrer allg. guten Erziehung und Ausbildung und entspr. Positionen in der Gesellschaft (Rechtsanwälte, Ärzte, Ingenieure usw.) eine Elite dar.

4. Binnen- und außenwirtschaftliche Gegebenheiten und Entwicklungsziele

J. ist *arm an Ressourcen.* Von wirtschaftl. Bedeutung sind die Phosphatvorkommen sowie die aus dem Toten Meer gewonnenen Mineralien. Von der Gesamtfläche von ca. 90000 km^2 sind nur rund 4180 km^2 (4%) als landwirtschaftl. genutzte Fläche ausgewiesen. Der Beitrag der Landwirtschaft zum BIP beträgt 8% (1991). Knapp 8% der Erwerbstätigen sind in der Landwirtschaft tätig. Eines der gravierendsten Probleme der Landwirtschaft wie der Wirtschaft überhaupt ist der Wassermangel, der sich zunehmend entwicklungshemmend auswirkt. Durch den Bau von Staudämmen (u.a. Wahda-Staudamm am Yarmuk gemeinsam mit Syrien) soll die Wasserkrise gemildert werden. Aufgrund der schwankenden Niederschläge sind die Erträge in den Regenfeldbaugebieten von Jahr zu Jahr sehr unterschiedlich.

Der Mangel an Rohstoffen und Energie sowie die Beschränktheit des Marktes setzen der Entwicklung der *Industrie* enge Grenzen. 1991 lag der Anteil der Industrie am BIP bei 26%. Wichtigste Industriezweige sind der Phosphatbergbau (1991; 4,4 Mio. t) sowie die Förderung von Mineralstoffen aus dem Toten Meer (1991; 1,4 Mio. t Pottasche). Daneben werden Kalk, Gips, Ton und Marmor abgebaut. Die 1982 in Aqaba errichtete Düngemittelfabrik verfügt über eine Jahreskapazität von 740000 t Ammoniumphosphat, 1 Mio. t Schwefelsäure und 400000 t Phosphatsäure. Die Zementindustrie produzierte 1992 2,3 Mio. t. Erdöl wurde trotz intensiver Suche bis jetzt nicht gefunden. Die Erdölraffinerie bei Zarqa mit einer Kapazität von 70000 t verarbeitet vornehml. aus Saudi-Arabien und dem Irak importiertes Erdöl.

Der *Außenhandel* ist stark defizitär. 1990 lag das Handelsdefizit bei 1,5 Mrd. US-$, bei Einfuhren in Höhe von 2,703 Mrd. $ und Ausfuhren von 734 Mio. $. Wichtigste Exportgüter sind Phosphate (20% des Ausfuhrwertes), Dünger (9%) sowie Obst und Gemüse (14%); wichtigste Einfuhrgüter Erdöl und Erdölprodukte (21%), Maschinen und Fahrzeuge (20%) und Nahrungsmittel (16%). Größter Handelspartner sind die EG-Staaten, auf die 1992 23% des gesamten Außenhandelsvolumens entfielen. Die Leistungsbilanz ist defizitär. Hauptsächl. Devisenbringer sind neben dem Tourismus die Gastarbeiterüberweisungen, die jedoch infolge der Wirtschaftsflaute in den Ölstaaten und wegen der Golfkrise rückläufig sind. Durch den irak.-kuwait. Konflikt 1990/91 wurde die Wirtschaft J.s besonders hart getroffen, da 30% der jordan. Industrieausfuhren in den Irak gingen. Dies hat 1990 zu einem Rückgang des BSP um 7,9% geführt. Die Auslandsverschuldung lag 1990 bei 8,4 Mrd. $.

Die jordan. *Entwicklungspolitik* zielt in erster Linie darauf ab, die starke Abhängigkeit vom Ausland zu reduzieren. Durch die Schaffung der notwendigen Infrastruktur und eine entspr. Gesetzgebung sollen Investitionen, möglichst auch aus den arab. Ölstaaten, gefördert und die Industrie ausgebaut werden. In diesem Rahmen wurde der Aufbau einer chem. Industrie, basierend auf den Rohstoffen des Landes (Phosphate, Pottasche), durchgeführt. Von der Förderung des Tourismus werden höhere Deviseneinnahmen erhofft. In der Landwirtschaft will man sich auf den Anbau von hochwertigen Gemüsesorten und Obst für den Export spezialisieren.

Die gezielte Wirtschaftsplanung begann 1952 mit der Gründung der Entwicklungsbehörde (*Jordanian Development Board, JDB*), die für die Ausarbeitung der Wirtschaftspläne verantwortlich ist. Der letzte Fünfjahresplan 1986–90 sah Investitionen in Höhe von 9,7 Mrd. US-$ und ein reales jährl. Wachstum von 5% sowie die

Schaffung von 100000 Arbeitsplätzen vor. Ein Schwerpunkt der jordan. Entwicklungspolitik ist das Erziehungs- und Ausbildungswesen, das nicht nur die allg. Qualifizierung der jordan. Arbeitskräfte anstrebt, sondern darüber hinaus das Ziel verfolgt, jordan. Facharbeiter in die bevölkerungsarmen arab. Ölstaaten zu exportieren, um dadurch Devisen zu gewinnen.

5. Zusammenfassende Charakterisierung der gegenwärtigen innen-, außen- und wirtschaftspolitischen Situation

J. ist wie kaum ein anderes Land durch den Nahostkonflikt (palästin. Bevölkerung) berührt, sowohl innen- als auch außenpolit., und daher für Krisen äußerst anfällig. Durch die Aufgabe aller jordan. Ansprüche auf die West Bank im Juli 1989 sollten mögl. Einflüsse der *Intifâda* (des seit Dez. 1987 anhaltenden Aufstands der palästin. Bevölk. in den von Israel besetzten Gebieten) und des Palästinaproblems unterbunden werden. Die Sympathien während des Golfkonfliktes 1990/91 für Saddam Husain haben gezeigt, daß die Bevölk. für demagog. Parolen zugänglich ist. König Husain konnte durch seine pro-irak. Politik zwar eine innenpolit. Krise verhindern, mußte dafür aber eine Verschlechterung seiner Position in der arab. Welt und den Rückgang der Finanzhilfen in Kauf nehmen, was sich auf die Wirtschaftslage katastrophal auswirkte. Aufgrund seiner strateg. Bedeutung, v.a. auch für die Lösung des Nahostproblems, kann J. von der internat. Politik nicht auf Dauer übergangen werden. König Husain, der ähnl. Krisen in der Vergangenheit stets meistern konnte, dürfte die Gewähr dafür bieten, daß sein Land auch in Zukunft ungünstige polit. Entwicklungen einigermaßen glimpflich übersteht.

Thomas Koszinowski

Lit.: *Augustin, E.*, Jordanien im Spannungsfeld des Palästinakonfliktes: Entstehung und Entwicklungsgeschichte bis in die Gegenwart, Kiel 1987. *Buhbe, M./Zreigat, S.* (Hrsg.), The Industrialisation of Jordan: Achievements and Obstacles, Bonn/Amman 1989. *Czichowski, F.*, Jordanien: Internationale Migration, wirtschaftliche Entwicklung und soziale Stabilität, Hamburg 1990. *Haas, M.*, Husseins Königreich, Jordaniens Stellung im Nahen Osten, München 1975. *Lange, M.*, Die Rolle Jordaniens in der politischen Entwicklung der Nahost-Region, Bochum 1987. *Reese, H. C. u.a.*, Area Handbook for the Hashemite Kingdom of Jordan, Washington 1969. *Sennft, A.*, Die gegenwärtige Situation der Presse in Jordanien, Hamburg 1989. *Wilson, R.* (Hrsg.), Politics and the Economy in Jordan, London 1990.

Katar (Staat Qatar)

Grunddaten: *Fläche:* 11437 km². *Einwohner:* 413000 (1992). *Einschulungsrate:* 82% (1990). *Lebenserwartung:* 70 Jahre. *Verstädterung:* 82% (1990). *Anteile am BIP:* Landwirtschaft: 1%, Industrie: 70%, Dienstleistungen: 29% (1989); Mitglied der OPEC. *PKE* (in US-$): 15860 (1990). *BIP* (in Mio. US-$): 6970 (1990). *Währung:* 1 Katar-Riyal = 100 Dirhams; 1 DM ~ 2,25 QR (Dez. 1992).

1. Historischer Überblick

Die antiken Handelsplätze (Dilmun/Bahrain, Failaka/Kuwait) strahlten wohl nicht in diesen Zipfel der Arab. Halbinsel aus. Bei der Ankunft des Islam, den 628 ein Gesandter des Propheten Mohammed brachte, lebten hier nur wenige Nomaden und Fischer. Weder portug. noch holländ. Vorstöße in den Golf hinterließen Spuren, zumal sich im 18. Jh. die brit. Ost-Indien-Gesellschaft – im Konflikt mit der nominellen Herrschaft der osman. Kalifen – als Vormacht installierte. Stämme aus Innerarabien beherrschten im 18. Jh. die wenigen festen Siedlungen wie al-Bida'a (mit der Hauptstadt Doha verschmolzen) und Zubarah (an der NW-Küste). Während die Gruppe der Al Khalifa von Zubarah aus 1783 Bahrain (B.) eroberte und heute noch dort herrscht, bauten die in Doha residierenden Al Thani ihre Autorität auf der gesamten Halbinsel aus, wo sie seit 1871 uneingeschränkt regieren. Der Protektoratsvertrag mit GB 1916 löste endgültig die nominelle türk. Oberherrschaft ab. 1939 vermittelte die Protektoratsmacht im Territorialstreit zwischen Katar (K.) und B. und sprach die Insel Hawar letzterem Emirat zu; die Grenzziehung ist bis heute nicht anerkannt. Bis zum Vordringen der japan. Zuchtperlen (1935) brachte der Perlenhandel bescheidenen Wohlstand, der erst mit Beginn der Erdölwirtschaft (s. u.) wieder auflebte. Der überraschende militär. Rückzug GBs aus der Golfregion 1968 ließ den Gedanken einer Föderation der neun Golfemirate entstehen. Die polit. und wirtschaftl. Differenzen zwischen den Insel- und Festlandsstaaten führten jedoch dazu, daß B. und K. 1970 eigene Wege gingen. Am 3. 9. 1971 wurde K. ein unabhängiger, islam. Staat, Mitglied der UNO, der Arabischen Liga, der OPEC, der OAPEC und seit 1981 des Golf-Kooperationsrates (GCC). Den Golfkrieg zwischen dem Irak und Iran 1980 bis 1988 betrachtete K. mit Sorge, ohne unmittelbar verwickelt zu sein. Die gemeinsame Seegrenze mit Iran (I.), vielfältige Beziehungen durch eine iran. Händlerschaft und das Projekt einer Süßwasserpipeline vom iran. Festland nach K. (seit 1991) führten zu einer Annäherung. K. sieht I. als Garant des Friedens am Golf angesichts der irak. Bedrohung. Die engen Beziehungen zu Saudi-Arabien (S.-A.), die allerdings durch Grenzzwischenfälle im Herbst 1992 getrübt wurden, haben histor. Wurzeln in der beduin. Abstammung der Nationalbevölk. und dem Einfluß der islam. Erneuerungsbewegung, der *Wahhâbîya,* auf den Islam.

2. Politisches System

In einem überschaubaren Kleinstaat mit 130000 Staatsbürgern, die zudem in der Tradition der arab. Konsensgesellschaft zumindest nach außen Harmonie zeigen, ist es schwer, klare Aussagen über polit. Strukturen zu geben. Tatsächl. sind von der Gesamtbevölk. nur ca. 50% im politikfähigen Alter und nochmals 50% – nominell – von der Politik ausgeschlossene Frauen, so daß die Zahl der polit. Aktiven 35000 erwachsene Männer nicht übersteigen dürfte. Da von ihnen wiederum wohl die Mehrheit entweder zum Klan der Al Thani gehört oder mit diesem verschwägert ist, ergibt sich nach außen eine große Kohärenz.

2.1. Verfassung und formale Legitimation der Herrscher. Im 18. Jh. führten die Al Thani ihre Angehörigen aus den Yabrin-Oasen auf die Halbinsel, 1860 wurde Mohammed bin Thani der erste aktenkundige Emir (Herrscher) der Region. Die Führungsrolle von Sheikh Khalifa bin Hamad Al Thani (seit 22. 2. 1972), unterstützt durch den Kronprinzen (seit 1977) Sheikh Hamad bin Khalifa Al Thani, scheint seit der Unabhängigkeit bis heute unumstritten.

Die vorläufige Verf. von 1970, in der geänderten Fassung vom 19. 4. 1972, bezeichnet K. als unabhängigen, arab., islam. Staat mit demokrat. Regierungsform. Das Rechtssystem beruht auf der *Sharîʿa,* danach ist der *Amir* (erbl. im Hause Al Thani) Staatsoberhaupt mit exekutiver und legislativer Befugnis; er steht an der Spitze des *Ministerrates* (17 Minister, davon über die Hälfte aus der Familie Al Thani). Die *Beratende Versammlung* (Majlis al-shûrâ) mit 30 Mitgliedern, am 23. 4. 1972 eingesetzt, unterstützt Herrscher und Ministerrat und arbeitet bei Gesetzentwürfen und Staatshaushalt beratend mit.

2.2. Politische Partizipation der Bevölkerung. Parteien und Gewerkschaften gibt es nicht, sie sind auch nicht in Ansätzen als inoffiz. Bewegungen auszumachen. Die enge persönl. Verflechtung zwischen den einzelnen Gruppen, wobei die Kataris zum überwiegenden Teil im öffentl. Dienst sind und sich damit dem Staat gegenüber loyal fühlen, scheint solche Strukturen – aus katar. Sicht – überflüssig zu machen. Jeder Katari hat Zutritt zur wöchentl. Versammlung *(Majlis)* des Emirs, der im Sinne der islam. Staatslehre darauf achtet, als gerechter Herrscher in Übereinstimmung mit seinen Staatsangehörigen zu handeln. Als Ausdruck der Opposition ist allerdings ein von 53 Persönlichkeiten im Dez. 1991 unterzeichnetes Manifest zu sehen, das mehr Demokratie und ein gewähltes Parlament fordert. Der Herrscher reagierte mit Einschüchterungsmaßnahmen (Paßentzug, kurzfrist. Verhaftung) darauf.

Den 283000 Ausländern, die an einer gewerkschaftl. Organisation Interesse hätten, ist polit. und ständische Betätigung verboten. Sie sind nur im Rahmen von Arbeitsverträgen im Land, ihr Arbeitgeber bürgt für jederzeitige Repatriierung. Polit. oder andere auffällige Aktivitäten würden dies sofort zur Folge haben; im Gegensatz zu den Nachbarländern ist in dem überschaubaren Staat auch kein „Untertauchen“ möglich.

3. Sozialstruktur

Der (sunnit.) Islam ist Staatsreligion und als solcher Basis für das polit. und soziale Leben. Die Staatsangehörigen akzeptieren die tradit. Kleiderordnung für Männer und Frauen. Für relig. Fragen und die Wahrung islam. Werte sind Sharî'a-Gerichtshöfe sowie eine direkt dem Herrscher zugeordnete Behörde zuständig. Im Gegensatz zum Nachbarland S.-A. – mit dem die Herrscherfamilie die Befolgung der wahhabit. Erneuerungsbewegung teilt – wird jedoch das tägl. Leben nicht so stark eingeengt; Frauen können sich auch in der Öffentlichkeit entfalten. Sie unterliegen der vollen Schulpflicht, machen 50% der Schüler und ca. 70% der 7000 Studenten an der Staatsuniversität in Doha aus.

Die *Gesamtbevölkerung* betrug 1992 413000 Einwohner (1945: 28000), davon 68% Ausländer. Daraus berechnet sich auf der 11437 km^2 großen Halbinsel eine Bevölk.dichte von 36 Ew./km^2, die jedoch zu 80% in der Hauptstadt Doha wohnen.

Die 130000 katar. Staatsbürger sind weitgehend einheitl. Araber beduin. Herkunft, daneben in der Oberschicht naturalisierte Ägypter, Palästinenser u.a. Araber. Auffällig sind die Nachfahren afrikan. Sklaven, die auch heute noch spezif. Kulturformen (Musik, Tanz) pflegen.

Bei den ca. 283000 Ausländern gibt es dagegen ausgeprägte Hierarchien: Südasiaten (Inder, Pakistani, zunehmend auch Filipinos), regelmäßig ohne Familien, führen einfache handwerkl. und industr. Arbeiten aus (daneben geschlossene ostasiat. Gruppen für große Bauprojekte). In mittleren und oberen Positionen befinden sich Ägypter, Syrer und Palästinenser, im gehobenen Management bisweilen auch Briten.

Eine Sonderrolle spielen die selbständigen iran. Händler, oft schon seit mehreren Generationen ansässig, die jedoch trotz ihrer schiit. Konfession während der Golfkonflikte unauffällig blieben. Sie sorgen aber, ebenso wie in den Nachbarländern, für gute wirtschaftl. und polit. Beziehungen zu I. Die Kuwaitkrise hat zwar auch K. die Fragilität des wirtschaftl. Wachstums vor Augen geführt, eine gezielte Reduzierung von einzelnen Gastarbeitergruppen setzte jedoch nicht ein.

Eine *Bildungselite* gibt es nicht so sehr in Abhängigkeit vom Einkommen, sondern vom Alter. Während 1960 noch 95% der Staatsangehörigen Analphabeten waren, besucht heute ein Drittel Schule oder Universität, und mit einer Alphabetisierungsquote von 82% (Erwachsene) hat das Land den höchsten Bildungsstandard aller arab. Länder.

4. Binnen- und außenwirtschaftliche Gegebenheiten und Entwicklungsziele

Die *agrarischen Ressourcen* des Landes, das zu 90% aus Sand-, Feld- und Schotterwüsten besteht (daneben 0,4% Ackerland und Palmengärten, meist in Form von Senken in dem eintönigen Kalkplateau), sind denkbar ungünstig. Die Weidewirtschaft des Binnenlandes kann unter tradit. Bedingungen maximal 4000–5000 Menschen ernähren. Die geringen Grundwasservorräte (oberflächl. Wasser und Quellen gibt es nicht) in einer Region, die an keiner Stelle mehr als 80 mm Niederschlag im Jahresdurchschnitt erhält, sind erschöpft. Aber die große Meerwasserentsalzungsanlage von Ras Abu Fontas stellt der Bevölk. tägl. pro Kopf 500 l zur Verfügung, so daß K. heute als erster Staat der Welt vom natürl. Grundwasserangebot unabhängig ist. Die heim. Landwirtschaft produziert maximal 20% des Nahrungsmittelbedarfes (Obst, Gemüse, teilweise Frischfleisch); Grundnahrungsmittel werden ausschließl. importiert. Außer den im Zementwerk von Umm Bab eingesetzten eozänen Kreidekalken fehlen weitere nutzbare Rohstoffe, sieht man von flüssigen und gasförmigen Kohlenwasserstoffen ab.

Erdöl und Erdgas bestimmten die Entwicklung K. zu einem der wohlhabendsten und zukunftorientiertesten Staaten der Welt. Nach ersten Versuchen 1926 erbohrte die Anglo-Persian Oil Company 1938 das heute noch bedeutsame Dukhan-Feld, aus dem seit 1949 über den Hafen Umm Said exportiert wird. 1964 begann die Förderung im Schelfbereich vor der Küste durch die Shell Company; sie macht heute 50% der Gesamtproduktion aus. 1974 übernahm die neue staatl. Qatar General Petroleum Company alle Konzessionen, doch assoziiert sie sich weiterhin mit ausländ. Unternehmen. Nach einem Höhepunkt 1977 (24 Mio. t) lag die Produktion 1991 bei 18,8 Mio. t Rohöl, wovon 85% fast ausschließl. nach Ostasien exportiert werden. Daraus erlöst der Staat Einnahmen von (1991) 2,9 Mrd. oder 7000 US-$ pro Einwohner, genug, um den Bürgern mit einem BSP von ca. 18000 US-$ pro Kopf und Jahr ein angenehmes Leben zu ermöglichen. Allerdings geben die vorhandenen „sicheren“ Vorräte, die auf 490 bis 590 Mio. t geschätzt werden, zu Sorge Anlaß, denn ihre Lebensdauer beträgt beim derzeit. Förderrhythmus nur noch zwischen 26 und 31 Jahren.

Hier werden die enormen *Erdgasvorräte* Ersatz bringen, die 4,1% der Weltreserven ausmachen. Neben dem bereits für die Industrie genutzten (assoziierten) Feuchtgas (Reserven: 311 Mrd. m^3) ist v.a. das 6000 km^2 große Nordfeld nordöstl. der Küste beeindruckend: In drei Horizonten der Khuff-Sedimente sind 4248 bis 9191 Mrd. m^3 sichere bzw. wahrscheinl. Reserven zu finden. Seit Ende 1991 produziert das Feld in einer ersten Phase 21,2 Mio. m^3 Gas am Tag, das teils reinjiziert wird (Dukhan-Erdölfeld), teils den petrochem. Industrien zugeführt wird. In der zweiten Phase (fertig 1997) sollen 4 Mio. t/Jahr verflüssigtes Gas über den neuen Hafen Ras Laffan nach Japan exportiert werden. Die Kosten des Gesamtprojektes werden auf 1,3–2 Mrd. US-$ geschätzt, die mehrheitl. von K. zu finanzieren sind.

K. entwickelte als erster arab. Staat am Golf ein präzises *Industrialisierungsprogramm,* aufbauend insbes. auf assoziiertem Erdgas. Anlagen für Harnstoff (Stickstoffdünger, seit 1973, derzeitige Produktion 750000 t/Jahr), Ethylen/Polyethylen (seit 1981, 290000/180000 t/Jahr) und ein Stahlwerk (seit 1978, 565000 t Baustähle) produzieren für den Export. Ein Ausbau der Kapazitäten ist vorgesehen, sobald das Nordfeld ausreichend Erdgas bereitstellt; weitere Projekte (Aluminiumhütte, Petrochemie) befinden sich in Planung. Heute schon leistet die Industrie einen Beitrag von 10% zum BIP, dagegen Erdöl 30%. K. ist damit der am stärksten industrialisierte Staat des GCC. Hier sieht man auch die Zukunft des Landes, das sich im übrigen auf ein gesundes Finanzpolster (ca. 600 Mio. US-$ Devisenreserven, 2,2 Mrd. US-$ staatl. Auslandsanlagen) stützen kann.

5. *Zusammenfassende Charakterisierung der gegenwärtigen innen-, außen- und sicherheitspolitischen Situation*

Die günstige Ausstattung mit Erdöl und Erdgas und die vorausschauende Industrialisierungspolitik könnten gemeinsam mit der sozialen Homogenität der Staatsbürger eine sorgenfreie Zukunft ermöglichen. Der Versuch des Kleinstaates, sich auch polit. rundum abzusichern, ist aber bisher nicht gelungen. Der ungelöste Territorialkonflikt mit B. (s. dort) hat sich seit der verbindl. Festlegung der katar. Seegrenze (12 Seemeilen vor der Küste) und eines „anschließenden Wirtschaftsraumes“ (nochmals 12 Sm) 1992 wieder verschärft, denn die Inseln Hawar und die Riffe Fasht al-Dibal und Qita'at Jaradah werden von beiden Seiten beansprucht. Jeder der Staaten hat seit Mitte 1991 den Haager Internationalen Gerichtshof um eine Entscheidung im Streit gebeten, aber jeweils in einer Formulierung, die der andere Staat nicht anerkennt. Im Sept. 1992 flackerte zusätzl. noch ein Grenzkonflikt mit S.-A. rund um den katar. Grenzposten Al-Khufus auf. S.-A. erhielt hier einen Landstreifen zum Ostteil des Golfes auf der Grundlage eines Vertrages mit den Vereinigten Arabischen Emiraten (1974) und wirft K. vor, eingesickert zu sein. Der Konflikt kann aber auch Ausdruck der saud. Angst vor zu starker katar. Annäherung an I. (mit dem K. keine territorialen Konflikte und keine Berührungsängste hat) sein.

Innenpolit. wird der Ruf nach einem freigewählten Parlament nicht verstummen. Der zunehmende Reiseverkehr in ein bislang dem Tourismus völlig verschlossenes Land, die Aus- und Weiterbildung der Frauen und die Entstehung einer global denkenden Bildungselite lassen die einst geschlossene Gesellschaft allmähl. aufbrechen, ohne daß Traditionen und Werte gänzlich zerstört werden.

Konrad Schliephake

Lit.: *Horndasch, G.*, Die wirtschaftliche Zukunft der petrochemischen Industrie in den Staaten des Golf-Kooperationsrates (= Nürnberger wirtschafts- und sozialgeogr. Arbeiten 43), Nürnberg 1990. Proceedings, Conference on Industrial and Techno-Economic Cooperation between the Federal Republic of Germany and the Arab Gulf States, Doha/Würzburg 1988. *Ritter, W.*, Qatar (= Nürnberger wirtschafts- und sozialgeogr. Arbeiten 38), Nürnberg 1985. *Schliephake, K.*, Das Emirat Qatar, in: Shanneik, G. (Hrsg.), Die Beziehungen zwischen der Bundesrepublik Deutschland und den Arabischen Golfstaaten (GCC), S. 67–87. Bonn 1990. *Ders.*, Deutsche geographische Forschung in Algerien und am Arabischen Golf, in: Hartmann, A./Schliephake, K. (Hrsg.), Angewandte interdisziplinäre Orientforschung (= Mitt. Deutsches Orient-Institut 41), S. 191–205, Hamburg 1991.

Kuwait (Staat Kuwait)

Grunddaten: *Fläche:* 17818 km². *Einwohner:* 1,2 Mio. (1990). *Einschulungsrate:* 100% (1989). *Lebenserwartung:* 74 Jahre. *Verstädterung:* 96% (1990). *Anteil am BIP:* Landwirtschaft: 1%, Industrie: 56%, davon Verarbeitendes Gewerbe: 9%, Dienstleistungen: 43% (1990). Mitglied der OPEC, 96% der Warenausfuhr sind Brennstoffe/Mineralien (1989). *PKE* (in US-$): 16380 (1989). *BIP* (in Mio. US-$): 23540 (1990). *Währung:* 1 Kuwait-Dinar = 1000 Fils; 1 DM ~ 0,19 KD (Dez. 1992).

1. Historischer Überblick

1.1. Bis zur Unabhängigkeit 1961. Mutmaßlich gründete *Barrak* von den Bani Khalid, die im 17. Jh. über Ostarabien herrschten und gegen das Osmanische Reich kämpften, Kuwait (K.) 1680 als Sommerresidenz. Unter deren Schutz zogen um diese Zeit Familien des Stammes Anaiza während einer Dürre nach Katar; einige von ihnen segelten weiter nach K. Dort übertrugen die Familien, die Bani Utub genannt wurden, einer Anaiza-Familie die polit. Verwaltung. Deren erster bedeutender *Shaikh, Sabah* (1752–1764), übernahm Ende der 1740er Jahre die Geschicke der Stadt, die nach dem Niedergang der Bani Khalid etwa 1752 unabhängig wurde.

Als sein Nachkomme *Shaikh Mohammed Al Sabah* (1892–96) eine stärkere Anbindung an das Osman. Reich anbahnte, ermordete ihn sein Bruder *Mubarak* (1896–1915). Ein Vertrag mit GB (1899) sollte den neuen Herrscher Mubarak nach außen schützen und die deutsche Weiterführung der Bagdadbahn nach K. verhindern; nach innen errichtete er eine autokrat. Herrschaft, die an die Stelle des bisherigen gesellschaftl. Konsenses mit den Händler- und Kaufmannsfamilien trat. 1913 verpflichtete sich Mubarak, Erdölkonzessionen nur an GB zu vergeben, 1914 wurde K. brit. Protektorat. Nach Grenzkonflikten und Angriffen der Ikhwan auf K. trat GB im Vertrag von Uqair 1922 zwei Drittel K.s an den Najd (später Saudi-Arabien) ab und schuf die Neutrale Zone; ein Boykott des Abd al-Aziz ibn Saʿud von 1923 bis 1937 ruinierte den kuwait. Marktplatz. Die Kaufmannschaft und eine jungkuwait. Bewegung setzten 1938 die Wahl eines kurzlebigen „Gesetzgebenden Rates" durch. 1946 begann die Ölförderung, 1961 entließ GB K. in die Unabhängigkeit. Der Irak ließ Ansprüche auf ganz K. nach der Entsendung brit. Truppen und der Anerkennung K.s durch die Arabische Liga 1963 fallen.

1.2. Seit der Unabhängigkeit. In der *Verfassung*, die Emir *Abdallah al-Salim* (1950–1965) am 11. 11. 1962 verkündete, gaben die Al Sabah erstmals seit Mubarak Machtbefugnisse ab. 20 Personen waren im Dez. 1961 in eine Verfassunggebende Versammlung gewählt worden, 11 Minister gehörten ihr ex officio an. Die Verf. stattete die Al Sabah mit der Exekutivgewalt aus; Kuwaiti erster Klasse wählten im Jan. 1963 die 50 Abgeordneten der ersten gesetzgebenden Nationalversammlung. Um den Arzt Ahmad al-Khatib bildete sich eine panarab. Opposition. Sie stand unter dem Einfluß des Palästinenserführers George Habash und setzte im Jan. 1965 die Ersetzung von 6 Ministern der Al Sabah aufgrund ihrer wirtschaftlichen Interessen durch Vertreter der neuen Mittelklasse durch. 1965 wurde *Sabah al-Salim* (1965–1977) neuer Emir. Bei den gefälschten Neuwahlen von 1967 verloren die Panarabisten 8 ihrer 12 Mandate; die arab. Niederlage im Krieg gegen Israel von 1967 schwächte ihre Stellung weiter.

Nach freien Wahlen vom Jan. 1971 kehrte al-Khatib mit weiteren linksstehenden Abgeordneten ins Parlament zurück und übernahm wieder die Rolle des Oppositionsführers; erstmals wurden zwei Abgeordnete ins Kabinett aufgenommen. Ein Drittel der Volksvertreter, die aus Neuwahlen vom Jan. 1975 hervorgingen, wurden den panarab. Nationalisten zugerechnet. Vor dem Hintergrund der wachsenden Macht der Palästinenser im Libanon und des Ausbruchs des Bürgerkrieges dort beunruhigte die Al Sabah der palästinens. Einfluß auf das Parlament. Als die Opposition die Al Sabah, deren (Libanon-)Politik und die zunehmende Ungleichverteilung des Vermögens angriff, löste der Emir das Parlament am 29. 8. 1976 zum ersten Mal auf. Emir Sabah al-Salim starb am 31. 12. 1976; sein Nachfolger wurde *Jabir al-Ahmad al-Jabir* und neuer Kronprinz Saʿd al-Abdallah al-Salim.

Bei Neuwahlen im Febr. 1981 wurden aufgrund der Neuziehung der Wahlkreise keine linken Panarabisten mehr ins Parlament gewählt, jedoch erstmals 5 sunnit. Islamisten; 23 der 50 Abgeordneten wurden den Beduinen zugerechnet. Eine Gruppe von 18 Volksvertretern um Ahmad al-Saʿdun verhinderte eine Ergänzung der Verf. 1982 brach die inoffiz. Börse Suq al-Manakh zusammen, der Handelsüberschuß K.s sank von 14 Mrd. $ (1980) auf 3 Mrd. $ (1982); beide Faktoren führten zu einer bis 1990 stagnierenden Binnenkonjunktur. Im neuen Parlament von 1985 stellten die Nationalisten mit anderen bürgerl. Oppositionellen wieder 28 von 50 Abgeordneten, die mit den wenigen verbliebenen Islamisten zusammenarbeiteten. Erstmals erzwangen sie im März 1985 den Rücktritt eines Ministers der Al Sabah, des Justizministers Salman al-Duʿaidsch. Weitere Minister der Al Sabah mußten sich parlamentar. Kreuzverhören unterziehen. Darauf suspendierte der Emir das Parlament am 3. 7. 1986 auf unbestimmte Zeit.

Seit Herbst 1988 forderte eine Gruppe von 32 ehem. Abgeordneten die Wiedereinsetzung des Parlaments. Ihre Aktionen gipfelten im Winter 1989/90 in einer Serie von *„Montag-Diwaniyyas"* (s. 2.3.), gegen die die Sicherheitskräfte einschritten. Mehrere führende Oppositionelle wurden vorübergehend verhaftet. Am 10. 6. 1990 wurden unter dem Boykott der Opposition 50 Mitglieder einer ledigl. beratenden „Provisorischen Nationalversammlung" gewählt, v. a. Vertreter der Beduinen und Technokraten der Mittelklasse, die den Al Sabah wohlgesonnen waren; weitere 25 ernannte der Emir. Gleichzeitig nahmen im ersten Halbjahr 1990 Spannungen mit Saudi-Arabien (u. a. über die aufgeteilte Neutrale Zone) zu.

Der Irak (I.) griff K. wegen dessen Überschreitens der OPEC-Quote und der Ausbeutung des gemeinsamen Rumaila-Ölfeldes an. Außerdem blieb K. in der Frage der Inseln Warba und Bubiyan, deren Verpachtung der I. anstrebte, unnachgiebig und lehnte einen Erlaß seiner Hilfen an Bagdad im Krieg gegen Iran, die auf 15 Mrd. $ geschätzt wurden, ab. *Am 2. 8. 1990 besetzten irak. Truppen das Emirat.* Eine internationale Allianz befreite K. Ende Febr. 1991.

Neuwahlen zum Parlament am 5. 10. 1992 waren weiter auf männl. Kuwaiti erster Klasse beschränkt. Bei den Wahlen entfielen auf die Opposition 34 Mandate (die drei überwiegend gemäßigten islamist. Gruppierungen stellten 10 Parlamentarier direkt und unterstützten 11 weitere; die säkularist. Opposition gewann 13 Sitze: Unabhängige des *Parlamentarischen Zusammenschlusses* 10, *Demokratisches Forum* 2, *Verfassungsallianz* 1); 16 Abgeordnete galten als Anhänger der Al Sabah (10 Beduinen; 6 ehemalige Abgeordnete von 1990). Am 17. 10. 1992 stellte Ministerpräsident und Kronprinz Sa'd al-Abdallah seine neue Regierung vor, in die er jeweils drei Abgeordnete der Islamisten bzw. Unabhängigen aufnahm; insgesamt gehören dem Kabinett 15 im Parlament stimmberechtigte Minister an. Das Parlament wählte Ahmad al-Sa'dun mit 46 gegen 13 Stimmen zu seinem Präsidenten.

2. Das politische System

2.1. Verfassung und formale Legitimationsbasis des politischen Systems. Die 183 Artikel der Verf. sind seit 1962 in Kraft. Vier Artikel (zur Legislative und Freiheit der Presse) waren von 1976 bis 1980 suspendiert. Vorschläge zu 16 Verf.ergänzungen, u. a. zur Ausrufung des Ausnahmezustands, ließ der Emir 1983 fallen. Laut Art. I ist „das Volk Kuwaits" ein Teil der arab. *Umma. Staatsreligion* ist der Islam und die *Sharīʿa* eine Hauptquelle der Gesetzgebung (Art. 2). Der Emir muß ein Nachkomme des Mubarak Al Sabah sein (Art. 4). Art. 27–49 enthalten die grundlegenden Menschenrechte; gewährleistet sind die Pressefreiheit (Art. 36) und das Recht zur Gründung von Vereinigungen (Art. 43). *Staatsoberhaupt* mit absoluter Immunität ist der *Emir* (Art. 54); er ernennt und entläßt den Ministerpräsidenten und die Minister (Art. 56), handelt als Oberbefehlshaber der Streitkräfte (Art. 67) und übt die Gesetzgebungsfunktion aus, wenn das Parlament nicht in Sitzung oder aufgelöst ist (Art. 71). Seine Dekrete haben bindende Kraft. Der Emir kann das Parlament auflösen, muß jedoch innerhalb von zwei Monaten Neuwahlen ansetzen (Art. 107).

Das *Parlament* (Art. 79–122) setzt sich aus 50 gewählten Abgeordneten sowie ex officio den Ministern zusammen, deren Zahl 16 nicht überschreiten darf. Jeder Abgeordnete hat das Recht zur Gesetzesinitiative; er darf keiner anderen Tätigkeit nachgehen. Eine ⅔-Mehrheit überstimmt das Veto des Emirs. Mit einfacher Mehrheit kann ein Minister über das Mißtrauensvotum abgesetzt werden. Das *Kabinett* (Art 123–133) führt die Gesetze aus und nimmt an Parlamentssitzungen teil. Zum *Ministerpräsidenten* wird gewöhnl. der Kronprinz ernannt. Das Kabinett dient den Al Sabah als Forum für die polit. Betätigung; deren Mitglieder bewerben sich nicht um Abgeordnetenmandate. Die *Judikative* (Art. 162–172) besteht aus mehreren gerichtl. Instanzen; der Rechtskodex lehnt sich an das Vorbild Ägyptens an. Die Befugnisse der Sharîʿa-Gerichtshöfe sind beschränkt.

2.2. *Aufbau und Programme der Parteien.* Parteien sind in der Verf. nicht erwähnt. Ihre Stelle nehmen im polit. Leben *Vereinigungen* bzw. *Clubs* ein. Die Regierung erkannte sie 1963 an, schränkte ihre Freiheiten aber nach der Wahl von 1967 ein. Ihr wichtigster war der den Palästinensern nahestehende *Unabhängigkeitsclub*, der sich 1967 in eine nasseristische *Nationale Allianz* unter Jasim al-Qattami und eine anti-nasserist. *Demokratische Allianz* unter Ahmad al-Khatib spaltete. Als der Unabhängigkeitsclub 1976 verboten wurde, füllte die *Vereinigung der Graduierten* mit einer Dominanz der Qattami-Fraktion seine Lücke. Seit 1977 nahm in den Vereinigungen der Einfluß der *Islamisten* zu. Diese sammelten sich selbst in drei Vereinigungen. Aus den Muslimbrüdern ging die *Vereinigung für gesellschaftliche Reform* hervor, radikalere Sunniten schlossen sich in der *Vereinigung des Turath (Erbes)* zusammen. Die Schiiten organisierten sich in der *Vereinigung für gesellschaftliche Kultur.* Im Sommer 1990 waren über 50 polit., relig. und berufl. Vereinigungen registriert.

Während des Wahlkampfs 1992 schälten sich 6 *parteiähnliche Formationen* heraus, von denen je drei der relig. bzw. der säkularen Opposition zuzurechnen sind. Die *islamische Verfassungsbewegung* um Ismaʿil al-Shatti entstand aus den Muslimbrüdern, sie trennte sich 1990 von deren internationaler Bewegung. Die *Islamische Volksallianz* geht auf die modernistisch-islamische Tradition der *Vereinigung des Turath* zurück. In der *Nationalen Islamischen Koalition* sammeln sich die Schiiten. Die früheren linken Panarabisten führt Abdallah al-Naibari im *Demokratischen Forum* an, prominente Vertreter sind Ahmad al-Khatib und Jasim al-Qattami. Weltanschaul. weniger gebunden sind weitere ehem. Abgeordnete der bürgerl. Opposition im *Parlamentarischen Zusammenschluß* unter Ahmad al-Saʿdun, dem Parlamentspräsidenten von 1985–86.

Diese fünf Vereinigungen haben ihr Fundament in der neuen Mittelklasse, der v.a. Akademiker aus dem Dienstleistungssektor angehören, sie reichen allerdings auch in die alteingesessene Kaufmannschaft hinein, die sich v.a. in der *Verfassungsallianz* um Jasim Hamad al-Saqr organisiert. Diesen sechs opposit. Gruppierungen stehen zwei zur Al Sabah loyale Strömungen gegenüber; es sind die Beduinenstämme und eher unpolit. Kuwaiti, die aufgrund ihrer Nähe zu Mitgliedern des Herrscherhauses in Wahlkämpfen die Vermittlung von „Diensten“ anbieten.

2.3. Partizipation der Bevölkerung am politischen System. Die polit. Entscheidungen werden innerhalb der Al Sabah und deren *Rat der Familienältesten* gefällt. Die Thronfolgeregelung von Mubarak sieht vor, daß seinen Söhnen Jabir und Salim die Funktionen des Emirs und des Kronprinzen alternierend vorbehalten sind. Zwischen beiden Familienzweigen herrscht eine Rivalität, die auch in unterschiedl. polit. Positionen begründet ist. Auf der einen Seite stehen der Emir Jabir al-Ahmad und sein Bruder, der bis April 1991 und erneut seit Oktober 1992 amtierende Außenminister Sabah al-Ahmad; auf der anderen der Kronprinz und Ministerpräsident Saʿd al-Abdallah. Der Kronprinz bringt der Demokratiebewegung tendenziell mehr Sympathien entgegen; vor dem 2. 8. 1990 war er gegenüber dem Irak weniger unversöhnl. als seine Gegenspieler.

Parlament und Presse haben bisher Kritik- und Ventilfunktion. Die polit. Meinungsbildung in der Bevölk. vollzieht sich in den Vereinigungen, zu denen i.w.S. auch die 27 „Volkskomitees“ zu rechnen sind, die während der irak. Besatzung eine alternative Verwaltung aufbauten. Informelle Foren sind die Vorwahlen der Stämme und die *Diwaniyyas.* Jeder vermögende Kuwaiti hält einmal wöchentl. in einem meist einfach eingerichteten Raum ein solches zwangloses Treffen *(Diwaniyya)* mit Gleichgesinnten ab, zu dem keine gesonderte Einladung ergeht. Während des Gesprächs über Politik und Wirtschaft werden Tee und Kaffee gereicht.

Ein bedeutender Teil der Kaufmannschaft steht der Herrscherfamilie reserviert gegenüber, seit Mubarak das Machtgleichgewicht zugunsten der Al Sabah verschoben hat; die Kaufmannschaft führt tradit. die Familie Saqr an. Als Gegengewicht zur Al Sabah gründete sie die *Handels- und Industriekammer,* der seit ihrer Gründung bis heute (1993) Abd al-Aziz al-Saqr vorsteht. Bei der letzten Wahl des Aufsichtsrats im Mai 1992 gewann die Liste al-Saqr gegen die des Royalisten al-Marzuq alle 24 Sitze.

Das *aktive Wahlrecht* ist auf männl. Kuwaiti erster Klasse über 21 Jahre beschränkt (bei den Wahlen am 10. 6. 1990 waren es 62123 von 2,13 Mio. Einw.; am 5. 10. 1992 waren 81440 zugelassen), das *passive* auf diejenigen über 31 Jahre. *Kuwaiti erster Klasse* sind solche, die in K. seit mindestens 1920 heimisch sind. Araber und Nichtaraber, die seit mindestens 1945 bzw. 1930 in K. leben, können die Staatsbürgerschaft erwerben; sie sind 30 Jahre vom aktiven und grundsätzl. vom passiven Wahlrecht ausgeschlossen. Jährl. können bis zu 500 Personen eingebürgert werden.

3. Sozialstruktur

Den Anteil aller *Kuwaiti* an der Gesamtbevölk. gab das Planungsministerium 1989 mit 27,3% von 2,01 Mio. und an den Arbeitnehmern mit 13,8% an. Im Mai 1990 (Mai 1991; Frühjahr 1992) betrug die Einwohnerzahl K.s 2126790 (397000; 1187000); davon waren Kuwaiti 577650 (205000; 387000). Die *Nichtkuwaiti* führen die asiat. Expatriates mit 509823 (12500; 300000) an, gefolgt von den Ägyptern mit 247572 (0; 240000) und den Jordaniern bzw. Palästinensern mit 274183 (165000; 100000). Der kuwait. Anteil an den Arbeitnehmern wurde 1992 auf 14% geschätzt.

Ein knappes Drittel der Kuwaiti sind Schiiten, sie wohnen v.a. im Stadtteil al-Sharq. 85%–95% sind pers. Abstammung, die anderen kommen aus Bahrain, al-Ahsa und al-Qatif. Oft von ihnen abhängig sind die schiit. Zuwanderer der 30er und 40er Jahre, die häufig zur Mittelschicht gehören, sowie iran. Fremdarbeiter. Die irak. Besatzungszeit hat die frühere Grenze zwischen Sunniten und Schiiten stark aufgeweicht.

Auf etwa 150000 (rd. ein Viertel aller Kuwaiti) werden die *Beduinen* geschätzt. Sie wurden 1961 zur Erhöhung des kuwait. Anteils an der Bevölk. eingebürgert. Die Al Sabah haben zur Sicherung der Existenz K.s stets ein gutes Verhältnis zu den Beduinenstämmen der Wüste gepflegt. In den Parlamenten setzten sie deren Abgeordnete ein, um die Opposition aus der reichen Kaufmannschaft und der Demokratiebewegung zu neutralisieren. Ihre in Vorwahlen ermittelten Kandidaten können meist mit der Unterstützung aller Stammesmitglieder rechnen. Wie die Beduinen arbeiten die *Bidun* (die ohne Staatsangehörigkeit) v.a. bei der Polizei und der Armee; ihre Zahl wird auf ebenfalls 150000 geschätzt und bei Volkszählungen den Kuwaiti zugeschlagen. Sie sind irak., saud. oder jordan. Abstammung, haben 1961 innerhalb der Grenzen K.s gelebt, aber nicht die Staatsangehörigkeit beantragt.

Nichtkuwaiti benötigen zur Einreise und Arbeitsaufnahme und zum Betreiben eines Geschäftes einen kuwait. Sponsor bzw. Teilhaber. Das kuwait. Recht regelt nicht eindeutig, inwieweit dafür auch Bürger zweiter Klasse in Frage kommen; in der Praxis können sie nach Erhalt des Passes und einer nicht bestimmten Frist als Sponsoren auftreten und selbst Geschäfte tätigen. Nichtkuwaiti sind von den Segnungen des Wohlfahrtsstaates weitgehend ausgeschlossen, über ihnen schwebt die ständige Gefahr der Abschiebung, selbst wenn sie seit Jahrzehnten in K. leben. Palästinenser sind im mittl. Management und in den Medien stark vertreten, Ägypter unter Lehrern und Richtern, Asiaten in der Bauindustrie.

In den *Gewerkschaften* organisierten sich Ende der 80er Jahre 30000 Arbeitnehmer. Nach einer vorübergehenden Dominanz der Islamisten übernahmen 1989 die Säkularisten wieder die Kontrolle. Der Gewerkschaft für die Öl- und petrochem. Industrie gehören 3 Einzelgewerkschaften an, einer zweiten Arbeitnehmervertretung 9 weitere.

4. Binnen- und außenwirtschaftliche Gegebenheiten und Entwicklungsziele.

Vor dem 2. 8. 1990 produzierte K. (ohne die Neutrale Zone) 1,77 Mio. b/d Erdöl und raffinierte selbst 0,76 Mio. b/d; der gesamte Ölsektor erwirtschaftete 87% der Staatseinnahmen und trug knapp 40% zum BIP bei. Die Auslandsguthaben wurden Ende 1989 auf 124 Mrd. $ geschätzt, davon waren 24 Mrd. $ bei ausländ. Banken deponiert; die jährlichen Kapitalerträge beliefen sich auf 14 Mrd. bis 16 Mrd. $ (93 Mrd. $ kumuliert von 1983 bis 1990) und lagen damit über den Ausfuhrerlösen von Erdöl. Die Auslandsanlagen werden von der *Kuwait Investment Authority (KIA)* und der *Kuwait Petroleum Corp. (KPC)*, die die Kette vom Bohrloch bis zum Absatz an den Endverbraucher selbst in der Hand halten will, gesteuert. Zwei Drittel der KIA-Anlagen flossen in den *Fonds für künftige Generationen*, dessen Gewinne bis zum Jahr 2000 reinvestiert werden müssen.

Im Zusammenhang mit der irak. Invasion sind K. bis zum Spätsommer 1992 Kosten von rd. 67 Mrd. $ entstanden (u.a. 22 Mrd. $

für die Alliierten; 19 Mrd.$ Budgetdefizit 1991/92; Unterstützung der Emigranten: 10 Mrd. $; Hilfen für die Türkei, Syrien, Ägypten: 4 Mrd. $). Die unmittelbaren materiellen Schäden der Besatzungszeit umfassen die verbrannten 1,7 Mrd. Barrel Öl mit rd. 30 Mrd. $, das Löschen der 732 brennenden Ölquellen (2 Mrd. $), einen Anstieg der Ölförderkosten um 20% sowie Zerstörungen an den Raffinerien (5 Mrd. $), Kraftwerken (5 Mrd. $) und anderen Gebäuden (2 Mrd. $). Dadurch mußte erstmals der *Fonds für künftige Generationen* angezapft werden. Die Auslandsanlagen schrumpften auf geschätzte 35 Mrd. $, im Dez. 1991 wurde ein Kredit von 5,5 Mrd. $ aufgenommen. Das der KIA unterstehende *Kuwait Investment Office* in London liquidierte die Hälfte seiner Anlagen von 65 Mrd. $; von ihrem 10%-Anteil an der Midland Bank verkaufte sie z.B. 7,7%.

Auf rd. 100 Mrd. b werden die Ölreserven K.s geschätzt. Die Ölproduktion lag Ende 1992 bei 1,4 Mio. b/d, was bei 18 $/b jährl. Erlöse von 9,2 Mrd. $ bringt. Zwei der drei Raffinerien produzieren wieder insg. 390000 b/d. Im Haushalt, der seit 1981/82 defizitär ist, deckten 1988/89 (1989/90) die Öleinnahmen von 1,8 (1,9) Mrd. KD nur etwas mehr als die Hälfte der Ausgaben von 3,2 (3,3) Mrd. KD (1 KD = rd. 3,60 $). Im Budget 1991/92 standen den Ausgaben von 6,1 Mrd. KD ledigl. Öleinnahmen von 0,9 Mrd. KD gegenüber, 1992/93 wurde das Etatdefizit bei Ausgaben von 4,0 Mrd. KD und Öleinnahmen von 2,2 Mrd. KD auf 1,8 Mrd. KD und damit auf ein Drittel des Vorjahres reduziert. Will K. sein Finanzpolster nicht aufzehren, muß es 1993/94 ein ausgeglichenes Budget anstreben. Zur Belebung der Binnenkonjunktur, die seit dem Zusammenbruch der inoffiz. Börse Suq al-Manakh im Jahr 1982 stagniert, ist die Stärkung des Privatsektors erforderlich. Dazu verabschiedete die Regierung im Mai 1992 ein Gesetz, das den Aufkauf der privaten Schulden bei den Banken in Höhe von 5,5 Mrd. KD vorsieht, die durch die Manakh-Krise entstanden waren und noch nicht abgetragen worden sind. Ferner soll die lang diskutierte Privatisierung vorangetrieben werden.

5. *Zusammenfassende Charakterisierung der gegenwärtigen innen-, außen- und sicherheitspolitischen Situation*

Die Beilegung der innenpolit. Krise wird davon abhängen, inwieweit die Kaufmannschaft, die seit 1921 versucht, gegenüber den Al Sabah verlorenes Terrain wiederzugewinnen, und die Demokratiebewegung nach den Wahlen vom 5. 10. 1992 in den polit. Prozeß einbezogen werden. Die Entfremdung zwischen Kuwaiti und Nichtkuwaiti kann über eine höhere Zahl an Einbürgerungen und ein vereinfachtes Verfahren der Naturalisierung überwunden werden. Reserviert steht das Königreich S.-A. der Demokratiebewegung in K. gegenüber, da es darin eine Gefahr für die Monarchien am Golf sieht.

Eine UN-Grenzkommission hat 1992 einen Vorschlag ausgearbeitet, der die kuwait. Grenze 1570 m nach NW und 640 m nach NO verlegt. Damit verliert der I. seinen strateg. wichtigsten Hafen Umm Qasr und etwa 6 Ölquellen um das Rumailafeld. Seit der Waffenstillstandsvereinbarung haben führende Politiker des I. wiederholt die Ansprüche auf K. erneuert. Mit den USA, GB und F schloß K. militär. Beistandsabkommen; Manöver mit Soldaten aus den USA und K. fanden seit Sommer 1992 statt. Dadurch kühlten sich die seit dem Frühjahr 1990 verbesserten Beziehungen zu Iran, das seine Interessen am Golf verletzt sieht, wieder ab. Die „Erklärung von Damaskus" vom März 1991 zwischen den sechs Staaten des Golfkooperationsrates, Syrien und Ägypten erlangte keine konkrete militär. Bedeutung. Im Haushalt 1991/92 waren die Ausgaben für die Verteidigung mit 43% der höchste Einzelposten.

Rainer Hermann

Lit.: *Abu Hakim, A. M.*, The Modern History of Kuwait 1750–1965, London 1983. *Ghabra, Sh.*, Voluntary Associations in Kuwait: The Foundation of a New System?, in: The Middle East Journal, Vol. 45, 1991, S. 199–215. *Salih, K. O.*, Kuwait. Political Consequences of Modernization 1750–1986, in: Middle Eastern Studies, Vol. 27, 1991, S. 46–66. *Seifert, P. und A.*, Kuwait. Erdöl – Banken – Beduinen, Berlin (Verlag der Wissenschaften) 1991.

Libanon (Libanesische Republik)

Grunddaten: *Fläche:* 10400 km². *Einwohner:* 3,5–4 Mio. (Schätzung 1990). *Lebenserwartung:* 65 Jahre. *Verstädterung:* ca. 76% (1988). *Anteile am BIP:* Landwirtschaft: 18%, Industrie: 12%, Dienstleistungen: 48% (1989). *PKE* (in US-$): 1100 (1989). *BIP* (in Mio. US-$): n.v. *Währung:* 1 Libanesisches Pfund = 100 Cents; 1 DM ~ 1140 £ (Dez. 1992).

1. Historischer Überblick

1.1. Entwicklung bis 1943. Kerngebiet des heutigen Staates Libanon (L.) ist das bis 3000 m hohe Libanongebirge, das schon im Altertum diesen Namen trug. Die Küstenregion war als *Phönizien* bekannt und wurde nach Phasen pers., griech., röm. und byzantin. Herrschaft um 635 n. Chr. von muslim. Arabern erobert. Die Islamisierung und Arabisierung des *Gebirges* zog sich jedoch jahrhundertelang hin und war nie vollständig. Als größere Volksgruppe widerstanden die im 7. Jh. oder später aus Nordsyrien eingewanderten christl. *Maroniten* der Assimilation. Auch andere christl. Konfessionsgruppen (*griech.-orthodoxe, syrische, nestorianische* u. a.) sowie die muslim. Sekten der *Zwölferschiiten* und der *Drusen* fanden im Umkreis des L.gebirges Zuflucht. Nach der Eroberung durch die türk. *Osmanen* bildete sich die Vorform eines lib. Staates als halbautonomes *Emirat* unter den Lokal-Dynastien der *Maan* (1516–1697) und *Shihab* (1697–1840) heraus. Nach dem Sturz des Emirs *Bashir Shihab II.* (1788–1840) führten die Osmanen anstelle des erbl. Feudalvasallentums 1843 die Verwaltung des L.gebirges durch je einen drus. und einen maronit. Gouverneur *(Qâ'immaqâm)* ein. Die demograph. Expansion von Maroniten auch im drus. *Qâ'immaqâmât* und osman. Reformen zugunsten aller nichtmuslim. Untertanen verschärften die Spannungen bis 1860 zu einem Bürgerkrieg mit Massakern an Christen in verschiedenen Orten (Vorläufer auch schon 1841/42 und 1845).

Die europ. Großmächte nahmen die Ereignisse von 1860 zum Anlaß für eine militär. Intervention und diktierten in der Folgezeit dem Osman. Reich die Schaffung einer autonomen Provinz *Mont Liban*, deren christl. Gouverneur *(Mutasarrif)* auch ihrer Kontrolle unterstand. Treibende Kraft hinter dieser Regelung, die von 1861 bis 1915 in Kraft blieb, war *Frankreich*, das schon seit dem 16. Jh. als Schutzmacht der kathol. lib. Christen, besonders der Maroniten, aufgetreten war. (Die Maroniten hatten ihre Kirche im 13. Jh. dem Vatikan unterstellt und seitdem immer nach polit. Unterstützung aus Europa gesucht.) Im 1. Weltkrieg verloren die osman. Türken die Kontrolle über den *Mont Liban* und die ganze Levante, deren nördl. Teil von F besetzt wurde. Die Franzosen schufen 1920 den *Grand Liban* in seinen heutigen Grenzen, indem sie die Küstenstädte Beirut, Tripoli, Sidon und Tyros, die Bekaa-Ebene und die nördl. und südl. Randgebiete dem *Mont Liban* zuschlugen. Der muslim. Bevölkerungsanteil wuchs damit von 25 auf 45%. 1922 erhielt F ein Mandat des Völkerbundes über den L. zugesprochen, und 1926 setzte es dort eine Verf. in Kraft, die nach der *Unabhängigkeit* des Landes (22. 11. 1943) wenig verändert beibehalten wurde.

Die Schaffung des Staates L. geschah vor allem auf Betreiben der stark frankophilen christl. Volksgruppen und wurde anfangs von einer Mehrheit der betroffenen Muslime energisch abgelehnt. Die Sunniten waren zumeist panarab. orientiert und forderten noch 1936 die Vereinigung des L. mit Syrien (S.). Auch Schiiten und Drusen wollten keinen christl. dominierten Kleinstaat. Die lib. Muslime leisteten jedoch nur geringen Widerstand gegen das Mandat und ließen sich nach 1926 in dessen polit. und administrative Hierarchie einbinden. Am Vorabend der Unabhängigkeit einigten sich christl. und muslim. Politiker im ungeschriebenen *Nationalpakt* auf den Fortbestand des konfessionellen Proporzsystems der Machtverteilung (s. 2.1.). Die Christen schworen ihrer tradit. Anlehnung an F ab, die Muslime ihren panarab. Bestrebungen.

1.2. Von der Unabhängigkeit zum Bürgerkrieg (1943–1975). Während seiner ersten Jahrzehnte als unabhängiger Staat erlebte der L. einen schnellen wirtschaftl. Aufstieg, der sich günstig auf die polit. Stabilität auswirkte. Der L. beteiligte sich zwar am ersten arab. *Krieg gegen Israel* (1948/49), blieb aber in der Folgezeit bis 1968 von weiteren Gefährdungen seiner Sicherheit verschont und begnügte sich mit Streitkräften von 10–15 000 Mann. Auch die lib. Muslime identifizierten sich nach 1943 mehrheitl. mit dem Staat, gleichzeitig wuchs jedoch ihre Unzufriedenheit über polit. und wirtschaftl. Benachteiligung. 1958 entluden sich diese Spannungen in einem muslim. Aufstand gegen den Staatspräsidenten *Camille Chamoun,* dem Wahlmanipulation und eine zu stark prowestl. Außenpolitik vorgeworfen wurden.

Nach dem Rücktritt Chamouns wurde General *Fuad Shihab* (seit 1943 Armeechef) Staatspräsident. Die Regierungen seiner Amtszeit (1958–1964) versuchten, mit staatl. Entwicklungsprojekten den Rückstand der überwiegend muslim. Randprovinzen gegenüber den zentralen Landesteilen auszugleichen. Unter seinem Nachfolger *Charles Helou* (1964–1970) gerieten die shihabist. Reformansätze jedoch ins Stocken und scheiterten endgültig während der Amtszeit von *Sulaiman Franjié* (1970–1976) am Widerstand der starken Lobby für eine freie kapitalist. Wirtschaft und an dem wachsenden christl.-muslim. Antagonismus. Die muslim. Volksgruppen wuchsen schneller und dürften schon Ende der 60er Jahre die Christen überrundet haben, ohne daß nach 1932 exakte Zahlen je ermittelt wurden (vgl. 3.). Die meisten Christen, besonders die Maroniten, lehnten aber jede Reform des polit. Systems zugunsten der Muslime ab. Die Fronten verhärteten sich wegen der starken Präsenz der *PLO* im L. seit 1968. Die muslim. Öffentlichkeit sah in der PLO einen willkommenen Verbündeten gegen die christl. Hegemonie, während die christl. Konservativen vergebl. die Einschränkung ihres militär. Freiraums forderten. Nachdem sich die lib. Armee 1969 und 1973 unfähig erwiesen hatte, die PLO zu disziplinieren, forcierten maronit. Politiker den Aufbau eigener Milizen. Die PLO half ihrerseits bei der paramilitär. Ausrüstung muslim. und linker Oppositionsparteien.

1.3. Die Entwicklung seit dem Bürgerkrieg (1975–1991). Ein rapider Autoritätsverlust der staatl. Sicherheitsorgane seit 1969 ging 1975 in einen offenen Bürgerkrieg über. Hauptakteure während der 1. Phase (1975/76) waren christl. Milizen der *Katâ'ib, National-Liberale Partei (NLP), Marada* u.a. (seit 1976 polit. als *Libanesische Front* und militär. als Libanesische Streitkräfte, *Forces Libanaises* (FL), organisiert) einerseits und die PLO mit ihren Verbündeten (seit 1975 unter dem Dachverband der *Libanesischen Nationalen Bewegung)* andererseits (vgl. 2.2.). Die lib. Armee spaltete sich Anfang 1976 in christl. und muslim. Einheiten auf. Die christl. Milizen gerieten in die Defensive und behaupteten nur ein Terrain von 2000 km^2 im Zentrum und S des L. (20% der Landesfläche). Je etwa 150000 Christen und Muslime flohen bis Ende 1976 aus dem Machtbereich der Gegenseite bzw. wurden vertrieben, und es kam zu gegenseitigen Massakern an Zivilisten.

Im Juni 1976 intervenierten Truppen des Nachbarstaates S. auf Seiten der christl. Milizen gegen die PLO, u.a. mit dem Argument, einer Intervention Israels oder westl. Staaten zuvorkommen zu müssen, die zur *Teilung* des L. führen könnte. Tatsächl. stimmten die USA, Westeuropa und auch Israel dem syr. Einmarsch mit Vorbehalten zu, und im Okt. 1976 erhielten die syr. Truppen ein offiz. Mandat der *Arabischen Liga* als „Ordnungsmacht". Sie konnten im Einvernehmen mit allen Bürgerkriegsparteien 80% der Landesfläche besetzen. Nur im S des L. setzte Israel ihnen eine „rote Linie".

Auch nach der vorläufigen Waffenruhe Ende 1976 stagnierten alle Bemühungen um eine polit. Lösung des Konflikts. Die *Libanesische Front* verweigerte weiterhin jede grundlegende Machtverteilung, während ihre Milizen (FL) zum Staat im Staate wurden und Tatsachen für eine angestrebte Aufteilung des L. in christl. und muslim. *Kantone* schufen. Sie verlangten die Entwaffnung der PLO und bekämpften ab 1978 auch S., das sich aus 900 km^2 des christl. Kernlandes zurückziehen mußte. Die FL waren seit 1976 mit Israel verbündet, ihr Führer *Bashir Gemayel* schaltete 1980 alle Konkurrenten in der christl. Enklave aus und gewann starken Einfluß auf den Präsidenten *Elias Sarkis* (1976–1982). Eine *israelische Invasion* im Südlibanon (März 1978) schuf ferner einen 800 km^2 großen Aktionsbereich für die den FL nahestehende Miliz des Majors *Saad Haddad* (gest. 1984). Auf der muslim. Gegenseite verloren seit Beginn des Bürgerkriegs tradit. Politiker, die zu Kompromissen mit den christl. Radikalen geneigt hatten, schnell ihren Einfluß an Milizenführer (s. 2.2.). Die muslim. Milizen blieben in ihrem Terrain jedoch nur Juniorpartner der PLO und (ab 1976) S.s. Ihr Wortführer 1975/76, *Kamal Jumblat*, wurde im März 1977 ermordet. Die PLO wurde zwar von S. und Israel zurückgedrängt, behielt aber bis 1982 eine bedeutende Machtbasis v.a. im Süd-L.

Während der L. de facto in Zonen verschiedener Milizen und Besatzungsmächte aufgeteilt war, blieb das alte polit. System nominell weiter in Kraft; es wurden Regierungen gebildet und sogar die lib. Armee wiedervereinigt und stärker als vor dem Bürgerkrieg aufgebaut (bis 1983 30000 Mann). 1982 verschob dann eine *Großinvasion Israels* die Machtbalance erneut zugunsten der Christen. Die PLO und die Syrer wurden aus der Südhälfte des L. einschl. Westbeiruts vertrieben, und das Parlament wählte mit *Bashir Gemayel* bzw. nach dessen Ermordung *Amin Gemayel* jeweils Exponenten der *Katâ'ib*-Partei zum Staatspräsidenten. Die USA, F, I und GB entsandten Truppen nach Beirut, um Gemayels Regierung bei der Ausweitung ihrer Autorität zu unterstützen.

Die Wiederbelebung der christl. Hegemonie 1982 war nur kurzfristig: Ab 1983 organisierte S. eine Gegenfront muslim. Parteien gegen das *Katâ'ib-Regime*. Nach einem israel. Teilrückzug aus dem Schufgebirge (Sept. 1983) schlugen drus. Milizen der *Progressiven Sozialistischen Partei (PSP)* mit syr. Hilfe die dort eingedrungenen Milizen der FL und vertrieben 100000 christl. Zivilisten. Im Febr. 1984 eroberte die schiit. *Amal-Miliz* Westbeirut, und die lib. Armee spaltete sich zum zweiten Mal in christl. und muslim. Brigaden. Die neuen Machtverhältnisse manifestierten sich in der Bildung einer „Regierung der nationalen Einheit" unter dem prosyr. Ministerpräsidenten *Rashid Karami* (ermordet Juni 1987) im Mai 1984.

In den folgenden Jahren versuchten die muslim. Parteien weiterhin vergeblich, die *Abschaffung des politischen Konfessionalismus* und damit eine muslim. Mehrheitsherrschaft zu erzwingen. Geschwächt durch wachsende innere Konflikte (z.B. *Amal* gegen PSP, *Hizbollah* und die wiedererstarkte PLO) und anhaltende Kämpfe gegen Israel (das auch nach einem weiteren Rückzug 1985 noch eine sogen. „Sicherheitszone" von 1100 km^2 mit christl. Hilfstruppen besetzt hielt), konnten sie den christl. Falken aus eigener Kraft keine weiteren Zugeständnisse mehr abtrotzen und lehnten sich noch enger an S. an. S. betrieb seinerseits schon seit 1976 eine Politik des „teile und herrsche" mit dem Hauptziel, die eigene Besatzung und Hegemonie im L. zu verewigen.

Da alle Reformprojekte gescheitert waren, sollte im Sept. 1988 wieder ein maronit. Staatspräsident vom Parlament gewählt werden (s. 2.1.). Nach einem von den FL erzwungenen Wahlboykott ernannte Gemayel zum Ende seiner Amtszeit den Armeechef *Michel Aoun* zum Interims-Ministerpräsidenten. Aoun wurde jedoch nur in der christl. Enklave anerkannt, in Westbeirut blieb eine Gegenregierung unter *Salim al-Huss* im Amt. Aoun begann im März 1989, gestützt auf 15000 loyale Soldaten und die Rückendeckung der FL, eine als „Befreiungskrieg" titulierte Kampagne gegen die syr. Besatzung, die aber weder bei den lib. Muslimen noch internat. die erhoffte Resonanz fand. Nach mehrmonat. Bombardierung und Blockade der christl. Enklave durch syr. Truppen vermittelte die Arabische Liga im Sept. 1989 einen Waffenstillstand.

Im Okt. 1989 stimmten die meisten Abgeordneten des lib. Parlaments in *Taif* (Saudi-Arabien) einem umfassenden *Friedensplan der Arabischen Liga* zu, der auch als Grundlage einer Reform des polit. Systems dienen sollte (s. 2.1.). Im Nov. wählten sie *René Mu'awwad* zum neuen Staatspräsidenten und nach dessen Ermordung *Elias Hrawi.* Aoun erkannte weder das *Taif-Abkommen* noch die neuen Präsidenten an und wurde von Hrawi für abgesetzt erklärt.

Aoun konnte Ende 1989 mit seiner intransigenten Haltung große Popularität in der christl. Enklave gewinnen und sich dort behaupten. Erst sein Versuch ab Ende Jan. 1990, die FL-Miliz gewaltsam zu unterwerfen, führte nach verlustreichen Kämpfen zur Reduzierung seines Machtbereichs, während die FL sich im April 1990 offiz. zum *Taif-Abkommen* bekannten. Am 21. 8. 1990 wurden dessen wichtigste Elemente in Form von *Verfassungsänderungen* festgeschrieben, und am 13. 10. 1990 wurde Aoun mit Hilfe syr. Truppen gestürzt. Eine am 24. 12. 1990 neugebildete Regierung setzte ab Mai 1991 die *Entwaffnung der wichtigsten Milizen* durch und schloß am 22. 5. 1991 einen *Bruderschaftsvertrag* über Zusammenarbeit und Koordination mit S. ab, der S. erhebl. Einwirkungsmöglichkeiten auf die lib. Politik zugestand.

2. Das politische System

2.1. Verfassung und formale Legitimationsbasis des politischen Systems. Das 1926 eingeführte polit. System war nominell bis 1989 noch in Kraft geblieben und ist auch durch das Taif-Abkommen eher in modifizierter Form wiederbelebt als grundlegend reformiert worden. Sein charakterist. Element ist die *Verteilung der polit. Macht an die wichtigsten konfessionellen Gruppen* (s. 3.) nach einem festen *Proporzsystem.*

Der seit 1930 unveränderte Usus, daß der Staatspräsident Maronit sein muß, der Ministerpräsident Sunnit und der Parlamentspräsident Schiit, beruht ledigl. auf Gewohnheitsrecht und wurde so im *Nationalpakt von 1943* bestätigt. Gleiches galt für eine Reihe weiterer Schlüsselpositionen der Maroniten, wie die Leitung der Streitkräfte, des militär. und zivilen Geheimdienstes, des obersten Gerichtshofes, der Zentralbank u.a. Dagegen postuliert die Verfassung (Art. 95)„für eine Übergangsfrist" die „ausgewogene Repräsentation" der einzelnen Konfessionsgruppen im Parlament und in der staatl. Administration. Im *Parlament* galt seit 1929 ein 6:5-Übergewicht der Christen. Nach dem von 1960 bis 1991 gültig gewesenen Wahlgesetz verteilten sich die 54 christl. Mandate auf 30 Maroniten, 11 Griech.-Orthodoxe, 6 Griech.-Katholiken, 5 Armenier, 1 Protestanten und 1 Vertreter der übrigen Minderheiten, die 45 muslim. Mandate auf 20 Sunniten, 19 Schiiten und 6 Drusen (zum Wahlmodus s. 2.3.).

Das Parlament wählte alle 6 Jahre mit einfacher Mehrheit den *Staatspräsidenten* (SP), der eine herausragende Machtposition innehatte. Er ernannte und entließ den Ministerpräsidenten und das Kabinett, das vom Parlament bestätigt werden mußte, war Oberbefehlshaber der Streitkräfte und bestimmte die Richtlinien der Politik. Der SP war dem Parlament nicht verantwortl. und konnte unter bestimmten Voraussetzungen Dekrete ohne dessen Zustimmung erlassen, während seine Zustimmung für alle Gesetze erforderl. war. Die formal weit schwächere Position des *Ministerpräsidenten* (MP) konnte allerdings teilweise dadurch ausgeglichen werden, daß sich einflußreiche sunnit. Politiker als muslim. Gegenpol zum jeweiligen SP profilierten und einen gewissen Konsens erzwangen. So setzte z. B. *Rashid Karami* 1969 Aktionsfreiheit für die PLO im L. durch. Wiederholt wurden SP, die aus muslim. Sicht den Konsens verletzten, vorzeitig polit. isoliert und konnten ihre verfassungsmäßigen Rechte nicht mehr wahrnehmen (Chamoun 1958, Franjié 1976, Gemayel 1986–1988).

Seit Beginn des Bürgerkriegs waren alle staatl. Organe mehr oder weniger machtlos gegenüber den De-Facto-Kräften, das System als solches blieb aber unverändert. Da keine Neuwahlen organisiert werden konnten, verlängerte das 1972 gewählte Parlament ab 1976 immer wieder sein eigenes Mandat, zuletzt 1989 bis Anfang 1994.

Gemäß dem *Taif-Abkommen,* dessen wichtigste Bestimmungen inzwischen gesetzl. verankert wurden, sollen nunmehr der MP und das gesamte Kabinett die Richtlinien der Politik bestimmen, während die Kompetenzen des SP weitgehend auf zeremonielle Aufgaben reduziert wurden. Er behält das Recht, den MP zu ernennen, aber nur nach obligator. Konsultation des Parlaments und seines Präsidenten, und benötigt seine Zustimmung bei allen Amtshandlungen. Die Kontrolle des Parlaments über die Regierung wurde erweitert. Seine Mandate sollen bis zur völligen Abschaffung des Konfessionalismus – für die keine Frist gesetzt wurde! – paritāt. zwischen Christen und Muslimen aufgeteilt bleiben (am 9. 5. 1991 durch die Schaffung von neuen Mandaten für 3 Schiiten und je 2 Sunniten, Drusen und Alawiten verwirklicht). Auch auf der höchsten Ebene der staatl. Verwaltung sollen Posten einstweilen wie bisher nach konfession. Proporz zugeteilt werden.

2.2. *Parteien und Milizen.* Kennzeichnend für das Parteiensystem vor dem Bürgerkrieg waren sowohl Liberalität und Vielfalt als auch der relativ geringe Einfluß der meisten Parteien im Parlament. Die polit. Kultur war durch Loyalität zu tradit. Führungspersönlichkeiten *(Zuʿamāʾ)* anstelle von Parteien geprägt, deren Position durch das Wahlsystem noch gestärkt wurde (vgl. 2.3.). Auch die größten im Parlament vertretenen Parteien waren v.a. an ihren charismat. Gründern orientiert, nach deren Tod jeweils deren Söhne die Führungsposition übernahmen.

Dies galt z.B. für die von Pierre Gemayel (gest. 1984) 1936 gegründete *Katâ'ib-Partei*, deren Ideologie eines lib. Nationalismus (als Gegensatz zum Panarabismus) besonders Maroniten anzog. Die Katâ'ib („Phalangen") waren anfangs nur eine paramilitär. Jugendorganisation, die sich erst seit 1947 an Parlamentswahlen beteiligte und autoritäre und sozialreformer. Züge miteinander verband. Sie trat schon 1958, und bes. seit dem Erstarken der PLO ab 1968, als selbsternannter Hüter der christl. dominierten staatl. Ordnung auf und stellte in den Anfangsjahren des Bürgerkriegs 70–80% der christl. Milizionäre. Damit wurde sie auch zum Rückgrat der FL, die sich allerdings ab 1980 unter der Führung von Bashir Gemayel, einem Sohn des Katâ'ib-Gründers, weitgehend von der „Mutterpartei" unabhängig machten.

Als zweitwichtigstes Sprachrohr eines christl. lib. Nationalismus hatte sich nach 1958 die von Camille Chamoun gegründete *National-Liberale Partei (NLP)* etablieren können. Die NLP war mehr als die Katâ'ib der freien Privatwirtschaft verpflichtet und hatte früher auch Mitglieder unter den muslim. Konservativen. In den 70er Jahren stellte sie die zweitstärkste christl. Miliz auf (sog. Tiger-Miliz), die 1980 von den Katâ'ib zerschlagen bzw. gewaltsam dem Kommando der FL unterstellt wurde. C. Chamoun behielt jedoch bis zu seinem Tod 1987 den Vorsitz der *Libanesischen Front* (s. 1.3.). Den Vorsitz der NLP übernahmen nacheinander seine Söhne Dany (ermordet Okt. 1990) und Dory Chamoun (ab Mai 1991). Eine weitere christl.-konservative Partei, der *Nationale Block* von Raymond Eddé, hat seit 1975 fast alle Bedeutung verloren, da sie keine Miliz aufstellte (Eddé lebt seit 1977 im franz. Exil). Dagegen wurde die Privatmiliz des Präsidenten Sulaiman Franjié (Marada) im Bürgerkrieg zur wichtigsten Kraft im N des maronit. Kernlandes. Sie verfeindete sich 1978 mit den Katâ'ib und schlug sich auf die Seite der Syrer. Nicht als polit. Kraft, aber als militär. Faktor muß noch die seit 1976 im südl. „Grenzstreifen" operierende überwiegend christl. Miliz erwähnt werden, die seit 1984 unter dem Namen *Südlibanesische Armee* von dem maronit. General Antoine Lahad geführt wird (1979–1984 *Armee des Freien Libanon* von *Saad Haddad*).

Aus dem Rahmen der überwiegend christl. Parteien fällt die 1932 gegründete *Syrisch National-Soziale Partei (SNSP).* Sie propagiert die Schaffung eines großsyr. Staates einschl. des L. und Palästinas. Wegen dieser Ideologie war sie in den 50er und 60er Jahren meistens verboten, im Bürgerkrieg kämpfte sie auf Seiten der PLO und der *Nationalen Bewegung*. Ihre Mitglieder waren früher hauptsächl. griech.-orthodoxe Christen, heute dürften sie etwa zur Hälfte Muslime sein. Die SNSP-Miliz operierte bis Mai 1991 in verschiedenen syr. besetzten Landesteilen. Die einzige annähernd überkonfess. Partei neben der SNSP war lange Zeit die schon 1925 gegründete *Kommunistische Partei* (bis 1970 verboten, aber meistens geduldet). Sie hatte bis Ende der 70er Jahre vorwiegend griech.-orthodoxe, armen. und schiit. Mitglieder und gehörte der Nationalen Bewegung an. Ebenso wie die 1970 abgespaltene *Organisation Kommunistischer Aktion* ist sie inzwischen von Schiiten dominiert und im Vergleich zu den konfess. Milizen (s. u.) fast bedeutungslos geworden.

Die 1949 von dem Aristokraten Kamal Jumblat gegründete *Progressive Sozialistische Partei (PSP)* war zwar immer vorwiegend dessen drusische Klientelpartei, hatte aber vor dem Bürgerkrieg auch viele christl. Mitglieder und trat als ideolog. Gegenpol zu Katâ'ib und NLP in Parlament und Regierungen auf. K. Jumblat war 1975/76 der Organisator und polit. Kopf der Nationalen Bewegung. Nach deren Selbstauflösung 1982 wurde die PSP, seit 1977 von seinem Sohn Walid Jumblat geführt, noch mehr zum bewaffneten Arm der drus. Volksgruppe und beherrschte 1983–1991 im Schufgebirge eine Art drus. Kanton.

Nur scheinbar überkonfess. waren auch einige *panarabisch-sozialistische* Parteien, da ihre Ideologie fast nur Muslime (und einige orthodoxe Christen) ansprach. Zu diesen zählte die bis 1970 verbotene *Baath-Partei,* die sich nach 1968 in einen prosyr. und einen proirak. Zweig aufgespalten hat, sowie einige *nasseristische* Organisationen. Die Panarabisten gewannen zwar bis 1972 nur wenige Sitze im Parlament, ihr Einfluß auf die muslim. „Straße" war aber wesentl. größer, und sie konnten mit Hilfe der PLO eigene Milizen aufstellen. Im Bürgerkrieg wurden die nasserist. *Murâbṭûn* zum wichtigsten Partner der PLO in Westbeirut, sie wurden jedoch durch die israel. Invasion 1982 entmachtet und wegen ihres sunnit. Charakters 1985 von der Amal (s.u.) völlig zerschlagen. Dagegen konnte die *Nasseristische Volksorganisation* in Sidon mit Hilfe der PLO 1985–1991 wieder zu einem lokalen Machtfaktor werden.

Die stärksten muslim. Milizen waren neben der PSP in den 80er Jahren zwei mit fast ausschließl. schiit. Mitgliedern: Unter dem Einfluß der iranischen Revolution und als Reaktion auf die Übergriffe Israels und der PLO im Südlibanon (S-L.) verließen die meisten Schiiten nach 1979 die panarab. Milizen und schlossen sich der *Amal* („Hoffnung", Akronym für „Bataillone des lib. Widerstandes") an, die 1975 aus einer Bewegung der Beraubten des Geistlichen Musa al-Sadr hervorgegangen war (Sadr ist seit einem Besuch in Libyen 1978 verschollen, Amal wird seit 1980 von dem Rechtsanwalt Nabih Birri geführt.) Die Amal-Bewegung stellt sich selbst als überkonfess. dar und fordert die völlige Abschaffung des konfess. Proporzsystems. Sie konnte 1984 in Westbeirut und 1985 im S-L. eigene Kantone erobern, in denen die PLO und andere muslim. Milizen ihr jedoch bald die Vorherrschaft streitig machten. Die Amal hat sich seitdem stark an S. angelehnt, will aber den L. als unabhängigen Staat erhalten, um der schiit. Volksgruppe größtmögl. Gewicht zu verleihen.

Zum stärksten Konkurrenten für die Amal wurde nach 1984 die schiit.-fundamentalist. *Hizbullah* („Partei Gottes"), die aus einer 1982 abgespaltenen „Islamischen Amal" hervorgegangen ist und massiv von Iran gefördert wird. Von den schiit. Siedlungsgebieten der Bekaa-Ebene dehnte die Hizbullah ihren Einflußbereich auch auf Westbeirut und den S aus und stand seit 1988 im militär. Dauerkonflikt mit der Amal-Miliz. Die Hizbullah wurde nach 1985, als die Amal sich mit der israel. Restbesatzung im „Grenzstreifen" zu arrangieren begann, auch zur Speerspitze des anti-israel. Widerstandes im S-L. und entzog sich deshalb 1991 mit syr. Zustimmung der Entwaffnung. Innenpolit. fordert sie eine *„Islamische Republik"* mit eingeschränkten Rechten für Nichtmuslime, außenpolit. folgt sie iran. Direktiven. In geringerem Umfang haben in den 80er Jahren proiran. fundamentalist. Gruppen auch unter den Sunniten an Einfluß gewonnen, so die radikale *Tauḥîd (Einheits-)Bewegung*, die 1983–1985 die Stadt Tripoli dominierte, und die *Jamâ'at Islâmîya (Islamische Vereinigung)* in Sidon.

2.3. Partizipation der Bevölkerung am politischen System. Das polit. System vor dem Bürgerkrieg war einerseits liberaler als in allen anderen arab. Staaten, andererseits auch so starr, daß es von seinen Gegnern „feudalistisch" genannt wurde. Um den im Wahlgesetz verankerten konfess. Proporz mit christl. Übergewicht zu wahren, war für jeden Wahlkreis die konfess. Identität der Kandidaten vorgeschrieben. In einigen Wahlkreisen konnten z.B. nur Maroniten, Sunniten oder Schiiten kandidieren, in den „gemischten" (seit 1960 18 von 26) Wahlkreisen Angehörige von zwei oder mehr Konfessionen. Die Wähler mußten sich für jeweils einen oder mehrere Kandidaten jeder zugelassenen Konfessionsgruppe entscheiden. Dieses System verhinderte zwar, daß Muslime und Christen mit konfess. Argumenten gegeneinander Wahlkämpfe führten, begünstigte aber auch eine personenbezogene Wahl und damit die andauernde Hegemonie des konservativen Establishments aller Konfessionen. Die etablierten Zuʿamâʾ mit ihren zahlreichen Möglichkeiten der Einflußnahme im Staatsapparat zogen die meisten Wähler an, und jüngere Kandidaten hatten meist nur eine Chance, wenn sie von den Zuʿamâʾ in deren Listen mitaufgenommen wurden.

Der *Bürgerkrieg* hat die polit. Partizipation der Bevölk. wesentl. eingeschränkt. Parlamentswahlen konnten nicht mehr abgehalten werden, und selbst das Abkommen von Taif (1989) führte zu einer weiteren Verlängerung der Abgeordneten von 1972, während die Regierung im Juni 1991 40 neue Abgeordnete vorerst ernannt hat. Erst 1992 haben Wahlen nach einem neuen Wahlgesetz (128 Mandate, 24 Wahlkreise) stattgefunden.

Seit 1975 haben die diversen *Milizen und Besatzungsmächte* das polit. Leben immer mehr dominiert. Die lib. Milizen, die PLO, Syrer und Israelis erzwangen in ihren jeweil. Machtbereichen Wohlverhalten, auch von den Vertretern der alten polit. Elite. Die Milizen, die zum Teil aus etablierten Parteien hervorgegangen sind, haben stets versucht, sich auch polit. als alleinige Vertreter ihrer jeweiligen „Zonen" oder Konfessionsgruppen darzustellen. Wenn trotzdem 1989 die Abgeordneten scheinbar eine Schlüsselrolle zurückgewonnen haben, so nur dank der Protektion der Arabischen Liga, die ihnen im übrigen das Taif-Abkommen fast wortwörtl. diktiert hat. Dessen weitgehende Durchsetzung ab 1990 war nur durch die Kooperation S.s und einiger wichtiger Milizen möglich (FL, PSP, Amal), deren Einfluß seit ihrer Entwaffnung (Mai 1991) stark zurückgegangen ist.

3. Konfessionelle Gruppen und Sozialstruktur

Die Bevölk. des L. ist konfessionell sehr vielfältig, wenn auch ethnisch zu 95% arabisch oder arabisiert. Nichtarab. sind nur die in den 20er Jahren dieses Jh. aus Anatolien eingewanderten *Armenier* und *Kurden* sowie eine kleine Gruppe von *Juden*. Die Armenier erhielten als christl. Volksgruppe die lib. Staatsangehörigkeit und alle polit. Rechte, nicht aber die Kurden und die seit 1949 im L. lebenden *Palästina-Flüchtlinge*.

Kennzeichnend für das auch in der Vergangenheit oft konfliktreiche Zusammenleben der Konfessionen im L. ist die starke Identifikation des einzelnen Bürgers mit seiner Konfessionsgruppe, die im allg. durch keine andere polit. Loyalität aufgewogen wird. Mit dem Proporzsystem (s. 2.1.) wurde versucht, diese Mentalität in geregelte Bahnen zu lenken, es scheiterte jedoch am unterschiedl. Wachstum der einzelnen Gruppen, wie der Vergleich einer Schätzung zu Beginn des Bürgerkriegs mit den Daten der letzten Volkszählung (1932) zeigt:

	Volkszählung 1932		*Schätzung 1975*	
Konfession	*Anzahl*	*%*	*Anzahl*	*%*
Maroniten	261043	30	572000	23
Griech.-Orthodoxe	90275	10	175000	7
Griech.-Katholiken	52602	6	124000	5
Armenier	34296	4	124000	5
sonstige Christen	14065	2		
Christen insgesamt	*452281*	*52*	*995000*	*40*
Sunniten	182842	21	646000	26
Schiiten	158425	18	671000	27
Drusen	56812	6,5	174000	7
Muslime insgesamt	*398079*	*45,5*	*1491000*	*60*
Juden	10469	1		?
Gesamtbevölkerung	*860829*		*2486000*	

Quellen: W. Kewenig, Die Koexistenz der Religionsgemeinschaften im Libanon, Berlin 1965, S. 57, und *Maghreb-Machrek* (Paris) 73 (1976), S. 69.

Auch wenn der Anteil der Muslime 1975 mit 60% wohl noch zu hoch veranschlagt wurde, so dürfte er 1992 mindestens so hoch liegen, zumal seit dem Bürgerkrieg mehr Christen als Muslime das Land auf Dauer verlassen haben. Am schnellsten von allen Volksgruppen wuchsen die Schiiten, deren Zahl 1992 auf 1,2–1,5 Mio. bei einer Gesamtbevölk. von ca. 3,5 Mio. (ohne die ca. 400000 Palästinenser) geschätzt wurde. Schon bei der Volkszählung von 1932 wurde die Zahl der Christen durch Mitberücksichtigung von über 67000 lib. Emigranten (darunter 55000 Christen) erhöht, während vielleicht nicht alle Muslime demograph. erfaßt wurden. Allerdings ist die Gesamtzahl der lib. Emigranten seit dem 19. Jh. und ihrer Nachkommen noch bedeutend höher – neuere Schätzungen liegen zwischen 3 und 5 Mio. – und unter diesen stellen Christen 70–80%.

Die christl.-muslim. Polarisierung wurde durch die Sozialstruktur noch verschärft. Einer dünnen Oberschicht aus allen Konfessionen stand vor dem Bürgerkrieg eine breite Mittelschicht gegenüber, in der die Christen mit 60–70% überrepräsentiert waren. Dagegen war die Unterschicht, die bis 1975 etwa die Hälfte der lib. Bevölkerung umfaßt haben dürfte, zu 80–90% muslimisch. Die wirtschaftl.-soziale Benachteiligung der Muslime – und unter diesen besonders der Schiiten – erklärte sich v.a. durch den Entwicklungsrückstand ihrer Hauptsiedlungsgebiete. Die überwiegend muslim. Randgebiete blieben auch vom Staat vernachlässigt, was bis 1975 Hunderttausende von Muslimen zur Landflucht in die Großstädte zwang. Besonders ausgeprägt war auch der Unterschied im Niveau der zu 90% christl. Privatschulen und der billigen staatl. Schulen, die fast nur von Muslimen in Anspruch genommen wurden, während auch die muslim. Elite vorzugsweise christl. Schulen besuchte.

Die Überlagerung konfess. und sozialer Gegensätze begünstigte schließl. den Ausbruch des Bürgerkriegs, der von den muslim. und linken Parteien der Nationalen Bewegung u.a. mit sozialreformer. Parolen geführt wurde. Der Bürgerkrieg hat indessen die sozialen Strukturen wenig verändert, nur daß der Anteil der Unterschicht durch seine Folgen (Vertreibung, Zerstörungen, Inflation) noch größer wurde und heute auch Hunderttausende von Christen in der Nähe des Existenzminimums leben.

4. *Wirtschaftliche Grundlagen*

Sein äußerst liberales Wirtschaftssystem und die Prosperität vieler wirtschaftl. Sektoren trugen dem L. früher den Namen „Schweiz des Orients" ein. Besonders Handel, Bankwesen, Tourismus und Baugewerbe expandierten zwischen 1943 und 1975 stetig. Die günstige geograph. Lage, eine kosmopolitische, gut ausgebildete Schicht von Fachkräften und minimale staatl. Reglementierung machten Beirut zu einem Handels- und Bankenzentrum des Nahen Ostens, das auch Fluchtkapital aus vielen arab. Staaten anzog. Der Dienstleistungssektor erwirtschaftete seit den 60er Jahren stets mehr als die Hälfte des Sozialprodukts, konzentrierte sich aber auf die Hauptstadt und deren nähere Umgebung. Das kleine Land verfügt über keine nennenswerten Bodenschätze, und seine landwirtschaftl. Anbaufläche ist durch die gebirgige Topographie begrenzt. Hauptprodukte waren Obst, Oliven, Tabak und Nahrungsmittel für den Binnenmarkt. Der relative Wasserreichtum wurde mangels energischer staatl. Entwicklungspolitik nur unzureichend genutzt. Eine rund um Beirut angesiedelte Leichtindustrie erzielte in den frühen 70er Jahren etwa 15% des BSP.

Die zahlreichen Kriegshandlungen seit 1975 haben nicht nur immense materielle Schäden verursacht, sondern auch durch Abwanderung der Eliten und fehlende Sicherheit die Funktion des L. als Banken- und Zwischenhandelsmetropole schwer beeinträchtigt. Trotzdem kam es erst zwischen 1984 und 1987 zum Zusammenbruch der lib. Währung und zu einer Hyperinflation. Die lange Widerstandsfähigkeit der lib. Wirtschaft erklärte sich u.a. durch fortgesetzte Investitionen der emigrierten Libanesen, durch „politische Gelder“ fremder Staaten zugunsten lib. Klientelparteien und der PLO und durch die Expansion des Rauschgiftanbaus in der Bekaa-Ebene. Ein massiver Rückfluß des auf 30 Mrd. US-$ geschätzten privaten lib. Auslandskapitals blieb allerdings auch 1991 nach dem Ende des Bürgerkriegs aus.

5. Die gegenwärtige Situation

Der über 15 Jahre andauernde Bürgerkrieg hat die Machtposition der christl. Volksgruppen, auf deren Betreiben der L. 1920 geschaffen wurde, weitgehend unterminiert, wenn auch noch nicht völlig zerschlagen. Die in drei Konfessionsgruppen und noch mehr rivalisierende Parteien aufgespaltenen Muslime haben bisher ihre Forderung nach normaler Mehrheitsdemokratie ohne Sonderrechte für Minderheiten nicht durchsetzen können. Das 1989 ausgehandelte Taif-Abkommen hat vielmehr das konfessionalistische Proporzsystem wiederbelebt, wenn auch mit reduziertem Einfluß der Christen.

Auf der Basis des Taif-Abkommens konnten 1991 schnelle Fortschritte bei der Befriedung des Landes erzielt werden, allerdings um den Preis einer weitgehenden Unterordnung der lib. staatl. Organe unter den Willen S.s und unter Ausschluß des südl. Grenzgebiets, wo der Kriegszustand zwischen Israel und lib. Widerstandsgruppen (vor allem der Hizbullah) andauert. Entscheidend für die Konsolidierung des inneren Friedens im L. wird sein, ob S. und I. bereit sind, ihren Stellvertreterkrieg auf lib. Boden zu beenden und ihre Besatzungstruppen zurückzuziehen. Im Idealfall könnte der L. seine frühere de facto-Neutralität (bis 1967) im arab.-israel. Konflikt zurückgewinnen und wieder zu einem Land mit relativ freier Gesellschaftsordnung werden.

Andreas Rieck

Lit.: *Ajami, F.*, The Vanished Imam, Musa al-Sadr and the Shia of Lebanon, London 1986. *de Bar, L. H.*, Les Communautés Confessionelles du Liban, Paris 1983. *Barakat, H.* (Hrsg.), Toward a Viable Lebanon, London 1988. *Cobban, H.*, The Making of Modern Lebanon, London 1985. *Goria, W. R.*, Sovereignty and Leadership in Lebanon 1943–1976, London 1985. *Hanf, T.*, Koexistenz im Krieg. Staatszerfall und Entstehen einer Nation im Libanon, Baden-Baden 1991. *Kuderna, M.*, Christliche Gruppen im Libanon. Kampf um Ideologie und Herrschaft in einer unfertigen Nation, Wiesbaden 1983. *Rabbath, E.*, La Formation Historique du Liban Politique et Constitutionnel. Essai de Synthese, Beyrouth 1986. *Rabinovich, I.*, The War for Lebanon 1970–1983, Ithaca/London 1984. *Rieck, A.*, Die Schiiten und der Kampf um den Libanon. Politische Chronik 1958–1988, Hamburg 1989. *Salibi, K. S.*, Cross Roads to the Civil War. Lebanon 1958–1976, New York 1976. *Schiff, Z./Ya'ari, E.*, Israel's Lebanon War, New York 1984. *Shehadi, N./Mills, D. H.* (Hrsg.), Lebanon: A History of Conflict and Consensus, London 1988. *Smock, D. u. A.*, The Politics of Pluralism: A Comparative Study of Lebanon and Ghana, New York 1975. *Suleiman, M. W.*, Political Parties in Lebanon. The Challenge of a Fragmented Political Culture, Ithaca 1967.

Libyen (Große Sozialistische Libysch-Arabische Volksjamahiriya)

Grunddaten: *Fläche:* 1759540 km². *Einwohner:* 4,8 Mio. (1991). *Einschulungsrate:* 127% (1985). *Lebenserwartung:* 62 Jahre. *Verstädterung:* 70% (1990). *Anteile am BIP:* Landwirtschaft: 5%, Industrie: 50%, davon Verarbeitendes Gewerbe: 7%, Dienstleistungen: 45% (1989); Mitglied der OPEC, 97% der Warenausfuhr sind Brennstoffe/Mineralien (1989). *PKE* (in US-$): 5310 (1989). *BIP* (in Mio. US-$): 22900. *Währung:* 1 Libyscher Dinar = 1000 Dirhams; 1 DM ~ 0,18 LD (Dez. 1992).

1. Historischer Überblick

Die staatl. Entwicklung Libyens (L.) ist von zwei historischen Faktoren geprägt, deren Nachwirkungen bis heute in der Innen- und Außenpolitik spürbar sind:

1. Der seit dem 16. Jh. bestehenden *Fremdherrschaft*, die mit der span. Besetzung von Tripolis 1510 begann, sich mit der Herrschaft des Osman. Reiches 1551–1911 fortsetzte und ledigl. unterbrochen wurde von der eigenständigen Dynastie des alban. Janitscharenoffiziers *Ahmed Qaramanli* 1711–1835. Der ausländ. Einfluß verschärfte sich mit der kurzen, aber gravierende soziale Veränderungen auslösenden italien. *Kolonialzeit* 1911–1943 und mit der brit.-franz. *Militäradministration* von 1943 bis zur *Unabhängigkeit* am 24. 12. 1951. Schließl. wird von der gegenwärtigen offiz. Geschichtsschreibung auch die *Sanusi-Monarchie* (1951–1969) zur Phase der Fremdherrschaft gezählt, da diese wegen der starken amerikan. und brit. Präsenz (Militärstützpunkte, Kontrolle der Erdölförderung und Banken) von der lib. Bevölkerung nicht als wirkl. souverän und unabhängig empfunden wurde. Gerade die Allianzpolitik von König Idris mit den USA und GB, aber auch der Mißbrauch der Stützpunkte 1967 während des arab.-israel. Krieges boten der nasserist. Propaganda zahlreiche Angriffsflächen. Der militär. Staatsstreich am 1. 9. 1969 unter Führung von *Muʿammar al-Qaddafi*, Vorsitzender des *Bundes der Freien Unionistischen (nasseristischen) Offiziere*, war insofern eine Reaktion auf die außenpolit. Abhängigkeit und die internen sozioökonom. Mißstände, deren Beseitigung durch Neuorientierung der Außenpolitik (Panarabismus; Räumung der ausländ. Stützpunkte 1970, Ausweisung der ital. Siedler, Forderung von Reparationen für die Schäden im 2. Weltkrieg usw.) und „Entwicklungsrevolutionen" (in Landwirtschaft, Industrie, Gesundheits- und Bildungswesen usw.) vorgenommen werden sollte.

2. Der seit der Antike vorherrschenden *Dreiteilung* des heutigen Staatsterritoriums in die etwa zwei Drittel der Bevölk. beherbergende Westprovinz Tripolitanien mit ihrer Orientierung am Maghreb (primär Tunesien), die fruchtbaren, nördl. Teile der Ostprovinz Cyrenaika mit ihrer Ausrichtung nach Ägypten und die Sahara-Territorien (Südcyrenaika und Provinz Fezzan) als tradit. Durchgangsland der überwiegend von Tripolis, dem klassischen „Tor zur Sahara", ausgehenden Handelskarawanen in den Sahelraum (Kanem, Borku, Baguirmi, Ouaddai).

Diese bis 1963 auch in der Verwaltungsstruktur sichtbare Dreiteilung des Landes durch den *Aufbau neuer regionaler Verwaltungseinheiten* zu überwinden, insbes. die Vernachlässigung der Südgebiete durch massive Investitionen in Infrastruktur und Sozialsektor aufzuheben, war und ist ein zentrales Anliegen der Revolutionsführung seit 1969, deren dominierende Mitglieder nicht aus der tradit. Elite der Küstenstädte stammen, sondern den Wüstengebieten der Syrte und des Fezzan. Insofern ist der jahrhundertelange inner-lib. N-S-Gegensatz zwischen *seßhafter Stadtkultur* in den wenigen Zentren (primär Tripolis, Zuwara, Misurata, Benghazi und Darna) und *nomad. Lebenweise* mit seiner fließenden Demarkationslinie je nach Machtumfang der in Tripolis residierenden Herrscher heute – selbst wenn im Zuge der sozioökonom. Veränderungen seit Beginn der 50er Jahre alle Nomaden seßhaft geworden sind – vorerst zugunsten einer Dominanz des „Südens" entschieden. Die wiederholten Bemühungen Qaddafis (u.a. 1987) zur Verlegung der Hauptstadt nach Jufra (Zentrallibyen) sind Versuche, diese Machtbalance zugunsten des tradit. peripheren Bevölkerungsteiles (Fezzan 10%) zu festigen.

Bemerkenswert ist in diesem Zusammenhang, daß das Konzept des *bewaffneten Volkes*, die vom Revolutionsrat verfolgte Politik der Aufwertung der polit. Rolle der *Frauen* und ihre forcierte Integration in das Militär und den Wirtschaftsprozeß sowie die auf die Beratung fußende Struktur des polit. Systems mit der beduin. Lebens- und Erfahrenswelt gerechtfertigt wird. Dies stellt einen krassen Gegensatz zur innenpolit. Konzeption der *Sanusi-Monarchie* dar, die zwar bedingt durch die Loyalität besonders der nordcyrenaikischen Stämme eine tribalist. Basis hatte, durch extensiven Rückgriff auf die tradit. städt. Eliten aber Regierung und Verwaltung dem polit. Einfluß der Familien Shalhi, Muntasir, Kikhya u.a. öffnete, was eine massiv einsetzende *Vetternwirtschaft und Korruption* – begünstigt durch die seit 1960 rasch ansteigenden Erdöleinnahmen – zur Folge hatte.

Die *Restriktionen* des polit. Systems (Verbot der Parteien 1952 nach Zweifeln an den Ergebnissen der 1. Parlamentswahl; Repression gewerkschaftl. Tätigkeiten) und die Unterdrückung von Protesten der Bevölk. gegen den innen- und außenpolit. Kurs schufen eine Konstellation, in der die bewaffneten Streitkräfte als einzige handlungsfähige Massenorganisation zur Überwindung der sich Ende der 60er Jahre verschärfenden Legitimationskrise fähig waren.

2. *Das politische System*

2.1. Verfassung und formale Legitimationsbasis. Ebenso wie die Sanusi-Monarchie war auch die *Libysche Arabische Republik* durch einen Systemwandel gekennzeichnet, der sich verfassungsmäßig niedergeschlagen hat. Wurde die am 7. 10. 1951 verabschiedete Verf. des Vereinten Königreiches 1963 modifiziert, weil das Bundessystem mit Königshaus, Bundesregierung und drei Provinzregierungen ökonom. zu kostspielig und polit.-administrativ zu schwerfällig war (Konsequenz: Entwicklung zu einem einheitl. Zentralstaat), so hatte sich die am 1. 9. 1969 begründete *Libysche Arabische Republik* bzw. die ihr zugrundeliegende, vom ägypt. Verfassungsmodell inspirierte provisor. Verfassungserklärung vom 11. 12. 1969 seit Mitte der 70er Jahre institut. überlebt. Die nasserist. Phase ging mit der Proklamation der Volksherrschaft am 2. 3. 1977 zu Ende, mit der die ausschließl. von Qaddafi geprägte *Ära der Volksmassen* eingeleitet und die Staatsform der *Jamahiriya* etabliert wurde. Während die Verf.proklamation von 1969 allerdings herkömml. Konstitutionstexten in Form, Aufbau und Länge entsprach, war die Proklamation von 1977 nur ein vier Paragraphen umfassendes Dokument:

> 1. Der offizielle Name ist *Sozialistische Libysche Arabische Volksjamahiriya.* 2. Der heilige Koran ist das Gesetz der Gesellschaft. 3. Die direkte Volksherrschaft ist die Basis des polit. Systems. Die Volksherrschaft ist die einzige Autorität, neben ihr gibt es keine andere. Das Volk übt seine Herrschaft durch Basisvolkskonferenzen, Volkskomitees, Gewerkschaften, Unionen und berufl. Vereinigungen und die Allgemeine Volkskonferenz aus. 4. Die Verteidigung der Heimat ist die Pflicht jeden Bürgers und jeder Bürgerin. Die Schulung des Volkes und seine Bewaffnung vollziehen sich durch die „Allgemeine Militärausbildung".

Seine Bedeutung erschließt sich erst voll durch Hinzuziehung weiterer Dokumente und Gesetzestexte: die *Proklamation* vom 1. 9. 1969, die programmat. und zugleich die *Volksrevolution* einleitende Rede Qaddafis von Zuwara am 15. 4. 1973 und die Kapitel des *Grünen Buches,* die durch ihren Abdruck im lib. Staatsanzeiger (Ausgabe vom 15. 3. 1977; das Grüne Buch Teil II und III folgten in den Ausgaben vom 31. 5. 1978 bzw. 15. 3. 1980) zu quasi konstitutionellen Texten aufgewertet werden.

Durch die Transformation des polit. Systems sind alle zu Beginn der Revolution geschaffenen Institutionen und Verwaltungskörperschaften (Revolutionsrat; Ministerrat; Einheitspartei *Arabische Sozialistische Union (ASU)*, gegr. im Juni 1971 nach ägypt. Vorbild; Verwaltungseinheiten der *Muhafazat* und *Mudiriyat*) durch neue abgelöst worden. Der institut. Umstrukturierungsprozeß wurde mit der Rede Qaddafis vom 15. 4. 1973 eingeleitet, in der er in einem Fünfpunkteprogramm die Bevölk. u. a. zur Bildung von Volkskomitees aufrief, mit der einerseits die bürokrat. Hemmnisse und andererseits das Mobilisierungsdefizit der ASU überwunden werden sollten. Mit Ausformulierung der polit. Ideologie *(Dritte Universale Theorie)* durch Qaddafi, die einen alternativen Weg zwischen Kapitalismus und Kommunismus aufzeigen will, stärkte sich ab 1975 das aktivist. Element im polit. System. Die ASU wurde als Einheitspartei abgewertet und in die allen Bürgern offenstehenden Basisvolkskonferenzen umgestaltet, während die Kollektivorgane der administrativen Volkskomitees, von den Basisvolkskonferenzen alle zwei Jahre gewählt und diesen verantwortlich, in neugestalteten Verwaltungskörperschaften ihre gestärkten exekutiven Funktionen wahrnehmen. Dieses seit Jan. 1976 etablierte Basisvolkskonferenzen-Volkskomitee-System bildet bis heute den zentralen Korpus des Regierungssystems. Die Proklamation der *Jamahiriya* und die Selbstauflösung des Revolutionsrates am 2. 3. 1977 rundeten diesen Prozeß nur ab und stellten die definitive Zäsur zur weiteren polit. Entwicklung des postnasserist. lib. Staates dar.

2.2. Aufbau der Staatsstruktur und politisches Programm. Das polit. System L.s basiert analog den Verwaltungsebenen (lokale Ebene, Ebene der Baladiya/Städte, nationale Ebene) auf drei unterschiedl. Typen von *legislativen Volkskonferenzen* und *exekutiven Volkskomitees:* den (ursprüngl. 187) sog. Basisvolkskonferenzen, den (ursprüngl. 42) Volkskonferenzen auf Baladiya-Ebene und der in Tripolis, aber auch anderen Städten, jährl. tagenden nationalen Allgemeinen Volkskonferenz (AVK; mit rund 1100 Delegierten) und im exekutiven Bereich den lokalen Volkskomitees, den nach Ressorts (Bildung, Gesundheit, Transport usw.) gruppierten Volkskomitees auf Baladiya-Ebene einschließl. der Baladiya-Volkskomitees (Gemeinderat) und dem auf nationaler Ebene bestehenden Allgemeinen Volkskomitee.

Die Basisvolkskonferenzen tagen jährl. in drei ordentl. Sitzungen, wovon zwei lokalen Belangen gewidmet sind, während auf der dritten überwiegend nationale Themen diskutiert und jene Resolutionen verfaßt werden, die auf der einmal jährl. einberufenen ordentl. AVK-Tagung per imperativem Mandat zusammengefaßt werden. Auf diese Weise hat die AVK, beginnend im Januar 1976, bis April 1992 16 ordentl. Sitzungen abgehalten, wobei das Allgemeine Volkskomitee vor den Delegierten über seine Aktivitäten Rechenschaft ablegen muß und in aller Regel neu gewählt wird. Hinzu kommen außerordentl. Sitzungen sowohl der Basisvolkskonferenzen als auch der AVK (bislang 17), auf denen wichtige Themen (u.a. die Union mit Marokko 1984, die Verabschiedung der Menschenrechtsdeklaration 12. 6. 1988, die Ratifizierung des Beitritts zur Maghrebunion 1989) entschieden wurden.

Diesem sog. *Herrschaftsbereich* mit seinen legislativen und exekutiven Institutionen steht seit 2. 3. 1979 (Proklamation der Trennung von Herrschaft und Revolution) ein formal verselbständigter *Revolutionssektor* gegenüber, dessen Organe die revolut. Führung und die Revolutionskomitees sind. Die *revolut. Führung* selbst setzt sich aus den fünf restl. Mitgl. des 1975 anläßl. eines Putschversuchs von Omar Muhaishi auseinandergebrochenen Revolutionsrates zusammen und wird gebildet von Revolutionsführer Qaddafi, Stabsmajor Jallud, Oberst Jabir, Kommandant al-Humaidi und Kommandant al-Kharrubi, die hohe Ämter in den Streitkräften innehaben. Die *Revolutionskomitees* konstituierten sich seit entsprechenden Aufrufen Qaddafis Anfang 1977 („Komitees an jedem Ort", „Kein Revolutionär außerhalb der Revolutionskomitees") und hatten ursprüngl. die „Mobilisierung und Anleitung der Volksmassen zur Ausübung der Volksmacht" als Aufgabe, um ab März 1979 weitreichende Prärogative der Systemsicherung zu erhalten und die Bekämpfung der „Feinde der Revolution" zu übernehmen. Zur Kompetenzausstattung der Revolutionskomitees zählte neben einer eigenen Gerichtsbarkeit in Form sog. Revolutionsgerichte und dem Waffenbesitz das Eingreifen in die Tagesordnungslisten der Basisvolkskonferenzen (z.B. Unterdrückung mißliebiger Themen wie der Diskussion des Tschadkonflikts) und ein Vetorecht gegenüber gewählten Mitgliedern der Volkskomitees. Seit 1980 in allen wichtigen Institutionen (Bildungseinrichtungen, Medien, Militär, Polizei) vertreten, entwickelten sich die Revolutionskomitees zum omnipräsenten Repressionsinstrument. 1987 nahm jedoch im Kontext der Wirtschaftskrise, der außenpolit. Eskalation mit den USA und der vernichtenden Niederlage im

Tschadkrieg die durch Familienmitglieder in die Basisvolkskonferenzen, das Militär und die Volkskomitees getragene (noch passive) Opposition der Bevölk. systembedrohende Ausmaße an und erzwang eine Liberalisierung zunächst der Wirtschaft, ab 1988 auch der polit. Strukturen.

Die Entstehungsgeschichte der Revolutionskomitees ist eng verknüpft mit der Durchsetzung der ideolog. Vorgaben, die Qaddafi 1978 im wirtschaftspolit. orientierten 2. Teil seines *Grünen Buches* publizierte, das eine komprimierte Handlungsanleitung der *Dritten Universalen Theorie* darstellt. Während die Umsetzung des 1. Teils des Grünen Buches von 1975 (Einführung des Basisvolkskonferenzen-Volkskomitee-Systems) zunächst nur Widerstand innerhalb des Verwaltungsapparates der Einheitspartei und an den Hochschulen hervorrief, der ohne größere Schwierigkeiten gebrochen werden konnte, zielten die Hauptforderungen des 2. Teils des Grünen Buches (u.a. „Das Haus seinem Bewohner als Eigentum", Abschaffung des privaten Binnenhandels und Aufbau eines Netzes von Volkssupermärkten, Umwandlung der privaten Unternehmen in Volksbesitz, geleitet durch Produktionsvolkskomitees) auf die Entmachtung der in den 60er Jahren und zwischen 1970–1975, als es noch kaum Eingriffe des Staates in den kapitalist. Sektor gab, reich gewordenen Händlerfamilien. Für massiven und offenen Widerstand war es bei Umsetzung der ideolog. motivierten Wirtschaftseingriffe besonders 1980/81 jedoch zu spät, weil die Revolutionskomitees zwischen 1977 und 1979 ihre Präsenz konsolidierten und bereits alle Institutionen und gesellschaftl. Bereiche kontrollierten. Zahlreiche Kaufleute zogen deshalb der offenen Konfrontation die Emigration (überwiegend nach Italien, F, GB, Griechenland, USA) vor, um vom Ausland aus polit. Oppositionsarbeit in einer der zahlreich entstandenen Gruppierungen zu leisten. Die länderübergreifende Justiz der Revolutionskomitees verfolgte sie indes auch im Ausland (u.a. Liquidierung von 10 „Feinden der Revolution" zwischen März und Juni 1980; 37 Personen bis Ende 1987). Erst anläßl. der Liberalisierungsmaßnahmen wurden die Revolutionskomitees wieder stärkerer Kontrolle unterstellt und ihnen Kompetenzen entzogen.

2.3. Partizipation der Bevölkerung am politischen System. Diese vollzog sich, abgesehen von der Nutzung der tradit. Klientelbeziehungen besonders im stärker tribal geprägten Ost-L., seit 1969 in unterschiedl. Intensität: Während sich kurz nach der Machtübernahme des Revolutionsrates zahlreiche Libyer in den 1970 veranstalteten sog. „intellektuellen Seminaren“ engagierten und ihrer Hoffnung auf Etablierung demokrat. Strukturen Ausdruck verliehen, brachten die Beibehaltung des 1952 verhängten *Parteien- und Streikverbots* sowie die Konstituierung der *Einheitspartei ASU* 1971 jene Ernüchterung, die sich in der nur geringen Akzeptanz der Partei niederschlug. Dieses Mobilisations- und Legitimationsdefizit führte neben der Proklamation der Volksrevolution im April 1973 zur Umformung der ASU in die Basisvolkskonferenzen. Das generelle Mißtrauen der Bevölk. in die neuen Institutionen konnte dadurch nicht überwunden werden. Qaddafi selbst kritisierte in seiner Rede vom 25. 5. 1976 die hohen Abwesenheitsraten der Bevölk. an den Tagungen der Basisvolkskonferenzen (zwischen 40–60%, mit Spitzenwerten bis zu 90% z.B. in Misuratah, dem Herkunftsort des im Aug. 1975 nach dem gescheiterten Putschversuch ins Ausland geflohenen Revolutionsratsmitglieds Omar Muhaishi) und kündigte die Gründung spezieller Mobilisierungskomitees an, aus denen 1977 die Revolutionskomitees hervorgingen.

Nach inzwischen 18 Jahren Praxis mit dem direktdemokrat. Experiment hat sich die lib. Bevölk. formal an die neuen Institutionen gewöhnt und gelernt, damit umzugehen. Sie hat die Basisvolkskonferenzen/Volkskomitees für die lokale polit. Transformation genutzt, indem sie zahlreiche Projektwünsche artikulierte, vorgelegte Gesetzesvorlagen modifizierte oder (in Ausnahmefällen) ablehnte, nicht ohne sich indessen der engen Grenzen der tolerierten Kritik bewußt zu sein. Insbesondere der Revolutionssektor, geprägt durch die außen- und innenpolit. Entscheidungen von Revolutionsführer Qaddafi, ist tabu, und seit dem am 9. 3. 1990 von der AVK verabschiedeten *Dokument der revolutionären Legitimität* auch rechtl. sanktioniert.

3. Sozialstruktur

Die paternalist. Struktur der lib. Gesellschaft, wie sie sich bereits im Leitspruch der Monarchie („Gott-König-Vaterland“) äußerte, modifizierte sich nach dem Machtwechsel 1969. Standen bis zur Septemberrevolution 1969 die relig. Führer, Stammesscheichs und Oberhäupter der großen städt. Familien an der Spitze der Elitestruktur, so wurden sie in dieser Funktion vom Revolutionsrat

(Durchschnittsalter 1969 26 Jahre), den Freien Offizieren, Kabinettsmitgliedern und (ab 1971) den Kadern der ASU abgelöst, ohne angesichts der noch nicht ausgeprägten ideolog. Grundlage und noch nicht unterbundenen administrativen Partizipationsmöglichkeiten (z. B. als Leiter von lokalen Verwaltungseinheiten) vollständig aus der Elitenstruktur auszuscheiden. Erst die Etablierung des Volkskonferenzen-Volkskomitee-Systems, die seit 1975 von Qaddafi initiierte *relig. Revolution* (Ablehnung der relig. Gelehrten als Mittler zwischen Mensch und Gott) und die ideolog. motivierten Wirtschaftseingriffe haben die vollständige polit. *Entmachtung der vor 1969 dominierenden gesellschaftl. Eliten* gebracht. Zugleich hat die permanente polit. Transformation 1969–1979 immer stärker die in Administration und Wirtschaft aktive Mittelschicht verunsichert (Indikator: Abwesenheitsraten), so daß sich die Revolutionsführung zur Suche nach „Massenmobilisierung" immer stärker auf Jugendliche und „die am wenigsten qualifizierten Segmente der libyschen Gesellschaft" (so der lib. Politologe el-Fathaly) stützte.

In diesen Prozeß sind mit Unterstützung Qaddafis die lib. *Mädchen und Frauen* eingebunden, die nicht nur innerhalb der Revolutionskomiteebewegung eine wichtige Rolle spielen, sondern seit der Eröffnung einer eigenen Militärakademie 1980 über einen stark genutzten Kanal des sozialen Aufstiegs verfügen und zunehmend in polit. Ämter auf Baladiya-Ebene und auf nationaler Ebene (seit März 1989 eine Sekretärin für Erziehung; seit Nov. 1992 eine Sekretärin für Frauenfragen) gewählt werden. Die Integration der Frauen in den Arbeitsprozeß hat allerdings auch ökonom. Gründe, näml. den Ersatz der ausländ. Arbeitskräfte (1980 34,4% der Beschäftigten), die seit der Finanzierungskrise Mitte der 80er Jahre (Erdöleinnahmen 1981: 22 Mrd. US-$, 1986: 5,4 Mrd. US-$) zunehmend abgebaut werden mußten.

4. Binnen- und außenwirtschaftliche Gegebenheiten

Kernstück aller Entwicklung in L. ist seit den 60er Jahren der *Erdölsektor*, der nicht nur nach wie vor die Hauptausfuhrprodukte (Erdöl und seit Fertigstellung zahlreicher petrochem. Betriebe zunehmend Derivate) stellt, sondern via Entwicklungshaushalt und Entwicklungsplänen (1. Dreijahresplan 1973–75; 1. Fünfjahresplan 1976–80; 2. 1981–85; der 3. Plan 1986–90 wurde ausgesetzt) die ökonom. Transformation finanzierte. Aus diesem Grund selbst von allen polit. Experimenten (z. B. der Gründung von Volkskomitees) ausgenommen, haben die Ende der 70er Jahre drastisch angestiegenen Erdöleinnahmen zu all jenen ressourcenverschwendenden ideolog. Wirtschaftsinterventionen verführt, die als Folge der Finanzierungskrise ab 1987 (z. B. Wiederzulassung des privaten Handels) weitgehend wieder rückgängig gemacht werden mußten. Dieser Kurswechsel wurde erzwungen, weil u. a. das im Aufbau befindl. große künstliche Flußprojekt und das Stahlwerk bei Misurata sowie die seit Jahren laufenden Rüstungsprogramme beträchtl. Mittel banden und das für Konsumzwecke notwendige Importbudget wegen der Gefahr opposit. Aktionen nicht weiter eingeschränkt werden konnte.

Weitaus positiver als die Bilanz der ökonom. Entwicklung fällt die Bewertung der vom Revolutionsrat eingeleiteten *„sozialen Revolution"* aus. Ob Versorgung mit einwandfreiem Trinkwasser, Wohnraum, Straßen, Flughäfen und Kommunikationsmitteln oder Ausbau des Schul- und Gesundheitswesens, in allen Bereichen nimmt L. im afrikan. Durchschnitt den ersten oder einen der ersten Plätze ein. Diese Erfolge wären noch beeindruckender, hätten nicht die selbstverschuldeten außenpolit. Spannungen ihre Rückwirkungen auf den Außenwirtschaftsbereich gehabt (z. B. Sanktionen der EG und US-Handelsembargo seit 1986, UNO-Sanktionen seit April 1992), die häufig zum Erwerb überteuerter und/oder minderwertiger Waren zwangen.

5. *Zusammenfassende Charakterisierung der gegenwärtigen innen-, außen- und sicherheitspolitischen Situation*

Der lib. Staat zu Beginn der 90er Jahre zeigt in Innen-, Außen- und Wirtschaftspolitik heterogene Züge:

Innenpolitisch wurde ein direktdemokrat. System aufgebaut und Volksherrschaft postuliert, wobei die revolut. Führung um Qaddafi den Anspruch erhebt, unfehlbar richtungsweisend zu sein. Die daraus resultierende „Intervalldemokratie", diskreditiert durch die Exzesse der Revolutionskomitees, hat zur paradoxen Situation geführt, daß mit zunehmender Ideologisierung der Politik und damit einhergehender Aufkündigung der Gefolgschaft durch frühere Anhänger sich unter Rückgriff auf tradit. Klangeist eine Aufwertung u. a. des Qadadfa-Stammes vollzogen hat, dessen Mitglieder die Sicherheitsdienste kontrollieren und auch staatl. Aufgaben übernehmen.

Außenpolitisch hat die Revolutionsführung nicht nur eine Politik der Durchsetzung nationaler Interessen verfolgt, sondern zugleich eine ideolog. Führungsrolle (Mission der Dritten Universalen Theorie/des Grünen Buches und der qaddafischen Islamkonzeption) beansprucht und mit militanten Mitteln den „Kampf gegen Imperialismus, Kolonialismus, Zionismus, Faschismus und Reaktion" (so das Leitmotto der eigens dafür gegründeten Institution) unterstützt. Dieser revolut. Interventionismus hat zahlreiche Spannungen innerhalb der arab. Welt (bes. Ägypten, Tunesien), aber auch in Afrika (u. a. Sudan, Tschad, Niger) ausgelöst und zur Konfrontation mit den USA (und den westeurop. Staaten) geführt. Zugleich hat jedoch ein ausgeprägter Sinn für Pragmatismus rechtzeitige Kurswechsel ermöglicht und systemgefährdende Konstellationen vermieden.

Wirtschaftspolitisch ist L. als Erdölproduzent hinsichtl. seiner Außenwirtschaftspolitik voll in den Weltmarkt integriert, während in der Binnenwirtschaft (bis zum Kurswechsel nach 1987) staatskapitalist. Strukturen dominierten, deren Investitions- und Distributionsmängel allerdings verhinderten, daß die 1969 erworbene revolutionäre Legitimität in eine dauerhafte Leistungslegitimität umgewandelt wurde.

Hanspeter Mattes

Lit.: *Badry, R.*, Die Entwicklung der Dritten Universaltheorie Muʿammar al-Qaddafi's in Theorie und Praxis, Frankfurt/M. 1986. *Bergs, R.*, Erdöl – Self-reliance – Krise. Der Entwicklungsweg Libyens unter Qaddafi 1969–1988, Frankfurt/M. 1989. *Bleuchot, H.*, Chroniques et documents libyens 1969–1980, Paris 1983. *Brill, H.*, Libyens Außen- und Sicherheitspolitik, Baden-Baden 1988. *Hager, E.*, Volksmacht und Islam: eine terminologie- und ideologiekritische Untersuchung zum Politik- und Religionsverständnis bei Muʿammar al-Qaddafi, Berlin/West 1985. *Mattes, H.*, Die Volksrevolution in der Sozialistischen Libyschen Arabischen Volksgamahiriyya, Heidelberg 1982. *Ders.*, Die innere und äußere islamische Mission Libyens, Mainz/München 1986. *Ders.*, Von der Prätorianergarde König Idris zum Konzept des bewaffneten Volkes Muʿammar al-Qaddafis, in: Orient, Opladen, Nr. 4, 1985, S. 523–548. *Ders.*, Die militärische Konfrontation zwischen Libyen und den USA, Hamburg 1987. *Operschall, Ch./Teuber, Ch.* (Hrsg.), Libyen. Die verkannte Revolution, Wien 1987. *Shamleh, O.*, Erdölinduzierte sozioökonomische Entwicklung in den OAPEC-Staaten. Der Fall Libyens, Bern/Frankfurt 1986.

Marokko (Königreich Marokko)

Grunddaten: *Fläche:* 458730 km^2 (ohne Westsahara). *Einwohner:* 25,1 Mio. (1990). *Einschulungsrate:* 68% (1989). *Lebenserwartung:* 62 Jahre. *Verstädterung:* 48% (1990). *Anteile am BIP:* Landwirtschaft: 16%, Industrie: 33%, davon Verarbeitendes Gewerbe: 18%, Dienstleistungen: 51% (1990). *PKE* (in US-$): 950 (1990). *BIP* (in Mio. US-$): 25220 (1990). *Währung:* 1 Dirham = 100 Centimes; 1 DM ~ 5,6 DH (Dez. 1992).

1. Historischer Überblick

1.1. Allgemeine Entwicklung bis 1912. Die Bezeichnung Marokko (M.) leitet sich von der Hauptstadt Süd-M.s, Marrakesch, her. Der arab. Name des Königreichs M. *(al-Mamlaka al-maghribîya)* kommt von *al-maghrib* (der Westen), genauer: *al-maghrib al-aqṣâ* (der äußerste Westen), und bezeichnet M.s Lage im islam. Weltreich bzw. in NW-Afrika. Aufgrund dieser Randlage und seiner von außen unzugängl. Landesnatur hatte M. früh eine eigenständige staatl. Existenz. Andererseits kam es erst spät mit den polit. Systemen und der Zivilisation des Westens in Berührung und erlebte den Schock dieses Kontakts vom Ende des 19. Jh. an besonders heftig.

M. war in der Antike von unabhängigen Berberstämmen bewohnt. Ende des 7. Jh. begannen die *Eroberung und Islamisierung durch die Araber.* Heute werden in M. Berber von Arabern (die im Grunde arabisierte Berber sind) im wesentl. nach sprachl. Kriterien unterschieden. 30–40% der Marokkaner, hauptsächl. in den Gebirgen des Rif und des Atlas sowie in einigen präsaharischen Zonen, sprechen einen der Berberdialekte als Muttersprache. Allerdings ist nur Arabisch mit seiner schriftsprachl. Tradition Amts- und Unterrichtssprache. Wenn auch der arab.-berber. Gegensatz, teilweise verstärkt durch die Politik der frz. Protektoratsmacht, eine gewisse Rolle spielt, sind Versuche, die marokk. Politik ausschließl. aus diesem Gegensatz zu erklären, nicht zu rechtfertigen.

Die erstaunl. schnell islamisierten Berberstämme erhoben sich schon bald gegen die Zentralgewalt in Damaskus und Bagdad. In M. entzogen sie sich im 12. Jh. für immer der Herrschaft der östl. Kalifate. In wechselnder Reihenfolge zwangen arab. und berber. Dynastien, oft aus relig. Antrieb, die Stämme mehr oder weniger dauerhaft unter ihre Gewalt. Die letzte dieser Dynastien, die arab.

Aliden oder *Alawiten*, die als Scherifen ihre Herkunft über Hassan von dessen Vater Ali her ableiten, dem Vetter und Schwiegersohn des Propheten Mohammed, eroberte die Macht Mitte des 17. Jh. Ihr entstammt der jetzige Monarch.

Etwa seit dem 16. Jh. prägte sich ein für M. typischer Tatbestand heraus, die Unterteilung des Landes in *zwei Machtbereiche:* das *Makhzan-*, d.h. Regierungsgebiet (in der Regel die fruchtbaren Ebenen und die Städte), in dem der Monarch regelmäßig Steuern erheben konnte, und das *Siba*-Gebiet, d.h. das Land der Unbotmäßigkeit (meist die Gebirgsgegenden), wo die vorwiegend berber. Stämme den Herrscher nicht als weltliches, sondern nur als geistliches Oberhaupt anerkannten. Erst den Protektoratsmächten gelang es nach mehr als 20jähr. „Pazifizierung“, das gesamte Staatsgebiet der Zentralgewalt unterzuordnen.

Der Kampf der europ. Kolonialmächte um Afrika endete für das im Ausland hoch verschuldete M. 1910 bzw. 1912 mit der *Aufteilung* in das frz.-span. verwaltete Tanger, das 1923 internationalisiert wurde, die span. Protektorate N- und S-M. und die dazwischenliegende größte Zone, das frz. Protektorat, das v.a. wegen seiner Bodenschätze für das frz. und internat. Kapital von Interesse war (Vertrag von Fès vom 3. 3. 1912). Nur formal blieb M. mit dem Monarchen an der Spitze seines Makhzan souverän.

1.2. Die Entwicklung des politischen Systems vor der Unabhängigkeit. Die konstitutionelle Tradition in M. gründete sich zunächst auf das klassische islam. Staatsrecht, wonach der Kalif, auch *„Amîr al-mu'minîn“* (Führer der Gläubigen), Stellvertreter und Nachfolger des Propheten, als geistl. und weltl. Oberhaupt die Geschicke der muslim. Gemeinde lenkte. Die marokk. Sultane, ursprüngl. Gouverneure des Kalifen, führten seit dem 16. Jh., gelegentl. auch schon früher, den Titel „Führer der Gläubigen“. Sie wurden von den Stammesführern und Religionsgelehrten ernannt und durch einen in die Hand geleisteten Huldigungseid *(Baiʿa)* eingesetzt. Ihr Amt war nicht erblich, sie durften ihren Nachfolger nicht selber bestimmen, und sie konnten abgesetzt werden. Im allg. war ihre Autorität im Makhzan-Gebiet jedoch absolut. Möglicherweise war die Verf. vom 11. 10. 1908, die nie in Kraft trat, ein Versuch, diesen Absolutismus einzuschränken.

Die *Protektoratsbehörden* schufen zwischen 1912 und 1955 die administrativen und wirtschaftl. Voraussetzungen für einen modernen Staat. Der einzelne Bürger blieb jedoch weiter ohne Einfluß auf Gesetzgebung und Regierung. In der frz. Zone – in der span. verhielt es sich ähnlich – hatte der Generalresident die tatsächl. legislative, exekutive und, außer in relig. Dingen, richterliche Gewalt. V.a. nach der Amtszeit des liberalen Marschall Lyautey (1912–1925) gingen die frz. Behörden zunehmend von der Kontrolle zur direkten Verwaltung über.

Ähnlich wie im Nahen Osten war auch in M. der in den 20er Jahren erwachende Nationalismus eng mit der aus Ägypten stammenden orthodox-islam. Reformbewegung *Salafîya* verbunden. Mit den Reformern fanden sich Studenten aus dem kleinen Kreis der westl. gebildeten Elite zusammen. Der Nationalbewegung schloß sich seit Mitte der 30er Jahre der Sultan, *Sidi Mohammed Ben Youssef*, an, der erkannte, daß die Nationalisten ihm helfen könnten, die Integrität seines Thrones zu bewahren, während diese die Möglichkeit erblickten, mit Hilfe des Sultans ihre Gefolgschaft zu vergrößern. Daß sich Mohammed mehr und mehr zum Symbol des Nationalismus und der nationalen Einheit entwickelte, wurde für die Situation im unabhängigen M. von größter Bedeutung. Zusammen mit jungen Akademikern und Mittelstandsangehörigen aus den Städten gründeten die Nationalisten im Dez. 1943 die *Istiqlâl-*, d.h. *Unabhängigkeits-Partei (IP)* mit dem Ziel, die nationale Unabhängigkeit zu erreichen und das polit. System zu demokratisieren. Auch letztere Forderung unterstützte der Sultan.

Hatte sich die Nationalbewegung bisher auf die urbane Elite beschränkt, dehnte sie sich nach dem 2. Weltkrieg auch auf die städt. Arbeiterschaft aus. Finanziert wurde sie vom städt. Handels- und Geschäftsbürgertum, das wegen des massiven Zustroms frz. Kapitals keine Möglichkeit zu eigener Entfaltung sah. Am 18. 8. 1953 wurde Mohammed abgesetzt und verbannt. Daraufhin wechselten auch die ländl. Berberstämme, die sich das Protektorat 20 Jahre zuvor gefügig gemacht hatte, um ihres geistl. Oberhauptes willen ins Lager der Nationalisten. Als ein Teil der *Istiqlâl*-Anhänger zum bewaffneten Terror überging, eine mehrere tausend Mann starke Befreiungsarmee nun auch auf dem Land agierte und auch die Algerier die frz. Herrschaft anfochten, gab F nach. Am 6. 11. 1955 wurde der Sultan wiedereingesetzt, am 2. 3. 1956 der Vertrag von Fès annulliert. Das nördl. span. Protektorat fiel am 7. 4. 1956 an M. zurück (1958 das südl.), und im Okt. 1956 endete der internat. Status von Tanger.

1.3. Die Entwicklung des politischen Systems nach der Unabhängigkeit. M. verfügte nun über einen modernen Verwaltungsapparat sowie über einen Makhzan mit jahrhundertealten Traditionen, dem die Machtmittel dieses Apparates zur Verfügung standen. Aber nicht nur der Sultan bemühte sich um die Kontrolle dieses Apparates. Die mächtige, gut strukturierte, aber sozial heterogene IP beanspruchte für sich die Rolle der einzigen legitimen polit. Kraft, lehnte jedoch, v. a. auf Wunsch ihrer bürgerl. Fraktion, eine Konfrontation mit dem Monarchen ab. Der Sultan, seit 1957 auch offiz. *König Mohammed V.*, ließ entgegen den Forderungen der Partei keine Verfassunggebende Versammlung wählen. Um die Entwicklung eines Einparteisystems zu verhindern, besetzte er die ersten beiden Regierungen zuungunsten der IP überrepräsentativ mit Anhängern kleiner Parteien und mit Unabhängigen und ernannte einen Parteilosen zum Premierminister. Die bewaffneten Organisationen der IP neutralisierte er und gründete im Mai 1956 „seine" Armee, die *Königlichen Streitkräfte.* Sie war ihm direkt unterstellt und wurde von seinem Sohn *Hassan* befehligt. Anfängl. überwiegend von frz. und berber. Offizieren geführt, entwickelte sie sich zu einer der schlagkräftigsten Armeen des Kontinents. Später gelang dem König auch der entscheidende Zugriff auf Polizei und Innenministerium. Die IP ihrerseits besetzte die Verwaltung mit ihren Anhängern und forderte eine ausschließl. aus ihren Mitgliedern bestehende Regierung. Der König war hierzu erst bereit (Mai 1958), als die Uneinigkeit der Partei, die schon vor 1956 den Charakter einer Koalition gehabt hatte, offenkundig war. Im Sept. 1959 spaltete sich ihr linker Flügel als *Nationale Union der Volkskräfte (UNFP)* unter Mehdi Ben Barka ab. Schon Anfang 1959 war die ländl.-berber. *Volksbewegung (MP)* für legal erklärt worden, deren Gründung der König – selbst Landbesitzer – gefördert hatte; sie war Ausdruck seines neuen Bündnisses mit den ländl. Notabeln, deren Väter sich durch ihre Kollaboration mit F kompromittiert hatten. Mit der Zahl der Parteien erhöhte sich ihre Manipulierbarkeit. Im Mai 1960 übernahm der König selbst die Leitung des Ministerrats. Er hatte mit Erfolg sein anfängl. nur moral. Ansehen in handfeste polit. Macht umgemünzt und klargemacht, daß er die Monarchie als einzige wirkl. repräsentative, von keiner Organisation abhängige, überparteil. Institution mit schiedsrichterl. Funktion betrachtete.

Mohammed V. und nach seinem Tod im Feb. 1961 sein Sohn *Hassan II.* (geb. 1929) legten jedoch Wert darauf, nicht als absolute

Herrscher zu erscheinen, weder im eigenen Land noch in den westl. Demokratien, mit denen sich besonders Hassan außerordentl. verbunden fühlt und deren wirtschaftl. und polit. Unterstützung er sucht. Im Dez. 1962 nahmen die Marokkaner in einem Volksentscheid eine *Verfassung* an, die unter der Aufsicht des Königs von Experten ausgearbeitet worden war und M. zu einer *konstitut. Monarchie* erklärte. Die starke Stellung des Königs an der Spitze der Exekutive wurde festgeschrieben. Die Legislative ging erstmals an ein zu wählendes Zweikammer-Parlament über, während die Trennung zwischen exekutiver und judikativer Gewalt zumindest postuliert wurde. Die Regierung war König und Parlament verantwortlich. Nur eine königstreue Partei mit einer breiten Parlamentsmehrheit hätte das Funktionieren dieses Systems im Sinne des Königs gewährleistet. Diese Voraussetzung erfüllte die Front aus königstreuen Gruppierungen, MP eingeschlossen, nicht, die von *Reda Guédira* geführt wurde (der bis heute Vertrauter und Berater des Königs ist). Sie verfügte nach den Legislativwahlen von 1963 nur über 69 der 144 Sitze in der Repräsentantenkammer, und es gelang ihr nicht, der zunehmenden wirtschaftl. und sozialen Probleme Herr zu werden. Als im März 1965 Schüler und Arbeitslose in Casablanca auf die Straße gingen und die Armee die sich ausbreitende Revolte blutig niederschlug, erklärte der König das erste parlamentar. Experiment für gescheitert und rief den *Ausnahmezustand* aus (8. 6. 1965). In den folgenden Jahren setzte er die Oppositionsparteien, vor allem die UNFP, die der Beteiligung an Komplotten beschuldigt wurde, ähnl. wie schon 1959 und nach der Wahl von 1963, schweren *Repressionen* aus (polit. Prozesse, Folter, Entführungen, Morde, Pressezensur usw.). Der Ausnahmezustand, in dem der König mit Hilfe seines Büros die unumschränkte Herrschaft ausübte, endete 1970 mit einem Volksentscheid für die Annahme einer *neuen Verfassung,* die die Stellung des Königs noch mehr stärkte und bei den im selben Jahr folgenden Legislativwahlen den sog. Unabhängigen und den königstreuen Mitte-Rechts-Parteien einen überwältigenden Erfolg garantierte.

Im Juli 1971 und im Aug. 1972 überlebte der König zwei *Putschversuche* konservativer, prowestl. Militärs – für die ländl. Massen der Beweis, daß er Gottes Segen, die *Baraka,* hat. Da die Armee als sichere Stütze des Regimes und der Person des Königs gegolten hatte, sah sich Hassan gezwungen, seine Herrschaft auf eine breitere soziale Basis zu stellen sowie erneut die Mitarbeit aller polit.

Kräfte zu gewinnen. Zum einen ging er durch die Enteignung des gesamten ausländ. Landbesitzes und die „Marokkanisierung" bestimmter Wirtschaftszweige, ein neues Investitionsgesetz und massive Einstellungen in den öffentl. Dienst eine Allianz mit den mittleren Klassen ein. Zum anderen ließ er 1972 per Volksentscheid eine *neue Verfassung* annehmen, die ihm zwar die entscheidenden Machtbefugnisse beließ, jedoch die Rolle der Regierung stärkte und das Parlament aufwertete (vgl. 2.1.). Den gewünschten nationalen Konsens – und damit eine relative Liberalisierung des Systems – schuf indes erst der 1974 vom König aufgenommene Kampf um die *„Wiederherstellung der territorialen Integrität"*. Darunter verstehen Hassan und alle legalen polit. Kräfte die Übernahme von Gebieten, die nach ihrer Ansicht früher zu M. gehörten, in diesem Fall der vormals span. *Westsahara* (vgl. eigener Artikel), die sich seit 1987 zu gut ⅔ in marokk. Besitz befindet, jedoch von der 1973 gegründeten *Polisario-Front* als unabhängiger Staat beansprucht wird. Die bisherigen Oppositionsparteien unterstützen nicht nur die Westsaharapolitik des Königs, z. B. durch die jährl. Stimmabgabe für den Militärhaushalt und die Investitionen in den neuen Provinzen, sondern beteiligten sich im Gegensatz zu 1970 auch wieder an Wahlen. Die meisten von ihnen empfahlen ihren Anhängern zudem, im Volksentscheid von 1989 wegen des Westsaharakriegs für die Aufschiebung der Gemeinde- und Parlamentswahlen von 1990 auf 1992 zu stimmen.

Die Parlamentswahlen von 1977 und 1984, ebenfalls wegen des Westsaharakriegs mehrfach aufgeschoben, brachten den Mitte-Rechts-Parteien die absolute Mehrheit in der Repräsentantenkammer (1984: 215 von 306 Sitzen) und damit die Regierungsbeteiligung. Als Minister berief der König, der sich selbst v. a. die Bereiche Äußeres, Verteidigung und innere Sicherheit vorbehält, zunehmend parteilose Technokraten; auch die Premierminister waren seit 1981 parteilos. Für die zahlreichen – blutig niedergeschlagenen – sozialen Unruhen machte die Opposition eine verfehlte Wirtschafts- und Sozialpolitik verantwortlich. Diese Politik sowie Menschenrechtsverletzungen prangerte sie im Mai 1990 an, als sie, wenn auch erfolglos, nach Art. 75 der Verf. im Parlament einen Antrag auf Rüge der Regierung einbrachte – nur 1964 hatte es einen Präzedenzfall gegeben – und damit einen Ausblick auf das Ende des Konsenses nach der Lösung des Saharakonflikts eröffnete. (Im Prinzip könnten Bemühungen um die Rückgewinnung der span.

Enklaven Ceuta und Melilla in N-Marokko noch einmal einen Konsens bewirken.)

Während die Mitte-Rechts-Parteien bei der Kommunalwahl vom Okt. 1992 ihre führende Position behaupteten, verloren sie im Juni 1993 beim 1. Teil der Parlamentswahl Direktmandate an die Opposition (vgl. 2. 2.).

2. *Das politische System*

2.1. Verfassung und formale Legitimationsbasis. Wie ihre Vorgängerin von 1962 ist die geltende Verf. von der der Fünften frz. Republik beeinflußt. Sie wurde am 1. 3. 1972 per Volksentscheid angenommen, trat am 14. 10. 1977, mit der ersten Sitzung der Repräsentantenkammer, in Kraft und wurde 1992 leicht modifiziert (Volksentscheid vom 4. 9.). Danach ist M. „eine konstitutionelle, demokratische und soziale Monarchie" mit Erbfolge im Mannesstamm. (Letztere Bestimmung entspricht nicht der Tradition [vgl. 1.2.] und rief den Protest der Religionsgelehrten hervor. Zum Kronprinz ernannte Hassan seinen 1963 geborenen ältesten Sohn, Mohammed.) Polit. Parteien, Gewerkschaften, Gemeinderäte und Berufskammern „tragen zur Organisation und Repräsentation der Bürger bei". Ein Einparteisystem ist verboten (Klausel bereits 1962 eingeführt, um Vormachtstellung der IP zu verhindern). Der *Islam* ist *Staatsreligion.* Die bürgerl. Grundfreiheiten werden garantiert. Der *König,* dessen Person „unverletzlich und heilig" ist, ist „Führer der Gläubigen", Staatsoberhaupt und Oberbefehlshaber der Streitkräfte. Er ernennt den Premierminister und die (1992: vom Premierminister vorgeschlagenen) Minister, die ihm und der Kammer verantwortl. sind, und präsidiert den Kabinettssitzungen. Er kann den Ausnahmezustand verhängen und die Kammer auflösen (1992: jedoch nicht während des Ausnahmezustands). Die *Repräsentanten* der Legislative, deren Zahl im Apr. 1993 von 306 auf 333 erhöht wurde, werden seit der 1980 per Volksentscheid angenommenen Verf.änderung für 6 (vorher für 4) Jahre gewählt, und zwar zu ⅔ in allg., direkter (Mehrheits-)Wahl und zu ⅓ von einem Wahlkollegium aus Vertretern der Gemeinderäte, Berufskammern und Arbeitnehmer. Das aktive Wahlalter wurde 1992 von 21 auf 20 Jahre, das passive von 25 auf 23 Jahre gesenkt. Die *Repräsentantenkammer* teilt sich mit dem Premierminister die Gesetzesinitiative und stimmt über die Gesetze ab. Sie kann mit ⅔-Mehrheit verhindern, daß der König einen Gesetzentwurf, den er ablehnt, dem Volk zu Abstimmung unterbreitet. Im Falle ihrer Auflösung durch den König muß sie innerhalb von drei Monaten neu gewählt und kann dann frühestens nach einem Jahr wieder aufgelöst werden. Der Regierung, die im Gegensatz zu 1970 wieder Verordnungen erlassen darf, kann sie mit absoluter Mehrheit das Vertrauen entziehen. Die Kammer kann eine Verfassungsänderung mit ⅔-Mehrheit einleiten, der König direkt per Volksentscheid. Das monarch. Prinzip und der Islam dürfen nicht Gegenstand einer Revision sein.

Strebt das offiz. als *Hassansche Demokratie* bezeichnete System einerseits eine Modernisierung im Sinne der pluralist. Demokratien an, beharrt es andererseits bewußt in und auf Traditionen, die den Vergleich mit solchen Systemen erschweren. So heißt es offiziell, keine Verf. könne die Macht des Königs einschränken, da dieser vor der Verf. existiere und seine Macht göttl. Ursprungs sei (letzteres erklärt die Loyalität der ländl. Massen). Jährl. läßt der Monarch von den staatl. Amtsträgern die *Bai'a* (vgl. 1.2.) erneuern, wobei er diese nicht im Sinne der Opposition als – aufkündbaren – Vertrag zwischen Regierendem und Regierten, sondern als Akt der Unterwerfung unter seine Autorität begreift. Die häufiger als Wahlen organisierten Volksentscheide werden offiz. als Ausdruck „demokratischer marokk. Tradition" verstanden, hätten sich marokk. Herrscher doch schon immer dem vom Koran empfohlenen Prinzip der *Shûrâ* (Konsultation) verpflichtet gefühlt. Aufgabe der Parlamentarier sei es, den König als „obersten Gesetzgeber" von der Meinung des Volkes in Kenntnis zu setzen, ihn zu beraten, während die im Parlament vertretenen Parteien und Gewerkschaften das Volk zu führen und zu erziehen hätten. Zwischen diesem Volk und dem König bestehe im übrigen eine über gegenseitige Zuneigung hinausgehende Symbiose. Folglich spricht Hassan auch von einer *„Volksmonarchie"*.

2.2. *Parteien und Verbände.* Alle 16 Parteien (von denen 11 im Juni 1993 Direktmandate erhielten) sind monarchistisch. Parteien und Wahlen dienen dazu, die Monarchie nach innen und außen zu legitimieren. Parteien sind als Ausdruck des Klientelwesens darüber hinaus wichtige Instrumente im *Makhzan-System:* Der Monarch sichert seine Herrschaft, indem er nach dem Motto „teilen und herrschen" oder besser „teilen und überleben" Parteien gegeneinander ausspielt, Neugründungen und Spaltungen fördert, ihre Führer mit Ämtern betraut oder unter Druck setzt, ihren Presseorganen Freiheit läßt oder sie zensiert usw. Wahlen bieten Gelegenheit, Klientel-Patron-Beziehungen zu beleben sowie die Unterstützung der alten, v.a. ländl. Eliten aufzufrischen und die Zustimmung der neuen Technokraten- und Wirtschaftseliten hinzuzugewinnen.

Drei der vier von 1984 bis 1992 an der Regierung beteiligten Mitte-Rechts-Parteien wurden nach den Wahlen von 1977 als *Königs-Parteien* mit dem Ziel gegründet, die königl. Politik umzusetzen. Ihre Wahlerfolge sind auf das Fortbestehen tradit. Loyalitäten in einer (noch) segmentierten Gesellschaft (Stammeszugehörigkeit) und auf Wahlmanipulationen zurückzuführen. Stärkste Königspartei und mit 83 Sitzen stärkste Fraktion wurde 1984 die *Verfassungs-Union (UC),* die der damalige Premierminister Maati Bouabid (geb. 1927) in offiziösem Auftrag 1983 gründete, um v.a. die jüngere, moderne, oft gut ausgebildete Elite zu integrieren (Direktmandate 1993: 27; 1984: 55). Es folgten die *Nationale Sammlung der Unabhängigen (RNI),* die 1978 von Ahmed Osman (geb. 1930), einem Schwager des Königs, gegründet wurde und zeitweilig die Rolle der „königlichen Opposition“ übernahm (61 Sitze), sowie die *Nationaldemokratische Partei (PND)* um Arsalane El Jadidi (geb. 1926), die sich 1981/82 vom RNI abspaltete und eine eher ländl. Klientel vertritt (24 Sitze) (Direktmandate 1993: RNI 28 statt 38, PND 14 statt 15). Alle drei Parteien sind händler- und unternehmerfreundlich und verlangen mehr Marktwirtschaft, Entstaatlichung, Liberalisierung und Förderung ausländ. Investitionen. Forderungen nach mehr Rechtsstaatlichkeit und Demokratie werden am stärksten von der UC vertreten. Zur Mehrheit gehörte außerdem die 1957 gegr. ursprüngl. ländl.-konservative Berberpartei *Volksbewegung (MP),* die seit 1986 von Mohand Laensar (geb. 1942) geführt wird (47 Sitze) und sich zweimal (1967 und 1991) spaltete (Direktmandate 1993: MP 33 statt 31; Nationale Volksbewegung MNP unter Mahjovbi Ahardane, geb. 1921, 14).

Die Parteien der Opposition werden von den Führern der Nationalbewegung geleitet. Ihr Einfluß ist weitgehend auf die Städte beschränkt. Über z.T. gegensätzl. Programme hinaus sind sie sich in dem Streben nach echten konstitut. Einschränkungen der Macht des Monarchen einig. Seit sie 1958–60 die Regierung bildeten, hatten sie kaum Möglichkeiten, die Politik zu gestalten. Die kleinbürgerl., relig.-traditionalist. *Istiqlâl-Partei (IP/PI,* 200000–250000 Mitglieder) ist immer noch gut strukturiert (1984 : 41 Sitze; Direktmandate 1993: 43 statt 23). Ihr Gründer und langjähr. Führer Allal El Fassi (1910–1974) genoß ein ähnl. Prestige wie Mohammed V. Sie wird von M'Hammed Boucetta (geb. 1925) geleitet. Die stärkste Partei der Linken ist die sozialdemokratische *Sozialistische Union der Volkskräfte (USFP)*, die sich 1972/74 von der bedeutungslos gewordenen und nicht im Parlament vertretenen UNFP (vgl. 1.3.) abgespalten hat (1984: 36 Sitze; 1993 die meisten Direktmandate: 48 statt 34). Ihr ebenfalls sehr angesehener Erster Sekretär war Abderrahim Bouabid (1920–1992), der 1959–60 als Wirtschaftsminister weitgehend den öffentl. Sektor in seiner heutigen Gestalt strukturierte. Sein Nachfolger wurde Abderrahmane Youssefi (geb. 1924). Die kleine, orthodox-kommunist. *Partei für Fortschritt und Sozialismus (PPS)*, als Nachfolgerin der 1943 gegr. KPM ebenso alt wie die IP, erkennt außer dem König auch die Religion an und entsandte 1984 neben ihrem Generalsekretär Ali Yata (geb. 1920) einen weiteren Abgeordneten ins Parlament (1993: 6 Direktmandate). Einen Sitz hatte die 1983 zugelassene marxist.-leninist. *Organisation der Demokratischen Volksaktion (OADP)* des Mohammed Bensaïd, eines aus dem Souss stammenden ehemaligen Führers der Befreiungsarmee Süd (1993: 2 Direktmandate). Durch die indirekte Wahl im Parlament vertreten waren 1984 außerdem die drei Gewerkschaftsverbände *Marokkanische Arbeits-Union (UMT)*, gegr. 1955, der UNFP nahestehend, 5 Sitze), der 1978 von dieser abgespaltene, der USFP nahestehene *Demokratische Arbeits-Verbund (CDT*, 3 Sitze) und die IP-nahe *Allgemeine Union der Marokkanischen Arbeiter (UGTM*, 2 Sitze).

Illegal ist die Anfang der 70er Jahre gegr. kleine marxist.-lenist. Vereinigung *Vorwärts (Ilal Amam)*. Da sie republikan. ist und als einzige marokk. Formation das Recht der westsahar. Bevölkerung auf Selbstbestimmung unterstützt, werden ihre Anhänger scharf verfolgt (wobei es den Status des polit. Gefangenen offiz. nicht gibt). Die wie die Linke stark aufgesplitterten Islamisten sind nicht so einflußreich wie etwa in Algerien und Tunesien, u.a. deswegen, weil der relig. legitimierte Monarch dem offiz. (sunnit.) Islam schon immer eine wichtige Position eingeräumt hat und dies – bei zunehmender Kontrolle – in den letzten Jahren verstärkt tut, um ein Gegengewicht gegen den nichtoffiz., politisierten Islam zu schaffen. Die sich vergrößernden sozialen Gegensätze könnten ihnen jedoch Zulauf bringen. Ihre radikalsten Gruppen werden inzwischen genauso scharf verfolgt wie die illegale Linke.

Zu erwähnen sind ferner *Vereinigungen und Verbände* verschiedenster Art (Arbeitgeber, Frauen, Studenten, regionale Kulturvereine usw.) sowie drei Menschenrechtsligen, die in der seit Ende 1988 auch offiz. geführten Diskussion zum besseren Schutz der Menschenrechte eine gewisse Rolle spielen.

Die *Armee*, privilegiert, jedoch seit den Putschen so stark kontrolliert, wie dies eine effektive Kriegsführung erlaubt, bleibt eine potentielle Gefahr für das Regime, zumal dann, wenn sie, aus welchen Gründen auch immer, um ihren Sieg im Saharakrieg betrogen würde. Problemat. dürfte nach einer Lösung des Konflikts angesichts der großen Arbeitslosigkeit auch der Truppenabbau werden – die Zahl der Soldaten hatte sich infolge des Krieges fast verdoppelt. Ohne Allianzpartner dürfte jedoch auch die Armee, ebenso wie die anderen genannten Gruppen, keine Bedrohung für das Regime darstellen.

2.3. Partizipation der Bevölkerung am politischen System. Formal wirken alle wahlberechtigten Bürger durch Stimmabgabe bei Volksentscheiden und Wahlen zu den verschiedenen Körperschaften am polit. Prozeß mit. Gewisse Mitwirkungsmöglichkeiten haben die Eliten in Gestalt der Gewählten sowie der Führer von Parteien und Organisationen. Daß nur wenige Frauen gewählt werden (75 bei der Kommunalwahl 1992; 1993 erstmals 2 [Direkt-]-Mandate im Parlament), empfinden immer mehr Marokkanerinnen als diskriminierend. 1976 eingeleitete Reformen sollen den Gebietskörperschaften größere Autonomie verleihen. Dies könnte dazu führen, daß die lokalen Eliten größere Gestaltungsmöglichkeiten erhalten.

3. Sozialstruktur

Von Partizipation eines größeren Bevölkerungsanteils im Sinne von Güterteilhabe kann wegen der *ungleichen Einkommens- und (Land-)Besitzverhältnisse* noch weniger die Rede sein. Fast 30% der Bevölk. leben in *Armut*, davon die Hälfte in absoluter. Ein hoher Anteil der Erwerbsfähigen ist arbeitslos oder unterbeschäftigt. Der informelle Sektor ist bedeutend. Auffällig ist der Prozeß der Verarmung der Klein- und Kleinstbauern des tradit. Sektors, die von Landverteilung, Modernisierungsmaßnahmen (Bewässerung), Genossenschaftsbildungen und Hilfe in Dürreperioden kaum profitierten und zunehmend weniger Möglichkeiten zur Arbeitsemigration haben. Bevölkerungsexplosion, Arbeitslosigkeit, Anwachsen der städt. Elendsviertel, sinkender Lebens- und Bildungsstandard sowie das despot. Verhalten einer korrupten Verwaltung führten bereits mehrfach zu städt. *Aufständen* (1965, 1981, 1984, 1990).

Den *mittleren Schichten* (Industriearbeiter, Handwerker, Händler, mittlere Bauern, Angestellte, Beamte, Offiziere, Freiberufler, kleine Unternehmer) gehören 100000 bis 130000 Personen an, wenn man ein Monatseinkommen von 3000 bis 8000 Dirham zugrundelegt. Auch ihre unteren Kategorien werden von Liberalisierungs-, Privatisierungs- und Austeritätsmaßnahmen betroffen, mit denen die Regierung der Wirtschaftskrise seit Anfang der 80er Jahre begegnet.

Das Mehrprodukt kommt fast ausschließl. der *sozioökonom. Elite* zugute, die aus der – alten und neuen – Agrar- und der städt. Geschäfts- und Technokratenbourgeoisie besteht (letztere kann Angehörige auch aus den Mittelschichten rekrutieren), wobei die ursprüngl. aus Fès stammende städt.-arab. Geschäftsbourgeoisie zunehmend Konkurrenz von der aus dem ländl.-berber. Souss-Gebiet stammenden erhält. Auch *jüdische Marokkaner* können ihr angehören (in M. leben offiz. 40000, nach jüd. Quellen 8000 Juden). Sie umfaßt 300 bis 500 Familien und ist weitgehend mit den polit. Eliten identisch. Politiker, hohe Beamte und Offiziere sind oft gleichzeitig Geschäftsleute und/oder Landbesitzer – wie das Königshaus, das der bedeutendste Großgrundbesitzer und seit den 70er Jahren auch der größte Privatunternehmer M.s ist. Die Elitenangehörigen, die wie der König, der in F Jura studiert hat, oft auch oder ausschließl. modern ausgebildet und in ihrem Lebensstil stark verwestlicht sind, sind in ihrem Verhalten indes häufig nur oberflächl. modernisiert. *Patron-Klientel-Beziehungen* sowie verwandtschaftliche Bindungen (Ehen!) spielen noch eine große Rolle, und persönl. Einfluß ist häufig wichtiger als die Durchsetzung polit. Programme im Interesse der Nation. Entsprechend spekulativ und wenig innovations- und risikofreudig ist oft das Wirtschaftsverhalten dieser Schicht. Da der König – der weder Visionär noch Stratege, aber geschickter Taktiker ist – als oberster Patron alle Privilegien in der Privatwirtschaft verteilt sowie alle hohen Amtsträger – z. T. auch aus Kreisen der Opposition – ernennt und entläßt, darüber hinaus Ausgangs- und Endpunkt eines landesweiten informellen Kommunikationsnetzes ist und vor Repression nicht zurückschreckt, kann er die einzelnen Gruppen wirksam kontrollieren, manipulieren und ausbalancieren.

Eine Herausforderung für das Regime werden die potent. Eliten der jüngeren *Generationen* sein, die wegen der Ausweitung des Schul- und Hochschulbesuchs sozial repräsentativer, mehr an nationalen als an persönl. Zielen orientiert und so umfangreich sein werden, daß sie zum größten Teil nicht vom System absorbiert werden können. Bereits Anfang der 90er Jahre gab es Zigtausende arbeitslose Fach- und Hochschulabgänger, und meist waren Schüler- und Studentenproteste die Auslöser für die *Gewaltausbrüche der Unterprivilegierten.*

4. Binnen- und außenwirtschaftliche Gegebenheiten und Entwicklungsziele

Die Anpassung des kolonialen Wirtschaftssystems an das nachkoloniale war nicht ohne staatl. *Interventionismus* möglich. Dieser äußerte sich v. a. in der Entwicklungsplanung, die dem öffentl. und halböffentl. Sektor neben dem privaten marokk. und ausländ. einen beträchtl. Platz einräumte. In zwei Fünfjahresplänen (1960–64, 1973–77) erhielt die Industrialisierung Priorität. Dazwischen und im laufenden Plan (1988–92) wurde bzw. wird (neben dem Tourismus) die Landwirtschaft vorrangig gefördert, ohne daß allerdings der Gegensatz zwischen modernem und tradit. Sektor ausgeglichen und nennenswertes Wachstum erreicht werden konnte. Auch das industr. Wachstum der 70er Jahre ließ spürbar nach. Das *chronische Handelsbilanzdefizit* soll durch Exportsteigerungen beseitigt werden. Durch die Struktur des Außenhandels (Import von Energie, Nahrungsmitteln und Investitionsgütern, Export von Früchten und Produkten des Bergbaus [v. a. Phosphat] und der verarbeitenden Industrie) ist M. indes stark den Einflüssen des Weltmarkts ausgesetzt. (Wichtigste Handelspartner sind die EG-Länder, besonders F und SP.). Anstieg der Erdöl- und Verfall der Phosphatpreise, Dürrejahre sowie die finanz. Belastung durch die Westsahara-Politik führten zu einer so hohen *Auslandsverschuldung* (1992: 21,5 Mrd. US-$), daß 1983 unter dem Druck von IWF und Weltbank umfangreiche Sanierungs- und Strukturanpassungsmaßnahmen mit dem Ziel eingeleitet wurden, die Rolle des in- und ausländ. Privatsektors zu stärken und ihn zum Motor der Entwicklung zu machen. Hoffnungen werden v. a. an das Ende des Sahara-Konflikts, die regionale Zusammenarbeit im Rahmen der 1989 gegr.

Union des Arabischen Maghreb, die Beziehungen zur EG sowie an den weltweit steigenden Bedarf an Phosphat zur Düngemittelherstellung geknüpft.

5. Zusammenfassende Charakterisierung

Die Zukunft des *Makhzan-Systems* hängt stark vom persönl. Geschick des Herrschers und seiner Ratgeber ab. In der gegenwärtigen Konstellation ist die Fortdauer des Systems – Allianz des Königs mit der Großbourgeoisie inklusive Armee unter Einschluß der neuen Technokraten- und Wirtschaftseliten – denkbar. Voraussetzung wäre eine Lösung des Westsahara-Konflikts ganz oder weitgehend im marokk. Sinn sowie eine Bewältigung oder zumindest Milderung der sozioökonom. Krise. Dabei ist nicht auszuschließen, daß der König die von ihm eingeleitete Entwicklung zu mehr *Demokratie und Rechtsstaatlichkeit* weiterführt, möglicherweise auf den kombinierten Druck der Parteien und befreundeter Nationen hin. F ist aus wirtschaftl. und außenpolit., die USA aus außenpolit. und strateg. Gründen (Sicherung der Erdölversorgung, Schutz Israels) an stabilen Verhältnissen in M. interessiert. Die institut. Voraussetzungen dafür sind in M., verglichen mit den Nachbarstaaten und ihren langjähr. Einparteisystemen, nicht ungünstig.

Als *Alternativen* hierzu sind verschiedene Modelle entwickelt worden, in denen der König seine Macht verlöre, z. B. durch eine – für eher unwahrscheinl. gehaltene – Allianz zwischen Souss-Bourgeoisie, Armee und ländl. Bourgeoisie oder aber – eine realistischere, jedoch erst bei einem noch höheren Verstädterungsgrad wahrscheinl. Hypothese – durch eine Allianz zwischen Fès- und Souss-Bourgeoisie, Armee und bestimmten intellektuellen, auch islamist. Kreisen.

Ursel Clausen

Lit.: *Bendourou, O.*, Le pouvoir exécutif au Maroc depuis l'indépendance, Paris 1986. *Doumou, A.*, L'Etat marocain dans la durée (1850–1985), Paris u. a. 1987. *Faath, S.*, Marokko. Die innen- und außenpolitische Entwicklung seit der Unabhängigkeit, Hamburg 1987. *Dies.*, „Le Hassanisme". Das marokkanische Konzept von Demokratie, in: Wuqûf 4–5, 1989–1990, Hamburg 1991, S. 9–89. *Dies./Mattes, H.* (Hrsg.), Demokratie und Menschenrechte in Nordafrika, Hamburg 1992. *Hassan II*, La memoire d'un roi. Entretiens avec Eric Laurent, Paris 1993. *Johansen, B.*, Die feindlichen Städte. Marokkos blockierter Transformationsprozeß, in: Das Argument,

Berlin, Nr. 65, 1971, S. 394–423. *Leveau, R.*, Le fellah marocain défenseur du Trône, Paris 1985. *Ders.*, Pouvoir politique et pouvoir économique dans le Maroc d'Hassan II, in: Cahiers de l'Orient, Paris, Nr. 6, 2. Trim. 1987, S. 31–42. *Ders.*, Stabilité du pouvoir monarchique et financement de la dette, in: Maghreb-Machrek, Paris, Nr. 118, Okt.–Dez. 1987, S. 5–19. *Philipp, G.*, Marokko, in: Nuscheler, F./Ziemer, K., Die Wahl der Parlamente, Bd. II, Afrika, Berlin 1978, S. 1236–1357. *Santucci, J.-C.* (Hrsg.), Le Maroc actuel, Paris 1992. *Waterbury, J.*, Le commandeur des croyants, Paris 1985. *Zartman, I. W.* (Hrsg.), The Political Economy of Morocco, New York u.a. 1987.

Oman (Sultanat Oman)

Grunddaten: *Fläche:* 212457 km^2. *Einwohner:* 1,5 Mio. *Einschulungsrate:* 102% (1989). *Lebenserwartung:* 65 Jahre. *Verstädterung:* 11% (1990). *Anteile am BIP:* Landwirtschaft: 3%, Industrie: 80%, davon Verarbeitendes Gewerbe: 4%, Dienstleistungen: 18% (1990); 87% der Warenausfuhr sind Brennstoffe/Mineralien. *PKE* (in US-$): 5220 (1989). *BIP* (in Mio. US-$): 7700 (1990). *Währung:* 1 Rial Omani = 1000 Baizas; 1 DM ~ 0,24 R.O. (Dez. 1992).

1. Historischer Überblick

Aus der wechselvollen Geschichte Südostarabiens, dem ungefähren Raum des heutigen Sultanats Oman (O.), sind v.a. die letzten 250 Jahre von Interesse für die heutige Situation: Um die Mitte des 18. Jh. übernahm die Familie Al Saʿid aus dem Stamm der Al Bu Saʿid das *Imamat* (eine auf dem Ibadismus fußende Herrschaftsform, in der ein von den Stämmen auf Lebenszeit gewählter Imam, als relig. und polit.-ökonom. Instanz, die divergierenden Einzelinteressen zusammenfaßt). Die Al Saʿid begannen, ein Seereich aufzubauen, das neben den Küsten des Golfs, Pakistans, Südarabiens und des östl. Afrika (von Somalia bis Moçambique) auch das Landesinnere Ostafrikas (bis an die afrikan. Seen) beherrschte. Haupteinnahmequelle war der Handel mit Gewürzen und schwarzen Sklaven. Heftige Nachfolgekämpfe innerhalb der Familie (1789–1805) führten zur Aufteilung der Herrschaft. Es entstand ein auf expansiven Seehandel zielendes *Sultanat* an der Küste (mit Hauptstadt in Muscat) und ein relig. ausgerichtetes, auf das Landesinnere orientiertes *Imamat.* Trotz dieser Teilung des Landes erreichte die Machtentfaltung des Sultanats ihren Höhepunkt in der ersten Hälfte des 19. Jh., und die Sultane residierten lieber in dem prosperierenden und von ihnen geliebten Sansibar als in Muscat. Mit dem Entstehen einer Dominanz GBs im Indischen Ozean begann aber eine polit. und ökonom. Abhängigkeit, die sich nicht nur durch die Verbote von Sklaven- und Waffenhandel, sondern auch in der 1861 unter brit. Schirmherrschaft vollzogenen Aufteilung des Sultanats in zwei selbständige Staaten, das *Sultanat Sansibar* und das *Sultanat Muscat/Oman*, zeigte. Das wohlhabende Sansibar war verpflichtet, nach Muscat eine jährl. Rente *(Sansibar Subsidy)* zu zahlen, die dann für viele Dekaden die Haupteinnahmequelle der Sultane darstellte. Ab 1873 zahlte dieses Geld die anglo-ind. und ab 1949 die brit. Regierung aus. Aufgrund dauernder Spannungen und Auseinandersetzungen im arab. O. zwischen dem Imamat und dem Sultanat waren letztl. die Souveräne von Muscat mehr oder weniger nur durch den brit. Schutz in der Lage, ihre Macht zu erhalten und ihre Vorherrschaft in der Hauptstadt und in dem nördl. davon gelegenen Küstenstreifen, der Batina, durchzusetzen. Gleichwohl gaben sie den Anspruch der Zuständigkeit für ganz O. nicht auf.

In der jüngeren oman. Geschichte lassen sich *vier Konfliktfelder* unterscheiden, die nicht nur Einblick in die Entstehung der heutigen polit. Struktur, sondern auch Schlußfolgerungen auf die Zukunft des Landes gestatten:

Der *Buraimi-Konflikt* (1952–1955): Mit dem Ziel, sich langfristig Zugriff auf Inner-O. westl. der Gebirgskette und damit auf die dortigen Erdöllager zu sichern, versuchte Saudi-Arabien (S.-A.) mit Unterstützung der ARAMCO, eine Reihe von Siedlungen der Oase Buraimi zu annektieren. Oman. Stämme im Zusammenspiel mit dem Imam unterstützten diese Aktion. Nur durch das militär. Vorgehen brit. geführter Verbände aus den heutigen Vereinigten Arab. Emiraten und des Sultanats wurden die ursprüngl. Verhältnisse wiederhergestellt.

Der *Jebel-Akhdar-Krieg* (1957–1959): Die ebenfalls von S.-A. finanziell ausgestattete und von Ägypten propagandist. unterstützte Erhebung oman. Stämme gegen die Zentralgewalt des Sultans basierte auf dem Souveränitätsanspruch des Imam für ganz Inner-O. und hatte das Ziel, hier einen vom Sultan unabhängigen theokrat. ausgerichteten Staat (Imamat) mit der Hauptstadt Nizwa dauerhaft einzurichten. Ein Hintergrund für diesen Konflikt lag auch im Anspruch des Sultans auf alleinige Verfügungsgewalt über die

Erdölvorkommen in Inner-O. Ebenfalls nur mit brit. Hilfe konnte hier der Herrschaftsanspruch des Sultans durchgesetzt werden. Gegen die den Imam unterstützenden Stämme wurden Strafexpeditionen (z.B. Zerstörung von Siedlungen, Feldterrassen, Bewässerungsanlagen) durchgeführt, Vorgänge, die den damals betroffenen Stämmen auch heute noch voll bewußt sind.

Die *autozentrierte Stagnation* (bis 1970): Selbst als O. nach 1967 in den Kreis der Erdölförderländer eintrat und eigenständige Einnahmen hatte, änderte *Sultan Saʿid bin Taimur* seine Politik der autozentrierten Stagnation nicht. Zur Gewinnung polit. Eigenständigkeit und Unabhängigkeit von brit. Konsens und Finanzmitteln hielt er auf absolute Sparsamkeit und häufte einen Staatsschatz an. Weiter isolierte er Land und Leute gegenüber allen äußeren Einflüssen, verweigerte jegl. Innovation (einschl. Schulen, Gesundheitswesen, – Brillen! –, Autos) und ließ die Omaner bewußt in den überlieferten, archaischen Produktionsverfahren in Ackerbau, Viehzucht und Handwerk verharren. Die aus dieser Politik erwachsenden internen Probleme (z.B. Massenauswanderung, ökonom. Verfall, Separatismus, Krieg in Dhofar) führten, unter brit. Duldung und Mithilfe, zum Sturz von Sultan Saʿid bin Taimur durch dessen Sohn *Qaboos* am 23. 7. 1970. Der notwendige Wandel trat mit diesem Tag ein. Dabei ermöglichte der von Sultan Saʿid akkumulierte Staatsschatz eine boomhafte Modernisierung und den prompten Beginn von Entwicklungsprojekten. Mit dem Anschluß an die industr. Neuzeit gewann O. aber auch den Einstieg in die internat. Arbeitsteilung des Weltmarktes und die moderne Unterentwicklung und Abhängigkeit.

Der *Dhofar-Krieg* (1965–1976): Das wohl schwierigste Problem O.s in seiner jüngsten Geschichte stellte der Krieg in der Südprovinz Dhofar dar. Aus der tradit. Spannung zwischen Sultan und Gebirgsstämmen eskalierte, durch Unterwanderung vom Südjemen (SJ.), ein ideolog. Befreiungskrieg. Anfangs von China, später von der SU mit Waffen unterstützt, kämpften jemenit. und palästin. Freischärler mit den Bergbewohnern Dhofars gegen eine anfangs nur von GB, später auch von Jordanien und Iran personell und finanz. unterstützte oman. Armee. Erst unter dem ökon. Druck S.-A.s hob der SJ. die Unterstützung und Duldung der Befreiungsbewegung auf seinem Territorium auf. Parallel dazu erhöhte sich der militär. Druck O.s, und mit einer flächendeckenden, großzügigen Entwicklungspolitik gegenüber den Stämmen der Region zur

Verbesserung der Lebensbedingungen gelang es, den Konflikt zu beenden. Wichtig war auch die Verkündung einer allg. Amnestie für alle Gegner des Sultans. Heute dient fast aus jeder Familie ein Mitglied in der Miliz des Sultans.

2. Politisches System

O. bleibt eine absolute, aber aufgeklärte *Monarchie.* Alle Gewalt geht vom *Sultan (Qaboos bin Saʿid)* aus, dessen Dynastie seit 1749 mit wechselndem Geschick herrscht. Die höchste exekutive Gewalt stellt, bevollmächtigt vom Sultan, der *Ministerrat* dar. In ihm sind die etwa 25 Minister und persönl. Berater des Sultans vertreten. Gesetze und Verordnungen werden hauptsächl. vom *Diwan of Royal Court Affairs,* einem Superministerium, das durch die Nähe zum Herrscher über besondere Machtbefugnisse verfügt, vorgelegt und vom Sultan unterzeichnet und verkündet. Im ländl. Raum ist die Regierung durch Gouverneure *(Wâlî)* vertreten. Auch sind Schulen, Hospitäler, Gesundheitsdienste, Polizeistationen und Büros der mit Entwicklungsaufgaben betrauten Ministerien vorhanden. Obwohl die Wâlî aufgrund ihrer gewachsenen Bedeutung als regionale Vertreter des Sultans und als Instanz, die lokal ohne Interesse ist oder sein sollte, weiter mit der Schlichtung von Konflikten zwischen Individuen einerseits und zwischen Stammesgruppen andererseits beschäftigt sind, haben sie gegenwärtig weitere ernstzunehmende Aufgaben im Rahmen der ländl. Entwicklung hinzugewonnen, indem sie die wirtschaftl. und sozialen Bedürfnisse der Gruppen in ihrem Bezirk bei den zuständigen Instanzen vertreten und ggf. Entscheidungen forcieren. Durch diese Funktion der Wâlî wird natürl. auch versucht, die überlieferten Aufgaben der Scheiche für ihre Klientel zu minimieren. So geht der Einfluß der Scheiche auf die Stämme seit 1970 deutlich zurück. Dennoch hat sich aus der Schicht der Stammesfürsten eine tribal verwurzelte Elite (Scheichokratie) entwickelt, die auch über den Einzugsbereich ihrer Gruppe hinaus tonangebend ist und sich immer noch auf alte Loyalitäten und Gefolgschaften berufen und stützen kann.

Mit dem Ziel, die nicht an der Verwaltungs-/Regierungsarbeit beteiligte Elite aus den Provinzen mehr in die Tätigkeiten des Staates zu integrieren, hat der Sultan die Schaffung eines *Staatsrates* angeordnet. Dieser ist, neben dem Ministerrat, das zweite Forum zur Diskussion polit. Themen außerhalb des Palastes. Im Gegensatz zum Ministerrat, der auf die innere Regierungselite (der meist lange dienenden und verdienten Minister und Berater) begrenzt ist, werden hier erstmals auch außerhalb dieses Zirkels stehende Omaner zur Partizipation eingeladen. Der Staatsrat setzt sich aus 59 sorgfältig ausgesuchten und vom Sultan ernannten Mitgliedern zusammen. Jedes Mitglied kommt dabei aus einem der 59 Wilayats. Der Rat soll der Regierung in allen innenpolit. Angelegenheiten zur Seite stehen und Vorschläge erarbeiten, wie die Struktur und die Werte der oman. Gesellschaft gestärkt werden können. Dabei kann er auch Gesetze zu ökonom. und sozialen Fragen, die von den Ministerien vorbereitet sind, vor ihrer Verkündigung überarbeiten. Die Entscheidung, welche Version wie angenommen wird, bleibt beim Sultan.

3. Sozialstruktur

Die Bevölk. des Sultanats läßt sich in *arabischstämmige und nicht-arabischstämmige* Omaner gliedern. Die Vorfahren letztgenannter sind zugewandert, z. B. aus Persien (Gruppen/Stämme der Ajmi, Farsi, Kumzari), Pakistan (Belutschen), Indien (Lutjani, Banian) und Afrika (Abkömmlinge negrider Sklaven). Die arabischstämmigen Omaner wiederum differenzieren sich in Alteingesessene und Rückwanderer aus den ehemal. arab. Besitzungen in Afrika. Mit jeder dieser Gruppen ist eine besondere Problematik verbunden. So besetzen z. B., nicht ohne Widerspruch der Ansässigen, die aus Sansibar und Mombasa zurückgekehrten, gebildeten Omaner die höheren Positionen in Verwaltung, Regierung und Wirtschaft. Aus der großen Zahl negrider Zuwanderer, v. a. aus dem inneren östl. Afrika, bildete sich eine Gruppe heraus, die z. T. nicht Arabisch, sondern nur Swahili spricht, fachl. weniger qualifiziert ist, aber die gering geschätzte Handarbeit aus Prestigegründen ausländ. Arbeitskräften überläßt. Hier wachsen junge Omaner heran, für deren Eingliederung bisher noch keine Überlegungen angestellt wurden. Ein ebenfalls schwieriges Problem stellen die nicht-arabischstämmigen Omaner dar, deren Vorfahren z. T. schon vor mehreren Jh. eingewandert sind, die sich aber kaum mit der arabischstämmigen Bevölk. vermischt haben. Es sind dies v. a. die Belutschen, die in dem Maße, wie das oman.-arab. Nationalbewußtsein wächst, in eine Minoritätenrolle geraten.

Die beiden genannten ethn. Gruppierungen übergreifend, z. T. auf Innengruppen einer Einheit beschränkt, sind die Omaner in zahlreichen, unterschiedl. volkreichen Stämmen organisiert. Diese

Stämme ordnen sich den zwei tradit. rivalisierenden und innenpolit. ehemals bedeutsamen Fraktionen der *Hinawiyya* und *Ghafariyya* zu. Die Stämme sind dabei weniger genealogisch oder verwandtschaftlich, sondern mehr durch Tradition, gemeinsame Frontstellungen, kollektives Wirtschaftsverhalten und gleiche ökonom. Interessen begründet. Diese ethn. und tribale Differenzierung der oman. Bevölk. reicht aber bei weitem nicht aus, um eine gültige Aussage über die Sozialstruktur vorzunehmen. Neben den oben beschriebenen, ehemals bedeutsamen Gliederungsprinzipien setzen sich neue Kriterien mit Bezug auf moderne Einkommensquellen und Qualifikationen durch. Damit beginnt sich eine Struktur mit drei Schichten auszubilden. Die Oberschicht besteht aus der königl. Familie und zum Teil der Elite des stammlichen Lebensraumes, hierzu gehören aber auch die neue Kaufmanns- und Unternehmerschaft sowie die höheren Regierungsbeamten und Minister. Zur Unterschicht zählen die ehem. Sklaven, die Zuwanderer aus dem Inneren Afrikas, die unterprivilegierte stammesmäßige Schicht und die ausländ. Arbeiter. Qualitativ weit hingegen ist die neue Mittelschicht zu fassen: einheim. Händler, Handwerker, Techniker, Angestellte, Ärzte, Polizisten, Verwaltungsbeamte und Soldaten.

4. Binnen- und außenwirtschaftliche Gegebenheiten und Entwicklungsziele

Obwohl die natürl. Voraussetzungen, v.a. durch die begrenzte Verfügbarkeit von Wasser, einer *landwirtschaftl. Entwicklung* einen engen Rahmen setzen, muß sich das Sultanat O. auf diesen Sektor konzentrieren. Dabei ist O. mehr als seine Nachbarländer auf die Nutzung selbst dieser bescheidenen Ressourcen angewiesen, da mineral. Rohstoffe in abbauwürdigen Quantitäten kaum verfügbar sind (Ausnahme: Kupfer bei Sohar/Batina, das bergwerksmäßig noch etwa für 10 Jahre abgebaut werden kann) und die Erschöpfung der im Vergleich zu den Nachbarn nur mäßigen Erdölreserven absehbar ist. Dennoch dominiert z.Zt. im BIP der *Erdölsektor*. Daran wird sich auch bis zum Jahre 2000 wenig ändern. Staatl. und private Investitionen zur Erschließung neuer Ressourcen und zur optimalen Ausbeutung vorhandener Erdölvorkommen sollen den Ölsektor, der Anfang der 90er Jahre etwa 80% der staatl. Einnahmen erbrachte, solange wie mögl. produktionsfähig halten. Gleichzeitig steht im Brennpunkt der Wirtschaftspolitik die Diversifizierung, um die Abhängigkeit vom Erdölsektor zu reduzieren. Ansatzpunkte dazu werden auf der Grundlage privater Investitionen in der Ausweitung der Landwirtschaft und im Aufbau einer nationalen Industrie, die sich bisher auf Baumaterialien und Nahrungsmittel konzentriert, gesehen.

Die *Diversifizierungsstrategie* wird flankiert durch eine Steuerung des Arbeitsmarktes, v.a. hinsichtl. der Ausbildung nationaler und des Importes ausländ. Arbeitskräfte. Dies erscheint besonders wichtig für die Zukunft O.s. Denn 1986 standen etwa 200000 oman. 300000 ausländ. Arbeitnehmer (davon allein 95% Asiaten und nur 2% andere Araber) gegenüber; ein Verhältnis, das sich bis 1995 auf 270000 zu 440000 verschieben soll.

Obwohl etwa 80% der Omaner auf dem Lande leben (seßhafte Oasenbewirtschafter 60%, Fischer 5%, Nomaden 15%), ist doch allenfalls ein Drittel der männl. Landbevölk. permanent in agrar. Produktionsbereichen tätig. Die Mehrheit der Männer arbeitet als Wanderarbeiter außerhalb ihrer Siedlungen in städt. Mittelzentren, dem Capital Area um die Hauptstadt Muscat, oder aber ist in den Metropolen der erdölreichen Nachbarn tätig. Dennoch bestimmt die *Landwirtschaft* den Alltag und das Bild Omans. Dabei lassen sich zwei grundsätzl. verschiedene *Betriebsformen* unterscheiden:

– der seit 1970 neu entstandene ausschließl. *marktorientierte Mittel- und Großbetrieb,* mit maßgebl. Einsatz von Kapital und ausländ. Arbeitskräften. Seine Farmen liegen besonders in der Batina (Küstenebene nördl. Muscat) und um die südoman. Provinzhauptstadt Salala. Die Eigentümer sind *absentee landlords* (z.B. Regierungsbeamte, Kaufleute, Mitglieder der Stammeselite und der königl. Familie);

– der *traditionelle subsistenzorientierte,* von der Familie des Eigentümers oder Pächters auch oft mit Hilfe bezahlter Arbeitskräfte bewirtschaftete *Betrieb.* Er bleibt mit seinen typ. Dattelpalmen bestimmend für das Bild der oman. Landschaft. Der noch vollaktive Oasenbauer baut auf durchschnittl. 1 ha Nutzfläche v.a. an: Luzerne (50% des Produktionswertes), Datteln (30%), Limonen (10%), Zwiebeln (5%), Bananen, Mango, Weizen.

5. Zusammenfassende Charakterisierung der gegenwärtigen innen-, außen- und sicherheitspolitischen Situation

O. ist einer der wenigen Staaten der Arab. Halbinsel, der auf eine jahrhundertealte staatl. Kontinuität zurückblicken kann. Während des prägenden Zeitalters des Imperialismus war O. zwar nicht frei von kolonialen Einflüssen, doch einer direkten externen Beherrschung war es nicht unterworfen. Im Gegenteil, im 19. Jh. war O. selbst polit. und wirtschaftl. expansiv im östl. Afrika präsent. Diese kontinuierl. staatl. Vergangenheit und Identität erleichtern es heute dem Sultanat, die vielschichtigen ethn. und tribalen Interessen in seinem nationalen Gefüge zu verbinden. Besonders prägend scheint dabei die von der jetzigen Generation noch bewußt erlebte isolationist. Phase vor 1970 gewesen zu sein.

O. hat wie kein zweites Land im südl. Teil Arabiens um seine nationale und staatl. Integrität kämpfen müssen. Partikulare und tribale Interessen sind zwar für die ganze Region politikbestimmend, wurden jedoch in keinem der anderen Länder so nachhaltig von außen unterstützt. O. sieht sich als Garant regionaler Sicherheit am Golf. Dabei geht es davon aus, daß Veränderungen der polit. Verhältnisse in einem der arab. Golfanrainerstaaten auch O. in seiner sozialen und wirtschaftl. Stabilität bedrohen würden.

Die internen sozialen Probleme, die sich einerseits aus dem rapiden Wirtschaftswachstum mit einer intensiven sozio-ökonom. Differenzierung, andererseits durch die Einwanderung nicht-arab.-sprechender und nicht-islam. erzogener Omaner aus Ostafrika ergeben, sind nicht voll abschätzbar. Ähnliches gilt für die Integrierbarkeit der ausländ. Arbeitskräfte, die zu etwa 85% ohne Familienangehörige im Sultanat leben.

Fred Scholz/Wolfgang Zimmermann

Lit.: *Asche, H.*, Mobile Lebensformengruppen Südost-Arabiens im Wandel. Die Küstenprovinz al Batina im erdölfördernden Sultanat Oman, Abh. d. Geograph. Institutes, Anthropogeographie, Bd. 32, Berlin 1981. *Bierschenk, Th.*, Weltmarkt, Stammesgesellschaft und Staatsformation in Südost-Arabien (Sultanat Oman), Bielefelder Studien zur Entwicklungs-Soziologie, Bd. 23, Saarbrücken 1984. *Janzen, J.*, Die Nomaden Dhofars/Sultanat Oman. Traditionelle Lebensformen im Wandel, Bamberger Geograph. Schriften, Bd. 3, Bamberg 1980. *Scholz, F.* (Hrsg.), Beduinen im Zeichen des Erdöls. Studien zur Entwicklung im beduinischen Lebensraum Südost-Arabiens. Beiheft zum Tübinger Atlas des Vorderen Orients, Reihe B, Bd. 45, Wiesbaden 1981. *Ders.*, Muscat, Sultanat Oman. Geographische Skizze einer einmaligen arabischen Stadt, 2 Bände, Berlin 1990. *Wilkinson, J. C.*, Water and Tribal Settlement in South-East Arabia. A Study of the Aflaj of Oman, Oxford 1977. *Zimmermann, W.*, Tradition und Integration mobiler Lebensformgruppen. Eine empirische Studie über Beduinen und

Fischer in Musandam/Sultanat Oman, Diss. Göttingen 1981. *Ders.*, Wandel ländlicher Beschäftigungsstrukturen im Sultanat Oman/SO-Arabien, in: Sociologus, Bd. 37, 1987, S. 60–78.

Pakistan (Islamische Republik Pakistan)

Grunddaten: *Fläche:* 796095 km^2. *Einwohner:* 123 Mio. (1993). *Einschulungsrate:* 38% (1989). *Lebenserwartung:* 56 Jahre. *Verstädterung:* 32% (1990). *Anteile am BIP:* Landwirtschaft: 26%, Industrie: 25%, davon Verarbeitendes Gewerbe: 17%, Dienstleistungen: 49% (1990). *PKE* (in US-$): 380 (1990). *BIP* (in Mio. US-$): 35500 (1990). *Währung:* 1 Pakistanische Rupie = 100 Paisa; 1 DM ~ 16,0 pR (Dez. 1992).

1. Historischer Überblick

Die Gebiete des heutigen Pakistan (P.) blieben lange außerhalb des Interesses der europ. Mächte, da sie abseits der Route zu den Gewürzinseln lagen. Sie wurden – abgesehen von zwei frühen Faktoreien der Briten in Thatta im Sind 1635–1662 und 1758–1775 – erst in der letzten Phase der brit. Expansion in Südasien erobert, und zwar aus strateg. und nur mittelbar aus wirtschaftl. Gründen: Dem russ. Reich sollte der Zugang zu den „warmen Wassern" des Indischen Ozeans und der Griff nach dem „Juwel in der Krone" Englands verwehrt werden. *Sind* wurde en passant auf dem Wege Napiers nach Afghanistan, dem eigentl. Ziel seiner Expedition, 1843 erobert. Die Expedition nach Afghanistan scheiterte dagegen kläglich; erst im 2. Versuch gelang es, eine formale Oberhoheit über dieses Emirat wenigstens für einige Jahrzehnte zu etablieren (*Vertrag von Gandamak* 1879). Die Thronstreitigkeiten nach dem Tode des Sikh-Königs Ranjit Singh boten die Gelegenheit zur schrittweisen Eroberung des *Punjab* (1849). Baluchistan und die Grenzgebiete der späteren *North Western Frontier Province (NWFP)* wurden teils direkt, teils indirekt der brit. Verwaltung unterstellt. Mit den Fürstenstaaten und Stämmen schlossen die Briten (d.h. die brit. Regierung; die Ostindische Kompagnie war 1858 nach dem Aufstand von 1857 liquidiert worden) Schutzverträge; dies betraf im Gebiet des heutigen P. Bahawalpur, Khairpur und Kalat sowie die Fürstenstaaten im N (Kashmir, Chitral, Dir, Swat, Amb); einige der Stammesgebiete im W und N bewahrten sich Teile ihrer Autonomie (eigene Rechtsprechung, Steuerhoheit) bis heute.

Der *Eisenbahnbau* (Karachi nach Kotri 1861, Sukkur 1877, Lahore 1900) erlaubte eine wirtschaftl. Nutzung der weit von der Küste entfernten Agrargebiete des Punjab. Damit wurde auch die Anlage von Bewässerungskanälen im Indus-Tal rentabel; Punjab und Sind wurden zu Kornkammern Brit.-Indiens und zu einem Hauptanbaugebiet für Baumwolle. Zu einer Industrialisierung kam es bis zur Unabhängigkeit so gut wie gar nicht; in weiten Teilen des Punjab und in der NWFP bestand de facto ein Industrieansiedlungsverbot, weil sie als Heimat der krieger. Stämme *(martial races)* Rekrutierungsgebiete der Armee waren. Bis zur Unabhängigkeit war das Gebiet des heutigen P. deshalb neben seiner strateg. Bedeutung nur als Rohstofflieferant interessant, eine industr. Verarbeitung seiner landwirtschaftl. Produkte erfolgte in anderen Teilen Indiens (IND) und in GB.

Aus der Angst der Muslime vor einer Dominanz der Hindus, über die sie z.T. ein Jahrtausend geherrscht hatten, entstand während der *Unabhängigkeitsbewegung* die Forderung nach einem eigenen Staat P. (*Pakistan Resolution,* Lahore, 23. 3. 1940), mit der sie sich schließl. durchsetzen konnten, nicht jedoch mit ihrem Anspruch auf das gesamte Territorium der Muslim-Mehrheitsprovinzen. Punjab und Bengalen wurden anläßl. der Unabhängigkeit geteilt, über Kashmir konnte keine Einigung erzielt werden; dieser Streit bestimmt seitdem das Verhältnis der *„convenient enemies"* P. und IND. Die Teilung INDs in der Nacht vom 14. auf den 15. 8. 1947 wurde überstürzt vorgenommen und war von schweren Ausschreitungen, der wechselseitigen Verfolgung von Minderheiten und der Vertreibung von Mio. von Muslimen aus IND nach P. und von etwa ebenso vielen Hindus und Sikhs in die umgekehrte Richtung begleitet.

Da P. auf keinen verwaltungsmäßigen Vorläufer zurückgreifen konnte, mußte eine eigene staatl. Infrastruktur erst geschaffen werden. Zunächst wurde Karachi Hauptstadt, 1959 Rawalpindi und 1961 (Grundsteinlegung) das nur 20 km entfernte Islamabad. Die Forderung nach einem eigenen Staat hatte vor der Unabhängigkeit keinen Spielraum für eine Diskussion seiner zukünftigen Ordnung gelassen, so daß die *1. Verfassung* erst 1956 in Kraft trat. Die zentrale Frage dabei war, damals wie (wieder) heute, die Rolle des Islam. Der Staatsgründer und erste General-Gouverneur (P. war anfangs noch Dominium des Brit. Commonwealth), Muhammad Ali Jinnah (gest. 1948), hatte einen säkularen islam. Staat angestrebt; durch die Verf. von 1956 wurde P. zur „*Islamischen Republik*".

1958 übernahm *General Ayub Khan* unter Kriegsrecht das Amt des *Chief Martial Law Administrator*, 1960 ließ er sich ohne Gegenkandidat in indirekter Wahl zum Präsidenten wählen. Das anfangs mit großem Elan und internat. Hilfe gestartete Industrialisierungsprogramm kam Mitte der 60er Jahre zum Stocken, nicht nur, weil die Auslandshilfe nach Beginn des *Krieges mit Indien* (1965) zeitweise ausgesetzt wurde, sondern auch, weil das Potential der Importsubstituierung weitgehend ausgeschöpft war, die Bedeutung der Juteexporte aus Ostpakistan (O-P.) immer mehr zurückging und die Zahlungsverpflichtungen des Schuldendienstes für die im Ausland aufgenommenen Kredite begannen.

Unter dem Druck der Großmächte war der Krieg nur kurz; nach sowjet. Vermittlung einigten sich Ayub Khan und der ind. Ministerpräsident Bahadur Shastri in Taschkent 1966 darauf, sich in der Frage des Grenzverlaufs im ölhöffigen Gebiet des Rann von Kutch (Gujarat/Sind) dem Spruch eines internat. Schiedsgerichts zu unterwerfen. Der Internationale Gerichtshof entschied am 19. 2. 1968: IND wurden 90% des umstrittenen Gebietes von 9300 km^2 zugesprochen. In Kashmir blieb es beim Status quo.

Die zunehmenden sozialen und v. a. regionalen Spannungen (O-P.) führten schließl. zum Sturz Ayub Khans (1969). Sein Nachfolger General Yahya Khan schrieb erstmals in der pakistan. Geschichte allg. und direkte Wahlen zur Nationalversammlung aus. Ein verheerender Wirbelsturm und eine Flutkatastrophe in O-P. unmittelbar vor dem Wahltermin 1970 und der Vorwurf unzulängl. Hilfe durch die Zentralregierung führten zu einer weiteren Polarisierung im Wahlkampf, aus dem die *Awami League Sheikh Mujibur Rahmans* auf Grund des Mehrheitswahlrechts als Sieger hervorging. Sie errang nicht nur 160 der 162 Sitze O-P.s, sondern dadurch, daß erstmals die Sitze auf die beiden Landesteile nach ihren Anteilen an der Gesamtbevölk. verteilt wurden (und O-P. 54% der Einwohner aufwies), auch die Mehrheit der 300 Sitze der Nationalversammlung. Der Führer der populist. *Pakistan People's Party (PPP), Zulfikar Ali Bhutto*, gewann die Mehrheit der 138 Sitze in W-P.

Die offensichtl. mangelnde Bereitschaft der Militärregierung, die Macht an die gewählten Volksvertreter abzugeben und damit eine effektive Föderalisierung des Landes hinzunehmen (konstituierende Sitzung der Nationalversammlung verschoben), führte in O-P. zu einem zunehmenden Ruf nach staatl. Souveränität (*Bangla Desh* – Land der Bengalen), dem die Militärregierung durch einen Präventivschlag *(Operation Searchlight)* zuvorzukommen versuchte. Die systemat. Ermordung von bengal. Politikern und Intellektuellen in der Nacht vom 25. zum 26. 3. 1971 kulminierte in einem erbitterten *Bürgerkrieg in O-P.*, der eine große Zahl von Opfern forderte (Schätzungen gehen bis zu 3 Mio.) und (bis zu 10 Mio.) Flüchtlinge, v. a. Hindus, nach IND trieb. Erst mit dem Kriegseintritt INDs – nach Abschluß eines Zehn-Jahres-Beistandsabkommens mit der SU und mit weltweiter Billigung – fand der Bürgerkrieg mit der Kapitulation der (west-)pakist. Truppen in O-P. am 16. 12. 1971 sein Ende. Die *Sezession Bangladeshs* wurde von P. anläßl. des *Islamic Summit* in Lahore 1974 anerkannt.

Die Regierung Bhuttos, nach dem verlorenen Krieg noch 1971 eingesetzt, verfolgte anfangs einen Kurs des Islamischen Sozialismus mit Entmachtung der die Wirtschaft dominierenden „22 Familien", Verstaatlichung der wichtigsten Industrien, der Banken, Versicherungen und Schiffahrtslinien, der Verkündung einer Landreform und einer neuen Erziehungspolitik. Bereits die Militärregierung hatte im Mai 1971 die Einstellung der Zins- und Rückzahlungen für die Auslandskredite erklärt, nachdem die Geber ihre Hilfe nach Ausbruch des Bürgerkrieges eingestellt hatten.

Die kombinierte Wirkung des Verlustes der Einnahmen aus dem Juteexport und des sicheren Absatzmarktes in O-P. für die eigenen Industrieerzeugnisse, die sozialist. Experimente und das Ausbleiben neuer Hilfe führten zu einer nachhaltigen Rezession; hinzu kamen die Überschwemmungen von 1973 und 1976 und die Dürre von 1974. Die Versuche Bhuttos, wirtschaftl. und polit. gegenzusteuern (Anlehnung an Iran und Saudi-Arabien, „Islamisierung" der Wirtschaft und Gesellschaft), kamen zu spät. Tatsächl. und vermeintl. Wahlfälschungen führten zu einem Aufruhr und schließl. am 5. 7. 1977 zur Machtübernahme durch das Militär *(Operation Fairplay)* mit General *Muhammad Zia-ul-Haq* als *Chief Martial Law Administrator*.

Diese Regierung, die mit dem Versprechen antrat, binnen dreier Monate allg. und freie Wahlen auszuschreiben, verfolgte von Anfang an einen betont „islamischen" Kurs, führte die islam. Steuern *Zakat* (auf das Vermögen) und *Ushr* (auf die landwirtschaftl. Produktion) ein und bemühte sich um die Abschaffung von *Riba*, d.h.

des (Wucher-)Zinses. Mit der Einführung der *Sharîʿa,* d.h. des islam. Rechtes, hatte bereits Bhutto begonnen. Besonders die drakon. Strafen fanden in den Industrieländern keine Billigung; sie wurden aber in P. wegen der in der Sharîʿa strengen Beweispflicht und der Weigerungen der Ärzte, Amputationen vorzunehmen, nur z. T. durchgeführt. Das islam. Rechtssystem fand (und findet) weitgehend den Beifall der Bevölk. Rechtsübergriffe des Militärs und der auf Machterhaltung bedachten Regierung sowie die Aussetzung der verfassungsmäß. Grundrechte diskreditierten jedoch das Rechtssystem, mehr noch der Prozeß gegen Z. A. Bhutto, seine Verurteilung zum Tode wegen Verabredung zum Mord und Zias Weigerung, ihn zu begnadigen. Am 4. 4. 1979 wurde er, trotz internat. Protestes, einschließl. der Führung der islam. Länder, in Rawalpindi gehenkt.

Wegen der undemokrat. Herrschaft der islamist. Politik, des Brandanschlages auf die US-Botschaft in Islamabad im Herbst 1979 und der Weigerung P.s, den Atomwaffensperrvertrag zu unterzeichnen und seine Atomanlagen einer internat. Kontrolle zu unterwerfen, wurde P. 1979 entsprechend den Auflagen des Symington Amendment zum Foreign Assistance Act von der amerik. Wirtschaftshilfe ausgeschlossen. Die Haltung der USA änderte sich aber grundlegend nach der *sowjet. Invasion in Afghanistan (Afg.)* im Dez. 1979. P. wurde zum *„Frontstaat"* und zur Etappe für die afghan. Mujahidin, die den Bürgerkrieg in Afg. von P. aus organisierten. Im Genuß einer wieder reichl. fließenden Militär- und Entwicklungshilfe des Westens, der islam. Staaten und Chinas, der Heimüberweisungen pakist. Arbeiter im Ausland – und in der Landwirtschaft begünstigt von der Witterung – konnte P. über ein Jahrzehnt jährl. Wachstumsraten von über 6% verbuchen. Trotz aller Liberalisierungsbeteuerungen der Regierung blieb die Wirtschaft stark reglementiert, die Reprivatisierung der verstaatlichten Betriebe ging nur zögernd vonstatten; auf die „Islamisierung" der Wirtschaft reagierte v. a. das Ausland abwartend.

Nach Experimenten mit einer beratenden *majlis-e shûrâ* (Parlament) wurden Wahlen, jedoch ohne Parteien, unter Ausschluß der maßgebenden Oppositionspolitiker und anfangs nur auf lokaler Ebene abgehalten. Erst im Dez. 1984 stellte sich Präsident Zia einem Referendum, allerdings in einem Junktim mit der „Islamisierung" und ohne Gegenkandidaten; im Feb. 1985 fanden erstmals seit 1977 wieder Wahlen zur Nationalversammlung (und wie 1983 zu den Provinzversammlungen) statt. Nach grundlegenden Verf.änderungen 1985 überführte Zia P. in eine gelenkte Demokratie. Erst die Unterzeichnung des *Genfer Abkommens* über den Abzug der sowjet. Truppen aus Afg. im April 1988 – wohl gegen seinen Willen – leitete das Ende seiner Herrschaft ein. Nach der Explosion eines Munitionslagers der Armee für die *Mujahidin* in Ojhri, inmitten der Metropole Islamabad/Rawalpindi (mehrere hundert Tote), im Juli 1988 kam er zusammen mit der Mehrheit der militär. Führung und dem US-Botschafter im Aug. 1988 unter mysteriösen Umständen bei einem Flugzeugabsturz ums Leben. Bereits zuvor hatte er das Parlament aufgelöst, die Regierung entlassen und Neuwahlen angesetzt. Sein Nachfolger, der zivile amtierende Präsident *Muhammad Ishaq Khan,* ließ nunmehr auch Parteien zu diesen Wahlen zu.

Bei den Wahlen im Nov. 1988 errang die PPP unter *Benazir Bhutto,* der Tochter Zulfikar Ali Bhuttos, 39% der Stimmen und 93 von 196 Sitzen; nur in einer Koalition mit dem *Muhajir Qaumi Movement (MQM)* konnte sie die Regierung übernehmen. Mit ihr wurde erstmals in der neueren Geschichte eine Frau Regierungschefin eines islam. Landes; Ishaq wurde als Präsident bestätigt. Die Koalition zerbrach schnell; die polit. Gegensätze verschärften sich. V.a. in Karachi, im ländl. Sind und in der NWFP nahmen bewaffnete Auseinandersetzungen zwischen verfeindeten Gruppierungen zu. Am 6. 8. 1990, vier Tage nach der irak. Invasion Kuwaits, setzte Präsident Ishaq Khan Frau Bhutto und die Bundesregierung sowie alle Provinzregierungen ab, löste das Bundes- und alle Provinzparlamente auf und ordnete Neuwahlen an. Außerdem wurden Sondergerichte eingesetzt, die sich mit den (angebl. beträchtl.) finanz. Unregelmäßigkeiten der Regierung und des Ehemannes von Benazir Bhutto beschäftigen sollten. Diese Wahlen am 24. 10. 1990 gewann die in der *Islamic Democratic Alliance (IDA),* der *Islami Jamhoori Ittehad (IJI),* vereinigte Opposition mit 37% der Stimmen und einer Mehrheit von 105 von 198 Sitzen in der Nationalversammlung. *Nawaz Sharif,* ein Unternehmer aus dem Punjab, wurde neuer Premierminister. Nach der irak. Invasion Kuwaits entsandte P. (wieder) Armeeeinheiten zum Schutze der heiligen Stätten nach S.-A., war aber nicht aktiv am Krieg beteiligt. In der pakist. Öffentlichkeit und z.T. auch bei der polit. Führung genoß Saddam Husain offene Unterstützung. Der amerik. Präsident weigerte sich, die nach dem Pressler Amendment zum Foreign Assistance Act erforderl. Bestätigung zu geben, daß P. keine Nuklearwaffen entwickle; seitdem ist P. von (neuer) US-(v. a. der Militär-)Hilfe ausgeschlossen.

2. *Das politische System*

2.1. Verfassung und formale Legitimationsbasis des politischen Systems. Der Staat P. bezieht seine polit. Legitimation aus der Zwei-Nationen-Theorie, nach der es auf dem ind. Subkontinent seit Jahrhunderten zwei Nationen gibt, die sich grundlegend in Sprache, Kultur und Religion unterscheiden. Sie waren nur durch die Kolonialherrschaft vereint. Die Muslime befürchteten, nach der Unabhängigkeit in einem von Hindus dominierten Staat in der Entfaltung ihrer spezif. Kultur unterdrückt zu werden. Die Verfechter dieser Theorie sahen nur in einem eigenen Staat der muslim. Nation INDs eine Möglichkeit und konnten sich schließl. mit dieser Einstellung durchsetzen. Der Religion wurde in P. von Anfang an eine viel größere Rolle beigemessen als im eher säkularen IND; wie groß diese Rolle aber sein sollte, war stets umstritten. Die Verf. von 1956 wurde bald suspendiert, 1962 folgte eine neue, dieses Mal stark auf die Person des Präsidenten ausgerichtet. Nach dem Sturz der Militärregierung gab es 1972 eine provisor. und 1973 eine dritte Verf., die 1977 außer Kraft gesetzt und später fast bis zur Unkenntlichkeit verändert wurde. Alle Militärregierungen waren in bemerkenswerter Weise um eine verfassungsmäß. Legitimierung ihrer Handlungen, wenn auch zuweilen nur im nachhinein, bemüht. Die Rechtmäßigkeit ihrer Machtübernahmen wurde vor pakistanischen Gerichten immer wieder angefochten. Auch die Legalität der Entlassung der Regierung Benazir Bhuttos 1990, dieses Mal durch einen zivilen Präsidenten, war von Anfang an umstritten. Im Juni 1991 wurde die – allerdings stark verwässerte – *Shariat Bill* von der Nationalversammlung gebilligt. Im Nov. 1991 urteilte der *Federal Shariat Court,* daß 20 Bankgesetze, die u. a. die Erhebung von Zinsen legalisieren, mit den Prinzipien des Islam unvereinbar seien.

2.2. Aufbau und Programm der Parteien. Führerin der P.-Bewegung war die *Muslim League,* 1906 in Dhaka (heute Bangladesh) gegr., die ihre Hochburgen in Bengalen und in der muslim. Diaspora N-IND hatte. Sie war und ist, wie fast alle Parteien P.s, weniger von einem Programm als von den Persönlichkeiten ihrer Führer gekennzeichnet. In allen Parteien gab es ständig Machtkämpfe um die Führung, Abspaltungen und wechselnde Koalitionen. Nach der Unabhängigkeit übernahmen die in W-P. ansässig gewordenen Flüchtlinge aus IND und Punjabis die Führungspositionen, die Bengalen fühlten sich unterrepräsentiert und ausgebeutet, die Muslim-Liga verlor in O-P. ihre Anhängerschaft, die sich dort formierenden Gruppen sammelten sich in der *Awami* (= Volk) *League*. In W-P. hatte sich die PPP unter der Führung des ehemal. Außenministers Zulfikar Ali Bhutto gebildet, die mit einem 25-Punkte-Programm des „*Islamischen Sozialismus*" bei den Wahlen zur Nationalversammlung 1970 zwar die Mehrheit aller Stimmen im westl. „Flügel", jedoch keinen einzigen Sitz in O-P. errang und insgesamt der ostpakist. *Awami League* unterlag. Der Vorwurf, Bhutto habe die Armee zu ihrem letztl. fehlgeschlagenen Versuch, die Autonomiebewegung in O-P. zu unterdrücken, ermuntert, um die Macht im Rest-Staat zu erringen und das Militär zu desavouieren, läßt sich bislang weder beweisen noch entkräften. Er würde aber die Brutalität erklären, mit der später die Armee gegen die Anhänger der PPP vorging, und die Entschiedenheit, mit der Präsident Zia die Verurteilung und Hinrichtung Bhuttos betrieb.

Die *Jamaat-i-Islam*, eine fundamentalist. Kaderpartei, konnte zwar nie viele Stimmen erringen, weist aber eine straffe Organisation auf. Sie fordert einen absoluten Vorrang der Religion in allen Fragen des Staates und der Gesellschaft und diente der ideolog. Absicherung der Militärherrschaft General Zias.

Zunehmendes Gewicht haben die Regionalparteien. Seit dem Scheitern des *Movement for the Restauration of Democracy (MRD)* 1983 im Sind hat sich das *Muhajir Qaumi Movement (MQM)*, die polit. Bewegung der Flüchtlinge aus IND, v.a. in Karachi, Hyderabad und anderen Städten des Sind zur führenden polit. Kraft entwickelt, da die *Muhajirin*, die meist Urdu-sprechenden Flüchtlinge aus den einstigen United Provinces of Agra and Oudh und aus der Bombay Presidency, über kein eigenes Territorium verfügen: sie beherrschen zwar die Städte des Sind, sind aber in der Provinz insgesamt in der Minderheit. Selbst in ihrer Hochburg Karachi fühlen sie sich durch zuwandernde Punjabis, Pashtunen, Afghanen und Sindhis bedroht. In einem Land, dessen Wirtschaft trotz aller Bekenntnisse zur Marktwirtschaft nach wie vor zu einem großen Teil vom Staat betrieben oder doch wenigstens reguliert wird, hängt der Zugang zu den begehrten Arbeitsplätzen in der Verwaltung, bei den Banken und im Erziehungswesen von der Beherrschung der Unterrichts- und Amtssprache ab. Jeder *Sprachenstreit* ist zugleich ein Streit um Ämter und Einkommen. So wie die Sezession Bangladeshs ihren Ursprung im Streit um die Stellung von Urdu und Bengali seit der Staatsgründung hatte, gab es die ersten blutigen Zusammenstöße zwischen Sindhis und Muhajirin 1972, als die Provinzregierung des Sind – nach der Machtübernahme durch den Sindhi Bhutto – Sindhi zur Amtssprache in dieser Provinz machen wollte. Diese Kämpfe sind mit steigender Heftigkeit Mitte der 80er Jahre in Karachi und Hyderabad wieder entbrannt. Während der Militärherrschaft richtete sich der Zorn des MQM noch v.a. gegen Punjabis und Pashtunen, die das Militär fast völlig beherrschen. Nach der Regierungsübernahme durch Frau Bhutto zerbrach die Allianz zwischen PPP und MQM schnell, und Frau Bhutto verlor die Macht.

Bei den Wahlen 1990 standen sich die Anhänger von Benazir Bhutto in der PPP und ihre Gegner in der IJI, die zuletzt die Regierung im Punjab stellten, gegenüber. Spitzenkandidat der vereinigten Opposition und Sieger der Wahlen war der Punjabi *Nawaz Sharif*. Ejaz-ul-Haq, der Sohn Zia-ul-Haq's, bis zu dessen Tod Angestellter einer amerik. Bank und ohne erkennbare polit. Ambitionen, errang ebenfalls ein Mandat der IJI und wurde Minister. Die Sitzverteilung in der Nationalversammlung nach der Wahl von 1990 (insgesamt 217): IJI 105 (Punjab 92), PPP 45 (Sind 24), MQM 15 (alle Sind), Awami National Party (ANP) 6 (alle NWFP), Jamiat-ul-Ulema-i-Islam (JUI) 10 (NWFP 4), Unabhängige 6 und sonstige Parteien 8; dazu 10 Abgeordnete der Minderheiten (4 Hindus, 4 Christen, 1 Parsen-Bahai-Zikri-Buddhisten, 1 Ahmadiyya) und 8 Abgeordnete aus den Federally Administered Tribal Areas (FATA).

3. Sozialstruktur

Die Sozialstruktur P.s, wie auch die INDs oder Bangladeshs, ist von einer *relativ gleichmäß. Einkommensverteilung* gekennzeichnet, die der der Bundesrepublik oder der USA nicht unähnlich ist, aber mit einem PKE von (1990) 380 US-$ auf einem viel niedrigeren Niveau. Deshalb ist die *absolute Armut* so ins Auge stechend. Das Land ist von der Landwirtschaft geprägt, auch wenn seit langem der Dienstleistungsbereich weit mehr zum BSP beisteuert. In beiden Bereichen gibt es verbreitete Arbeitslosigkeit und Unterbeschäftigung, deren schlimmste Folgen wenigstens teilweise durch den Zusammenhalt und Ausgleich im Familienverband abgemildert werden. Da Endogamie vorherrscht und der Beruf meist erbl. ist, ist die *Gesellschaft segmentiert.* Große Bevölk.gruppen sind weitestgehend vom Landbesitz und Landerwerb (durch Heirat oder Erbschaft) ausgeschlossen. Hieraus erklären sich einige der besonders gravierenden Probleme. Den größten Teil der Zeit seit der Unabhängigkeit hat das *Militär* direkt oder indirekt das Land beherrscht; es rekrutiert sich seit der Zeit der Briten aus den krieger. Stämmen, v.a. Punjabis und Pashtunen, aus wenigen Distrikten der Regenfeldbaugebiete des Himalayavorlands. Zu den tradit. Formen der Entlohnung des Militärs gehört die Vergabe von Land, in neuerer Zeit v.a. in den Bewässerungsgebieten entlang des unteren Indus nach dem Bau der großen Stauwehre; so kamen Punjabis zu Landbesitz im Sind. Im Gegenzug fordern und erhalten die Angehörigen der Minderheitengruppen (etwa die Bewohner des ländl. Sind) Quoten im Unterrichtswesen und in der Verwaltung. Die erbitterten Verteilungskämpfe zwischen den Volksgruppen haben zu einer Polarisierung und Regionalisierung aller Konflikte geführt. Der Afghanistan-Krieg hat das Land mit Waffen überschwemmt, so daß die Auseinandersetzungen mit zunehmender Brutalität ausgefochten werden. Er hat auch den Anbau, die Verarbeitung und den Handel mit *Rauschgift* gefördert und P. zum angebl. größten Heroin-Exporteur der Welt gemacht. Vagabundierende Milliardenbeträge und *Korruption* sind die Resultate. Damit hat der Staat sowohl das Machtmonopol als auch den wirtschaftspolit. Gestaltungsraum verloren. Die Möglichkeit, Anhängerschaften zu finanzieren und zu bewaffnen, führt dazu, daß die Führer über ihre zahlreichen und loyalen Gefolgschaften relativ frei verfügen können – und somit zu Instabilitäten und zu immer komplizierteren Strukturen. Gegensatzpaare wie arm – reich, Elite – Massen oder traditionell – modern und Einteilungen nach ethn. Herkunft (Punjabis, Sindhis, Muhajirin) oder Religionsgemeinschaft *(sunni, shii)* reichen zur Bezeichnung der Sozialstruktur nicht aus. Es gibt extreme Armut in der Stadt und auf dem Land und zwar in allen Provinzen; der Vergleich von Durchschnittswerten ist hier sehr irreführend. Die gebildeten Schichten sind keineswegs alle „modern" im westl. Sinne. Viele von ihnen sind relig. orthodox und Anhänger des islam. Fundamentalismus.

Bis vor wenigen Jahrzehnten war P. noch ein reines Agrarland, die soziale Ordnung streng hierarchisch, sowohl innerhalb der Familie als auch innerhalb des Dorfes und/oder des Stammes. Die Religionsgemeinschaften lebten mehr neben- als miteinander; Heirats- und Erbsitten sorgten dafür, daß kaum sozialer Wandel stattfand. Der *Bevölkerungsaustausch* und moderne Technik haben dramat. Änderungen bewirkt. Viele Flüchtlinge fanden keine Arbeit in ihren alten Berufen und konnten nur die Arbeitsplätze der geflüchteten Hindus und Sikhs, etwa im Finanzwesen, übernehmen. Das System der Dorfhandwerker löste sich fast völlig auf. Die Urbanisierung fördert den Trend zur Klein-Familie; das Kastensystem, das in manchen Elementen unter den Nachfahren einstiger Konvertiten in abgeschwächter Form fortbesteht, verliert seine Rigidität.

Etwa 97% der Bevölk. sind *Muslime*. Die *relig. Minderheiten* sind nach der Verf. Bürger zweiter Ordnung und z.B. von den höchsten Staatsämtern ausgeschlossen; sie wählen auch getrennt. Etwa die Hälfte von ihnen sind Christen, wiederum jeweils etwa zur Hälfte Protestanten und Katholiken; sie leben v.a. in Karachi und in den Städten des Punjab. In Karachi gibt es eine kleine wohlhabende christl. Mittelschicht, häufig Einwanderer aus Goa. Im Punjab rekrutieren sich die Christen meistens aus konvertierten „unberührbaren" Hindus und haben als *sweeper* (Putzer) den niedrigsten denkbaren sozialen Status.

Die meisten *Hindus* und so gut wie alle *Sikhs* wurden anläßl. der Teilung INDs 1947 aus W-P. vertrieben; Karachi hatte bis dahin – wie andere Städte P.s auch – eine mehrheitl. nicht-muslim. Bevölkerung. Nur wenige Hindus, meist Angehörige der untersten Kasten, blieben zurück. Mehr als die Hälfte von ihnen lebt in größter Armut in den Grenzdistrikten Sanghar und Tharparkar im Sind, der Rest ist über die anderen Distrikte dieser Provinz verteilt. Die kleine Zahl der *Parsen* spielt eine wichtige Rolle im wirtschaftl. Leben Karachis. Daneben gibt es eine noch kleinere Zahl von *Buddhisten*. Die einstigen *kafir* (Ungläubigen) des Hindukush sind fast alle zum Islam konvertiert; in drei Dörfern Chitrals verehren noch etwa 3000 von ihnen ihre Naturgottheiten. Ungleich problemat. ist die Stellung der *Ahmadiyya*, einer islam. Reformbewegung des 19. Jh., deren wirtschaftl. und polit. erfolgreiche Anhänger wiederholt verfolgt wurden. 1974 erklärte Bhutto sie zu einer nicht-islam. Sekte, unter Zia wurde ihnen sogar die *kalima*, das muslim.

Glaubensbekenntnis, bei Strafe verboten. Bei der Volkszählung 1981 wurden offiz. 0,1 Mio. *Ahmadiyya* ermittelt, nach anderen Angaben sollen es bis zu einigen Mio. sein. Die *Ismailiten* dagegen (die Anhänger des Aga Khan) genossen und genießen stets das Wohlwollen der Regierung; sie sind regional vor allem in Karachi und im äußersten N (Hunza) konzentriert und spielen eine wichtige Rolle im Handel und durch ihre sozialen Organisationen (Agha Khan University Hospital).

Das größte *Konfliktpotential* liegt im *Gegensatz von sunni und shia,* v.a. in Karachi, wo sich beide Gruppen wiederholt blutige Gefechte liefern. Die Schiiten stellen mit 15% bis 20% die größte Minderheitengruppe dar (eine systemat. Erfassung gibt es nicht). Während des ersten Golfkrieges hat die Regierung dessen Übergreifen als Religionskrieg auf P. verhindert, sogar um den Preis einer zeitweisen Heimholung der pakist. Truppen aus S.-A., nachdem dessen Regierung – wie es heißt – 1987 nur noch pakist. Kontingente sunnit. Konfession beschäftigen wollte.

Die Entsendung von wenigstens 1,5 Mio. *Gastarbeitern* in die Golfstaaten hat die Sozialstruktur nachhaltig beeinflußt. Hier wurden Fachkenntnisse und vielfach auch körperl. Einsatz honoriert; neben Ärzten und Managern kamen die tradit. unterprivilegierten Dorfhandwerker als erste zu Geld. Die Auswanderung erstreckte sich bis in die letzten Winkel des Landes und führte zu einem bescheidenen Wohlstand. Auch das Militär nahm daran teil.

Die sozialen Konflikte konnten selten in geordneter Form ausgetragen werden. Zu Zeiten der Militärherrschaft waren die *Gewerkschaften* entweder verboten oder in ihrer Arbeit stark behindert. Stets waren sie politisiert; v.a. Z. A. Bhutto machte sie zu seinem Instrument. Alle arbeitnehmerfreundl. Sozialgesetze nutzten aber nichts, als es in Folge der Rezession nach dem Verlust des ehemaligen O-P. zu Massenentlassungen kam und sich die Unternehmer als Antwort auf seine Politik des „Islamischen Sozialismus" mit Investitionen und Neueinstellungen zurückhielten.

4. *Binnen- und außenwirtschaftliche Gegebenheiten und Entwicklungsziele*

Seit der Unabhängigkeit haben die Außen- und Sicherheitspolitik den Vorrang vor der Wirtschaftspolitik, da in P. befürchtet wird, daß sich IND niemals mit der Existenz P.s abfinden wird. Der *Streit um Kashmir* stellt einen ständigen Kriegsgrund dar, und Afg.

erhob von Anfang an Anspruch auf *Pashtunistan*, d.h. alle Gebiete westl. des Indus. Nach der sowjet. Invasion in Afg. befürchtete P., zwischen Afg. und IND zerrieben zu werden und seine staatl. Eigenständigkeit zu verlieren. P. hat deshalb immer versucht, starke Verbündete zu finden und sie erst in den USA, später in China, Iran und S.-A. und wieder den USA gefunden. Die weitgehende Anlehnung an den Westen und die zeitweise Integration in das westl. Verteidigungssystem haben P. zu einem Hauptempfänger von *Entwicklungshilfe* gemacht. P. hat sich stärker als IND dem Welthandel geöffnet, jedoch nie viel ausländ. Investitionskapital angezogen. Die polit. Führung hatte wenig Interesse an der Wirtschaft, die anfangs von einem laisser faire mit punktuellen Interventionen des Staates gekennzeichnet war. Erst nach der (ersten) Machtergreifung durch das Militär wurde P. zu einer *Entwicklungsdiktatur.* Der Staat unternahm – finanziert durch die Auslandshilfe – die Anfangsinvestitionen in konsumnahe industr. Verarbeitungsbetriebe, die er später an private Investoren, meist Handelsfamilien, die nach der Teilung aus IND nach Karachi gekommen waren, veräußerte.

Der kurze Krieg gegen IND 1965 veranlaßte die Geber, ihre Hilfe zu einem Zeitpunkt einzustellen, als P. nach aufsehenerregenden Anfangserfolgen die Grenzen einer auf Importsubstituierung angelegten *Industriepolitik* erreicht hatte. Zudem waren die ersten Kredite zur Rückzahlung fällig, die Ernte fiel zwei Jahre hintereinander dramat. unter die Vorjahresergebnisse; Getreide mußte in beträchtl. Umfang eingeführt werden. Damit trat die Abhängigkeit vom Ausland eklatant zu Tage. Sie konnte in der Landwirtschaft durch den erfolgreichen Einsatz von *Hochertragssorten*, v.a. bei Weizen (Grüne Revolution), gemildert werden. Sechs Jahre später erschütterten die Niederlage gegen IND und der Verlust der östl. Landeshälfte das nationale Selbstvertrauen. Bhutto setzte deshalb – wie Nehru in IND schon zwei Jahrzehnte zuvor – auf den Ausbau der *Grundstoffindustrie* als Basis für eine eigene *Rüstungsindustrie.* Die SU lieferte das Stahlwerk bei Karachi, dessen Finanzierung die westl. Geber wegen mangelnder Rentabilität abgelehnt hatten. In der Landwirtschaft gab es allerdings erst einmal witterungsbedingte Rückschläge durch Überschwemmungen und Dürren. Für die Wirtschaft stellte dies eine kaum zu ertragende Belastung dar. P. verlor mit der Sezession Bangladeshs wichtige Absatz- (Reis, Textilien, Metallwaren, Zement) und Bezugsmärkte (Jute, Tee), das Verhältnis zu den Gebern hatte stark gelitten und damit der Zufluß neuer Kredite, und die Investitionsbereitschaft im Lande ging als Folge einer Reihe von Verstaatlichungen auf den Nullpunkt zurück.

Daß der Militärputsch von 1977 ohne großen Widerstand hingenommen wurde, lag auch daran, daß man sich eine Verbesserung der wirtschaftl. Verhältnisse erhoffte. Diese stellte sich auch bald ein, war jedoch erst einmal die Folge von Faktoren, die außerhalb des Gestaltungsrahmens der neuen Machthaber lagen. In der Landwirtschaft profitierte Zia davon, daß das Land während seiner Regierungszeit von Überschwemmungen und Dürren verschont blieb. Die neuen Hochertragssorten fanden immer weitere Verbreitung und ermöglichten dank eines verbesserten Bewässerungssystems und reichl. Düngergaben immer höhere Ernten. Erstere waren die Folge des zwar wirtschaftl. wenig sinnvollen, aber polit. segensreichen *Indus-Wasser-Abkommens* von 1960, demzufolge das Wasser des Indus und seiner Nebenflüsse zwischen IND und P. derart aufgeteilt wurde, daß P. das (fast) alleinige Nutzungsrecht von Indus, Jhelum und Chenab, und IND das von Ravi, Sutlej und Beas erhielt. Das Trockenfallen der Unterläufe von Ravi und Sutlej wurde durch eine Reihe von Verbindungskanälen, die von den drei westl. Flüssen gespeist wurden, verhindert. Im Rahmen dieses gigant. Projektes wurden auch zwei große Stauseen oberhalb von Tarbela (Indus) und Mangla (Jhelum) angelegt, die einen jahreszeitl. Ausgleich erlaubten; zur Verteilung wurde das weltweit größte Netz von Bewässerungskanälen ausgebaut. Da die Hochertragssorten hohe Anforderungen an Menge und zeitl. Verteilung von Wasser stellen, war dies eine ideale Konstellation. Genau zum Zeitpunkt der Machtübernahme des Militärs war der Damm bei Tarbela vollendet. Hier entstand zugleich das größte Wasserkraftwerk des Landes. Auch die großen und unter Bhutto erstellten Industrieanlagen begannen zu produzieren.

Bereits unter Bhutto begann der Strom pakistan. *Wanderarbeiter* in die Golfstaaten als Folge des Ölbooms. Ihre Heimüberweisungen erreichten bis zu 3 Mrd. US-$ jährl. und übertrafen die Summe aller Exporterlöse. Sie bedeuteten erhebl. Transfereinkommen bis in den letzten Winkel des Landes. Die Auswanderung schuf ein Ventil für wirtschaftl. und polit. Unzufriedene und erlaubte der Regierung einen gewissen außenwirtschaftl. und außenpolit. Spielraum.

Die Beziehungen zu den Gebern waren zu Zeiten Bhuttos auf einem Tiefpunkt und besserten sich nach der Machtergreifung des Militärs keineswegs sofort, weil auch Zia eine eindeutige Distanzierung von den Plänen einer atomaren Bewaffnung unterließ. Inwieweit der Brand der amerik. Botschaft 1979 eine spontane Reaktion der Studenten auf die angebl. Beteiligung der USA auf die Besetzung der Kaaba in Mekka war, ist nicht klar. Das verzögerte Eingreifen pakist. Sicherheitskräfte zur Rettung der amerik. Diplomaten in Sichtweite des Präsidentenpalastes mußte irritierend, wenn nicht provozierend wirken. Nach der sowjet. Invasion in Afg. nahm P. über drei Mio. Flüchtlinge auf, bot den Mujahidin, den afg. Widerstandskämpfern, Rückzugsgebiet und Basis und leitete an sie die Waffen aus den USA und den arab. Staaten weiter. Die USA befreiten P. wiederholt von den Beschränkungen des Symington Amendments; P. wurde zum Frontstaat und zum drittgrößten Empfänger amerik. Hilfe. Die neuerliche (teilweise) suspendierte amerik. Hilfe wird offensichtlich von anderen Gebern ausgeglichen und ist bis Frühjahr 1992 ohne sichtlichen Eindruck auf die pakist. Wirtschaft und Politik geblieben. Der wirtschaftspolit. Kurswechsel hat der *Privatwirtschaft* mehr Spielraum gegeben.

5. *Zusammenfassende Charakterisierung der gegenwärtigen innen-, außen- und sicherheitspolitischen Situation*

Im Frühj. 1992 ist P. wieder etwas aus dem Zentrum internat. Interesses gerückt. Die Situation in *Afghanistan* hat sich nicht – wie erwartet – nach dem Genfer Abkommen 1988, dem Abzug der sowjet. Truppen 1989 und dem Sturz des afg. Präsidenten Najibullah (April 1992) verbessert. Unter den Bedingungen des weiter andauernden Krieges in Afg. sind keine Erfolge im Kampf gegen den Waffen- und Rauschgifthandel zu erwarten und folglich auch keine Befriedung der NWFP, Baluchistans oder Karachis.

Der *Aufstand in Kashmir* wird in IND wie in P. von der Regierung genutzt, um von ihren Schwächen abzulenken. Auch wenn man nicht glaubt, daß eine der beiden Regierungen oder Armeeführungen ernsthaft an einem vierten Waffengang zwischen den beiden Nachbarländern interessiert sei, muß man befürchten, daß sich dieser sorgfältig geschürte Konflikt eines Tages nicht mehr kontrollieren läßt. Obwohl es sich um eine originäre Bewegung in Kashmir handelt, werden die Aufständischen in Kashmir doch von P. aktiv unterstützt. Das Dilemma erscheint unlösbar: Ein unabhängiges, muslim. Kashmir wäre mit der Idee P.s als (alleinigem) Staat der Muslime auf dem Subkontinent nicht in Einklang zu bringen; ein Anschluß Kashmirs an P. dürfte in IND polit. nicht tragbar sein, auch nicht, wenn das überwiegend hinduist. Jammu bei IND bliebe. Ein Verzicht auf Kashmir gilt als selbstmörder. für jede pakist. Regierung. Die Konflikte im ind. Bundesstaat Punjab und in der pakist. Provinz Sind bieten wechselseitig die Möglichkeit einer *Politik der Nadelstiche.* Vor diesem Hintergrund ist eine Verständigung zwischen P. und IND nur schwer vorstellbar. Als Ergebnis der kurzen Annäherung von Benazir Bhutto und Rajiv Gandhi verpflichteten sich die beiden Staaten 1989 wenigstens darauf, ihre Kernkraftzentren im Falle eines Krieges nicht anzugreifen. Dieser Vertrag trat Anfang 1991 in Kraft, im Jan. 1992 wurde die Liste der zu schützenden Anlagen ausgetauscht. Eine *militärische Parität* mit IND, das seinerseits auf eindeutige militär. Überlegenheit aus ist, läßt sich nach verbreiteter Ansicht in P. nur durch Kernwaffen erreichen, eine Option, die weder von IND noch von den USA toleriert wird.

In Anbetracht des kaum zu überwindenden Dauerkonfliktes zwischen IND und P. dürfte auch die *South Asian Association for Regional Cooperation (SAARC),* in der P., IND, Bangladesh, Sri Lanka, Nepal, Bhutan und die Malediven zusammenarbeiten, über die ersten Annäherungsversuche nicht hinauskommen. Sie stellt aber ein wichtiges Diskussionsforum dar, auf dem auf der Ebene von Beamten und Wissenschaftlern vorsichtige Sondierungen möglich sind.

Die islam. Länder sind untereinander verfeindet und können kein Gegengewicht zu den westl. Gebern darstellen. Die (geringe) Kooperation mit Iran und der Türkei in der 1965 gegründeten *Regional Cooperation for Development (RCD)* kam mit dem Sturz des Schah zum Erliegen. An ihre Stelle trat 1985 die *Economic Cooperation Organization (ECO).* 1990 beschlossen die Mitglieder den Bau einer iran. Gas-Pipeline in die Türkei und nach P. sowie die Öffnung der Organisation für weitere Mitglieder; dafür kämen v.a. Afg. und die sechs asiat./islam. Republiken der ehemal. SU in Frage. In P. träumt man bereits von den „Vereinigten Staaten von *Hilal*" (= Halbmond), einer Großmacht mit 275 Mio. Einwohnern. Nachdem die Definition P.s als südwestasiat. Nation gescheitert ist, bietet der *Zerfall der Sowjetunion* aber auch die Chance, P.

als Schutzmacht der islam./asiat. Republiken der ehemal. SU zu etablieren.

Die Kooperation mit dem *Irak* im Rahmen des westl. Verteidigungsbündnisses (Bagdad-Pakt, CENTO) ist schon lange zerbrochen. Im Zuge der engen Anlehnung v.a. Z. A. Bhuttos an Iran sind die Beziehungen zum Irak in den letzten beiden Jahrzehnten ausnehmend schlecht gewesen. Insoweit paßt auch die (erneute) Entsendung von Truppen nach der irak. Invasion Kuwaits nach S.-A. und in die Arabischen Emirate in dieses Bild. Mehr noch: General Zia hatte in Jordanien beim „Schwarzen September" 1970 Einheiten gegen die Palästinenser befehligt. Gerade diese erhofften sich Unterstützung durch den Irak gegen Israel (und Jordanien ?) nach der irak. Invasion Kuwaits. Vor und während des 2. Golfkrieges war die Haltung P.s zwiespältig: Während die Regierung Kuwait und S.-A. rückhaltlos unterstützte, war die Öffentlichkeit, einschl. regierungsnaher Kreise, offen auf Seiten Saddam Husains.

Z. A. Bhutto hatte besonders die Beziehungen zu *China* gepflegt. Er hatte bei der chines.-amerik. Annäherung geholfen, und nach seinem Sturz hatte Zia diese Beziehungen aufrechterhalten. Benazir Bhutto hatte sich mit Kritik an der Unterdrückung der Opposition in China im Sommer 1989 auffallend zurückgehalten. Nach dem Abkühlen der Beziehungen zu den USA ist China zum wichtigsten Verbündeten und zum Haupt-Waffenlieferanten aufgerückt.

Der Wandel in Osteuropa hat noch nicht alle Hoffnungen zunichte gemacht, daß die *ehemaligen Staaten der Sowjetunion* auch weiterhin Projekte finanzieren, die die westl. Industrieländer wegen mangelnder Rentabilität ablehnen. P. hatte im letzten Fünfjahresplan (1988–93) gerade wieder auf die SU gesetzt.

Die Hoffnungen auf *Europa* als Gegengewicht zu den USA wurden bisher nicht erfüllt; der Wandel in Osteuropa und der Einheitsmarkt der EG ab 1993 dürften das Entgegenkommen Europas in Fragen des Handels und der Entwicklungshilfe eher verringern.

Seit dem Kuwait-Konflikt bemühen sich die *Golfstaaten* darum, die Zahl der ausländ. Arbeitskräfte zu verringern und ihre nationale Zusammensetzung zu diversifizieren. Befürchtungen, daß dies – neben Palästinensern und Ägyptern – zu Lasten P.s wegen seiner ambivalenten Haltung im 2. Golfkrieg gehen würde, waren jedoch unbegründet.

Falls die *USA* einen permanenten Stützpunkt auf der Arabischen Halbinsel erhalten, würde sich P.s strateg. Wert weiter vermindern.

Es wird in Zukunft nicht mehr einer der drei Hauptempfänger amerik. Hilfe bleiben.

Da auch die Heimüberweisungen aus dem Ausland zurückgehen, hat P. seine Außenwirtschaft 1991 liberalisiert. Pakistani können jetzt Konten in konvertibler Währung im Lande haben; die Regierung hofft, dadurch die Kapitalflucht aufzuhalten. Die Einladung an internat. Investoren, Gelder ohne Fragen nach der Herkunft in P. anzulegen, wurde 1992 von den USA als Legalisierung der Einkünfte aus dem internat. Drogenhandel interpretiert und hat die Beziehungen weiter belastet.

Wolfgang-Peter Zingel

Lit.: *Burki, S.J./Baxter, C.* (Hrsg.), Pakistan under the Military: Eleven Years of Zia ul-Haq, Boulder 1991. *Cohen, St. P.*, The Pakistan Army: Images of War, Visions of Peace, Berkeley 1984. *Conrad, D./Zingel, W.-P.* (Hrsg.), Zweite Heidelberger Südasiengespräche: Pakistan, Beiträge zur Südasienforschung, Band 150, Stuttgart 1992. *Gieraths, Ch./Malik, J.*, Die Islamisierung der Wirtschaft in Pakistan unter Zia-ul-Haq, Arbeitsmaterialien für den landeskundlichen Unterricht, Heft 11, Bad Honnef 1988. *Malik, S.J.*, Islamisierung in Pakistan 1977–84: Untersuchung zur Auflösung autochthoner Strukturen, Beiträge zur Südasienforschung, Band 128, Stuttgart 1989. *Mahmood, S.*, Zia's Constitutional Politics for Power: 1985–88, in: Orient, Hamburg, 30 (1989) 4, S. 571–580. *Newman, K.J.*, Pakistan unter Ayub Khan, Bhutto und Zia-ul-Haq, Materialien zu Entwicklung und Politik, Nr. 28, München 1986. *Nomann, O.*, Pakistan: Political and Economic History since 1947, London 1990. *Pintz, P.*, Wirtschaftsentwicklung und Wirtschaftspolitik in Pakistan am Ende des sechsten Fünf-Jahres-Plans, in: Internationales Asienforum 19, Dez. 1988, S. 265–293. *Zingel, W.-P.*, Das Militär in Pakistan: Garant oder Bedrohung nationaler Einheit und wirtschaftlicher Entwicklung?, in: R. Steinweg in Zusammenarbeit mit B. Moltmann (Red.), Militärregime und Entwicklungspolitik, Frankfurt 1989, S. 235–257. *Zingel, W.-P./Zingel-Avé Lallemant, St.* (Hrsg.), Pakistan in its Fourth Decade: Current Political, Social, and Economic Situation and Prospects for the 1980s, Mitteilungen des Deutschen Orient-Instituts, Nr. 23, Hamburg 1983.

Saudi-Arabien (Königreich Saudi Arabien)

Grunddaten: *Fläche:* 2149690 km². *Einwohner:* 14,4 Mio. *Einschulungsrate:* 76% (1989). *Lebenserwartung:* 64 Jahre. *Verstädterung:* 77% (1990). *Anteile am BIP:* Landwirtschaft: 8%, Industrie: 45%, davon Verarbeitendes Gewerbe: 9%, Dienstleistungen: 48% (1990); Mitglied der OPEC, 91% der Warenausfuhr sind Brennstoffe/Mineralien. *PKE* (in US-$): 7050 (1990). *BIP* (in Mio. US-$): 80890 (1990). *Währung:* 1 Saudi-Riyal = 20 Qirshes = 100 Hallalas; 1 DM ~ 2,32 S.Rl (Dez. 1992).

1. Historischer Überblick

Mit der Verkündung des Islam durch den Propheten Mohammed (gest. 632) erlangte die Arabische Halbinsel durch die Einigung der Stämme unter dem Banner der neuen Religion und die Schaffung eines einheitl. Staates erstmals weltgeschichtl. Bedeutung. Bald nach dem Tode des Propheten wurde die Hauptstadt des arab.-islam. Reiches nach Damaskus verlegt (661), später nach Bagdad (750). Die Arab. Halbinsel geriet politisch und kulturell an die Peripherie des arab.-islam. Reichs, und die Stämme zerfielen wieder in ihre von Stammesfehden beherrschte Lebensweise zurück. Doch der *Hijaz* (H.) blieb wegen der heiligen Städte des Islam, Mekka und Medina, zumindest *relig. Zentrum* der muslim. Welt.

1.1. Der erste und zweite saudische Staat. Anfang des 16. Jh. geriet der H. unter die Oberhoheit der Osmanen. Mitte des 18. Jh. schloß sich Shaikh Mohammed Ibn Saʿud von Dirʾiyya (bei Riadh) mit Mohammed Ibn Abd al-Wahhab (1703–1792), der die Rückbesinnung auf den ursprüngl. Islam predigte, zusammen. Mit Unterstützung dieser Reformlehre *(Wahhabismus)* konnten die Stämme geeinigt und der 1. saud. Staat gegründet werden. Er erstreckte sich unter dem Sohn Mohammed Ibn Saʿuds, Abd al-Aziz, über die ganze Arab. Halbinsel bis auf den Jemen und Oman. Durch den im Auftrag der Osmanen von Mehmet Ali von Ägypten (1805–48) geführten Feldzug wurde er 1818 zerstört.

In der entlegenen Zentralregion der Halbinsel konnte sich ein 2. saud. Staat jedoch bald wieder entwickeln, allerdings ohne den H., der bis 1840 von Ägypten besetzt blieb. Dieser 2. saud. Staat besaß v. a. für die Kontinuität des saud. Herrschaftsanspruchs Bedeutung.

1892 von Ibn Raschid vom Stamm der Schammar im Najd besiegt, floh die Familie Sa'ud ins Exil nach Kuwait, das unter brit. Einfluß stand.

1.2. Die Gründung des Königreichs Saudi-Arabien. 1902 gelang *Abd al-Aziz Al Sa'ud* (in der Literatur häufig: *Ibn Saud)* die Rückeroberung Riadhs, womit der Grundstein für das Königreich Saudi-Arabien (S.-A.) gelegt war. Entscheidend für die Eroberung des heutigen Staatsterritoriums waren die *Ichwan* (Brüder), d.h. in wahhabit. Lehre unterrichtete Beduinen, die in *hijra* genannten Siedlungen seßhaft gemacht wurden. Als schlagkräftige und von Missionseifer beseelte Truppe standen sie Abd al-Aziz jederzeit zur Verfügung; durch ihre Siedlungen, die der Neulandgewinnung dienten, stellten sie zugleich ein nicht unwichtiges wirtschaftl. Element dar. Ähnlich wie z. Zt. des Propheten Mohammed setzte mit der Ichwan-Bewegung bei den Beduinen eine Lockerung der engen Bindungen an den Stammesverband zugunsten einer übergreifenden Idee und Herrschaft ein.

1906 konnte Abd al-Aziz Ibn Raschid die Macht in der Zentralregion Najd entreißen. Mit der Eroberung der nach der gleichnamigen Oase benannten Provinz *al-Hasa* 1913 kam er am Persischen Golf mit den Briten in Kontakt. Sie wollten ihn während des 1. Weltkrieges in das anti-osman. Bündnissystem am Golf einbeziehen und erkannten 1915 seine Herrschaft an. Im Gegenzug für Subsidienzahlungen und Waffenlieferungen verpflichtete er sich, im brit. Interesse Ibn Raschid, der auf der Seite der Osmanen stand, zu bekämpfen. Nach weiterer Festigung seiner Herrschaft im Najd konnte Abd al-Aziz 1920 das zum Jemen gelegene Hochland von *Asir* unterwerfen. Ein Jahr darauf unterwarf er seine Rivalen im N *(Jebel Schammar)* und marschierte in Hail ein. Bis auf den H. war damit im wesentl. das Territorium des 1. saud. Staates wieder in saud. Hand, und Abd al-Aziz trug nun den Titel „Sultan des Najd und der dazugehörigen Gebiete".

Im H. herrschte der Scherif Husain von Mekka (ab 1916 als König), dem von der Allianz für seinen Kampf gegen die Osmanen ein unabhängiges Arabisches Reich versprochen worden war. Die saud. Herrschaft erkannte er nicht an, zwischen beiden Seiten bestand permanenter Konflikt. Nach der Abschaffung des Kalifats durch Kemal Atatürk 1924 beanspruchte Husain diesen Titel für sich, was ihm den Unmut der arab. und islam. Welt einbrachte.

Abd al-Aziz nutzte diese Stimmung, eroberte den H. und zog noch Ende 1924 in Mekka ein. Nach endgültiger Sicherung seiner Herrschaft ließ er sich am 8. 1. 1926 zum König des H. ausrufen. Er trug nun den Titel „König des H. und Sultan des Najd und der dazugehörigen Gebiete", worin sich die Besonderheit der gesellschaftl. und polit. Strukturen des H. innerhalb des gesamten Herrschaftsgebietes ausdrückte.

Mit seinen Pilger- und Handelszentren, die für den jungen, aber armen saud. Staat eine wichtige Einnahmequelle bedeuteten, war der H. mit seiner einflußreichen Kaufmannsschicht weltoffener und stärker Modernisierungseinflüssen ausgesetzt als die übrigen Teile des saud. Herrschaftsgebiets. In ihnen konnte Abd al-Aziz zunächst ähnlich einem Beduinenscheich als primus inter pares herrschen, im H. bedurfte es modernerer Herrschaftsstrukturen. Seinen Sohn Faisal setzte er als Vizekönig über den H. ein. Im Aug. 1926 traten die *„grundlegenden Instruktionen für das Königreich Hijaz"*, eine Art Verf., in Kraft. Schon 1924 war ein *Bürgerrat der Stadt Mekka* gebildet worden, der 1927 zum *„Konsultativrat"* umgebildet wurde, der sich aus Religionsgelehrten, Notabeln und Kaufleuten zusammensetze, mit der Schaffung des *Rats der Stellvertreter* 1931 jedoch jegliche Bedeutung verlor. Das islam. Recht, die *Sharî'a,* wurde zum allein gültigen Recht erhoben, in Mekka, Medina und Djidda wurden zentrale Hohe Sharî'a-Gerichtshöfe eingesetzt, und mit der Schaffung eines Handels- und Wirtschaftsgerichts 1926 wurde der Grundstein für ein ziviles zentrales Gerichtssystem gelegt.

S.-A. wuchs immer mehr zu einem modernen *Nationalstaat* mit festgelegten Grenzen heran, was zum Konflikt mit den Ichwan führte, die den Wahhabismus auch mit Waffengewalt verbreiten wollten. In ihrem ungebrochenen Missionierungseifer waren sie auch in den Irak und nach Jordanien vorgestoßen, unterlagen dort aber den modernen Waffen (Flugzeugen) der brit. Mandatsmacht. Um seine Herrschaft nicht aufs Spiel zu setzen, mußte Abd al-Aziz den Ichwan Einhalt gebieten, was ihm den Vorwurf einbrachte, den „heiligen Kampf" *(Jihâd)* zu stoppen. Schon wegen seiner Verträge mit GB von 1922, die die Grenzen von Kuwait und dem Irak anerkannten, war ihm „Unterwürfigkeit" gegenüber „Ungläubigen" zur Last gelegt worden. Hinzu kam der Vorwurf, sich der von „Ungläubigen" erfundenen Mittel wie des Automobils und der Telegraphie (letztere wurde als „Hexerei" angesehen) zu bedienen, die

Abd al-Aziz schon früh zur Herrschaftssicherung in seinem weitläufigen Staatsgebiet eingesetzt hatte.

1927 kam es zum offenen *Konflikt zwischen Abd al-Aziz und den Ichwan;* am 30. 3. 1929 wurden die letzten Ichwan, die nicht für seine Richtung eingenommen werden konnten, endgültig geschlagen. Nachdem 1927 schon GB, das als Kolonialmacht im N, O und S des neuen Staates gewissermaßen das Ausland schlechthin vertrat, S.-A. anerkannt hatte, war nach außen und nach innen die Herrschaft so weit gesichert, daß mit der Vereinigung des H. und der Zentralregion Najd am *18. 9. 1932 das Königreich S.-A.* verkündet werden konnte. Ende 1932 kam es wegen der Niederschlagung eines Aufstands im Asir noch zu einem *Konflikt mit dem Jemen,* der jedoch 1934 in einem Vertrag, dem eine partielle Festlegung der Grenzen folgte, beigelegt wurde. Doch bis heute sind die Grenzen zum Jemen und zu Oman noch ungeklärt und bergen ein gewisses Konfliktpotential.

1923 vergab Abd al-Aziz eine Konzession für *Erdölbohrungen* in der Provinz al-Hasa, doch erst die 1933 verliehene brachte Erfolg: 1939 konnte das erste Öl exportiert werden. Die *Royalties,* die ab 1939 gezahlt wurden, konnten zwar den königl. Haushalt stützen, doch die Exporte waren zunächst wegen des 2. Weltkrieges zu gering, um sich auf die Wirtschaft des Landes auswirken zu können. Dies änderte sich 1949, als sich die Produktionsmenge auf 500000 barrel pro Tag (b/d) sprunghaft erhöhte. Neben dem Islam als ideolog. Faktor wurde nun das Öl zur wichtigsten Kraft für den Zusammenhalt des Staates.

2.3. Die Ära nach Ibn Sa'ud. Nach dem Tode von Abd al-Aziz am 9. 11. 1953 wurde sein ältester Sohn *Ibn Sa'ud* sein Nachfolger, der seinen Bruder Faisal zum Kronprinzen und Vorsitzenden des Ministerrats ernannte. Dieser, der noch 1953 von Abd al-Aziz eingerichtet worden war, erhielt 1958 weitere Vollmachten, die ihn zum höchsten polit. Entscheidungsorgan machten. Der Grund dafür war die wachsende Kritik an dem Regierungs- und Lebensstil König Sa'uds, der das Land trotz steigender Öleinnahmen in eine finanz. Krise gestürzt hatte. *Faisal,* der nun die Machtbefugnisse des Ministerpräsidenten und des Vorsitzenden des Ministerrats hatte, gelang es bald, die Staatsfinanzen zu ordnen. Doch die Differenzen zwischen den beiden Brüdern konnten nicht behoben werden. Das Amt des Ministerpräsidenten wechselte zwischen beiden, bis am 2. 11. 1964 Saʿud durch Beschluß des Familienrats und aufgrund eines Rechtsgutachtens *(Fatwa)* der führenden Religionsgelehrten (ʿUlamâʾ) abgesetzt und Faisal zum König ernannt wurde.

Faisal war davon überzeugt, daß die notwendige *Modernisierung* des Landes nicht im Widerspruch zum Islam und den von ihm geprägten Traditionen stehen müsse. Damit stand er zwischen konservativen Kräften, die sich z. B. 1960 der Errichtung einer Mädchenschule widersetzten und 1965 die Einführung des Fernsehens mit dem Bilderverbot des Islam bekämpfen wollten, und liberalen Kräften, die auf Demokratisierung und Beteiligung an der Macht drängten. Schon 1953 und 1956 hatte es Streiks bei den Erdölarbeitern an der Ostküste gegeben, die mit Forderungen nach Demokratie verknüpft waren und eine anti-amerik., „antiimperialistische" Stoßrichtung hatten. Der Einfluß des *„Nasserismus"* war dabei ebenso wenig zu verkennen wie bei den „freien Prinzen", die 1960 vergeblich die Schaffung einer konstitut. Monarchie mit einem zumindest teilweise gewählten Parlament gefordert hatten. Zwei Jahre darauf kündigte Faisal ein Grundgesetz an, das die Regierungsprinzipien und die Beziehungen zwischen Bürgern und Regierung enthalten sollte. Doch dazu sollte es erst 1992 kommen.

Der Islam nach saudisch-modifiziert-wahhabit. Vorstellung zusammen mit dem wachsenden *Ölreichtum* wurde unter Faisal zum wichtigsten ideolog. Instrument der Abwehr von polit. und geistigen Strömungen, die auf das reiche Land, das sich mehr und mehr öffnen mußte, einströmten. Mit der verheerenden arab. Niederlage gegen Israel im Juni 1967 war dem Nasserismus ein entscheidender Schlag versetzt worden. Bei dem Ölboykott von 1973/74 nach dem arab.-israel. Krieg vom Okt. 1973 besaß S.-A. eine Schlüsselstellung als Ölmacht und islam. Staat. 1974, auf dem 2. Gipfeltreffen der 1969 wesentl. auch auf Betreiben S.-A.s ins Leben gerufenen *Organisation der Islamischen Konferenz (OIK)* in Lahore wurde Faisal von Anwar al-Sadat und Muʿammar al-Qaddafi sogar der Kalifentitel angetragen. Am 25. 3. 1975 fiel er dem Attentat eines Neffen zum Opfer. Zwar war es die Tat eines einzelnen, doch im Hintergrund stand das Problem der Modernisierung des Landes. Es war ein Racheakt für den Bruder des Attentäters, der 1965 beim Sturm auf die neu errichtete Fernsehstation von der Polizei erschossen worden war.

Unter dem Nachfolger Faisals, König *Khalid,* wurde die *Modernisierung* des nun immens reichen Landes fortgesetzt. Der Ausbau von Infrastruktur und Administration sowie die Verbesserung des Erziehungs- und Gesundheitswesens standen im Vordergrund, auch um den Aufbau einer die eigenen Ressourcen verarbeitenden Industrie bemühte man sich. Getragen wurde die Entwicklung von einer großen Zahl von *Fremdarbeitern*, die 1979 43% der Gesamtzahl der Arbeitskräfte ausmachte. Der versuchte Aufstand von Fremdarbeitern aus Nigeria in Mekka Ende 1978 deutete an, welche sozialen Spannungen mit der großen Zahl ausländ. Arbeitskräfte verbunden sind. Die nicht geringe Zahl der Gastarbeiter und Berater aus den Industrieländern trägt zur Verschärfung der Modernisierungs- und Verwestlichungsproblematik bei.

Neben dem öffentl. vielfach diskutierten Problem der Fremdarbeiter bestand und besteht aber auch das der Marginalisierung eigener Bevölkerungsgruppen, wie z.B. bei stadtsässig gewordenen Beduinen, die aufgrund der forcierten Modernisierung der Lebensbezüge trotz aller öffentl. Islamverbundenheit orientierungslos werden. In diesem Zusammenhang stand die *Besetzung der großen Moschee von Mekka* am ersten Tag des Jahres 1400 islam. Zeitrechnung (21. 11. 1979) durch ca. 500 gut bewaffnete Anhänger einer Gruppe, die sich Ichwan nannten. Ihre *Alt-Wahhabismus* mit *Chiliasmus* (Proklamation des „erwarteten Mahdi") verbindenden Ideen ließen sich leicht in die Ecke relig. Irrungen stellen, doch ihre Forderungen nach Sturz der königl. Familie, Verbot von Fußball und Fernsehen etc. waren eindeutig. V.a. die Besetzung der großen, heiligen Moschee von Mekka in dem sich immer seiner Stabilität und Sicherheit rühmenden Staat bedeutete eine erhebl. Erschütterung des Images S.-A.s. Dies sowohl im Westen, wo vorschnelle Parallelen zu Iran gezogen wurden, als auch in islamist. Kreisen, die der Regierung anlasteten, daß sie zur Befreiung des wichtigsten Heiligtums des Islam franz. Spezialeinheiten zur Terroristenbekämpfung (also „Ungläubige") zu Hilfe gerufen hatte. Im gleichen Winter kam es im O des Landes zu Unruhen unter den Schiiten, die von den Ereignissen der Moscheebesetzung überdeckt wurden.

Nach dem Tode König Khalids am 13. 6. 1982 wurde *Fahd* sein Nachfolger, der 1986 den offiz. Titel *Diener der beiden heiligen Stätten* (Mekka und Medina) annahm. Seine Herrschaft ist wie die seiner Vorgänger vor die Aufgabe gestellt, einen Ausgleich zwischen modern-technokrat. und tradit. Kräften zu wahren. Zu den wichtigsten äußeren Einflüssen gehörten die Revolution in Iran, der achtjährige iran.-irak. Krieg und ganz besonders die durch den irak. Einmarsch in Kuwait am 2. 8. 1990 ausgelöste Krise am Persischen Golf mit dem Golfkrieg Anfang 1991.

Die *iranische Revolution* stellte für S.-A., das selbst aus einer militant-islamist. Bewegung hervorgegangen war, wegen der eindeutig prowestl. polit. Haltung eine beachtl. Herausforderung dar. Mit dem Schlagwort vom *„amerikanischen Islam"* wurde die islam. Legitimität saud. Herrschaft direkt angegriffen. Bei den Bemühungen, den Einfluß iran. Revolutionspropaganda aufzuhalten, kam der saud. Seite der Gegensatz zwischen *schiitischem* Islam (Iran) und *sunnitischem* (S.-A.) zugute. Zu einem ernsten Eklat kam es am 31. 7. 1987 bei Auseinandersetzungen zwischen demonstrierenden iran. Pilgern und den Sicherheitskräften, die 402 Tote und 649 Verletzte forderten. In der Folge wurde die Modernisierung der für die *innere Sicherheit* zuständigen Nationalgarde und der Security Forces vorangetrieben, die Zusammenarbeit mit arab. und westl. Sicherheitsorganen wie der deutschen Anti-Terror-Gruppe GSG 9 intensiviert und die Gesetze gegen „Saboteure" und „Terroristen" verschärft.

Zusammen mit dem *irakisch-iranischen Krieg* und der Gefahr direkter Betroffenheit S.-A.s hat die iran. Revolution abschreckend auf die saud. Bevölk. gewirkt und den Zusammenhalt der Bevölk.-gruppen unterschiedl. Regionen und Schichten eher gestärkt. Dies scheint auch für die Auswirkungen der Krise um Kuwait und den 2. Golfkrieg der Fall zu sein. Über die Notwendigkeit, die direkte Bedrohung abzuwehren, bestand Einigkeit. Doch die Krise brachte eine ganze Reihe ungeklärter Fragen ins Bewußtsein. Die Verwundbarkeit S.-A.s war durch Saddam Husains Aggression mit einem Schlag deutlich geworden. Die Anwesenheit der amerik. Truppen führte die sicherheitspolit. Abhängigkeit vom Westen vor Augen, und die über 300000 nichtmuslim. Truppen stellten für viele ein relig. Problem dar. Amerik. Soldatinnen, die sogar bewaffnet Auto fuhren, erregten besonderes Ärgernis, da Frauen in S.-A. Autofahren nicht erlaubt ist, wogegen einige saud. Frauen im Nov. 1990 in einer spektakulären Aktion protestierten. Zugleich waren mit der Golfkrise das ungelöste Palästinaproblem, die Frage der ungerechten Verteilung arab. Reichtums sowie die Diskussion über Demokratie und Menschenrechte wieder virulent geworden. All dies geschah zu einem Zeitpunkt, da mit dem Zusammenbruch der SU ein gerade auch in S.-A. festverankertes Feindbild erschüttert wurde. Auf den ersten Blick hat die Entwicklung der 80er Jahre an dem grundlegenden Spannungsverhältnis zwischen eher modern und eher tradit. ausgerichteten Kräften nichts geändert. Man hat nach einer intensiven Debatte über die Stabilität S.-A.s zu Beginn der 80er Jahre gelernt, Anzeichen von internen Problemen nicht überzubewerten.

2. *Das politische System*

2.1. Die formale Legitimationsbasis des politischen Systems. Am 1. 3. 1992 wurde von König Fahd eine *Grundordnung für die Regierung* (al-Niẓâm al-asâsî lil-ḥukm) nebst einer *Ordnung des Konsultativrats* und einer *Provinzordnung* proklamiert. Damit besitzt S.-A. nun eine Art Grundgesetz, das jedoch nicht als Verf. gilt, denn Verf. *(Dustûr)* des Landes sind gemäß Art. 1 der Grundordnung der Koran und die *Sunna* (überlieferte Aussprüche und vorbildliche Taten) des Propheten. In dieser Konstruktion wird der islam. Lehre Rechnung getragen, daß die von Gott gewollte Ordnung, die im Koran offenbart ist und vom Propheten vorbildl. praktiziert wurde, über allen von Menschen gemachten Gesetzen steht, welche konsequenterweise deshalb in S.-A. einfach „Ordnung" *(Niẓâm)* genannt wurden und werden, de facto aber eindeutig Gesetzeskraft haben.

Die Staatsform S.-A.s ist die *Monarchie* der Söhne (und deren Söhne) des Staatsgründers Abd al-Aziz, von denen der Kronprinz durch den jeweil. König bestimmt wird (Art. 5). Die Bürger leisten („huldigen") dem König, auf der Grundlage von Koran und Sunna, Gehorsam in guten wie in schlechten Zeiten (Art. 6). In welcher Form und über welche Repräsentation der Bürger sich diese Huldigung *(Baiʿa)* vollziehen soll, wird nicht erwähnt. Die Regierungsgewalt im Königreich basiert auf Koran und Sunna, und beide sind die Entscheidungskriterien für die Gültigkeit der Grundordnung und anderer Ordnungen des Staates (Art. 7). Die Regierung beruht auf Gerechtigkeit, Konsultation *(Shûrâ)* und Gleichheit gemäß der Sharîʿa.

Die in der Grundordnung dargestellte Herrschaftsform ist keine absolute Monarchie im westl. Sinne, denn über dem Herrscher steht das islam. Recht, die Sharîʿa. Sie zum Wohl der Bevölk. zur Anwendung kommen zu lassen, macht die Legitimität der Herrschaft aus. Die Einschränkung der Herrschaftsgewalt durch ihre Bindung an das islam. Recht besitzt jedoch insofern wiederum nur prinzipiellen Charakter, als islam. Recht gerade auch nach der in S.-A. herrschenden *hanbalitischen Rechtsschule* vorsieht, daß der Herrscher in Notfällen zum Wohl der Gemeinschaft Bestimmungen des islam. Rechts zeitweilig außer Kraft setzen kann.

Auch als konstitut. Monarchie ist das saud. System nicht zu begreifen, denn die Abwehrrechte des Bürgers gegenüber dem Staat werden über den allg. Hinweis auf die Sharî'a und das Recht des Bürgers hinaus, beim König Klagen vorzubringen (Art. 43), kaum definiert. Bei letzterem ist sowohl eine alte Beduinentradition mit angesprochen als auch die Existenz des direkt dem König unterstellten *Beschwerdegerichtshofes (Dîwân al-maẓâlim)*, dessen neue Prozeßordnung 1989 in Kraft trat.

Die Teilung der Gewalten in eine judikative, exekutive und eine verordnende (de facto jurisdiktive) ist vorgesehen, der – allerdings an die Sharî'a gebundene – König ist für alle drei Gewalten oberste Instanz (Art. 44). Was gemäß der Sharî'a gilt, wird in *Rechtsgutachten (Fatwa)* eines Gremiums von Religionsgelehrten festgelegt, dessen Zusammensetzung ein weiteres Gesetz regelt. Wichtigstes Organ der Exekutive ist der *Ministerrat* mit dem König an der Spitze, der die Mitglieder bestimmt und den Rat auflösen kann. (Art. 56/57).

Alles in allem bedeutet die Grundordnung die Festschreibung der bisherigen Herrschafts- und Rechtspraxis. Daß der Schutz des Bürgers vor willkürl. Verhaftung und die Unversehrtheit seines Hauses ausdrückl. erwähnt werden, wurde in Kommentaren schon als bemerkenswert hervorgehoben. Bedeutsam ist, daß sie nach Jahrzehnten, in denen diese Grundordnung immer wieder angekündigt worden war, überhaupt proklamiert wurde. Daß sie von der Bevölk. als Gewinn betrachtet wird, ist nicht zu beobachten. Bei der Einschätzung der „Verfassungswirklichkeit“ sind in S.-A. vielleicht noch mehr als in anderen Staaten die histor. gewachsenen Strukturen und Institutionen unbedingt zu berücksichtigen.

2.2. *Die herrschende Elite und andere Gruppierungen.* An der Spitze der polit. Elite steht nach wie vor die *königliche Familie* mit ihren rund 5000 Mitgliedern. Von ihnen hat jedoch nur ein kleiner Teil direkten polit. Einfluß. Früher besaß der *Familienrat*, dessen Größe sich anhand der Zahl von 68 Unterschriften bei der Proklamation Faisals zum König 1964 ungefähr einschätzen läßt, noch das Vorrecht, den König zu wählen bzw. abzusetzen und den Kronprinzen zu bestimmen. Doch die Grundordnung erwähnt den Familienrat nicht, und es stellt sich die Frage, ob er nicht an informeller Kompetenz eingebüßt hat, da die Nachfolge durch die Grundordnung geregelt ist.

Zur Elite gehört ferner das relig. Establishment der *Religionsgelehrten (ʿUlamâʾ)*, denen eine wichtige ideolog. Funktion bei der Interpretation des Islam gemäß den Erfordernissen der Zeit und den Interessen des Staates obliegt, und die für die Pflege des Rechts zuständig sind. Ihnen steht die Organisation der *Religionspolizei (Muṭauwaʿ)* zur Seite, die für die Einhaltung der relig. Bestimmungen im öffentl. Leben sorgt.

Die Rolle der *Stammesscheichs* ist für Außenstehende schwer zu bestimmen. Der Staatsgründer Abd al-Aziz wußte sich die Loyalität der Stämme neben Geldzahlungen auch durch Einheirat zu sichern. V.a. auf lokaler Ebene ist die Rolle der Stammesführer nicht zu unterschätzen.

Kaufleute, die mehr und mehr zu Unternehmern werden, bilden eine weitere Stütze des Regimes. Stammten früher die Kaufleute überwiegend aus dem Hijaz, so zeichnet sich insbes. seit den 70er Jahren eine wachsende Vermischung von Kaufmannsschicht, Unternehmern und Mitgliedern der königl. Familie ab.

Die *Technokraten* spielen heute nicht mehr nur für die Modernisierung des Landes eine wichtige Rolle, sondern sie sind für seinen Bestand unentbehrl. geworden. Sie sind jedoch in der Regel vom König direkt abhängig, ihnen fehlt die Tradition des polit. Einflusses der anderen Gruppierungen.

Politische Parteien sind verboten. Die polit. Kräfteverhältnisse sind dadurch geprägt, daß die Gewichte zwischen den genannten Gruppierungen (noch?) ausgeglichen sind bzw. vom König austariert werden können. Außer einer jedoch mehr der Oberschicht zuzurechnenden *Frauenorganisation* ist von einem Vereinswesen, das wie etwa in Kuwait soziale und semipolit. Interessen der heranwachsenden städt. Mittelschicht im Sinne eines Bürgertums artikulieren würde, aus S.-A. nichts bekannt.

2.3. Partizipation der Bevölkerung am politischen System. Am 1. 3. 1992 wurde von König Fahd neben der Grundordnung die *Ordnung des Konsultativrats (Majlis al-shûrâ)* verkündet, der in der Grundordnung (Art. 68) selbst gewissermaßen verfassungsmäßig verankert ist. Nach seiner Proklamation hatte der König noch einmal bekräftigt, daß damit kein Schritt in Richtung westl. Demokratie angestrebt sei, die S.-A. wegen der Besonderheit seiner Strukturen nicht brauche.

Der *Konsultativrat* setzt sich aus dem Vorsitzenden und 60 Mitgliedern zusammen, die alle vom König ausgewählt werden (Art. 3). Die Amtsdauer des Rats beläuft sich auf vier Jahre (Art. 13). Seine. Aufgabe ist es, die generelle Politik zu beraten (Art. 15). Mit Mehrheit gefaßte Beschlüsse werden dem Ministerrat vorgelegt; mit seiner Zustimmung kann ein Beschluß dem König vorgelegt und durch ihn per königl. Erlaß zum Gesetz werden. Internationale Verträge, Abkommen und Konzessionen werden vor Verabschiedung durch königl. Erlaß dem Rat zur Einsicht gegeben (Art. 18). Mindestens zehn Ratsmitglieder können ein Gesetz vorschlagen (Art. 23). Die Funktion des Rates beschränkt sich also auf Zuarbeit bei der Entscheidungsfindung des Ministerrats ohne eigene Entscheidungs- oder Einspruchsbefugnis. Ein Schritt in Richtung Demokratie ist mit der Bildung dieses Rats nicht getan. Es kann sein, daß er zu mehr Kommunikation und Transparenz im Vorfeld der Entscheidungsebene beiträgt und Gruppen der Gesellschaft wie den Technokraten, die über kein durch Tradition gesichertes „Ohr" beim König verfügen, einen gesicherteren Platz im polit. Establishment einzuräumen hilft.

Bei einer Bewertung der geringen polit. Partizipation ist die aus beduinischer Tradition stammende weitreichende Zugänglichkeit des Königs für jeden Bürger zur Entgegennahme von Klagen, nicht aber zur polit. Diskussion, zu berücksichtigen. Allerdings dürfte diese Institution mehr und mehr durch die heutige Bürokratisierung eingeschränkt sein. Ferner ist zu berücksichtigen, daß S.-A. als ein typ. Rentierstaat mangelnde polit. Partizipation durch umfangreiche soziale und sonstige Leistungen, zu denen sich der Staat auch in der Grundordnung verpflichtet (Art. 27–30), auszugleichen versucht. Bürger, die keine Steuern zu zahlen brauchen, haben eine schlechte Argumentationsbasis für die Forderung nach mehr polit. Partizipation.

3. Sozialstruktur

Die Bevölk. S.-A.s ist ethnisch weitestgehend *homogen.* Über ihre Zahl gibt es verschiedene Schätzungen. Die UN schätzten für 1987 12,4 Mio., die offiz. saud. Schätzung für das gleiche Jahr nannte 13,6 Mio. Einwohner. Die Wachstumsrate liegt mit 4,5% sehr hoch, doch wegen der Größe und des Reichtums des Landes ist sie sozialpolit. unproblematisch.

Etwa 70% der Bevölk. lebt in *Städten*, die übrigen als Bauern oder Nomaden. Der H. mit seinen tradit. Handels- und Pilgerzentren besitzt den höchsten Urbanisierungsgrad, die Zentralregion mit der Hauptstadt Riadh (nach einigen Schätzungen mit über 1 Mio. Einwohnern) hat seit den 70er Jahren aufgeholt. Bei der ländl. Bevölk. handelt es sich um Oasen- oder Bergbauern, letztere v. a. im Asir und im H. Die einst für die Wirtschaft der Halbinsel so wichtigen *Nomaden* (Beduinen) haben an Zahl und noch mehr an wirtschaftl. Bedeutung verloren. Ihre geschätzte Anzahl von max. 200–300 000 sagt jedoch nichts aus über das Fortleben von polit. nicht unbedeutenden Stammesstrukturen.

Von der muslim. Bevölk. gehören etwa 85% dem *sunnitischen Islam* an, der Rest sind *Schiiten* (Zwölferschia), die an der Ostküste leben. Das Verhältnis zwischen beiden Religionsgruppen ist gespannt; aus den 50er Jahren und dem Winter 1979/80 sind Unruhen unter den Schiiten bekannt. Gegenüber relig.-polit. Einflüssen aus dem revolutionären Iran schienen die Schiiten S.-A.s jedoch weitgehend resistent, was u. a. auch auf die Bemühungen der Regierung zurückzuführen ist, den Lebensstandard der Schiiten zu fördern.

Der Anteil von *Ausländern*, die den Großteil der für das Land lebenswichtigen Arbeitskräfte stellen, lag 1985 bei ca. 4,5 Mio., ist aber seitdem gesunken, was auch den Planungszielen der Regierung entspricht, die einen Abbau der ausländ. Arbeitskräfte um 23% bis 1990 angestrebt hatte. Das größte Kontingent an ausländ. Arbeitskräften stammt aus dem Jemen, gefolgt von Ägypten, Pakistan, Südkorea und den Philippinen. Wegen der pro-irak. Haltung des Jemen nach dem irak. Einmarsch in Kuwait mußten mindestens 300 000 Jemeniten, die einen Sonderstatus genossen hatten, mit erhebl. Konsequenzen für die Wirtschaft ihrer Heimat das Land verlassen.

Seit den 80er Jahren wird über das Heranwachsen einer *städtischen Mittelschicht* und ihre mögl. polit. Bedeutung diskutiert. Die enge Verflechtung von privatem und staatl. Kapital bremst nach wie vor die Entwicklung einer eigenständigen Bourgeoisie. Das *Erziehungswesen* spielte bei der Herausbildung der städt. Mittelschicht eine wesentl. Rolle. Die Zahl der Schüler und Studenten wuchs von 1970 bis 1987 von über 500 000 auf 2 Mio., von denen 1987 56% weibl. Geschlechts waren. Die im Ausland Studierenden dürfen als wichtiger Faktor der Mittelschichtsbildung angesehen werden.

Seit den 60er Jahren haben *Frauen* der Oberschicht, von König Faisal unterstützt, sich intensiv um die Entwicklung des Erziehungswesens gerade auch für Frauen bemüht. Bekannt ist eine landesweite Wohltätigkeitsvereinigung der Frauen. Obgleich über ihr die schützende Hand des Königs liegt, war sie 1991 öffentl. Angriffen traditionalist. Religionsgelehrter ausgesetzt.

4. Binnen- und außenwirtschaftliche Gegebenheiten und Entwicklungsziele

S.-A. ist der größte Erdölproduzent der OPEC und der drittgrößte der Welt. Seine Ölreserven wurden im Okt. 1990 mit 315 Mrd. Barrel angegeben. Im Interesse eines hohen Ölpreises hatte S.-A. in den 80er Jahren seine Produktion niedrig gehalten. Verringerte Nachfrage nach OPEC-Öl, der irak.-iran. Krieg, der zur schlechten Zusammenarbeit innerhalb der OPEC beitrug, und der Dollarverfall ließen die saud. Öleinnahmen erhebl. sinken. Seit 1983 ist der saud. Haushalt defizitär.

Schon vor der Kuwait-Krise 1990 hatte die Regierung den Erdölexport erhöht. Als sich die OPEC nach der irak. Besetzung Kuwaits einem saud. Ultimatum über neue Förderquoten verweigerte, erhöhte das Land seine Produktion um 57%. Dies brachte jedoch nur begrenzte Mehreinnahmen. Wegen der Kosten der Golfkrise und des Krieges, die inklusive neuer Waffenkäufe in den USA (etwa 9 Mrd.) auf insgesamt fast 60 Mrd. US-$ geschätzt werden, blieb der Haushalt im Defizit, das sich Ende 1992 auf ca. 125 Mrd. US-$ akkumulierte. Die Auslandsreserven sind auf etwa 10 Mrd. US-$ gesunken. Doch der im Dez. 1991 vorgelegte neue Haushalt über 48,25 Mrd. US-$ ist der höchste seit 1985/86. Im Lande bestehen Zuversicht und Überzeugung, daß die Rezession der 80er Jahre überwunden sei.

Seit Beginn der 70er Jahre bemühte sich der Staat im Interesse des Abbaus allzu einseitiger Erdölabhängigkeit energisch um die *Diversifizierung* der Wirtschaft im Rahmen von *Fünfjahresplänen.* Die ersten beiden (1970–80) konzentrierten sich auf den Ausbau der *Infrastruktur* und den Aufbau einer eigenen *erdölverarbeitenden Industrie* in den beiden Industriekomplexen Jubail am Golf und Yanbu am Roten Meer. Der dritte und vierte Plan hatten als Schwerpunkte den Auf- und Ausbau eigener Produktion v.a. auch im Nicht-Öl-Bereich, die Förderung privater Unternehmen und Initiativen, die Heranbildung von Fachkräften im Interesse der Reduzierung ausländ. Arbeitnehmer und die Verbesserung des Gesundheitswesens. Bei den Diversifizierungsbemühungen sollen beachtl. Fortschritte erzielt worden sein. Nach offiz. Angaben war 1989 der Anteil des Rohölexports auf 64% der gesamten Staatseinnahmen gesunken.

Der Entwicklung der *landwirtschaftlichen Produktion* wird große Bedeutung beigemessen. Von 1985 bis 1990 wuchs der Anteil der landwirt. Produktion am BIP von 3,4 auf 8% und verringerte die Kosten der Lebensmitteleinfuhr um 31%. Bis 1995 soll die landwirt. Produktion um 7% jährl. auf 9% des BIP steigen. Bei Datteln, Eiern und Weizen ist S.-A. Selbstversorger. Der hoch subventionierte *Weizenanbau* wird mit für den Wasserhaushalt des Landes prekären Bewässerungsanlagen betrieben und stellt eine Art landwirt. Musterproduktion dar. Seit 1986 wurden insgesamt 9 Mio. t in 40 verschiedene Länder (darunter auch die SU) exportiert; für 1991 stellte die Regierung Subventionen in der Höhe von 2,1 Mrd. US-$ bereit. Im gleichen Jahr konnte eine Rekordernte von 4 Mio. t eingebracht werden. An ökonom. Kritik der hochsubventionierten und Wasser verschlingenden Farmbetriebe – die Al Safy Molkerei südl. von Riadh soll mit ihren ca. 20000 Holstein-Kühen nach Berechnungen von Experten für jeden produzierten Liter Milch 1500 l Wasser verbrauchen – fehlt es nicht.

Ein weiteres Feld intensiver Regierungsbemühungen bei den letzten drei Fünfjahresplänen war die Förderung des im eigentl. Sinne *privaten industriellen Sektors*, dessen Anteil am Nationaleinkommen etwas über 20% ausmacht. Im Königreich existieren über 2000 private Werkstätten und Industriebetriebe, jährl. werden ca. 50 neue eröffnet, und man erhofft sich eine Erhöhung auf 80. Die infrastrukturellen Vorraussetzungen gelten als vorzüglich, und auf Seiten der privaten Unternehmer bestehen Hoffnungen, daß ein Teil der im Haushalt für spezielle Projekte vorgesehenen 13,9 Mrd. US-$ ihnen zugute kommt.

5. Zusammenfassende Charakterisierung der innen- und außenpolitischen Situation

Die gegenwärtige innen- und außenpolitische Befindlichkeit S.-A.s ist vielleicht in dem Kommentar eines Saudis zur neuen Grundordnung vom 1. 3. 1992 erfaßt: Wir werden ein normales Land. Mit der Grundordnung besitzt das Königreich nun eine Art Verf., durch die zugestanden wird, daß auch in S.-A. unter dem Schirm des islam. Anspruchs die Spielregeln von Menschenhand sind. Die Grundordnung kann schwerl. als Errungenschaft des Volkes angesehen werden. Doch als *Bestätigung des bisher. Systems*, von dem man überzeugt ist, mit ihm auch künftige Probleme bewältigen zu können, ist sie Ausdruck neu gewonnenen Selbstbewußtseins nach der großen Krise um Kuwait, die neben direkter Bedrohung auch zu Orientierungsschwierigkeiten geführt hatte.

Die Besetzung der großen Moschee von Mekka 1979 war allein schon wegen der Ungeheuerlichkeit der Tat dazu bestimmt, eine singuläre Begebenheit zu sein. Heute hat man auch in S.-A. damit zu leben gelernt, daß es ein Land mit polit. opposit. Strömungen sowohl relig.-ultrakonservativer als auch modernistisch-„linker" Couleur ist, die sich zwar unterdrücken, nicht jedoch verschweigen lassen. Eine Bedrohung der inneren *Stabilität des Landes* ist nicht zuletzt wegen des Fehlens einer Alternative für das bestehende System selbst bei partieller Gemeinsamkeit beider Strömungen mittelfristig nicht denkbar. Für die interne polit. Entwicklung dürften Auseinandersetzungen um Einzelforderungen wichtig werden, wie die nach *Pressefreiheit*, die zur „Verhinderung eines weiteren Saddam Husain" schon erhoben wurde.

Die Erfahrung einer wirtschaftl. *Rezession* ist der Selbsteinschätzung des Landes eher dienlich gewesen. Auch S.-A. muß haushalten und muß auf wirtschaftl. Effizienz seiner Projekte bedacht sein. Ob die Rezession auch Anstoß war, gegen Korruption und erhebl. Unzulänglichkeiten in Verwaltung und Bürokratie anzugehen, muß dahingestellt bleiben. Für die Einschätzung der internen Situation zählt ferner, daß das Land nicht mehr in der früheren Abgeschiedenheit lebt. Die Anwesenheit von über 6000 Journalisten während der akuten Phase der Kuwait-Krise war zwar einmalig, doch ein gewisses Maß der Öffnung nach außen dürfte nicht mehr rückgängig zu machen sein. Berechtigte Klagen gegen *Menschenrechtsverletzungen* wie die von amnesty international in einem Bericht vom 11. 1. 1990 werden zwar öffentlich mit dem Hinweis auf die Sharîʿa nach wie vor empört abgewiesen, doch die *Amnestie* von über 7000 Häftlingen im April des gleichen Jahres läßt hoffen, daß solche Bemühungen auch in Zukunft nicht wirkungslos sind.

Saudische *Außenpolitik* war in früheren Jahrzehnten gekennzeichnet durch die Suche nach Kompromissen über Geldzuweisungen und Einfluß in internat. Gremien. In der Krise um Kuwait war S.-A. jedoch direkt betroffener und zugleich bedrohter Hauptakteur. Deutlicher als je zuvor wurde durch die Krise und den Krieg die *sicherheitspolit. Abhängigkeit* S.-A.s vom Westen und insbes. den USA offenbar. In den ersten Wochen nach der Besetzung Kuwaits stand die Hauptstadt des Königreichs einem irak. Zugriff faktisch offen.

Der Versuch einer *innerarab. Sicherheitsregelung* für die Ölstaaten am Persischen Golf auf Grundlage der *Damaskus-Erklärung* vom 6. 3. 1991, derzufolge Ägypten und Syrien gegen Petrodollars die militär. Sicherheit der Golfanrainer gewährleisten sollen, scheiterte bislang an Befürchtungen vor einer langfristigen Stationierung von zuviel „arabischen Brüdern" im eigenen Land, deren Effizienz im Ernstfall bezweifelt wird. Die Einsicht in die Notwendigkeit militär. Sicherheitshilfe durch den Westen teilt S.-A. mit den anderen Staaten des Golfkooperationsrats (GCC). Zusammen mit den GCC-Staaten hat S.-A. schon seit dem Ende des irak.-iran. Krieges die Beziehungen zu *Iran* auf der Ebene pragmat. Kooperation gestalten können. Wenn auch als letztes Mitglied des Kooperationsrats, nahm S.-A. im März 1991 die diplomat. Beziehungen zu Iran wieder auf. Im Hinblick auf die Quotenregelung bei der jährl. Pilgerfahrt sind die Schwierigkeiten aus dem Weg geräumt, Mißtrauen gegenüber iran. Vormachtinteressen am Persischen Golf besteht aber nach wie vor. Das Verhältnis zu *Jordanien* und *Jemen*, die von S.-A. finanz. abhängig sind und von denen sich das Königreich wegen ihrer Parteinahme für Saddam Husain verraten fühlte, ist ebenso wie das zur PLO auf dem mühsamen Weg der Besserung.

Der nach dem Golfkrieg von den USA in die Wege geleitete *Nahost-Friedensprozeß*, der mit der ersten Konferenz in Madrid im Okt. 1991 in Gang kam, findet die offene Unterstützung des Königreichs. Allerdings dürften in dieser Frage die USA nur dann weiterhin die Unterstützung S.-A.s behalten, wenn sich wenigstens einige positive Ergebnisse für die Palästinenser abzeichnen. Sollte es den USA nicht gelingen, Israel zu überzeugenden Zugeständnissen zu bringen, dürfte das Königreich mit seinen engen Beziehungen zu Washington einen schweren Stand in der arab. Welt haben.

Obgleich Kommunismus jeglicher Schattierung für S.-A. Anathema war und ist, hatte sich zu den kommunist. Staaten schon gegen Ende des irak.-iran. Krieges eine Besserung der Beziehungen angebahnt. Sowohl *China* als auch die *SU* ließen 1990 jeweils

1500 Pilger nach Mekka ausreisen. Diplomat. Beziehungen zu China wurden im Juni 1990 angekündigt, und die Wiederaufnahme der seit 1938 suspendierten Beziehungen zur SU wurde kurz nach der irak. Besetzung Kuwaits angekündigt. Eine Teilnahme beider kommunist. Staaten an der internat. Friedenstruppe hätte S.-A. begrüßt. Mit der Entstehung neuer unabhängiger Staaten im Süden der ehemal. SU hat auch die saud. Außenpolitik ein neues Aktionsfeld. Neben wirtschaftl. Engagement sollen u. a. die millionenfache Versendung von Koranexemplaren, der Bau von Moscheen sowie die Übernahme der Reisekosten von über 13000 Pilgern der ehemal. SU durch König Fahd persönl. dazu dienen, dem relig.-polit. Einfluß Irans in der Region entgegenzuwirken.

Daß der Islam als polit. Kraft keineswegs problemlos ist, hat S.-A. innenpolit. im Grunde schon seit seiner Entstehungszeit lernen und während der 70er und 80er Jahre erfahren müssen – sei es im Zusammenhang mit der iran. Revolution, der Krise um Kuwait oder dem Wahlerfolg der *Islamischen Heilsfront* in Algerien Ende 1991. Nicht mehr alle Gruppierungen, die den Islam für sich in Anspruch nehmen, werden die Großzügigkeit des Königreichs genießen können, denn auch das Land, das die heiligen Städte des Islam beherbergt, muß um seinen Islam kämpfen.

Johannes Reissner

Lit.: *Al-Farsy, F.*, Modernity and Tradition. The Saudi Equation, London 1990. *Blume, H.* (Hrsg.), Saudi-Arabien. Natur, Geschichte, Mensch und Wirtschaft, Tübingen/Basel 1976. *Ende, W.*, Religion, Politik und Literatur in Saudi-Arabien: Der geistesgeschichtliche Hintergrund der heutigen religiösen und kulturpolitischen Situation, in: Orient 22 (Sept. 1981), S. 377–390; 23 (März 1982) 1, S. 21–35; 23 (Sept. 1982) 3, S. 378–393; 23 (Dez. 1982) 4, S. 524–539. *Habib, J. S.*, Ibn Sa'ud's Warriors of Islam. The Ikhwan of Najd and their Role in the Creation of the Sa'udi Kingdom, 1910–1930, Leiden 1978. *Korany, B.*, Defending the Faith Amid Change. The Foreign Policy of Saudi Arabia, in: Korany, B. (Hrsg.), The Foreign Policy of Arab States, Boulder/Colorado 1991, S. 310–353. *Koszinowski, Th.* (Hrsg.), Saudi-Arabien: Ölmacht und Entwicklungsland. Beiträge zur Geschichte, Politik, Wirtschaft und Gesellschaft, Hamburg (Mitteilungen des Deutschen Orient-Instituts Nr. 20) 1983. *Reissner, J.*, Die Besetzung der großen Moschee in Mekka 1979. Zum Verhältnis von Staat und Religion in Saudi-Arabien, in: Orient 21 (Juni 1980) 2, S. 194–203. *Salamé, Gh.*, Political Power and the Saudi State, in: Berberoglu, B. (Hrsg.), Power and Stability in the Middle East, London 1989, S. 70–89. *Stookey, R. W.* (Hrsg.), The Arabian Peninsula. Zone of Ferment, Stanford 1984.

Sudan (Republik Sudan)

Grunddaten: *Fläche:* 2505813 km^2. *Einwohner:* 26,2 Mio. (1991). *Einschulungsrate:* 49% (1988). *Lebenserwartung:* 50 Jahre. *Verstädterung:* 22% (1990). *Anteile am BIP:* Landwirtschaft: 34%, Industrie: 15%, Dienstleistungen: 52%. *PKE* (in US-$): 480 (1990). *BIP* (in Mio. US-$): 11240 (1991). *Währung:* 1 Sudanesischer Dinar = 100 Piastres; 1 DM ~ 8,3 SD (Dez. 1992); daneben noch im Gebrauch sudanesisches Pfund (1 SD = 10 sud. £).

1. Historischer Überblick

Die polit. Entwicklung der seit dem 1. 1. 1956 unabhängigen Republik Sudan (S.) ist durch drei Strukturkomponenten stark geprägt, deren zentrifugale Kräfte bislang innerhalb der geograph. Grenzen des S. das Zustandekommen eines nationalen Konsenses über die polit. Ordnung verhindert haben und so die Hauptursache der andauernden polit. Instabilität sind. Diese Strukturkomponenten sind die arab.-islam. Identität primär der Nordsudanesen, die Nachwirkungen der Kolonialzeit und der religiöse, ethn. und ökonom. Eigencharakter des Südsudan.

Das heutige Staatsgebiet des S. unterlag seit dem 7. Jh. einem *südwärts ausgerichteten Prozeß der Islamisierung und Arabisierung,* dessen Ausgangspunkt das islam. Ägypten bzw. das Osman. Reich und dessen Träger, einwandernde arab. Stämme, Händler, relig. Bruderschaften und Missionare, waren. Unter diesem Druck brach 1504 das seit 540 bestehende christl. *Nubierreich* zusammen und wurde vom *Fung-Sultanat* (Hauptstadt Sennar) abgelöst, das bis 1821 Bestand hatte, als der ägypt. Herrscher bzw. der osman. Vizekönig für Ägypten, Mohammed Ali, sein Reich bis in den Nordsudan (N-S.: Nubien, Sennar, Kordofan) ausdehnte, das sein Nachfolger, Khedive Ismail (1863–79), bis nach Darfur, Bahr al-Ghazal und Equatoria vergrößerte. Dieser Phase der türk.-ägypt. Herrschaft machte 1885 (Eroberung Khartums) der *Mahdistenaufstand* unter Führung des Mahdi („Rechtgeleiteter") *Mohammed Ahmad* mit der Errichtung seines theokrat. Staates ein Ende. Die Niederschlagung dieses Aufstandes durch ägypt.-brit. Truppen (Rückeroberung Khartums September 1898) begründete das bis 1956 bestehende *Anglo-Ägyptische Kondominium* über den S., wodurch jener de facto brit. Kolonie wurde. Für die arab.-islam. Identität hatte dies negative Folgen, galt doch ab 1898 das engl. Common Law statt des islamischen Rechts. Erst ab Okt. 1971 wurde mit Verabschiedung eines neuen Zivilgesetzbuches das islam. Recht gestärkt, mit den Septembergesetzen von 1983 (-1985) ein erster Versuch zur Einführung der Sharî'a unternommen und seit der Machtübernahme durch die Militärjunta unter al-Bashir (30. 6. 1989) ein rigoroser Islamisierungs- und Arabisierungskurs gesteuert: u.a. Dekretierung des islam. Strafgesetzes (22. 3. 1991), Geschlechtertrennung im öffentl. Leben, massive islam. Mission im Südsudan (S-S.), Arabisierung des Hochschulunterrichts (s.u.).

Die *Nachwirkungen der Kolonialzeit* zeigten sich sowohl im ökonom. als auch im administrativ-polit. Bereich. Bedeutende ökonom. Auswirkungen hatte die Inwertsetzung der Gezira, jener fruchtbaren inselartigen Region zwischen Weißem und Blauem Nil, auf der auf Staatspachtbasis der Baumwollanbau für den brit. Markt eingeführt wurde. Gravierender für die polit. Entwicklung war nach der Ermordung des Generalgouverneurs Sir Lee Stack am 19. 11. 1924 durch Mitglieder der sudan. Nationalistenbewegung die Einführung des Systems der *indirekten Herrschaft.* Dieses beinhaltete die Aufgabe der direkten Präsenz brit.-ägypt. Beamter und der Befürwortung einer zentralen Administration, deren Mitglieder sich aus der städt., nationalist. Bildungselite (besonders den Absolventen des 1902 von den Briten gegründeten Gordon Memorial College) rekrutierten, zugunsten einer Förderung tribaler Institutionen und der relig. Bruderschaften, also der Herrschaft durch *local chiefs,* Stammesscheichs und relig. Führer.

Parallel zu dieser soziale Spannungen erzeugenden Herrschaft auf *indirect-rule*-Basis betrieb die brit. Kolonialmacht eine *regionale Politik des divide et impera,* deren Folgen bis heute den Südsudankonflikt mitbestimmen. Um nämlich die Ausbreitung nationalist. Gedankengutes, u.a. der *Sudanese United Tribe Society,* im eigentl. S. (Land der Schwarzen, von arab. *sûdân* = Schwarze, Neger), d.h. den drei südl. Provinzen Equatoria, Upper Nile und Bahr al-Ghazal, mit seinen 6-7 Mio. Bewohnern nichtarab. und nichtislam. Stämme zu verhindern, verfolgte die Kolonialmacht gegenüber dem Süden eine eigenständige Politik. Nachdem schon seit 1905 christl. Missionaren der Zugang erlaubt war, wurde 1918 Englisch zur Unterrichtssprache und mit dem Equatoria Corps eine rein südsudan. Truppe aufgebaut; 1922 wurde Händlern des Nordens der Zugang zum Süden verboten. Diese ab 1924 weiter verschärfte Politik der closed districts wurde allerdings 1947 aufgegeben, als die ökonom. Fragilität eines abgeschotteten, nach Ostafrika orientierten Südens deutl. wurde. Die *Rückintegration des Südens* in den S. – obwohl die Gefahr einer bewaffneten Erhebung gegen die Überfremdung aus dem N-S. drohte, die schließl. mit der Revolte der Garnison von Torit 1955 begann – war der Preis für die territoriale Integrität des S. gegenüber den Forderungen eines Anschlusses durch ägypt. Nationalisten. Die *ägypt. Revolution* vom Juli 1952 stellte trotz der bereits 1948 von GB eingeleiteten Bildung einer Legislativversammlung zur Vorbereitung der innersud. Autonomie den eigentl. Beginn des sud. Dekolonisationsprozesses dar, stimmte doch Nasser im anglo-ägypt. Abkommen vom 12. 2. 1953 zu, dem S. innerhalb von drei Jahren die nationale Selbstbestimmung zu gewähren. Während dieser Übergangsperiode sollte die Verwaltung sudanisiert (abgeschlossen Aug. 1955) und ein Parlament gewählt werden (Nov. 1953), um den Prozeß der Selbstbestimmung zu vollenden. Ungeachtet einer starken proägypt. Strömung (*National Union Party/NUP* unter Führung von Ismail al-Azhari) beschloß das Parlament am 19. 12. 1955 in einer Resolution die volle *Unabhängigkeit* zum 1. 1. 1956, wobei die erste sud. Verf. von 1956 die meisten Inhalte des brit. Selbstregierungsstatuts übernahm. Als höchstes Organ im Staate fungierte ein vom Parlament gewählter 5-köpf. Staatsrat.

2. Das politische System

2.1. Die Entwicklung seit der Unabhängigkeit. Das erste Experiment eines parlamentar. Mehrparteiensystems im S. war vor dem Hintergrund einer sich verschlechternden Wirtschaftslage und kontroverser außenpolit. Positionen gegenüber den USA gekennzeichnet von Fraktionskämpfen, Machtmißbrauch und Korruption. Hauptkontrahenten waren die NUP, von der sich die *People's Democratic Party (PDP)* als Organ der *Khatmiya-Bruderschaft* (dominiert von der al-Mirghani-Familie) abspaltete, sowie die *Umma-Partei* als Sammlungsorgan der Anhänger *(Anṣâr)* der *Mahdiya-Bruderschaft* unter Führung der al-Mahdi-Familie. Die im Juni 1956 zustandegekommene Anti-NUP-Koalition unter Premierminister Khalil (Generalsekretär der Umma-Partei) war sich jedoch auch nach den Parlamentswahlen Febr./März 1958 nicht über den innen- und außenpolit. Kurs einig und wurde ledigl. durch ihre

Feindschaft gegenüber der säkularistisch orientierten staatl. Mittelklasse (sog. *effendia* mit einem radikalen Flügel in Form der *Communist Party* des S./*CPS* und einem Flügel in der Armee) zusammengehalten. Nachdem am 21. 10. 1958 die sud. Gewerkschaften einen Generalstreik wegen der miserablen Wirtschaftslage und gegen den sud.-amerik. Kooperationsvertrag angekündigt hatten, übernahm am 17. 11. 1958 *General Ibrahim Abbud* bzw. ein 12-köpf. *Oberster Rat der Streitkräfte* die Macht, um die interne Stabilität und den prowestl. Kurs des S. zu sichern. Der Erlaß des Parteienverbots wurde zwar ursprüngl. von den beiden Bruderschaften und ihren Führern al-Mahdi und al-Mirghani mitgetragen, nicht jedoch die zunehmende Repression (Verhaftungen, Pressezensur, Verbot der Gewerkschaften, Proklamation des Ausnahmezustandes). Der gemeinsame Widerstand der *effendia* und linksnationalist. Kräfte sowie der relig. Parteien, der seinen Höhepunkt in der unblutigen „Oktoberrevolution" von 1964 (Generalstreik) fand, zwang so am 1. 11. 1964 die Armee zum polit. Rückzug. Die neue zivile Übergangsregierung unter Führung des parteilosen Politikers *Sirr al-Khatim al-Khalifa* etablierte zwar wieder den Verf.staat auf der Basis der provisor. Verf. von 1956, ließ die polit. Gefangenen frei und führte das Frauenwahlrecht ein, konnte aber keine Fortschritte bei den beiden zentralen Problemen, der Lösung des Südsudanproblems (trotz einer ersten Round-Table-Konferenz 1965) und der Verbesserung der materiellen Bedingungen, bewirken. Der Bonus der *effendia*/linksnationalist. Kräfte beim Sturz der Militärregierung war von daher nicht ausreichend, bei den Wahlen zur Verfassunggebenden Versammlung am 21. 4. 1965 dominierende gestaltende Kraft zu bleiben, vielmehr waren es die etablierten relig. Bruderschaften der *Khatmiya* und der *Umma*-Partei, die das polit. Geschehen bis zum neuerl. Eingreifen des Militärs am 25. 5. 1969 bestimmten. Dieser Staatsstreich unter Führung von *Oberst Ja'far al-Numairi*, Vorsitzender des *Bundes der freien Offiziere*, machte der 4jähr. Periode von parteipolit. Chaos und daraus resultierender Regierungsunfähigkeit ein Ende, während der weder eine endgültige Verf. ausgearbeitet noch eine Lösung des *southern problem* vorangetrieben werden konnte. Gerade die Ambitionen der Umma-Partei und der neugegründeten *Democratic Union Party (DUP;* eine Fusion der NUP und PDP), der Verf. einen starken islam. Charakter zu geben, lösten im S-S. heftigen Widerstand aus.

Der von Numairi präsidierte *Revolutionsrat* als zentrales und höchstes neues Machtorgan suspendierte die Verf., löste den Staatsrat und die Verfassunggebende Versammlung auf, verbot die polit. Parteien und stellte einige Politiker wegen ihrer Korruptionsaffären vor Gericht. Ideolog. wurde die Politik eines sud. Sozialismus propagiert, der ebenso wie die im Okt. 1971 gegründete *Sudanese Socialist Union (SSU)* als neue polit. Massenorganisation vom ägypt. Vorbild inspiriert war. Dieser Schritt – verbunden mit der Option eines Beitritts zur im Juni 1971 zwischen Ägypten, Libyen und Syrien gegründeten *Föderation Arabischer Republiken* – war eine Reaktion auf die bereits kurz nach der Machtübernahme einsetzende interne Herausforderung durch die Mahdiya/Ansar und die CPS. Die nach offiz. Lesart in eine Rebellion umschlagenden Demonstrationen der Ansar im März 1970 wurden durch Militäraktionen niedergeschlagen, bei denen der Imam der Mahdiya, al-Hadi al-Mahdi, getötet wurde. Sadiq al-Mahdi wurde nach Ägypten deportiert, hunderte Ansar verhaftet. Die Spannungen mit der CPS, die ihrerseits über den Kurs gegenüber dem Revolutionsrat gespalten war (Kooperationsfraktion vs. Oppositionsfraktion), eskalierten nach der Eliminierung von CPS-Mitgliedern aus der Regierung und hohen Armeepositionen im Juli 1971 in einem Putschversuch, dessen anfänglicher Erfolg durch libysche und ägypt. Intervention zunichte gemacht wurde. Die gewaltsame Beseitigung der polit. Rivalen befriedete kurzfristig den S., was sich in einer Vielfalt institutioneller Einzelmaßnahmen niederschlug (u.a. Aug. 1971 Proklamation einer provisor. Verf. bzw. April 1973 Verabschiedung einer permanenten Verf., Sept. 1971 Präsidentenwahlen mit Numairi als einzigem Kandidaten, SSU-Gründung (s.o.), Auflösung des Revolutionsrates im Okt. 1971, Wahlen zur Nationalversammlung im Sept. 1972).

Diese Entwicklung wurde gestärkt durch den nachfolgenden größten innenpolit. Erfolg Numairis, nämlich das *Abkommen von Addis Abeba* vom März 1972, mit dem der Bürgerkrieg im S-S. durch Zugeständnisse weitgehender Autonomie an die drei Südprovinzen Equatoria, Bahr al-Ghazal und Upper Nile beendet wurde. Bereits 1973 setzte jedoch mit einer Reihe von erneuten Putschversuchen (Jan. 1973, Sept. 1975, Juli 1976) und mit der Formierung einer gegen Numairi gerichteten *Nationalen Front* ein polit. Erosionsprozeß ein, den die Mobilisierungsbemühungen der SSU, Amnestien, die u.a. 1977 die Rückkehr von Sadiq al-Mahdi aus Libyen ermöglichten, und Eingriffe in den Regierungsapparat nicht aufhalten konnten. Die verfehlte Wirtschaftspolitik, deren Konsequenzen die Verschlechterung der sozioökonom. Lage eines Großteils der Bevölk. durch den generellen Rückgang der Kaufkraft und eine sinkende Selbstversorgungsrate war, weitete vielmehr die ursprüngl. von partikularen Interessen geprägte Opposition aus und führte zu eskalierenden Massenprotesten. Diese begannen mit den gewalttätigen Ausschreitungen vom Aug. 1979, als die Abwertungseffekte von 1978 spürbar wurden, und mündeten nach bedeutsamen Protesten 1980/81 und 1982 in die *„Volksbewegung des zivilen Ungehorsams"* im Frühjahr 1985, an deren Ende die Entmachtung (des auf Staatsbesuch im Ausland weilenden) Numairi am 6. 4. 1985 durch einen *Transitional Military Council (TMC)* stand.

Als polit. Fehlkalkulation Numairis hatte sich v.a. der Rückgriff auf die Sharîʿa erwiesen. Die Einführung des islam. Strafgesetzes im Sept. 1983 sowie des islam. inspirierten Steuergesetzes im Sept. 1984 hatte überraschend große Ablehnung von Seiten der Khatmiya- und Mahdiya-Bruderschaften erfahren und so die erhofften systemstabilisierenden Effekte, resultierend aus der Kooptierung der einflußreichen Muslimbrüder unter ihrem Führer Hasan al-Turabi, überwogen. Hinzu kam, daß sich der seit Juni 1983 neu ausgebrochene Konflikt um den S-Sudan, den Numairi mit der Neuordnung der Regionalpolitik durch *Aufhebung der gewährten Teilautonomie,* d.h. den Bruch des Abkommens von Addis Abeba von 1972, auslöste, mit der Einführung der Sharîʿa vertiefte.

Der 15köpf. TMC unter Vorsitz des seit März 1985 amtierenden Verteidigungsministers und Generalstabschefs *General Siwar al-Dhahab* suspendierte die Verf. von 1973, löste die Nationalversammlung und die 1980 beschlossenen sieben Regionalversammlungen sowie die SSU auf und ersetzte die entmachtete Numairi-Regierung am 22. 4. 1985 durch eine Zivilregierung unter Premierminister al-Jazuli Daf'allah, die zusammen mit dem TMC auf der Basis der Übergangsverf. vom 10. 10. 1985 die Organisierung demokrat. Wahlen durchführen sollte, da bis zum 1. Jahrestag des Sturzes von Numairi die Macht an demokrat. gewählte Institutionen transferiert werden sollte. Aus den angesetzten 12täg. Parlamentswahlen Anfang April 1986, an denen sich 29 rekonstituierte polit. Parteien beteiligten (Wahlbeteiligung 68%), gingen die traditionell die polit. Landschaft bestimmenden Parteien Umma, DUP und die von den Muslimbrüdern dominierte *National Islamic Front (NIF)* mit 81% aller abgegebenen Stimmen als Sieger hervor. Von den insges. 232 über Wahlkreise zu vergebenden Parlamentssitzen entfielen allein 100 auf die Umma-Partei, 63 auf die DUP und 28 auf die NIF, die zusätzl. weitere 23 Sitze von den 28 für die Berufsvereinigungen reservierten Sitze errang. Nachdem am 6. 5. 1986 der TMC seine Vollmachten an den neuen 5köpf. Staatsrat unter Vorsitz des DUP-Politikers *Sayyid Ahmad Ali al-Mirghani* übergeben hatte und am 15. 5. 1986 die Regierungsbildung (Kabinett unter Premierminister Sadiq al-Mahdi) abgeschlossen war, akzentuierten sich in der eingeleiteten *„dritten demokratischen Periode"* (1986–1989) schrittweise die früheren polit. Unfähigkeiten und Unzulänglichkeiten hinsichtl. der Lösung der beiden zentralen Problemkomplexe, der Beendigung des sich ausweitenden und immer verlustreicher werdenden Südsudankonflikts und der Überwindung der sich gleichfalls verschärfenden wirtschaftl. und sozialen Misere. Sadiq al-Mahdi, in polit. Machtkämpfe verstrickt, deren Resultat wechselnde Koalitionen und 4 Regierungen zwischen 1986 und 1989, aber auch eine sich verschlechternde Menschenrechtsbilanz waren, und immer stärker dem Einfluß der Islamisten um Turabi ausgesetzt, konnte weder die ursprüngl. beabsichtigte Abschaffung der Sharîʿagesetze durchsetzen noch – trotz verschiedener Friedensinitiativen – einen Durchbruch in der Lösung des Südsudankonflikts erzielen. In dieser Situation intervenierten die Militärs am 30. 6. 1989 erneut, um mit einem Kurs der „nationalen Errettung" die polit.-ökonom. Zerfallsprozesse zu stoppen.

2.2. *Verfassung und formale Legitimationsbasis des politischen Systems.* Die Verfassungsentwicklung des S., in den 50er und 60er Jahren geprägt von der provisor. Verf. von 1956 und während der Numairi-Ära, besonders seit 1973 bis zum Sturz Numairis 1985, von der (ersten „permanenten") Verf. vom März 1973 gekennzeichnet, ist seit der am 30. 6. 1989 dekretierten Suspendierung der Übergangsverf. vom Okt. 1985 durch den *Revolutionären Kommandorat der Nationalen Errettung (RKRNR)* unter Leitung von Generalleutnant Umar Hasan al-Bashir in eine Reorientierungsphase eingetreten. An ihrem Ende soll die Verabschiedung einer neuen „permanenten" Verf. durch die am 24. 2. 1992 erstmals zusammengetretene und durch Verfassungsdekret Nr. 5 vom 31. 12. 1991 bestimmte 300 Mitglieder umfassende *Transitional National Assembly (TNA)* stehen. Mit dem 1. Verf.dekret *(Marsûm dustûrî)* vom 30. 6. 1989 bestimmte der RKRNR die Auflösung der bestehenden Institutionen und betonte, daß die „Revolution der nationalen Rettung" *(Thaurat al-inqâdh)* „Ausdruck der politischen und verfassungsmäßigen Legitimität, die den kollektiven Willen des Volkes in der Republik Sudan verkörpert", sei. Insofern der RKRNR eine demokrat. legitimierte Regierung stürzte, kam das neue Regime v. a. gegenüber dem Ausland unter erhebl. Rechtfertigungsdruck, wobei als Argumente die Verfälschung der Demokratie, der Mißbrauch der Institutionen, der vernachlässigte „Kampf gegen Chaos, Korruption und Nepotismus" sowie die außenpolit. Isolation, der ungelöste Südsudankonflikt und die Abwertung der bewaffneten Streitkräfte (Rede al-Bashirs vom 30. 6. 1989) angeführt wurden. Mit gleichem Verf.dekret wurde der Vorsitzende des RKRNR zum Staatschef, Premierminister, Verteidigungsminister und Generalstabschef ernannt und der RKRNR zur höchsten konstitutionellen, exekutiven und legislativen Autorität bestimmt. Mit Verf.dekret Nr. 2, ebenfalls am 30. 6. 1989 verkündet, wurden alle polit. Parteien verboten, die örtl. und regionalen Regierungen aufgelöst, die Presselizenzen zurückgezogen, der Ausnahmezustand verhängt und für Verstöße gegen diese Bestimmungen Gefängnis zwischen zwei und zehn Jahren angedroht. Das 3. Verf.dekret vom 28. 7. 1989 regelte, nachdem am 9. 7. 1989 vom RKRNR der erste Ministerrat eingesetzt worden war, die exekutiven und legislativen Kompetenzen des Staatschefs, des Ministerpräsidenten, des RKRNR und des Ministerrates. Wesentlich weitreichendere Folgen hatte das am 6. 2. 1991 erlassene Verf.dekret Nr. 4, das seinem Titel zufolge („Konstitution des föderalen Staates") die Umwandlung des S. in einen föderalen Staat, basierend auf neuen Bundesstaaten (Khartoum State; Northern State; Central State; Kordofan State; Darfur State; Bahr al-Ghazal State; Equatoria State; Upper Nile State; Eastern State), brachte und die Voraussetzung für die Umsetzung des „Konferenz-Systems" *(Niẓâm al-mu'tamarât)* war, das gemäß den Beschlüssen der *National Dialogue Conference on the Political System* (6. 8.–21. 10. 1990) bzw. der *National Founding Conference on the Political System* (29. 4.–3. 5. 1991) ab 1992 umgesetzt wurde.

2.3. Staatsstruktur und politisches Programm. Da einerseits der RKRNR seit der Machtübernahme 1989 postulierte, daß es keine Rückkehr zu einem auf Parteien basierenden polit. System geben werde, andererseits die Herrschaft der Militärs nur als provisorisch *(Intiqâlî)* angesehen wurde, war es den vom RKRNR einberufenen nationalen Konferenzen überlassen, Alternativen eines *parteilosen Staatsaufbaus* zu entwickeln, wobei das auf Volkskonferenzen (Legislative) und gewählten Volkskomitees (Exekutive) sowie berufl. Nebenorganisationen basierende libysche Staatsmodell wie auch das nigerian. und ind. Bundesstaatenmodell zentrale Studienobjekte waren. Zugleich hatte das neue polit. System Kriterien eines „islamischen Staates" zu erfüllen, hatte doch der RKRNR unter dem Einfluß und Druck des in keinem Verf.dekret erwähnten *„Rates der 40"*, in dem sich die wichtigsten Persönlichkeiten der islamist. Bewegung des S. unter Führung von Hasan al-Turabi zusammengeschlossen hatten, eine Politik der Islamisierung (und Arabisierung) der sud. Gesellschaft betrieben. Zu den sukzessive angeordneten islamist. Maßnahmen zählten u.a. 1989 die Ausweitung der islam. Mission besonders im S-S., ein Moscheebauprogramm, die Vorschrift zur Schließung der Geschäfte während des Freitagsgebets oder die Einführung der Vermögenssteuer *(Zakât)*, 1990 das Arbeitsverbot für Männer in Frauenfriseursalons, die Trennung von Männern und Frauen im öffentl. Transportwesen, das Verbot der Bankzinsen und 1991 der Beschluß zur Anwendung des islam. Strafrechts (eingeführt am 22. 3. 1991), der Einrichtung eines *Islamic Sharî'a Support Fund*, die Anordnung der islam. Kleiderordnung für Frauen und die Anordnung an die Medien, den „Glanz des Islams" wirkungsvoller zu verbreiten.

Die Wahl des Kalifen und die Konsultation der islam. Gemeinde als zwei Grundprinzipien des islam. Staates sollten im neuen polit. System durch die *Direktwahl des Präsidenten* (ausgestattet mit Kompetenzen nach US-amerik. Vorbild) bzw. die Konsultationspflicht durch die Einrichtung von landesweit 7000–10000 *Volkskonferenzen* auf lokaler Ebene, von rund 400 Konferenzen auf Bezirksebene, 66 Konferenzen auf Provinzebene und neun Wilayatskonferenzen (je eine pro Bundesstaat) gesichert werden. Die nationale Ebene des pyramidenförmigen (und Libyen entlehnten) Konferenzaufbaus wurde bereits mit der Ernennung der 300 TNA-Mitglieder, an ihrer Spitze als Parlamentspräsident das ehemalige RKRNR-Mitglied *Mohammed al-Amin Khalifa*, Anfang Feb. 1992 vollzogen. Die zukünftigen Mitglieder der *Nationalversammlung* sollen durch Wahl in den lokalen Wahlkreisen sowie durch eine Kooptierung von Vertretern der 8 nat. Berufskonferenzen (der Frauenorganisation, Jugend-/Studentenorganisation, des soziokulturellen Bereichs, der Juristenunion, der Verwaltungskader, der Diplomaten und des Verteidigungs- und Sicherheitsbereichs) bestimmt werden. Im Unterschied zum libyschen Modell sollen die gewählten Mitglieder der verschiedenen Konferenzen nicht an ein imperatives Mandat gebunden sein und soll es keine den Konferenzen gegenüber verantwortliche, gewählte exekutive Volkskomitees geben. Noch (Mitte 1993) unklar ist indessen, ob der Präsident die nat. Regierung bzw. die bislang von ihm nominierten *Wâlî* in jedem der neun Bundesstaaten die Regierung des Bundesstaates ernennen sollen und die Zentralregierung durch die Nationalversammlung bzw. die Regierungen der Bundesstaaten durch die jeweilige Versammlung des Bundesstaates nur bestätigt werden oder ob sie von der Nationalversammlung/Versammlung des Bundesstaates gewählt werden soll. Der RKRNR soll nach Vollendung des Systemaufbaus aufgelöst werden. Einzelne Funktionen wie jene der einflußreichen Unterkomitees des RKRNR (u.a. für Wirtschaft, Sicherheit, Information) wurden im März 1992 an die neukonstituierten TNA-Unterausschüsse übertragen und die Unterkomitees aufgelöst.

Hinsichtlich des polit. Programms hat sich bislang keine ideolog. kohärente und ausformulierte Gesamtstrategie (etwa nach libyschem Muster in Form der *Dritten Universaltheorie*) herausgebildet. Als Grundlage des polit. Aktionsrahmens dienten seit 1989 die zahlreichen themat. Konsultationskonferenzen, zu denen die unterschiedlichsten sud. Interessenvertreter eingeladen worden waren. Zwangsläufig fehlten hingegen die wegen der repressiven Gegenmaßnahmen immer stärker ins Ausland (Ägypten, GB, Kenia) abgedrängten und ehemals dem Militär, den Gewerkschaften und/oder den verbotenen polit. Parteien angehörenden *Oppositionellen*, die ihrerseits auf verschiedenen Treffen ihre Aktivitäten koordinierten und – zusammengeschlossen in der *National Democratic Alliance* – im Februar 1992 eine *(Gegen-)Verfassung* verabschiedeten, die nach dem Sturz des Bashir-Regimes als konstitut. Grundlage dienen soll.

Zu den *wichtigsten staatl. Konferenzen* mit Konsultativcharakter zählten neben jenen zum polit. Systemaufbau u.a.

– die Konferenz zur „wirtschaftlichen Rettung“ (30. 10.-21. 11. 1989), die das ab 1990 rigoros umgesetzte Dreijahreswirtschaftsprogramm verabschiedete;

– die Konferenz zur Lösung der Hochschulprobleme (15.–18. 2. 1990), zu deren Beschlüssen die Diversifizierung der Hochschulen, die Arabisierung des Unterrichts und die Kürzung von Sozialleistungen für Studenten (mit der Folge seither andauernder Proteste) zählten;

– die Konferenz zu Medienfragen (19.–28. 2. 1990); v.a. zur Neugestaltung des gegenwärtig auf drei Tageszeitungen *(al-Quwât al-musallaḥa; al-Sûdân al-ḥadîth* und *al-Inqâdh al-waṭanî)* beschränkten Pressesektors;

– die sud. Diplomatiekonferenz (7.–12. 12. 1989) zur Festlegung der Grundprinzipien der sud. Außenpolitik; sowie

– die Nationale Friedensdialog-Konferenz (9. 9.–21. 10. 1989), deren Thema die Diskussion des Südsudankonflikts war (s. u.).

Eine Bilanzierung der bisherigen Errungenschaften der „*Rettungsrevolution*“ und die Ausarbeitung eines strateg. Zehnjahresentwicklungsplanes wurde dem neugegr. Sud. Institut für Strateg. Studien übertragen, das auf einer am 21. 10. 1991 beginnenden Konferenz ein entspr. Strategiepapier erarbeitete, dessen Empfehlungen jedoch nur allg. Art (z.B. Verteidigung der territorialen Integrität; Einsatz der offiz. Organe und der Volksdiplomatie zur Verwirklichung der außenpolit. Ziele) waren. Deutl. wurde immerhin, daß die 1990/91 in Khartum diskutierte Möglichkeit einer Abspaltung (Aufgabe) des S-S. keine ernsthaft in Betracht gezogene Option darstellte, und die seit 1990 entstandenen Organisationen wie der *International Council for People's Friendship* unter Führung von Mustafa Uthman Ismail oder die *Popular African and Islamic Conference* (gegr. in Khartum 25.–28. 4. 1991) unter ihrem Generalsekretär Hasan al-Turabi (durchaus libyschen Vorbildern folgend) ideolog. motivierte Aufgaben der außenpolit. Kooperation übernahmen, die vom Außenministerium so nicht geleistet werden konnten.

2.4. Südsudankonflikt. Historische Fakten wie die *southern policy* der Kolonialmacht zwischen 1918 und 1948, ethn. und relig. Unterschiede und Gegensätze sowie die differenzierenden sozioökonom. Ausgangsbedingungen führten als „objektive interne Faktoren" (so das sud. Informationsministerium 1989) zu einer derart vielschichtigen Konfliktsituation, daß der seit Aug. 1955 auch militär. eskalierende und nur zwischen 1972 und 1983 oberflächl. beruhigte Südsudankonflikt bislang durch keine grundsätzl. Lösung bereinigt werden konnte. Während sich auf der einen Seite – verbunden mit dem sich innenpolit. verstärkenden Gewicht der Muslimbrüder/Islamisten besonders seit Beginn der 80er Jahre – die bereits in den 60er Jahren von General Abbud propagierte Islamisierung und Arabisierung („Ein Land, eine Sprache, eine Religion – Sudan, Arabisch, Islam") fortsetzte und sich eine unflexible Politik des Nordens herauskristallisierte, deren Inhalt die Durchsetzung der relig.-kulturellen Dominanz über den Süden war, vertraten die polit. Führer des S-S. zusammen mit der säkular orientierten nationalist. Bewegung des Nordens das Konzept eines säkularen Staates, der die Religionsfreiheit aller Bürger respektiert und ethn.-regionale Diskriminierungen beseitigt. Hauptvertreter dieser Position war seit dem Scheitern des Addis Abeba-Abkommens von 1972 die *Südsudanesische Befreiungsfront (SPLM)*, deren bewaffneter Arm (*Sudanese People's Liberation Army/SPLA* unter dem Kommando von John Garang) seit Sommer 1983 für die Durchsetzung der SPLM-Ziele mit Waffengewalt eintrat.

Die militär. Auseinandersetzungen zwischen der sud. Armee und der SPLA verliefen seit dem Sturz Numairis, der die außenpolit. Konstellation des S.s veränderte (Einstellung der libyschen Hilfe an die SPLA; Waffenhilfe an den TMC/RKRNR), mit wechselndem Kriegsglück, wobei keine Seite einen definitiven Sieg über die andere erzielen konnte. Indes bahnte sich seit 1991 eine drastische Verschlechterung der SPLA-Position an, zum einen weil die SPLA durch den Machtwechsel in Äthiopien einen wichtigen Bündnispartner verloren hatte, während der S. durch das Militärabkommen mit Iran von Dez. 1991 und die Hilfe der libyschen Luftwaffe militär. gestärkt worden war (erfolgreiche Großoffensive Frühj.-Sommer 1992), und zum anderen weil die Ende Aug. 1991 wegen der Kritik an Garangs autoritärem Führungsstil erfolgte Spaltung der SPLA in eine Fraktion um John Garang und eine zweite (sog. Nasir-)Fraktion um Riek Machar und Lam Akol die SPLA insgesamt schwächte zu einem Zeitpunkt, als das Regime in Khartum mit seinen Aufrufen zum *Jihâd*, zum heiligen Kampf, die Lösung des Südsudankonflikts mit militär. Gewalt ungeachtet der Opfer auf südsud. Seite anstrebte.

Die parallel zu den militär. Operationen laufenden Bemühungen zur friedl. Beilegung des Konflikts sowohl unter dem TMC, während Sadiq al-Mahdis Regierungszeit (1986–1989), als auch unter dem RKRNR (z.B. Koka-Dam-Erklärung vom März 1986, Addis Abeba-Friedensforum Aug. 1987, Nairobi-Friedenstreffen vom Sept. 1987, Addis Abeba-Friedensforum II Juli 1988, Friedenskonferenzen von Abuja/Nigeria I Mai/Juni 1992 bzw. II April/Mai 1993) sind an der Unnachgiebigkeit der Khartumer Entscheidungsträger, weniger an der prinzipiellen Friedensbereitschaft der SPLA (und den mit ihr koalierenden sud. Parteien) gescheitert.

3. Sozialstruktur

Die Deformierung der vorkolonialen Wirtschaftsstrukturen v.a. im Bereich der Landwirtschaft durch die brit. Kolonialmacht (Einführung des exportorientierten Anbaus von Baumwolle in der Gezira) hat zwangsläufig Rückwirkungen auf die Sozialstruktur gehabt, da zu den herkömml. bäuerl. Bewirtschaftungsformen auf Subsistenzniveau (tradit. Regenfeldbau; Viehzucht durch Nomaden) ohne starke Marktintegration ein *moderner Agrarsektor* hinzukam, der bis heute ausschließl. für den Markt produziert und saisonal 300–500000 *Wanderarbeiter* beschäftigt. Zugleich entstand mit der sich nach der Unabhängigkeit beschleunigenden Herausbildung eines Binnenmarktes eine ländl. Handelsbourgeoisie, die zusammen mit den von der Kolonialmacht begünstigten relig. und lokalen Autoritäten die ländlichen Regionen dominierte. In Khartum und den wenigen anderen größeren Städten entstand hingegen eine kleine, jedoch gut organisierte Funktionärsschicht und Arbeiterschaft, von denen sich ein Teil in der einflußreichen Eisenbahnergewerkschaft organisierte. Ihre Vertreter spiel(t)en zugleich in der Kommunistischen Partei des Sudan eine wichtige Rolle. Diese Sozialstruktur, die mit einer spezif. Bevölkerungsverteilung einherging, hat sich wesentl. verändert durch die sich verschlechternde Wirtschaftslage seit Anfang der 80er Jahre und durch die rund 1 Mio. US-$ pro Tag verschlingenden Kosten des seit 1983 wieder ausgebrochenen Krieges im S-S., wobei das Hauptcharakteristikum der eingetretenen Entwicklung eine *Massenverelendung* des größten Teils der sud. Bevölkerung mit Ausnahme der höchsten zivilen und militärischen Funktionsträger, der Bauern der Gezira und der den Im- und Exporthandel steuernden kommerz. Bourgeoisie ist.

Laut Zensus vom Febr. 1983, also zum Zeitpunkt des erneuten Kriegsausbruchs, lebten 61% der damals 20,564 Mio. Einwohner des S. in ländl. Regionen, 11% waren Nomaden und 18% der Einwohner lebten in Städten oder Dörfern. Unter regionalen Gesichtspunkten lebten 5 Mio. (22%) Sudanesen in den drei Südprovinzen. 1991 hatte sich die Lage stark verändert, wenngleich der S. immer noch ein Agrarstaat ist. In der Landwirtschaft sind 80% der aktiven Bevölk. beschäftigt und werden 40% des BSP erwirtschaftet, während auf die Industrie nur zwischen 10–15% entfallen. Die Gesamtbevölk. hatte sich nicht nur auf inzwischen 26,2 Mio. Einwohner erhöht, sondern infolge der Kriegsauswirkungen (Flucht aus Kampfzonen; Nahrungsmittelknappheit) hatte auch eine starke *Migration von Süd nach Nord* bzw. eine Teilentvölkerung des Südens eingesetzt, die sich durch Kriegstote (Schätzungen belaufen sich bis auf 1 Mio. seit 1983) und durch Flucht in die afrik. Nachbarstaaten verstärkte. Die Anzahl der *displaced persons* im pejorativ als *black* bezeichneten Ring von Elendsquartieren um Khartum und Omdurman wurde 1991 auf rund 1 Mio. beziffert und erhöhte deren ursprüngl. Einwohnerzahl von 1,6 Mio. (1983) auf über 2,5 Mio. Einwohner. Die Anzahl der *displaced persons* (z.B. Aug. 1991 insgesamt 1,3 Mio. ohne Khartum) sowie die hohe Anzahl von kriegsbedingten Flüchtlingen aus den Nachbarstaaten (v.a. Äthiopien, Eritrea, Tschad) mit Höchstwerten von über 2 Mio. (März 1991) reduzierte sich zwar nach Beendigung des Bürgerkrieges in Äthiopien (Jan. 1992: Rückgang auf 1,1 Mio.), überschritt bislang aber stets die Versorgungskapazitäten des S. und den Versorgungswillen der Khartumer Zentralregierung, so daß internat. Hilfsorganisationen mit Aktionen wie *Operation Lifeline* zur Rettung der Flüchtlinge vor dem Hungertode tätig geworden sind.

4. Binnen- und außenwirtschaftliche Gegebenheiten und Entwicklungsziele

Der S., innerhalb des von der UNDP entwickelten *Human Development Index* 1993 auf Rang 158 liegend und damit zu den unterentwickelsten 10% der insg. 173 bewerteten Staaten zählend, steckt derzeit in einer *Wirtschaftskrise,* so daß in der Literatur von einer „kollabierten Wirtschaft, die nur dank internationaler Hilfe überlebe“, gesprochen wird. Die Ursachen für die heutige Misere liegen in der seit 1974 verfolgten Wirtschaftspolitik des Numairi-Regimes begründet, das mit Hilfe westl. und arab. Kapitals den S. zum

Brotkorb der arab. Welt umgestalten wollte. Die unter Vernachlässigung der tradit. Landwirtschaft in Angriff genommenen *Großprojekte* (Landwirtschaft, Infrastruktur) blieben jedoch wegen *Korruption und Mismanagement* entweder unvollendet oder weit hinter den Erwartungen zurück, so daß sich bereits ab Ende der 70er Jahre generelle Verfallserscheinungen der Wirtschaft bemerkbar machten, die durch die einsetzenden Belastungen der Auslandsschulden (1982: 3 Mrd. US-$; 1992: 13 Mrd. US-$) verschärft wurden. Alle bisherigen Bemühungen zur Lösung der Wirtschaftskrise blieben trotz internat. Hilfe und Einschaltung des IWF (Aug. 1987 Vereinbarung eines Anpassungsprogramms) wegen der hohen Kriegskosten seit 1983, der Folgen der Dürre 1984/85 und der Überschwemmungskatastrophe im Sommer 1988 bislang ohne sichtbaren Erfolg. Trotz Subventionsabbaus, drast. Währungsabwertung, Privatisierungsmaßnahmen und eingestellten Schuldendienstes ist es auch dem Dreijahreswirtschaftsprogramm (1990–93) des RKRNR bislang nur gelungen, die weitere Talfahrt zu stoppen, nicht jedoch eine Erholung einzuleiten.

5. *Zusammenfassende Charakterisierung der gegenwärtigen innen-, außen- und sicherheitspolitischen Situation*

Der S., der von seinen polit. Führern stets als Brücke zwischen den arab. Staaten und Schwarzafrika bezeichnet wurde, hat bisher keine Integrationskräfte hervorgebracht, die die geograph.-ethn.-relig. Heterogenität mit ihrer innersud. Nord-Süd-Polarisierung überwinden konnten. Die Unfähigkeit der sud. polit. Führungen, die internen Strukturen an die Gegebenheiten der Geopolitik und Grenzziehung anzupassen, verschärften die innersud. Probleme in dem Maße, in dem der N-S. seine Affinitäten zu den nördl. Anrainerstaaten und damit zur arab.-islam. Welt verstärkte und mit Arabisierungs- und Islamisierungsversuchen die Identität der südsud. Bevölk. auszulöschen versuchte. Die zunehmende Militanz der mit militär. Mitteln vorangetriebenen *Jihâd-Operationen,* eingeleitet bereits unter Sadiq al-Mahdis Regierungszeit mit der Bewaffnung arab. Stammesmilizen und versteckt fortgesetzt mit der landesweiten Aufstellung der *Popular Defence Forces,* hat nicht nur zu Massakern und genozidhaften Verfolgungen einzelner Ethnien (El Dinein 1987, Jebellein 1989/90, Südkordofan 1992) geführt, sondern seit der zunehmenden Islamisierung des polit. Systems 1989 die Durchsetzung des islamist. Gesellschaftsmodells zum Hauptinhalt der innenpolit. Konfrontation gemacht. Die ökonom. Probleme des S. (Finanzierungskrise; Verschuldung; sozial wenig abgefederte Liberalisierungspolitik) geraten dabei völlig in den Hintergrund. Ökonom. wie polit. gespeiste Opposition ist darüber hinaus durch Repressionen nachhaltig geschwächt und derzeit kaum in der Lage, wie 1985 eine polit. Alternative zu erzwingen. Das Militär und die Islamisten fühlen sich ganz im Gegenteil stark genug etabliert, um zu versuchen, mit dem Aufbau des *Konferenzsystems* den Regimecharakter formal zu entmilitarisieren und (basis-)demokrat. zu legitimieren.

Die nach dem kommunist. Putschversuch von 1971 eindeutig prowestl. und USA-orientierte Außenpolitik Numairis hatte zwangsläufig Spannungen mit Libyen und Äthiopien hervorgerufen, die sich gemeinsam mit Südjemen seit Aug. 1981 zudem im prosowjetisch apostrophierten Aden-Pakt zusammengeschlossen hatten. Nach der Machtübernahme des TMC wurde eine ausbalanciertere neutralere Außenpolitik umgesetzt. Diese beinhaltete eine *Annäherung an Libyen* bei gleichzeitiger *Distanzierung von Ägypten,* ohne indessen die engen histor. und polit.-ökonom. Verbindungen zum mächtigen Nordanrainerstaat aufgeben zu wollen und zu können. Ungleichgewichtig blieben im Verhältnis zur arab. Außenpolitik die Beziehungen zu den *schwarzafrik. Staaten,* von denen allein sechs (Tschad, Zentralafrikanische Republik, Zaire, Uganda, Kenia, Äthiopien) direkte Nachbarn des S. sind. Dieses Präferenzsystem der Außenpolitik akzentuierte sich unter Premierminister Sadiq al-Mahdi insbes. durch die Ausweitung der ökonom. und militär. Kooperation mit Libyen und verschärfte sich nach der Machtübernahme durch den RKRNR 1989 trotz der inzwischen engen Beziehungen zu *Eritrea* und zu *Äthiopien* nach dem Sturz von Mengistu sowie zu Nigeria, das seit 1991 eine wichtige Vermittlerrolle im Südsudankonflikt übernahm. Die eindeutige Stellungnahme des S. zugunsten des *Irak* im Konflikt um Kuwait 1990/91 modifizierte die bestehenden außenpolit. Beziehungen zu den arab. Staaten. Die proirak. Position führte nicht nur zu Spannungen mit Ägypten (angebl. irak. Raketenbasen im S.) und zum *Bruch mit Saudi-Arabien,* sondern in Juxtaposition zur vom RKRNR verfolgten Integrationspolitik mit Libyen (deren Vollzug für 1994 terminiert ist) zu einer privilegierten polit. und militär. *Kooperation mit Iran* (Besuch des iran. Präsidenten Rafsandschani in Khartum im Dez. 1991; Militärabkommen). Die sud.-iran. Militärkooperation ermöglichte erst 1992 die größte Offensive der Armee im S-S. seit 1983 und erfolgte auf der Basis eines islamist. Grundverständnisses. Die engen Verbindungen des S. zu Iran, verbunden mit dem Vorwurf westl. Staaten, neues Terroristenrelais der arab.-islam. Welt zu sein, veranlaßten die USA, ihre Containment-Politik in Nordostafrika zunehmend auf den S. zu konzentrieren.

Hanspeter Mattes

Lit.: *El-Affendi, A.*, Turabi's Revolution. Islam and Power in Sudan, London 1991. *Barnett, T.* (Hrsg.), Sudan: State, Capital and Transformation, London 1988. *Bleuchot, H.* (Hrsg.), Sudan: History, Identity, Ideology, Reading 1991. *Faath, S./Mattes, H.* (Hrsg.), Sudan, Wuqût Band 7–8, Hamburg 1993. *Fluehr-Lobban, C.*, Islamic Law and Society in the Sudan, London 1987. *Giovannini, P.*, Der Sudan zwischen Krieg und Frieden, Wien 1988. *Khalid, M.*, The Government They Deserve: the Role of the Elite in Sudan's Political Evolution, London 1990. *Mattes, H.*, Sudan, in: Koszinowski, Th./Mattes, H. (Hrsg.), Nahost-Jahrbuch 1987ff., Opladen 1988ff. *O'Neill, N.* (Hrsg.), Economy and Class in Sudan, Aldershot 1988. *Woodward, P.*, Sudan 1898–1989: The Unstable State, Boulder/Col. 1990. *Ders.* (Hrsg.), Sudan after Numeiri, London 1991.

Syrien (Arabische Republik Syrien)

Grunddaten: *Fläche:* 185 180 km². *Einwohner:* 13,3 Mio. (1989). *Einschulungsrate:* 108% (1989). *Lebenserwartung:* 66 Jahre. *Verstädterung:* 50% (1990). *Anteile am BIP:* Landwirtschaft: 28%, Industrie: 22%, Dienstleistungen: 50% (1990); 77% der Warenausfuhr sind Brennstoffe/Mineralien. *PKE* (in US-$): 1 000 (1990). *BIP* (in Mio. US-$): 14 730 (1990). *Währung:* 1 Syrisches Pfund = 100 Piastres; 1 DM ~ 6,95 syr. £ (offiz. Kurs, Dez. 1992).

1. Historischer Überblick

Syrien (S.) in seiner heutigen territorialen Form entstand erst nach dem Ende des 1. Weltkriegs. Im April 1920 setzte der Völkerbund, der sich mit der Aufteilung der arab. Gebiete des ehemal. Osmanischen Reiches befaßte, F zur Mandatsmacht über S. und Libanon ein. Diese Entscheidung fiel gegen den erklärten Willen einer in Damaskus zusammengetretenen „Syrischen Konferenz", die S. zu einer unabhängigen konstitut. Monarchie erklärt hatte. F setzte seine Mandatsmacht militär. durch, fügte einige zur ehemal. osman.

Provinz Damaskus gehörende Gebiete dem neugeschaffenen *Grand Liban* an und trat 1939 die Provinz Alexandrette an die Türkei ab. Versuche der franz. Mandatsverwaltung, den Rest S.s in mehrere ethn. Kleinstaaten aufzuteilen, scheiterten. Nach langen Auseinandersetzungen zwischen der Mandatsmacht und der syr. Nationalbewegung entstand 1943 die formal unabhängige *Syrische Republik*. 1946 mußten die franz. Soldaten das Land verlassen, und S. erhielt seine *volle Souveränität*.

Das unabhängige S. gab sich eine *demokratische Verfassung;* die tatsächl. Macht konzentrierte sich allerdings in den Händen der Händler- und Grundbesitzerklasse sowie in zunehmendem Maße der Armee. Die regierenden Politiker ließen das Land in den 1. arab.-israel. Krieg schlittern und erwiesen sich als wenig fähig, drängende polit. und soziale Probleme zu lösen. Von 1949 an erlebte das Land eine Reihe von militär. Machtübernahmen. Mitte der 50er Jahre geriet S. in den Mittelpunkt regionaler Auseinandersetzungen um die Schaffung eines pro-westl. Militärbündnisses, des *Bagdadpaktes*. S. verweigerte sich allen derartigen Bündnisplänen. Westl. Druck verfehlte zwar sein Ziel, S. zur Aufgabe seines neutralist. und im regionalen Zusammenhang pro-ägypt. Kurses zu bewegen, destabilisierte das Land aber erhebl. und trug so dazu bei, daß es sich 1958 in eine überstürzte staatl. Vereinigung mit Ägypten flüchtete. Nachdem die Führung der hieraus hervorgegangenen *Vereinigten Arabischen Republik* (VAR) im Sommer 1961 begann, einen erklärt sozialist. Entwicklungsweg einzuschlagen, und dabei eine Reihe von syr. Unternehmen verstaatlichte, beendete ein *Putsch* konservativer syr. Offiziere dieses erste *Einheitsexperiment* der modernen arab. Staatengeschichte. S. entstand erneut als souveräner Staat und noch einmal, für 1½ Jahre, als ein halbdemokrat. System, in dem die Politiker der 50er Jahre das Sagen hatten.

Am 8. 3. 1963 stürzte eine Gruppe jüngerer, arab.-national gesinnter Offiziere das bestehende System. Unter ihnen setzte sich in den folgenden Monaten die der *Baath-Partei* (vgl. 2.2.) zugehörende Fraktion durch; seit Mitte 1963 etablierte die *Baath* sich faktisch als Einheitspartei. Die folgenden Jahre sahen eine unruhige, von mehreren Umstürzen und Umsturzversuchen gekennzeichnete *Doppelherrschaft von Armee und Partei*. Das Regime verfolgte einen sozialreformer., z.T. auch sozialrevolut. Kurs, der sowohl dazu diente, die ökonom. Basis jener Schichten zu schwächen, die durch den Umsturz von der polit. Macht vertrieben worden waren, als auch dazu, die eigene soziale Basis des neuen Regimes – bei kleinen und mittleren Bauern, bei einem Teil der städt. Arbeiter und der Intellektuellen sowie unter den Angehörigen des rasch wachsenden öffentl. Dienstes – zu festigen und auszubauen. In diesem Sinne wurde die 1958, in der VAR-Phase, eingeleitete *Landreform* ausgeweitet, die rechtl. Stellung und wirtschaftl. Situation von landwirtschaftl. Kleinpächtern verbessert und die Handlungsfreiheit privater Händler und Industrieller eingeschränkt. 1964 und 1965, nach einer Reihe von gewaltsamen Auseinandersetzungen zwischen dem Regime und der konservativen, städt. Opposition, wurden mehr als 120 Industrie- und Handelsunternehmen *verstaatlicht.* Außenpolit. betonte das Regime seine arab.- nationale Ausrichtung; unmittelbar nach der Machtübernahme wurden Verhandlungen mit der ägypt. Führung eingeleitet, die auf eine erneute Vereinigung Ägyptens, S.s und nun auch des Irak zielten. Die Verhandlungen scheiterten jedoch am Mißtrauen und an den Herrschaftsinteressen jedes der drei Regime.

Die polit. Führung des Landes selbst teilte sich in mehrere gegeneinander konspirierende Fraktionen, die jeweils ihre eigene Basis in Armee und Partei hatten. Die Auseinandersetzungen dieser Gruppen verliefen im wesentl. entlang polit. Konfliktlinien, nahmen zum Teil aber auch einen ethn.-konfessionalist. Anstrich an. Im Feb. 1966 setzte ein radikaler Flügel der Partei sich in einem *Militärputsch* durch. Die neue Führung forcierte die *sozialist. Orientierung* und baute die polit. und militär. Zusammenarbeit mit den sozialist. Staaten aus. Der israel. Angriff vom 5. 6. 1967 traf das Regime unvorbereitet, und israel. Truppen konnten einen großen Teil des syr. Golangebiets besetzen. Durch seinen radikalen innenpolit. Kurs und eine konfrontative Politik gegenüber den konservativen arab. Staaten isolierte das Regime sich innen- und regionalpolitisch. Nach anhaltenden Richtungskonflikten innerhalb der Führung übernahm am 16. 11. 1970 Verteidigungsminister *Hafiz al-Asad* in einem zur *Korrekturbewegung* erklärten Putsch die Macht und steht seither an der Spitze des Landes.

Unter der Führung Asads ist S. innenpolit. stabilisiert worden und hat außen- und regionalpolit. an Einfluß gewonnen. Der *Oktoberkrieg (Yom-Kippur-Krieg)* von 1973, in dessen Folge S. einen Teil der seit 1967 von Israel besetzten Gebiete zurückerhielt, stärkte die innere Legitimität Asads erheblich. Das Regime gewann zudem an Popularität, indem es das Land zum Westen und den konservativen arab. Staaten hin öffnete, privatem Kapital einen größeren Handlungsspielraum einräumte und ein enormes Entwicklungsprogramm einleitete. 1976 begann S., offen militär. im *Libanon zu intervenieren.* Dies stärkte die regionale Position S.s, war aber im Innern wenig populär. Zudem schadeten Korruption, zunehmende Übergriffe der Sicherheitsapparate und Enttäuschungen über die wirtschaftl. und soziale Entwicklung der inneren Legitimität des Regimes. Gewaltbereite islamist. Gruppen nutzten den wachsenden allg. Unmut und setzten sich an die Spitze der Anti-Regime-Opposition: Zwischen 1979 und 1982 erlebte das Land eine Welle zum Teil *bürgerkriegsähnl. Auseinandersetzungen,* in denen die Regierung nur durch den vollen Einsatz militär. Mittel die Oberhand behielt. Im Verlauf der 80er Jahre führte eine schwere wirtschaftl. Krise zu einem weiteren Legitimationsverlust der Regierung (vgl. 4.). V.a. wegen seiner pro-iran. Haltung im irak.-iran. Krieg geriet S. gleichzeitig in seinem arab. Umfeld erneut in eine gewisse *Isolation*, die es erst gegen Ende des Jahrzehnts überwinden konnte (vgl. 5.).

2. *Das politische System*

Seit dem Umsturz Hafiz al-Asads, der sich 1971 in einem Referendum zum Präsidenten wählen ließ, ist das polit. System S.s institutionell ausgebaut, zentralisiert und dabei auf die personale Herrschaft Asads zugeschnitten worden. Asad ist das Staatsoberhaupt eines *Präsidialsystems*, das, nicht unzutreffend, als „präsidentielle Monarchie" charakterisiert worden ist, und er ist gleichzeitig oberster Befehlshaber der Armee und Generalsekretär der herrschenden Partei. Faktisch steht Asad zudem an der Spitze einer Pyramide informaler Klientelbeziehungen, die das polit. und sozio-ökonom. System durchziehen.

2.1. Verfassung und formale Legitimationsbasis des politischen Systems. 1973 trat eine durch Volksabstimmung verabschiedete *Permanente Verfassung* in Kraft, die bis heute gilt. Die in der Präambel festgelegten Grundlagen des Staates, „(arabische) Einheit, Freiheit, Sozialismus", sind die Leitprinzipien der Baath-Partei (vgl. 2.2.). Gemäß der Verf. ist S. ein Präsidialsystem. Der Präsident der Republik wird per Referendum für jeweils 7 Jahre gewählt; zu dieser Wahl stellt das Parlament – der *Volksrat (Majlis al-sha'b)* – auf

Vorschlag der Führung der Baath-Partei einen einzelnen Kandidaten auf. Im Dez. 1991 wurde Präsident Asad auf diese Weise für eine 4. Amtsperiode bestätigt. Die dem Präsidenten zukommende Macht ist nahezu absolut; er ist Oberbefehlshaber der Streitkräfte, er ernennt und entläßt seine Stellvertreter und die Regierung sowie Offiziere, hohe Beamte und Richter. Der Präsident kann außerhalb der Sitzungsperiode des Parlaments oder in dringenden Fällen Dekrete mit Gesetzeskraft erlassen, und er hat ein Vetorecht gegen die vom Parlament beschlossenen Gesetze. Das Parlament kann Gesetzesdekrete des Präsidenten oder präsidentielle Vetos nur mit ⅔-Mehrheit zurückweisen; der Präsident kann das Parlament auflösen; Verf.änderungen bedürfen der Zustimmung des Präsidenten. Nach den Bestimmungen des seit 1963 geltenden Kriegsrechts ernennt der Präsident im übrigen Staatssicherheitsgerichte, deren Urteile er bestätigen, aussetzen oder verändern kann.

Das *Parlament* wird alle 4 Jahre gewählt. Zur Kandidatur zugelassen sind die 1972 gebildete *Nationale Fortschrittliche Front* (vgl. 2.2.) sowie unabhängige Einzelkandidaten. Faktisch ist der Baath-Partei eine absolute Mehrheit gesichert. Die Sitzverteilung unter den Parteien und Gruppen ist prinzipiell vor den Wahlen festgelegt; bei den Wahlen von 1990 wurde die Zahl der für unabhängige Kandidaten reservierten Mandate beträchtlich – auf 82 von 250 Sitzen – erhöht. Das Parlament teilt seine legislativen Rechte mit dem Präsidenten. Die Regierung ist nicht dem Parlament, sondern dem Präsidenten verantwortlich; das Parlament kann aber einzelnen Ministern das Vertrauen entziehen.

Formal garantiert die Verf. die wesentl. *Bürgerrechte* – Meinungs-, Versammlungs- und Vereinigungsfreiheit, Schutz vor Haft ohne Gerichtsverfahren oder vor Strafe ohne Gesetz. Tatsächlich werden viele dieser Rechte durch die Bestimmungen des seit 1963 geltenden *Kriegsrechts* und die fakt. Macht der *Sicherheitsapparate* unterlaufen.

2.2. *Baath-Partei und Nationale Fortschrittliche Front.* Die *Arabische Sozialistische Baath-Partei,* ursprüngl. *Arabische Baath (Wiedergeburts-)Partei,* wurde 1947 in Damaskus als eine radikal-nationalist. Partei gegründet, die rasch einigen Anhang unter Studenten, jüngeren Intellektuellen und im Militär fand. 1952 erhielt sie durch Vereinigung mit der *Arabisch-Sozialistischen Partei* zudem einen sozialrevolutionären Flügel und eine Basis in der kleinen und mittleren Bauernschaft. Der hervorstechende Charakter der Partei blieb allerdings ihr arab.-nationaler; ihr vornehmstes Ziel sah sie darin, die staatl.-polit. Einheit der gesamten arab. Nation zu erreichen. Die Baath verstand sich von Beginn an als „nationale", gesamtarab. Organisation mit Gliederungen in allen arab. „Regionen" (Ländern). Bedeutende Parteiorganisationen entstanden außerhalb S.s vor allem im Irak, wo seit 1968 ein mit der syr. Führung konkurrierender Flügel der Partei regiert, und in Jordanien; im übrigen beeinflußte die Partei das Denken nationalist. Politiker in anderen arab. Staaten.

In S. gewann die Partei während der 50er Jahre einigen polit. Einfluß und war maßgebl. am Zustandekommen der syr.-ägypt. Einheit (1958) beteiligt. Während der VAR-Periode mußte die Partei ihre syr. Organisation auflösen. Vor dem Putsch von 1963 hatte die Partei deshalb nur noch einige hundert aktive Mitglieder. Unter der Führung baathist. Offiziere und Zivilisten wurde die Partei im folgenden von einer Kader- zu einer Massenorganisation ausgebaut.

Gemäß der Verf. von 1973 ist die Baath-Partei die „führende Partei in Gesellschaft und Staat und führt eine *Nationale Fortschrittl. Front*". Diese Front ist der legale Rahmen einiger kleinerer, neben der Baath zugelassener Parteien: der in zwei gleichnamige Flügel gespaltenen *Syrischen Kommunistischen Partei,* mehrerer vor 1963 von der Baath abgespaltener Gruppierungen und einer nasserist. Partei. Diese Parteien sind jeweils mit ein oder zwei weniger wichtigen Kabinettsposten an der Regierung beteiligt. Polit. sind sie durch die Charta der Nationalen Fortschrittlichen Front eingebunden, die vorschreibt, daß die polit. Linie der Baath für die gesamte Front verbindl. ist und daß allein der Baath-Partei polit. Aktivitäten in der Armee und unter Studenten erlaubt sind. Vorsitzender der Front ist der Generalsekretär der Baath-Partei, Präsident Asad. Die Kommunisten äußern sich gelegentl. krit. zur Regierungspolitik. Der Präsident und die Außen-und Sicherheitspolitik, die als absolute Prärogative des Präsidenten gelten, bleiben von solcher Kritik aber stets ausgenommen. Die Frontparteien verfügen nur über halböffentl. Publikationen, sie haben keinen Zugang zu den elektron. Medien. *Oppositionsparteien* sind *nicht zugelassen.*

Die Baath ist damit eine Fast-Einheitspartei. Sie zählt in S. mehr als eine halbe Mio. Vollmitglieder und „Kandidaten". Parteimitglieder besetzen die Führungspositionen in allen Volksorganisationen (vgl. 2.3.), die Basisorganisationen der Partei haben gewisse Kontrollfunktionen über lokale Verwaltungen, Unternehmensführungen oder Bildungseinrichtungen, und formal ist die *Regionale (syrische) Führung* der Partei die höchste polit. Autorität im Land. Tatsächl. ist die Partei allerdings unter der Herrschaft Asads v.a. zu einem Transmissionsriemen staatl. Politik geworden und hat ihre Bedeutung als eigenständige polit. Kraft zunehmend eingebüßt. Innerparteil. Wahlen wurden weitgehend abgeschafft, und der Präsident selbst ernennt das ZK, das die *Regionale Führung* wählt. Parteikonferenzbeschlüsse haben keine prakt. Verbindlichkeit.

2.3. Partizipation der Bevölkerung am politischen System. Seit der Machtübernahme Asads 1970 ist die syr. Bevölk. häufig zu Wahlen und Abstimmungen gerufen worden. 1973, 1977, 1981, 1986 und 1990 fanden Parlamentswahlen statt; 1972, 1977, 1982 und 1987 Kommunalwahlen; 1973 ein Plebiszit über die Verf.; und 1971, 1978, 1985 und 1991 Plebiszite über die Präsidentschaft Asads. Da Oppositionsparteien nicht zugelassen sind, Asad jeweils der einzige Kandidat für das Präsidentenamt ist, und auch unabhängige Einzelkandidaten für Sitze in den kommunalen Räten und im Parlament keine Opposition darstellen, blieb die tatsächl. Wahlmöglichkeit gering. Parlament und kommunale Räte sind dennoch keine reine Farce. Sie haben beratende Funktion, dienen der Einbindung von Multiplikatoren und der Übermittlung lokaler Interessen und Probleme an die Regierung. Sie stellen allerdings kein Gegengewicht zur polit. Führung dar.

Das System hat bestimmte korporative Elemente herausgebildet. Bereits seit 1963 sind eine Reihe sogenannter *Volksorganisationen* (Bauernunion, Gewerkschaften, Frauenunion, Studentenunion, Revolutionäre Jugendorganisation, Pioniere) geschaffen bzw., sofern diese Organisationen schon existierten, umstrukturiert und ausgebaut worden. Die Organisationen sind streng hierarchisch strukturiert und auf die Prinzipien von Staat und Partei verpflichtet; die polit. Führung des Landes nimmt direkten Einfluß auf die Zusammensetzung ihrer Führungsgremien. Die Mitgliedschaft in diesen Organisationen ist für bestimmte soziale Gruppen – etwa für Schüler, für Beschäftigte im Staatssektor und für Bauern, die Land aus der Landreform erhalten haben – prakt. *verpflichtend.* Auf diese Weise ist die Mehrheit der aktiven Bevölk. in irgendeiner Form in staatl. kontrollierten Korporationen organisiert. Die meisten der Volksorganisationen leisten bestimmte soziale Dienste für ihre Mitglieder. Darüberhinaus üben v.a. der Bauernverband, die Gewerkschaften sowie die Handels- und die Industriekammern bestimmte hoheitl. Funktionen gegenüber ihrer Mitgliedschaft aus. Diese Organisationen verfügen auch über eigene Medien, in denen sie die ökonom. und sozialen Gruppeninteressen ihrer Klientel z.T. recht deutl. zum Ausdruck bringen, und sie sind als Repräsentanten ihrer Klientel in einer Reihe von wirtschaftspolit. Beschlußgremien vertreten. Von echter polit. Beteiligung läßt sich kaum sprechen. Partizipation reduziert sich real darauf, Interessen, Bedürfnisse und Vorschläge artikulieren zu können, sowie auf die Einbindung einzelner Korporationen in polit. Beratungsprozesse.

3. Sozialstruktur

Die syr. Gesellschaft hat seit den 60er Jahren einen raschen Wandlungsprozeß erlebt. Die Veränderungen der sozialen Struktur sind im wesentl. Ergebnis staatl. Politik, insbes. der Landreform, des Ausbaus der staatl. Verwaltung und des Aufbaus eines Staatswirtschaftssektors. Bei insgesamt starkem Bevölkerungswachstum (die Einwohnerzahl S.s verdoppelte sich von 1970 bis 1990) wuchs v.a. die städt. Bevölkerung: Anfang der 90er Jahre lebt mehr als die Hälfte der Bevölk. in den Städten. Eines der auffälligsten Merkmale des Strukturwandels ist die Abnahme der in der Landwirtschaft Beschäftigten: während 1970 noch fast 50% der Bevölk. von landwirtschaftl. Tätigkeit lebten, sank deren Anteil bis Ende der 80er Jahre auf knapp 15%.

Die *Landreform* beschnitt die ökonom. und soziale Macht der meist in den Städten residierenden Großgrundbesitzer, die das Land bis zum Machtantritt der Baath-Partei dominiert hatten. Auch nach der Landreform verblieb großes Grundeigentum, das teils von bäuerl. Pächtern und teils in moderner kapitalist. Farmwirtschaft bewirtschaftet wird. Riesige Latifundien und quasi-feudale Agrarbeziehungen wurden aber aufgelöst. V.a. kleiner und mittlerer Landbesitz nahm zu, und die Besitzverteilung auf dem Land wurde gleichmäßiger, wenngleich nicht egalitär: Landwirtschaftl. Kleinst- und Kleinbesitzer (ca. 65 % aller Besitzer von Agrarland) verfügen heute über etwa 15 % des Landes, mittlere Besitzer (ca. 32 %, zwischen 6 und 50 ha) verfügen über etwa 52 % und große Besitzer (ca. 2 %) über 33 % des Agrarlandes. Ende der 80er Jahre entstand neuer, sehr großer Landbesitz in der Hand agrokapitalist. Aktiengesellschaften. Gleichzeitig verlor ein Teil der Kleinbauern seine Unabhängigkeit und geriet in die Abhängigkeit größerer Grundbesitzer. Etwa ein Drittel der in der Landwirtschaft Tätigen sind landlose Arbeiter. Die ökonom. Situation v.a. der Kleinbauern und der landlosen Arbeiter ist nicht zufriedenstellend; dies ist der wichtigste Faktor einer anhaltenden Abwanderung vom Land in die Städte, v.a. in die Hauptstadt Damaskus.

Bis in die 80er Jahre konnte ein großer Teil der *Migranten* in der öffentl. Verwaltung und im staatl. Wirtschaftssektor Beschäftigung finden. Die Zahl der in Staatswirtschaftssektor, Bürokratie und Militär Beschäftigten wuchs während der 70er und 80er Jahre von etwa 240000 auf knapp 1,2 Mio. Personen. Damit sind heute etwa 30 % aller Erwerbspersonen beim Staat beschäftigt. Gegen Ende der 80er Jahre stagnierte die Beschäftigung im Staatssektor. Zahl und relativer Anteil der im privaten Sektor Beschäftigten, der kleinen und mittleren Selbständigen, aber auch der marginalisierten Schichten (Selbständige ohne eigene Produktionsmittel, Straßenhändler, Gelegenheitsarbeiter usw.) nahmen dagegen zu.

Insges. ist heute mehr als die Hälfte der Bevölk. gegen Lohn oder Gehalt beschäftigt. Etwa 16 % der Bevölk. lassen sich zu den städt. Marginalisierten zählen, ca. 38 % im weitesten Sinn zur städt. Arbeiterklasse, 18 % zu den lohnabhängigen Mittelschichten, 12 % zu den kleinen und mittleren städt. Selbständigen. Etwa 6 % der Erwerbspersonen sind Landarbeiter, 4 % Kleinbauern, 5 % zählen zur mittleren Bauernschaft. Die Oberschicht, bestehend aus großen Landbesitzern, Agro-Unternehmern, Industriellen, großen Händlern und der polit., bürokrat. und milit. Führungsschicht macht wenig mehr als 1 % der Bevölk. aus.

Die soziale Struktur bestimmt sich nicht nur durch die horizontale Segmentierung der Gesellschaft in Klassen oder Schichten, sondern auch durch vertikale Segmentierungen, insbesondere ethn.-konfess. Zugehörigkeiten. Mehr als 70 % der Syrer sind *sunnit. Muslime,* darunter auch die meisten syr. Kurden, die insgesamt etwa 10 % der Bevölk. ausmachen. Knapp 10 % der Syrer sind *Christen* verschiedener Konfession, etwa 12 % gehören zur schiit. Sekte der *Alawiten,* welcher auch Präsident Asad angehört, der Rest verteilt sich auf *Schiiten, Drusen* und andere konfess. Minderheiten. Konfessionelle und häufig auch regionale Identitäten und Loyalitäten spielen eine wichtige Rolle für die Formierung sozialer und polit. Beziehungen. Auseinandersetzungen zwischen dem

Baath-Regime und der Opposition nahmen zeitweise den Charakter eines Stadt-Land-Konflikts und einen konfessionalist. Charakter an: Die regierenden Offiziere und Baathisten waren überwiegend ländl. Ursprungs und gehörten häufig ruralen Minderheiten, v.a. den Alawiten, an. Sowohl die verbreitete Praxis, zahlreiche eigene Gefolgsleute in Staatsdienst und Militär unterzubringen, als auch die durch die allg. Wirtschafts- und Strukturpolitik des Regimes geförderte zunehmende soziale Mobilität v.a. der ländl. jungen Generation bedrohten die Interessen traditioneller städt., überwiegend sunnit. Schichten. Präsident Asad stützt sich zur Besetzung sicherheitsrelevanter Positionen überwiegend, wenngleich nicht ausschließlich, auf alawit. Gefolgsleute. Der so entstehende konfessionalist. Aspekt in der Zusammensetzung der polit. und militär. Elite sowie die ausufernde Selbstprivilegierung der führenden Chargen und ihrer jeweiligen Klientel fördert oppositionelle Vorwürfe, daß das Regime Asads ein verkapptes *Alawiten*-Minderheitenregime sei. Tatsächlich läßt sich von einer konfessionalist. Wirtschafts- oder Strukturpolitik nicht sprechen; vielmehr spielt das städt., überwiegend sunnit. Bürgertum eine zunehmend wichtige Rolle in der Wirtschafts- und Entwicklungsstrategie.

4. Wirtschaftliche Gegebenheiten und Entwicklungsziele

S. ist bis in die 60er Jahre eine Agrarökonomie gewesen; die tradit. Industrien verarbeiteten v.a. landwirtschaftl. Rohstoffe (Baumwolle, Lebensmittel). Landwirtschaftl. Anbau ist auf etwa 40 % des Landes beschränkt und in hohem Maße von wechselhaftem Regenfall abhängig; 60 % des Landes sind Steppe und Wüstensteppe. An Bodenschätzen verfügt S. über Erdöl, Gas und Phosphat. Seit 1968 wurde in größerem Maße mit der Ausbeutung der Ölvorkommen begonnen. Anfang der 90er Jahre beträgt die Förderkapazität etwa 500000 b/d, damit gehört S. noch zu den kleinen Ölexporteuren.

S. verfolgte seit den 70er Jahren eine auf schnelles Wachstum und Modernisierung orientierte Entwicklungsstrategie, in deren Zentrum der Ausbau von Industrie, Energiesektor und Verkehrswesen stand. Mit Hilfe arab. Hilfszahlungen, die seit 1973 reichl. flossen, und ausländ. Kredite lancierte der Staat ein für die Verhältnisse des Landes gewaltiges *Industrialisierungsprogramm*, das v.a. große, moderne und meist von ausländ. Firmen schlüsselfertig errichtete Projekte beinhaltete. Ausgaben für Forschung und Entwicklung wurden vernachlässigt. Der Schwerpunkt landwirtschaftl. Investitionen lag bei *Dammbau- und Bewässerungsprojekten.* Wichtigstes Projekt war der 1974 fertiggestellte Euphratdamm bei Raqqa, der eine Verdoppelung der bewässerten landwirtschaftl. Anbaufläche sichern sollte. Investitionen zur Förderung der überwiegend klein- und mittelbäuerl. Landwirtschaft blieben unzureichend, und der Nutzen der großen Dammbauprojekte blieb hinter den Erwartungen zurück.

Die neue Industrie wurde nicht, wie erwartet, zur Basis einer selbsttragenden Entwicklung. Die Anlagen des Staatsindustriesektors waren zumeist kapitalintensiv und erwiesen sich aufgrund techn. und administrativer Probleme häufig als extrem kostenträchtig. Eine hohe Importabhängigkeit der staatl. wie der kleineren privaten Industrie, ein wachsender Bedarf zur Einfuhr von Lebensmitteln sowie insgesamt steigende Konsumgüterimporte ließen die Handelsbilanz zunehmend negativ werden. Mitte der 80er Jahre geriet das Land in eine schwere Wirtschaftskrise: Notwendige Importdevisen fehlten, in Landwirtschaft und Industrie kam es zu gravierenden Produktionseinbrüchen. Gleichzeitig geriet S. gegenüber der Weltbank in Zahlungsrückstand. Das reale Pro-Kopf-Einkommen sank von 1980 bis 1989 um 15 %. Besonders stark von der Krise betroffen waren Lohn- und Gehaltsempfänger. Die Reallöhne im Staatssektor, in der öffentl. Verwaltung und in großen Teilen des Privatsektors fielen zwischen 1980 und 1990 um etwa 50 %. Seit 1985 begann die Regierung ein *wirtschaftl. Reform- und Liberalisierungsprogramm,* das – ohne aus einem entsprechenden Abkommen mit IWF oder Weltbank hervorgegangen zu sein – weitgehend dem Muster von Strukturanpassungsprogrammen folgte, wie der IWF sie empfiehlt. Die Regierung leitete eine austeritäre Haushaltspolitik ein, reduzierte nach und nach Subventionen für Lebensmittel und Brennstoffe und verfügte einen Einstellungsstop für den Staatssektor und die öffentl. Verwaltung. Der Wechselkurs der Währung wurde schrittweise freigegeben. Exportförderung erhielt wirtschaftspolit. Priorität. Gleichzeitig bemühte die Regierung sich um eine Verbesserung des Investitionsklimas für inländ., ausländ. und auslands-syr. Privatkapital. Zu diesem Zwecke wurde der Außenhandel liberalisiert und 1991 ein weitreichendes Investitionsförderungsgesetz verabschiedet. Im Ergebnis dieser Politik wuchs die Rolle des Privatsektors, und die Zahl privater Unternehmensgründungen nahm spürbar zu. V.a. durch zunehmende Exporte des Privatsektors sowie durch größere Ölexporte konnte S. seit 1989 wieder Handelsbilanzüberschüsse erzielen. Eine strukturelle Reform der Ökonomie steht aber weiterhin aus.

5. Zusammenfassende Charakterisierung der gegenwärtigen innen-, außen- und sicherheitspolitischen Situation

Anfang der 90er Jahre befindet sich S.s herrschendes Regime regional-, außen- und innenpolit. in einer stabileren Position als noch wenige Jahre zuvor. Durch seine *Wiederannäherung an Ägypten* (Ende 1989 nahmen S. und Ägypten die seit dem Camp-David-Abkommen von 1979 unterbrochenen diplomat. Beziehungen wieder auf), seine Beteiligung an der *anti-irak. Koalition* im Krieg um Kuwait und seine Beteiligung an den Nahostfriedensgesprächen hat S. sich eine Rolle als aktiver Spieler im regionalen Feld gesichert. Es ist der Führung gelungen, den Zusammenbruch der SU, des seit Mitte der 60er Jahre wichtigsten außerregionalen Verbündeten, unbeschadet zu überstehen und die v.a. zu Beginn der 80er Jahre gespannten Beziehungen zu den *USA* zu verbessern. S. hat, mit stillschweigender westl. Unterstützung, seinen Einfluß im Libanon festigen können: Ein im Mai 1991 geschlossener *syrisch-libanesischer Vertrag* über „Bruderschaft, Zusammenarbeit und Koordination" und entspr. Zusatzverträge für einzelne Politikbereiche verpflichten die libanes. Regierung, alle wesentl. außen- und sicherheitspolit. Schritte mit der syr. Regierung zu koordinieren, und stellen somit sicher, daß libanes. Politik syrischen Interessen nicht widersprechen wird.

S.s Beteiligung am Golfkrieg 1990/91 an der Seite S.-A.s und Kuwaits hat zu einer spürbaren Zunahme von *Finanzhilfen aus den Golfstaaten* geführt. Diese Hilfen sind z.T. für Rüstungsgüter, aber auch für die Finanzierung notwendiger infrastruktureller Investitionen (Abwassersysteme, Telefonnetz) projektiert worden und können dazu beitragen, öffentl. Unmut über mangelhafte öffentl. Dienstleistungen zu reduzieren. Der wirtschaftl. Öffnungs- und Liberalisierungsprozeß hat die private Wirtschaft belebt, die Märkte gefüllt und dem Regime dadurch größere Zustimmung aus den oberen Mittelschichten gesichert. Forderungen nach ernsthafter Demokratisierung hat das Regime von den einflußreichen sozialen Schichten nicht zu befürchten.

Die größte Herausforderung für S. ist der *Nahost-Friedensprozeß*. S.s wichtigstes – und völkerrechtl. legitimiertes – Ziel ist dabei die Wiedergewinnung des besetzten *Golangebietes*. S. ist für dieses

Ziel zu weitgehenden Konzessionen (Demilitarisierung von Grenzgebieten) bereit. Ein erfolgreicher Fortgang des Friedensprozesses würde S. auch eine Reduzierung seiner sehr hohen Rüstungsaufwendungen (über 10 % des BSP) erlauben.

Volker Perthes

Lit.: *Hinnebusch, R.*, Authoritarian Power and State Formation in Ba'thist Syria. Army, Party, and Peasant, Boulder 1990. *Perthes, V.*, Staat und Gesellschaft in Syrien 1970–1989, Hamburg (Schriften des Deutschen Orient-Instituts) 1990. *Seale, R.*, Asad of Syria: The Struggle for the Middle East, London 1988.

Tunesien (Tunesische Republik)

Grunddaten: *Fläche:* 163610 km². *Einwohner:* 8,375 Mio. *Einschulungsrate:* 115% (1989). *Lebenserwartung:* 66 Jahre. *Verstädterung:* 54% (1990). *Anteile am BIP:* Landwirtschaft: 16%, Industrie: 32%, davon Verarbeitendes Gewerbe: 17%, Dienstleistungen: 52% (1990). *PKE* (in US-$): 1440 (1990). *BIP* (in Mio. US-$): 11080 (1990). *Währung:* 1 Tunesischer Dinar = 1000 Millimes; 1 DM ~ 0,59 TD (Dez. 1992).

1. Historischer Überblick

Tunesien (T.), das seit 1574 unter nomineller osman. Herrschaft stand, wurde de facto jedoch durch die Beys beherrscht, darunter ab 1705 jene der husainidischen Dynastie. Die Regentschaft Tunis wurde im April 1881 von franz. Truppen besetzt, zum einen, um den finanz. Kollaps der in F hochverschuldeten Regentschaft zu verhindern und zum anderen, um die Überfälle der nordtunes. Bergstämme auf die seit 1830 von F eroberte Kolonie Algerien zu unterbinden. F, das vor der Besetzung der Regentschaft Tunis das Einverständnis anderer europ. Staaten (vorrangig Is) eingeholt hatte, begründete in zwei Verträgen mit dem Bey das *franz. Protektorat.* Es handelte sich um den *Vertrag von Bardo* (1881), durch den F die Verantwortung für die militär., finanz. und außenpolit. Belange bei Anerkennung der nominellen Herrschaft des Beys übernahm, sowie den *Vertrag von La Marsa* (1883), der dem franz. Generalresidenten die realen Machtbefugnisse übertrug.

Dieser Zustand dauerte bis zur Unabhängigkeit T.s am 20. 3. 1956, wobei der Dekolonisationsprozeß wesentl. durch Präsident *Habib Bourguiba* (1956–58 Ministerpräsident; 1958–1987 Staatspräsident) und die von ihm geführte Regierungspartei *Parti Néo-Destourien* (*PND;* 1964–1988: *Parti Socialiste Destourien/PSD*) geprägt wurde. Die von Bourguiba verfestigten und ausgebauten autoritären und personalist. Beziehungsstrukturen des Staats- und Parteiapparates unterminierten die Verf. von 1958, mit der eine Präsidialdemokratie begründet werden sollte. Dabei konnte T.s Bildungs- und Führungselite durchaus auf eine „Verfassungstradition" zurückblicken: Eine Auseinandersetzung mit verfassungsrechtl. Ideen und somit auch der Idee der Machtbeschränkung setzte bereits während der Herrschaft *Ahmed Beys* (1837–55) ein, der die bisherige patrimoniale Herrschaftstradition durch innovatives, am europ. Vorbild ausgerichtetes Verhalten aufbrach. Die v.a. im militär. Bereich ansetzenden Reformen Ahmed Beys scheiterten aus finanz. Gründen. Ähnlich erging es der von *Sadok Bey* (1859–82) erlassenen ersten Verf. von 1861, die gesellschaftl. und polit. Realitäten unbeachtet ließ und ledigl. die nicht-lokale Führungsschicht türk. und mameluk. Abkunft am Entscheidungsprozeß beteiligen wollte, der einheim. Bevölk. jedoch Steuerlasten zur Sanierung des Staatshaushaltes aufbürdete. Die Gründe für die Revolte der tun. Bevölk. von 1864 wurden von Sadok Beys Premierminister, General Khair al-Din (Amtszeit 1863–77), bei der Ausarbeitung grundlegender Reformen nach diesen Unruhen berücksichtigt. Entsprechend hatten die Reformen im Bereich des Bildungswesens, der Zentral- und Lokalverwaltung den Zweck, den Aufstieg einer einheim. Elite zu ermöglichen und ihre zahlenmäßige Ausdehnung zu fördern. Die Begriffe „tunesische Identität" und „nationales Bewußtsein" wurden inhaltl. gefüllt.

Wenn auch die Reformen insofern scheiterten, als die Errichtung des franz. Protektorats über T. (1881) nicht abgewendet werden konnte, so hatten sie doch die Veränderbarkeit gesellschaftl. Realitäten in der Praxis vorgeführt und Ideen freigesetzt, die u.a. die Modernisierung der gesellschaftl. und polit. Organisation, die Rationalisierung der Verwaltung und das Zurückdrängen des relig. Bereichs aus der Politik durch säkular geprägte Bildungseinrichtungen und aus der Justiz einleiteten. Bereits Anfang des 20. Jh. hatten diese Ideen Anhänger in der Bildungs- und Verwaltungselite, aber auch bei den reformwilligen 'Ulamâ', Händlern und Handwerkern gefunden. Die *Nationalbewegung*, gewerkschaftl. oder parteil. organisiert, 1920 im *Parti Destourien* (Verfassungspartei), ab 1934 unter der Führung Bourguibas im PND, stand in der Tradition dieser Reformer. Ihr polit. Ziel war die Etablierung eines *unabhängigen Verf.staates.*

In der polit. Praxis wurde die Konzeption des liberalen Verf.staates, der mit der Verf. von 1958 umgesetzt werden sollte, durch Bourguiba unterwandert. Sein absoluter Führungsanspruch veranlaßte ihn, verfassungsrechtl. Bestimmungen zu übergehen, Opposition, selbst konstruktive Kritik, oder Autonomiebestrebungen der Gewerkschaft und sonstiger nationaler Organisationen wie der Studentenunion gegebenenfalls mit *Repressionsmaßnahmen* zu unterbinden. Nach dem Verbot der tun. KP (PCT) im Jan. 1963 regierte der PND bzw. PSD bis zur erneuten Zulassung des PCT 1981 als *Einheitspartei.* Typisch neopatrimoniale Beziehungsstrukturen bestimmten die Rekrutierung und Absetzung der Regierungsmitglieder und sonstigen hohen Führungskader und den polit. Entscheidungsprozeß. Der autoritär-repressive Führungsstil des 1903 geborenen Habib Bourguiba verschärfte sich (auch krankheitsbedingt) mit zunehmendem Alter: 1976 ließ er sich mittels einer Verf.modifikation zum Präsidenten auf Lebenszeit bestimmen. Die seit Mitte der 70er Jahre spürbare Verschlechterung im sozioökonom. Bereich löste nicht nur Konflikte mit der Gewerkschaft UGTT *(Union Générale des Travailleurs Tunisiens)* insbes. 1977/78 aus, die gewaltsam niedergeschlagen wurden, sondern führte zu parteiinterner Kritik auch am Führungsstil und zur Forderung nach Demokratisierung der Partei- und Staatsstrukturen. Es kam zu Abspaltungen der liberalen *Opposition* und der Gründung einer Menschenrechtsorganisation, LTDH *(Ligue Tunisienne des Droits de l'Homme)* 1976, durch liberale ehemal. PSD-Mitglieder bzw. unabhängige Liberale, als sich die Repression gegenüber Gewerkschaftern, Studenten, Oppositionellen, Kritikern des Regimes allgemein ausdehnte.

Nach 1979 organisierten sich in T. islamist. Gruppen, die einen radikalen Systemwandel anstrebten und ihre Anhänger hauptsächl. an den Universitäten rekrutierten. Als Reaktion auf militante islamist. Aktionen (Jan. 1980: Gafsa-Affäre) kündigte die Staatsführung eine *Liberalisierung* des Systems an, doch ging diese nicht über die formale Zulassung von moderaten, in der Bevölk. kaum verankerten Oppositionsparteien 1981 und 1983 hinaus. Wirtschaftl. Schwierigkeiten, wachsende Arbeitslosigkeit unter Jugendlichen, ständiger Kaufkraftverlust (Unruhen Dez. 1983/Jan. 1984 wegen Preiserhöhungen für Grundnahrungsmittel), ein Abblocken der polit. Partizipationsforderungen der moderaten Opposition und Repressionen gegen islamist. Gruppen, deren gewaltsame Aktionen im ersten Halbjahr 1987 eskalierten, verstärkten die Unzufriedenheit unter der Bevölk., v.a. aber auch der Unternehmer, deren Investitionsbereitschaft unter der unsicheren Zukunftsperspektive litt, da die Nachfolge Bourguibas nicht geregelt war. Der Wunsch Bourguibas, den rechtsstaatl. Prinzipien mißachtenden Schauprozeß gegen Islamisten im Sept. 1987 wiederaufzunehmen, um mehr Todesstrafen zu erwirken, führte am 7. 11. 1987, angebl. einen Tag vor einem geplanten Putschversuch islamist. Gruppen, zur Absetzung Habib Bourguibas durch den amtierenden Premierminister, General *Zine El Abidine Ben Ali.*

2. Das politische System

Habib Bourguiba wurde gemäß Art. 57 der Verf. von 1976 wegen Amtsunfähigkeit abgesetzt. Der verfassungsmäßige Machtwechsel rief allg. Erleichterung in T. hervor und weckte Hoffnungen auf eine *Demokratisierung* des Systems, obwohl der Wechsel durch Mitglieder der Herrschaftselite vollzogen worden war. Indem die neue Führung einzelne Kritikpunkte und Vorstellungen der organisierten und nichtorganisierten moderaten, aber auch islamist. Opposition in ihr polit. Konzept integrierte, wurde ihre Erneuerungsfähigkeit nicht in Zweifel gezogen. Die unmittelbar auf den Machtwechsel folgenden Maßnahmen wie u.a. Amnestien für polit. Gefangene, Abschaffung des Staatssicherheitsgerichtshofes, Modifikationen des Strafgesetzes, Maßnahmen zur Aufwertung formalrelig. Aspekte, Bekenntnisse zu Demokratie und Menschenrechten, Beginn eines Dialogs mit der Opposition, Ankündigung einer Modifikation des Pressegesetzes signalisierten einen Bruch mit der bisherigen polit. Praxis und sollten die Legitimität der Staatsführung stärken. Bereits in seiner Erklärung vom 7. 11. 1987 stellte Präsident Ben Ali fest, daß er im Gegensatz zu Bourguiba das tun. Volk als reif für polit. Partizipation und Pluralismus erachte.

2.1. Verfassung und formale Legitimationsbasis des politischen Systems. Die am 25. 7. 1988 verabschiedeten *Verfassungsmodifikationen* betrafen die Artikel 21, 28, 39, 40, 57, 60, 62 und 63 der Verf. von 1976. Ein Teil dieser Modifikationen beschnitt die Exekutive: Die Präsidentschaft auf Lebenszeit wurde abgeschafft (Art. 39), die allg., geheime, freie und direkte Wahl des Präsidenten auf fünf

Jahre und seine Wiederwahl auf zwei weitere Legislaturperioden begrenzt. Das Alter des Präsidentschaftskandidaten wurde auf mindestens 40, höchstens jedoch 70 Jahre festgelegt (Art. 40). Mit der neuen Nachfolgeregelung (Art. 57), die nicht dem Premierminister, sondern dem Präsidenten der Deputiertenkammer die Interimspräsidentschaft bis zur Neuwahl innerhalb von 45 bis 60 Tagen übertrug, sollte der Einfluß- und Machtkampf im Vorfeld eines Machtwechsels ausgeschaltet werden.

Von der Erneuerung der polit. Institutionen war auch die *Deputiertenkammer* betroffen, die sich jüngeren Mitgliedern und dem Parteinachwuchs öffnen sollte. Das Mindestalter zur Kandidatur als Abgeordneter wurde deswegen von 28 auf 25 Jahre gesenkt (Art. 21). Grundsätzl. wurde das mit der Verf. von 1976 festgeschriebene Präsidialsystem nicht modifiziert. Die Befugnisse des Präsidenten wurden sogar ausgeweitet, die noch in der Verf. von 1976 festgeschriebene Kontrollmöglichkeit des Präsidenten durch die Legislative (Art. 63: obligator. Rücktritt des Präsidenten bei Annahme eines zweiten Mißtrauensvotums) aufgehoben. Die Deputierten können ledigl. die dem Präsidenten direkt verantwortl. Regierung zum Rücktritt zwingen, wenn ihr Antrag auf ein Mißtrauensvotum mit einfacher Mehrheit (1976: absolute Mehrheit) von der Kammer angenommen und das Mißtrauensvotum mit ⅔-Mehrheit (1976: ⅓-Mehrheit) verabschiedet wurde.

Der *Präsident*, Oberbefehlshaber der Streitkräfte, Garant der nat. Unabhängigkeit, der territorialen Einheit und der Umsetzung der Verf. und der Gesetze, verfügt über eine Machtfülle auch hinsichtl. seiner legislativen Befugnisse sowie gegenüber dem Premierminister und der Regierung, die von keiner verfassungsmäßigen Instanz kontrolliert werden kann, obwohl Art. 3 der Verf. das Volk zum Inhaber der Souveränität erklärt, die gemäß Art. 18 durch die vom Volk gewählten Deputierten ausgeübt wird. Allein der Präsident definiert die Politik, über deren Ausrichtung er die Deputierten nur zu informieren hat, während der Premierminister und die Minister die Ausführenden dieser Politik sind. Es obliegt zudem dem Präsidenten, den verfassungsmäßig nicht befristeten Ausnahmezustand auszurufen und nicht nur die Mitglieder der Regierung, sondern auch hohe zivile und militär. Kader zu ernennen und zu entlassen.

Die Verf. schreibt unverändert die Unverletzlichkeit der menschl. Person, die Gewissens- und Religionsfreiheit, die Gleichheit vor dem Gesetz fest, gewährt Meinungs-, Presse-, Veröffentlichungs-, Versammlungs-, Vereinigungs-, Niederlassungsfreiheit und das Recht zur gewerkschaftl. Organisierung, „sofern die öffentliche Ordnung nicht beeinträchtigt wird". In einigen Fällen wird auf Detailregelungen in spezif. Gesetzen verwiesen (wie Partei-, Pressegesetz). Art. 7 der Verf. von 1976 wurde in der für Interpretationen offenen Formulierung beibehalten: Die staatsbürgerl. Rechte können dann durch Gesetz eingeschränkt werden, wenn dies zum Schutz der Rechte anderer, zur Sicherung der öffentl. Ordnung, der nationalen Verteidigung, der wirtschaftl. Entwicklung und des sozialen Fortschritts notwendig ist. Da der Präsident Garant der Unabhängigkeit, der territorialen Einheit, der Verf. und Gesetze ist, ist er es, dem die Entscheidung zufällt, wann jene gefährdet sind.

Die Verf.modifikationen vom 2. 8. 1988 und die Beibehaltung des bestehenden Wahlgesetzes für die Präsidentschafts- und Legislativwahl 1989 ließen die Grenzen der Öffnungsbereitschaft der Staatsführung erkennen. Eine Absicherung der Vormachtstellung der in *Rassemblement Constitutionel Démocratique (RCD)* umbenannten Regierungspartei und der Wunsch, einzelne Reformen der Vorherrschaft des RCD und der bisherigen Herrschaftselite unterzuordnen, begrenzten die Maßnahmen auf einzelne Eingriffe im Justizbereich (Amnestien; Abschaffung des Staatssicherheitsgerichtshofes; Modifikation des Strafgesetzes, u.a. Abschaffung der Zwangsarbeit, Reduzierung der Vernehmungs- und Untersuchungshaft), zur Förderung der Menschenrechte (Zulassung einer *amnesty international*-Sektion in Tunis; Ratifizierung des UNO-Abkommens gegen Folter) und die Zulassung von drei weiteren moderaten Parteien.

2.2. Aufbau des Staates und Programm der Parteien. Entsprechend der Zusammensetzung der Führungselite nach der Absetzung Bourguibas hatten die polit. Maßnahmen begrenzt reformer. Charakter. Die *personelle Erneuerung* diente einmal zur Verjüngung der Kader und v.a. zur Förderung liberaler und reformwilliger Personen in der Zentraladministration, auf regionaler und lokaler Verwaltungsebene wie auch innerhalb der Organisationsstrukturen der Regierungspartei. Die personelle Erneuerung sollte außerdem die Glaubwürdigkeit der Staatsführung und des RCD heben. Die zentralstaatl. Institutionen werden nach wie vor vom RCD dominiert. Premierminister und Regierung sind Ausführende der vom Präsidenten vorgegebenen Politik; die auf fünf Jahre zu wählende, 1989 zuletzt erneuerte Deputiertenkammer (Einkammerparlament; 141 Sitze) stützt, da immer noch vom RCD dominiert, die Regierungspolitik. Ledigl. an den teilweise bereits vor dem Machtwechsel bestehenden, teilweise seither geschaffenen Konsultativgremien zu einzelnen Problembereichen (u. a. *Conseil Economique et Social/ CES; Conseil Constitutionel/CC; Conseil Supérieur du Pacte National/CSPN; Commission Supérieure pour la Défense des Droits de l'Homme/CSDDH*) werden Repräsentanten aller sozialen Gruppen und polit. Parteien beteiligt.

Die von *Gouverneuren,* denen seit April 1990 ein sog. erster Delegierter, ein Generalsekretär und eine weitere Anzahl von Delegierten zugeordnet sind, verwalteten 23 Gouvernorate sind ebenfalls RCD-dominiert, zumal der Gouverneur Repräsentant der Zentraladministration und Repräsentant der Regierungspartei im jeweil. Verwaltungsbezirk ist. In der Lokalverwaltung, deren Basis von Kommunen gebildet wird, die 246 Gemeinde-/Stadträte wählten (letzte Wahl 10. 6. 1990), dominiert bis auf einen Gemeinderat, in dem Unabhängige die Mehrheit errangen, der RCD.

Die *Erneuerung des PSD* drückt sich in der Namensänderung und einigen organisator. Modifikationen aus. Der Name RCD (Verfassungsmäßige und Demokratische Sammlung) betont jene zwei Aspekte, die wiederzubeleben die neue Führung T.s antrat. Es war somit *keine Neudefinition* der Programmatik der Regierungspartei erfolgt. Angestrebtes Ziel war ledigl. die Einhaltung der bislang übertretenen Regeln und Zielsetzungen. So wurde auf dem Parteikongreß im Juli 1988 nicht die Trennung von Partei- und Staatsführung vollzogen. Nach wie vor ist der Staatspräsident auch Präsident des RCD, doch wurde der Posten eines Parteidirektors mit Ministerrang, eine Funktion, die ex officio dem Premierminister zukam, aufgelöst und die eigentl. Parteiarbeit einem nicht im Kabinett vertretenen Generalsekretär übertragen. Die Erneuerungs- und Aufbruchstimmung im RCD hatte 1988 zur Verteilung von rund 1,5 Mio. Parteimitgliedskarten geführt und zahlreiche Jugendliche, darunter Studenten, angezogen. Zur *Erweiterung des Oppositionsspektrums* entspr. der Ankündigung, ein pluralist. System umzusetzen und Konkurrenz zuzulassen, wurden 1988 der *Parti Social pour le Progrès (PSP;* wirtschaftspolit. liberale Tendenz), der *Rassemblement Socialiste Progressiste (RSP;* aus marxist.

Gruppen entstanden) und die *Union Démocratique Unioniste (UDU;* außenpolit. für die arab. Einheit eintretend) zugelassen, so daß mit dem 1981 legalisierten PCT (seit März 1993 *Mouvement Ettajdid*) und den 1983 zugelassenen moderaten Parteien *Mouvement des Démocrates Socialistes (MDS)* und *Parti d'Unité Populaire (PUP)* 6 Oppositionsparteien offiz. ihre Aktivitäten aufnehmen durften. Das Parteiengesetz von 1988 verbietet die Zulassung von Parteien, die ihr Programm auf Rasse, Ethnie, Sprache, Religion oder Geschlecht stützen und fordert explizit das Bekenntnis zur republik. Staatsform, zur Volkssouveränität, zum Personalstatut, das den Frauen weitgehende Gleichheitsrechte zugesteht, zu den Menschenrechten und zur arab.-islam. Identität. Den im *Mouvement de la Tendance Islamique (MTI)* bzw. im *Ennahdha* (Umbenennung Jan. 1989) illegal organisierten Islamisten wurde deshalb bis heute die Legalisierung verweigert.

2.3. Partizipation der Bevölkerung am politischen System. Die angekündigte Beteiligung der Oppositionsparteien an der polit. Entscheidungsfindung wurde 1989 bei den *ersten Legislativwahlen* nach dem Machtwechsel auf die Probe gestellt. Fand noch die Kandidatur Präsident Ben Alis als einzigem Kandidaten für die am 2. 4. 1989 angesetzten Präsidentschaftswahlen die Unterstützung der Oppositionsparteien und erregte seine Wahl mit 98,27% der abgegebenen Stimmen kein Mißfallen, sondern Zustimmung, da er doch der Initiator des Wandels war, so erfolgte im Vorfeld der ebenfalls am 2. 4. 1989 anstehenden Legislativwahl bereits Kritik am *Wahlgesetz*, das Bestimmungen aufwies, die die Chancen der Oppositionsparteien minderten. (Zulassung eines Kandidaten für die Legislativwahl nur nach Vorlage einer Liste mit Unterschriften von 75 potentiellen Wählern/Sponsoren; Mehrheitswahl in einem Durchgang). Die organisator. und finanz. Schwächen der Oppositionsparteien, die ihre Aktivitäten erst seit Nov. 1987 freier entfalten konnten, hatten diese Parteien nicht zu einer tatsächl. Konkurrenz für den RCD werden lassen. Umso enttäuschender war der Verlauf der Wahl, bei der RCD-Mitglieder trotz allem nicht von Wahlmanipulation absahen. 125 von 141 Sitzen der Deputiertenkammer fielen somit an die Regierungspartei, die 80,48% aller abgegebenen Stimmen auf sich vereinte. Die Unabhängigen, unter deren Etikett zahlreiche Islamisten kandidierten, erhielten nach offiz. Statistik zwischen 0,21 und 9,18% der abgegebenen Stimmen in den Wahlkreisen (nach inoffiziellen Angaben durchschnittlich 13%).

Im Anschluß an die Legislativwahl von 1989 verschlechterte sich das innenpolit. Klima. Die legalisierten Oppositionsparteien waren erneut marginalisiert, hatten zudem Finanzierungsschwierigkeiten, auch für ihre Zeitungen, so daß eine Pluralisierung der polit. Landschaft nicht eintrat. An den Kommunalwahlen vom 10. 6. 1990 nahm, obwohl der Forderung nach einer Wahlgesetzmodifikation zugunsten der kleinen Parteien stattgegeben und das Mehrheitswahlrecht durch ein *Halbproporzwahlrecht* ersetzt worden war, von den Oppositionsparteien nur der RSP teil. Die übrigen Oppositionsparteien boykottierten die Wahl, da ihrem Antrag auf Verschiebung der Wahl und Erneuerung der Wählerlisten nicht entsprochen worden war. Die Wahlbeteiligung betrug 79,37%. Die Regierungspartei erhielt 98% der Stimmen, was an die Wahlergebnisse unter Präsident Bourguiba erinnert.

Während die legalisierte Opposition keine Partizipation am Entscheidungsprozeß über die bislang stattfindenden Wahlen erringen konnte, sorgte die *Fundamentalopposition* der nichtlegalisierten Islamisten, deren Militanz seit 1989 erneut zunahm und insbes. den Lehrbetrieb an den Universitäten durch gewaltsame Aktionen beträchtl. einschränkte, für eine Annäherung der Staatsführung an die legalisierten Oppositionsparteien. Eine *Kurskorrektur* der Staatsführung klang in der Rede Präsident Ben Alis vom 7. 11. 1990 an und nahm konkretere Formen an, nachdem Gewaltakte an den Universitäten im März/April 1991 und die Aufdeckung eines islamist. Komplotts im Mai 1991 die Bipolarisierung Staatsführung/moderate Politikkonzeption versus Ennahdha/islamist. Staatskonzeption eine Annäherung an die moderate Opposition auch zur Aufrechterhaltung der Glaubwürdigkeit und damit der Legitimität der Staatsführung dringl. erscheinen ließen. Ein erster prakt. Schritt, um die Entwicklung der Oppositionsparteien zu unterstützen, erfolgte mit der Zusage einer finanz. Unterstützung der Oppositionspresse, die 1990 wegen mangelnder Gelder und Verlusten durch Beschlagnahmungen/Zensur nach erfolgter Drucklegung hatte eingestellt werden müssen. Ein neues Wahlgesetz soll vor den für 1994 angekündigten Präsidentschafts- und Legislativwahlen verabschiedet werden.

3. Sozialstruktur

T. besitzt im Unterschied zu Marokko und Algerien, die starke berberophone Minoritäten aufweisen, eine *relativ homogene Bevölk.* Bestimmend und Probleme aufwerfend ist in T. vorwiegend das *regionale Entwicklungsgefälle*, das sich eklatant niederschlägt in der Bildungsstruktur und der Arbeitslosenrate, d.h. der sozioökonom. Situation der Bevölk., die wiederum die polit. Sympathien dieser Bevölk.gruppen beeinflußt.

Die wachsende *Arbeitslosigkeit* (geschätzt: 316000/Arbeitslosenrate: 15,3%) insbes. bei Jugendlichen unter 25 Jahren (ca. 150000) trifft hauptsächl. den SW T.s (Arbeitslosenrate: 21,6%), gefolgt vom NW (18,7%) und dem Distrikt Tunis (16,7%). Die Mehrzahl der Arbeitslosen (70%) hat maximal einen Primarschulabschluß. Es ist symptomat. für die Unzufriedenheit der Bevölk. in den bes. von Arbeitslosigkeit betroffenen Regionen, daß die als unabhängige Kandidaten auftretenden Islamisten bei den Legislativwahlen 1989 gerade hier einen hohen Stimmenanteil erreichten. In einzelnen Wahlbezirken von Tunis und Ben Arous und im SW T.s (Tozeur, Gafsa) gewannen sie zwischen 25–30% der abgegebenen Stimmen.

Die *gesellschaftl. Elite* ist in T. mit der polit. Elite weithin identisch. Polit. liberal eingestellte Persönlichkeiten aus Politik, Wirtschaft und dem Bildungssektor waren nach dem Machtwechsel bereit, der neuen Führung ihre Unterstützung zu geben. Die militant islamist. Gruppen sorgten dafür, daß bei aller Kritik und Enttäuschung über den mangelnden Wandel autoritärer Strukturen und Verhaltensweisen im RCD und in den polit. Institutionen eine grundsätzl. Bereitschaft zur Kooperation in den Oppositionsparteien und allg. in der Bevölk. vorhanden ist. Der RCD ist nach wie vor wichtiger Garant sozialen Aufstiegs. Allerdings rekrutiert er seine hohen Kader nicht mehr vorwiegend aus dem Sahel, sondern bezieht gleichberechtigt Parteimitglieder aller Regionen mit ein.

Eine von der Staatsführung auch als Gegengewicht zur islamist. Segregation und Unterordnung der Frauen betriebene Politik dient der *Frauenförderung*, deren reale Gleichberechtigung Präsident Ben Ali mehrfach als Ziel seiner Politik angab, da nach wie vor paternalist.-autoritäre Verhaltensweisen die Familienstrukturen bestimmen (bei Stadt/Landgefälle) und die Umsetzung einer gesellschaftl. Gleichberechtigung in zahlr. Bereichen ausschließen oder zumindest erschweren. Weitere „frauenfreundliche" Modifikationen des Personalstatuts sollen 1993 erfolgen (u.a. die Gleichstellung von Mann und Frau in der Ehe, d.h. Abschaffung der Gehorsamspflicht für die Ehefrau). Die Einführung der allgemeinen Schulpflicht 1992 war ein Schritt, der ebenfalls in hohem Maße den Frauen (besonders auf dem Land) zugute kommt. In den Arbeitsprozeß waren 1990 20,3% der Tunesierinnen integriert (gegenüber 5,5% 1966).

4. Binnen- und außenwirtschaftliche Gegebenheiten und Entwicklungsziele

T., das kaum über natürl. Ressourcen verfügt, hat nach dem Scheitern der sozialist. Planungsphase unter dem Einfluß Ben Salahs (1961/62–1969) eine bis heute anhaltende Politik des *wirtschaftl. Liberalismus* verfolgt, wobei die Integration in den Weltmarkt die dominierende wirtschaftspolit. Leitlinie darstellt. Die beiden Säulen dieser Politik sind eine liberale Indikativplanung (Wirtschaftspläne 1973–76, 1977–81, 1982–86, 1987–91) der staatl. Investitionen sowie Investitionsanreize für das private und internat. Kapital. Diese Politik einer Begünstigung und Absicherung ausländ. Kapitalinvestitionen spiegelt sich in einer zunehmenden Wirtschaftskooperation mit der EG (Kooperationsvertrag 1976) und der Gesetzgebung (Investitionsgesetz, Exportförderungsgesetz, Gesetz zur Förderung der verarbeitenden Industrie, weitgehende Liberalisierung des Handels) wider. Die enge Verzahnung der nationalen Konjunktur mit der weltwirtschaftl. Entwicklung hat die tun. Wirtschaft bes. Anfang der 80er Jahre (sinkende Preise für die Hauptexportprodukte Erdöl, Phosphat, Textilwaren) negativ beeinflußt (steigende Auslandsverschuldung) und IWF-gestützte Restrukturierungsprogramme notwendig gemacht. Die Entwicklung der fünf tragenden Wirtschaftssektoren ist unterschiedlich: der ausgebaute und konkurrenzfähige *Textilsektor* erbringt über 80% der industriell gefertigten Exporte, der krisenanfällige *Tourismussektor* (z.B. starker Einbruch im Zusammenhang mit dem Golfkrieg 1991) ist seit 1986 wichtigster Devisenbringer. *Erdöl- und Phosphatsektor* tragen indessen kaum zur Deckung des Handelsbilanzdefizits bei. Stark klimaabhängig ist der *Agrarsektor*, dessen regionale Disparitäten die Landflucht und damit das innertun. Entwicklungsgefälle (N-S, O-W) und die daraus resultierenden sozialen Probleme weiter verschärfen. Wichtigste Ziele des in Abstimmung mit den polit. Parteien, Gewerkschaften und Verbänden vorbereiteten Fünfjahresplanes 1992–96 sind daher die Förderung der

Landwirtschaft, der benachteiligten Regionen S- und SO-T.s durch bessere Streuung der Investitionsallokation und der kleinen und mittleren privaten Betriebe (u.a. durch eine Steuerreform) sowie eine forcierte Bekämpfung der Jugendarbeitslosigkeit.

5. *Zusammenfassende Charakterisierung der gegenwärtigen innen-, außen- und sicherheitspolitischen Situation*

Nachdem 1990 die Staatsführung kategor. die Zulassung einer islamist. Partei unter Berufung auf das Parteiengesetz abwies und sich explizit für die Beibehaltung der Trennung von Politik und Religion aussprach, radikalisierten die tun. Islamisten des Ennahdha und die ihn unterstützende Studentenunion UGTE ihre Rhetorik und ihre Aktivitäten. Die Spaltung des Ennahdha in eine Gewalt befürwortende *(Ghannouchi-)*Fraktion und eine öffentl. Gewalt ablehnende *(Mourou-)*Fraktion schwächte zweifellos die Organisation. Ihr militanter, gegenwärtig aus dem Untergrund agierender Flügel birgt jedoch ein Unruhepotential und insofern eine Gefahr für den von einer breiten, moderat und antiislamist. eingestellten Mittel- und Oberschicht befürworteten *Liberalisierungsprozeß* in sich, als zur Wahrung der inneren Sicherheit staatl. autoritäre Reaktionen und Maßnahmen begünstigt werden. Zwar können die Islamisten in T. derzeit nicht als systemgefährdend bezeichnet werden, doch können sie eine Fortsetzung und Ausweitung der zaghaft begonnenen Öffnungspolitik beeinträchtigen, wodurch wiederum die Kooperationsbereitschaft der organisierten wie nichtorganisierten Liberalen mit der Staatsführung gefährdet ist. Von Bedeutung ist für T. in diesem Zusammenhang der zukünftige Einfluß der Islamisten in Algerien: ein islamist. dominiertes Algerien böte für tun. Islamisten ein Hinterland, dessen logist. Hilfe bei der Errichtung eines islamist. dominierten Staates in T. wahrscheinl. wäre. Für eine Absicherung der moderaten, liberalen, Politik und Religion trennenden Staats- und Gesellschaftskonzeption wäre es zunächst notwendig, die Kooperation der Parteien und Vereinigungen zu institutionalisieren, die für einen Rechtsstaat und Demokratie eintreten: Voraussetzung dazu ist eine relativ stabile innenpolit. Lage, die zu verhindern sich seit 1990 erneut islamist. Gruppierungen anschicken, deren Störpotential diesbezügl. noch nicht gebrochen ist.

Sigrid Faath

Lit.: *Faath, S.*, Herrschaft und Konflikt in Tunesien, Hamburg 1989. *Dies.*, Tunesien, in: Koszinowski, Th./Mattes, Hp. (Hrsg.), Nahost Jahrbuch, Opladen (jährlich seit 1988). *Dies./Mattes, Hp.* (Hrsg.), Demokratie und Menschenrechte in Nordafrika, Hamburg 1991. *Hopwood, D.*, Habib Bourguiba of Tunisia, Basingstoke/London 1992. *Perkins, K.J.*, Tunisia. Crossroads of the Islamic and European Worlds, Boulder/London 1986. *Schliephake, K.* (Hrsg.), Tunesien, Stuttgart 1984. *Zartman, I.W.* (Hrsg.), The Political Economy of Reform, Boulder/London 1991.

Türkei (Republik Türkei)

Grunddaten: *Fläche:* 779452 km². *Einwohner:* 55,0 Mio. *Einschulungsrate:* 112% (1989). *Lebenserwartung:* 66 Jahre. *Verstädterung:* 61% (1990). *Anteile am BIP:* Landwirtschaft: 18%, Industrie: 33%, davon Verarbeitendes Gewerbe: 24%, Dienstleistungen: 49% (1990). *PKE* (in US-$): 1630 (1990). *BIP* (in Mio. US-$): 96500 (1990). *Währung:* 1 Türkisches Pfund/Lira = 100 Kuruş; 1 DM ~ 6100 TL (Mai 1993).

1. Historischer Überblick

Die Einwanderung der Türken in den nah- und mittelöstl. Raum aus ihren Stammgebieten in den Steppen des heutigen Süd- und Zentralrußland hat sich etwa seit dem 10. Jh. n. Chr. vollzogen. Wichtigste frühe Reichsgründung war das *Seldschukenreich* (1055–ca. 1150), unter dem nach der Niederlage der Byzantiner bei Mantzikert (1071) auch die türk. Besiedlung Kleinasiens (Anatoliens) begann. Unter den türk. Fürstentümern Kleinasiens stieg zu Beginn des 14. Jh. die Familie der *Osmanen* auf, die in den folgenden Jahrzehnten Teile Südosteuropas und Kleinasiens unter ihre Herrschaft brachte. Mit der Eroberung von Byzanz (1453) wurde das *Osmanische Reich* (OR) ein Großreich, das in der Folge nahezu den ganzen arab. Raum (Eroberung Kairos 1517), Nordafrika und Südosteuropa bis an die Grenzen des Habsburgischen Reiches (Belagerungen Wiens 1529 und 1683) unterwarf.

Formal lag dem OR die universalist. islam. Staatskonzeption zugrunde, nach der das polit. Oberhaupt des Reiches (Sultan) zugleich der geistl. Führer der islam. Gemeinde (Imam, Kalif) ist. Machtausübung und Verwaltung beruhten weitgehend auf dem islam. Lehenswesen (allerdings in Verbindung mit türk. Stammestraditionen), innerhalb dessen die Armee eine besondere Rolle spielte. Den zahlreichen nicht-islam. Völkern und Gruppen wurde im

Rahmen des *millet*-Systems eine teilweise Selbstverwaltung zugestanden.

Der nach der 2. Belagerung Wiens einsetzende und fortschreitende Niedergang des Reiches und die sich abzeichnende militär. und polit. Überlegenheit des Westens zwangen die osman. Führung zu Reformen in Militär und Verwaltung. Das 19. Jh. war durch Versuche gekennzeichnet, Elemente westl. Zivilisation, Verwaltung (Gesetzgebung), Erziehung und Technik zu übernehmen, ohne die traditionalist. Grundsubstanz aufzugeben (*Tanzimat-Periode*, 1839–1876). Die Einführung einer Verf. (1876) konnte den Verfall des Staatswesens freilich ebensowenig aufhalten wie die Machtübernahme durch die „jungtürkische" Bewegung. Während die europ. Besitzungen weitgehend verlorengingen und in Nordafrika und in Teilen des Nahen Ostens die Kolonialmächte GB und F die faktische Macht übernahmen, wurde unter den verbleibenden Untertanen, insbes. den Arabern, ein Nationalismus wirksam, der sich mit der osman. Staatsstruktur nicht länger vereinbaren ließ. Die Niederlage im 1. Weltkrieg besiegelte einen Verfallsprozeß, der wesentl. in der Unfähigkeit des osman.-islam. Systems lag, neue gesellschaftl., polit. und wirtschaftl. Kräfte zu integrieren.

Die Anfänge des national-türk. Staates, der das OR ablöste, waren mit der konstitut. Bewegung verbunden, die Sultan Abdülhamit II. 1876 zur Einführung einer Verf. zwang und die teilweise mit der 1889 gegründeten *Gesellschaft für Fortschritt und Einheit* (seit 1907 *Komitee für Einheit und Fortschritt*) identisch war. Die Aktivitäten der Mitglieder des Komitees, die seit ihrem Pariser Kongress (1902) als „Jungtürken" bezeichnet zu werden begannen, waren in erster Linie gegen die Autokratie des Sultans gerichtet, der 1877 die Verf. wieder außer Kraft gesetzt hatte. Träger der Bewegung waren Offiziere, Angehörige der Administration und Intellektuelle, die freil. in sich wieder einzelne Gruppen bildeten, die im wesentl. den vier herrschenden Ideologien des Osmanismus, Pan-Islamismus, Pan-Türkismus und türk. Nationalismus folgten.

Nach der Übernahme der Macht durch die *Jungtürken* (1908), die freilich bald diktator. Auswüchse annahm, wurde zwar auf der Basis des türk. Nationalismus und Säkularismus ein polit. Programm verfolgt, das in manchen Zügen zur Grundlage der späteren Türk. Republik werden sollte. Die Zersplitterung der Bewegung aber, der weitere Verlust osman. Territorien an europ. Mächte und der stärker werdende Druck der Minoritäten gaben den Jungtürken nur wenig Raum, ihre Ziele zu verwirklichen.

Die Niederlage im 1. Weltkrieg mit dem Verlust aller europ. und asiat. imperialen Besitzungen bedeutete nicht nur einen polit. Einschnitt, vielmehr erforderte der Aufbau des aus Anatolien und Thrakien bestehenden Kernlandes, dessen Bestand im *Frieden von Lausanne* (1923) garantiert worden war, zum Nationalstaat nach europ. Vorbild zugleich die Neuausrichtung der türk. Gesellschaft auf sozialem, ideolog. und kulturellem Gebiet. Die Übertragung der Souveränität auf das Parlament, die *Große Türkische Nationalversammlung* (1920; Abschaffung des Sultanats im Okt. 1923), und die Abschaffung des Kalifats, des Oberhaupts der ganzen islam. Welt (März 1924) durch *Kemal Atatürk* (1881–1938), waren der sichtbare Ausdruck des Beginns der Geschichte der neueren Türkei (T.).

Für Atatürk war die Modernisierung der T. identisch mit einer vorbehaltlosen *Verwestlichung*, die er in sechs Prinzipien niederlegte: *Nationalismus* (Konstituierung eines türk. Nationalstaates), *Laizismus* (Forderung nach Freiheit von jeder relig. Bindung im öffentl. Leben), *Republikanismus* (keine neuerl. Errichtung einer sultanischen oder kalifischen Verf.), *Populismus* (Gleichheit der Bürger ohne Unterschied von Klasse, Sprache und Glauben), *Etatismus* (führende Rolle des Staates bei der wirtschaftl. Entwicklung) und *Reformismus* (Permanenz des Transformationsprozesses von Staat und Gesellschaft). Die in diesem Rahmen wichtigsten Maßnahmen waren: die Einführung der internationalen Jahreszählung, einer europ. Gesetzgebung, des Frauenstimmrechts und der Einehe (1926); Nicht-Anerkennung des Islam als Staatsreligion; Einführung des latein. Alphabets und Abschaffung des Fes (1926–28); Einführung metrischer Maße (1931); Einführung von Familiennamen und des Sonntags als wöchentl. Feiertag (1934).

Das polit. System, das Atatürk eingeführt hatte, trug deutliche Züge des revolutionären Prozesses, aus dem es hervorgegangen war. Die erste Verf. wurde 1921 von der Nationalversammlung angenommen. Zum ersten Mal in der T. verkündete sie das Prinzip der nationalen Souveränität; legislative und exekutive Macht waren in der Nationalversammlung vereint. Bis zu seinem Tode (1938) regierte Atatürk mit einer De-facto-Diktatur, die mit der Notwendigkeit begründet wurde, den „Modernismus" verwirklichen zu müssen. Speerspitze und Sammelbecken der kemalist. Kräfte war die 1923 gegründete Einheitspartei *Republikanische Volkspartei (RVP).*

Unter dem Zwang zu wirtschaftl. Liberalisierung und polit. Öffnung, insbes. gegenüber den USA, wurde nach Ende des 2. Weltkriegs ein Demokratisierungsprozeß eingeleitet. Oppositionelle Politiker sowohl innerhalb der RVP wie außerhalb davon gründeten die *Demokratische Partei (DP),* die bei den Wahlen von 1950 83,8% der Sitze errang und die Regierung unter *Adnan Menderes* bildete. Die DP stützte sich in erhebl. Umfang auf die Landbevölk., d.h. Schichten, die von den kemalist. Reformen nur marginal oder gar nicht berührt worden waren. In den Städten erhielt sie die Unterstützung der Unternehmer und des liberalen Bürgertums, die die von der DP verfolgte Abkehr von dem erstarrten etatistischen Wirtschaftssystem unterstützten. Als die DP einer wachsenden Opposition mit repressiven Maßnahmen zu begegnen begann, griff schließl. das *Militär* im Mai 1960 ein, setzte die Regierung ab und löste die DP auf. 1961 wurde mit der Verabschiedung einer neuen Verf. die Demokratie wiederhergestellt.

Die 60er Jahre sahen eine weitere *Demokratisierung* des polit. Systems. Auf der rechten Seite des polit. Spektrums bildeten sich eine türk.-nationalist. und gegen Ende des Jahrzehnts eine islam.-fundamentalist. Partei heraus; auf der Linken entstanden marxist. Gruppierungen. *Gewerkschaften* begannen, eine aktive Rolle in den gesellschaftl. und polit. Auseinandersetzungen einer T. zu spielen, in der sich angesichts einer beschleunigten Industrialisierung in Verbindung mit eskalierender Landflucht und Verstädterung das soziale Klima verschärfte. Als sich die konservative Regierung der *Gerechtigkeitspartei (GP)* (der Nachfolgerin der verbotenen DP) unter *Süleiman Demirel* unfähig erwies, mit dem beginnenden extremist. Terror fertig zu werden, zwang ihn im März 1971 die *militär.* Führung zum Rücktritt und übte bis 1973 indirekt die Macht selbst aus.

Die Rückkehr zur Demokratie im Okt. 1973 veränderte die innenpolit. Ausgangssituation nicht durchgreifend. Zwar wurde mit dem Wandel der RVP von einer elitären Staatspartei zu einer sozialdemokrat. Massenpartei unter *Bülent Ecevit* nunmehr die Linke gestärkt, doch konnten Regierungen nur durch komplizierte Koalitionsarithmetik gebildet werden. RVP und GP wechselten sich in der Regierung ab, wobei die jeweiligen Allianzen mit extremist. Parteien und Kräften die Regierungsgeschäfte in wachsendem Maße erschwerten und notwendige polit. Reformen blockierten. Terrorist. Kommandos der militanten Linken und nationalist.-faschistoiden Rechten trugen ihre Auseinandersetzungen seit 1977 in eskalierender Gewaltanwendung auf der Straße aus, was das Land am Ende des Jahrzehnts in *bürgerkriegsartige Zustände* trieb. Eine wirtschaftl. Krise verstärkte 1979/80 die Unruhe unter der Bevölkerung. Am 12. 9. 1980 griff das *Militär* zum dritten Mal innerhalb von zwei Jahrzehnten ein.

Vom Ehrgeiz der Generäle, die T. so tiefgreifend umzugestalten, daß sich die Entwicklungen der 70er Jahre nicht mehr wiederholen würden, waren Ende 1992 kaum noch Spuren zu erkennen. Mit der Durchsetzung der *Marktwirtschaft* anstelle des Etatismus griffen sie eine Maßnahme der letzten Regierung Demirel vor dem Putsch auf. Die von ihnen durchgesetzte Verf. steht für eine tiefgreifende Änderung zur Diskussion. Mit den Wahlen vom Nov. 1983, aus denen die neugegr. *Mutterlandspartei (Anavatan Partisi; ANAP) Turgut Özals* als Sieger hervorging, setzte schon der Ablösungsprozeß von der von den Militärs geschaffenen Ordnung ein. Die 1981 aufgelösten alten Parteien erstanden – wenn auch unter anderem Namen – wieder. Per Referendum vom Okt. 1987 kehrten die von den Militärs aus der Politik verbannten Politiker auf die polit. Bühne zurück. Schrittweise liberalisierte sich das innenpolit. Klima.

Zum schwierigsten innenpolit. Problem wurde seit etwa Mitte der 80er Jahre die *kurdische Frage.* 1984 hatte die *Arbeiterpartei Kurdistans (Partiya Karkeren Kurdistan; PKK)* ihre terrorist. Anschläge wiederaufgenommen. Obwohl diese in den folgenden Jahren in Richtung eines Bürgerkrieges im SO des Landes eskalierten, weigerte sich die türk. Staatselite weiterhin, eine kurd. Realität einzuräumen. Erst mit den Folgen des Golfkrieges 1991 (Massenflucht von irak. Kurden in die T.) begann sich eine realistischere Einstellung durchzusetzen. Der Gebrauch der kurd. Sprache wurde legalisiert; kurd. Publikationen wurden zugelassen. Trotzdem waren Ende 1992 Konturen einer polit. Lösung des Problems noch nicht in Sicht.

2. Das politische System

2.1. Verfassung und formale Legitimationsbasis des politischen Systems. Die heutige Verf. wurde durch Referendum am 7. 11. 1982 mit 91,4% der abgegebenen gültigen Stimmen angenommen. Bemerkenswert war dabei die Tatsache, daß zugleich der Vorsitzende des Nationalen Sicherheitsrates, General *K. Evren,* auf sieben Jahre zum Staatspräsidenten gewählt wurde. Die Verf. enthält restriktive Elemente mit Rücksicht auf die Belange des Staates und setzt den individuellen Freiheiten dort Grenzen, wo sie gegen die Interessen des Staates verstoßen. Die *Grundrechte* sind zwar generell verbrieft, ihrer Wahrnehmung sind aber mit Rücksicht auf die staatl. Einheit sowie auf die öffentl. Ruhe und Ordnung enge Grenzen gesetzt. Die türk. *Große Nationalversammlung* setzt sich aus 400 Mitgliedern zusammen, die alle 5 Jahre durch allg. Wahlen bestimmt werden. Neben legislativen Aufgaben kommt ihr die Wahl des Staatspräsidenten zu.

Charakteristisch für die Verf. ist die starke Stellung des *Staatspräsidenten.* In seiner Hand konzentriert sich die Macht – symbolisch und tatsächlich. Gewählt vom Parlament, erklärt er in seinem Amtseid u. a. seine Entschlossenheit, Bestand und Unabhängigkeit des Staates, die unteilbare Einheit des Vaterlandes und der Nation und die uneingeschränkte Souveränität der Nation zu schützen sowie der Verf., dem Vorrang des Rechts, der Demokratie, den Prinzipien und Reformen Atatürks und dem Grundsatz der laizistischen Republik verbunden zu bleiben (Art. 103). Auch ist dem Präsidenten umfangreiche legislative und exekutive Gewalt eingeräumt. Als Teil seiner exekutiven Funktionen kann er Neuwahlen ansetzen, den Ministerpräsidenten ernennen und den Ministerrat sowie den Nationalen Sicherheitsrat einberufen.

Der Stärkung des Staates entspricht das Streben nach *Verminderung der Politisierung* von Gesellschaft und öffentl. Leben. In diesem Sinne ist die Bestimmung zu verstehen, die es „Richtern und Staatsanwälten, Mitgliedern der Organe der hohen Gerichtsbarkeit, Lehrpersonen in Hochschulinstitutionen,. . . .Studenten und Mitgliedern der Streitkräfte untersagt, einer polit. Partei anzugehören“ (Art. 68). Auch dürfen die polit. Parteien keine „Frauenabteilungen, Jugendabteilungen oder ähnliche, Absonderungen schaffende Nebenorganisationen bilden (und) keine Stiftungen gründen“ (Art. 68).

2.2. *Aufbau und Programme der Parteien.* Nach dem am 24. 4. 1983 verabschiedeten Parteiengesetz dürfen sich die Parteien weder auf Separatismus noch auf Klassenherrschaft, ethn. Zugehörigkeit,

Faschismus oder Religion berufen. Mit dem Ausgang der Wahlen vom 6. 11. 1983 zeichnete sich bereits das Scheitern jenes kontrollierten Zwei-Parteien-Systems ab, das die Generäle hatten verordnen wollen. Trotz der Einschränkungen, die das Gesetz der Gründung und dem Funktionieren von Parteien auferlegt, hat sich schrittweise ein Parteiensystem ausgebildet, das dem der 70er Jahre nicht unähnlich ist. Die Wahlen vom 29. 11. 1987 haben schließl. einen Zustand legalisiert, der der starren Ordnung des Militärs entwachsen ist.

Ein wichtiger Meilenstein auf dem Weg dahin war die Rückkehr der „alten Politiker“. In einem Referendum am 6. 9. 1987 über den Übergangsartikel 4 der Verf. sprach sich eine hauchdünne Mehrheit der Türken (50,16% pro, 49,84% contra) für dessen Streichung und damit eine Rückkehr der alten Garde in die Politik aus. So stehen die polit. Führer der 70er Jahre wieder an ihren Plätzen, wobei sich nur die Namen der Parteien geändert haben, denen sie nach ihrer Wiederzulassung nun vorstehen: Süleiman Demirel der konservativ-liberalen *Partei des rechten Weges (Doğru Yol Partisi),* Necmettin Erbakan der islamistischen *Wohlfahrtspartei (Refah Partisi)* und Alparslan Türkeş der *Nationalistischen Arbeitspartei (Milliyetçi Çalışma Partisi).* Lediglich Bülent Ecevit hat in der *Sozialdemokratischen Volkspartei (Sosyaldemokrat Halkçı Parti),* an deren Spitze Erdal Inönü, der Sohn des legendären Ismet Inönü (engen Mitstreiters von Atatürk), berufen wurde, keinen Platz mehr gefunden. Er steht einer eigenen, weiter links stehenden Partei, der *Partei der demokratischen Linken (Demokrat Sol Partisi)* vor. Seit Ende 1992 wird die Wiederzulassung der tradit. Parteien der Zeit vor der 3. Militärintervention 1980 betrieben (im Sept. erstand so die *RVP* wieder; Vorsitzender wurde Deniz Baikal).

2.3. Partizipation der Bevölkerung am politischen System. Trotz der drei Militärinterventionen seit der Einführung der Mehrparteiendemokratie am Ende des 2. Weltkrieges und zahlr. Fälle von Mißachtung der Menschenrechte hat die türk. Demokratie in den letzten fünf Jahrzehnten bemerkenswerte Fortschritte gemacht. Die Wahlen auf nationaler und Provinzebene waren in der Regel weitestgehend frei.

Die beiden freien Wahlen seit der Wiedereinführung demokrat. Zustände (1987, 1991) haben gezeigt, daß der türk. Wähler durchaus fähig und entschlossen ist, die Leistung der Politiker kritisch zu beurteilen und mit dem Wahlzettel entsprechend zu reagieren. Außerhalb der Wahlen zeigen regelmäßige Umfragen den Ausschlag der Wählergunst auf polit. Entscheidungen an. Konnte die Mutterlandspartei des wegen seiner Wirtschaftspolitik noch populären Ministerpräsidenten Turgut Özal 1987 mit 292 Sitzen die absolute Mehrheit erringen, so sank sie 1991 auf 115 ab. Die Gründe waren in erster Linie die aufgrund der Inflation immer kritischer werdende Lage weiter Teile der Bevölk.

Rückstände traditionsgebundener Strukturen freilich schränken die freie Beteiligung des Bürgers an der polit. Mitbestimmung noch immer ein. Dies gilt zum einen für die z.T. noch *feudalen* Abhängigkeitsverhältnisse insbes. in den ländl. Gegenden des O und SO. Das Wahlverhalten wird hier noch weitgehend vom Ağa, d.h. dem Großgrundbesitzer, verordnet. Auch Frauen auf dem Lande ist ein eigenständiges Votum angesichts der herkömml. Dominanz des Familienoberhaupts nur begrenzt möglich. Im übrigen erschwert der noch immer mangelhafte Alphabetisierungsgrad eine unabhängige Meinungsbildung, auch wenn Radio und Fernsehen heute das hinterste anatol. Dorf erreichen.

3. Sozialstruktur

Im Ganzen gesehen ist die türk. Gesellschaft noch immer von tiefen Trennlinien durchzogen. Der Graben zwischen der Führungselite des Landes und der Masse namentl. der Landbevölk. ist keineswegs überwunden. Noch immer ist das anatol. Dorf (Köy) eine Welt für sich; dies gilt für den materiellen Entwicklungsstand ebenso wie für die Verhaftung in relig. und kulturellen Traditionen. Der Arm der Zentralregierung ist auf dem Land in vielen Fällen weit entfernt. Dort werden Konflikte vielfach immer noch auf tradit. Weise geregelt, z.B. durch Blutrache. Entgegen den gesetzl. Vorschriften kommt auch noch die Mehrehe vor, und die Eheschließung wird vom Geistlichen, dem *Imam,* ohne Einschaltung des Standesamtes, vorgenommen.

Das Fortbestehen tradit. Strukturen darf jedoch nicht übersehen lassen, daß sich die türk. Gesellschaft in den nahezu 7 Jahrzehnten seit der Gründung der Republik in raschem Tempo gewandelt hat. V.a. aber seit der Öffnung zum Mehrparteiensystem hat sich dieser Wandlungsprozeß beschleunigt. Die Krisen der türk. Demokratie (die sich in den jeweiligen Eingriffen des Militärs zuspitzten) sind nicht zuletzt auch Krisen der gesellschaftl. Entwicklung gewesen.

Eines der wichtigsten Probleme war und ist mit der *Bevölkerungsentwicklung* gegeben. Bei Gründung der Republik betrug die Bevölk. des neuen Staates nur etwa 10 Mio. Jeweils in 30 Jahren hat sie sich (etwas mehr als) verdoppelt. So betrug sie 1950 20,9 und 1980 44,7 Mio.; 1989 war sie auf ca. 55 Mio. angewachsen. Prognosen ergeben, daß sie bis zum Jahre 2010 bei etwa 100 Mio. liegen wird.

Über die Zahl der *Kurden*, die sich nach Sprache und Kultur von den Türken unterscheiden, gibt es nur Schätzungen, da in der offiz. Volkszählung keine Angaben über die „Muttersprache" gemacht werden: Während die Regierung selbst inoffiziell etwa 2,5 Mio. zugibt, geben kurd. Organisationen 20 Mio. an. Unparteil. Schätzungen nennen 8–10 Mio.

Was die *Religion* betrifft, sind über 99% der Bevölkerung islamisch, doch dürften der *sunnit.* Mehrheit etwa 20–25% *Alewiten*, Anhänger einer aus der Schia hervorgegangenen Sekte, gegenüberstehen.

Aufgrund der Ausdehnung des Landes ist die statist. *Bevölkerungsdichte* noch immer relativ niedrig, allerdings ansteigend. Während sie 1950 bei 26 Personen E./km^2 lag, war sie 1980 auf 56 angestiegen. 1950 gab es nur eine Provinz mit einer Dichte von über 100 E./km^2 – Istanbul; 17 (von 67) Provinzen hatten eine Dichte von 20 und weniger. Ende der 80er Jahre gehörten 8 Provinzen zur ersten und nur 2 zur zweiten Kategorie. Im übrigen besteht ein drast. Unterschied zwischen den westl. Provinzen und den inneren Teilen Anatoliens, ganz bes. aber den Provinzen im äußersten O.

Hinter der extremen Ungleichheit der Bevölk.dichte tut sich die auffallendste soziale Veränderung seit der Gründung der Republik auf: die *Wanderung* der Landbevölk. in die Städte und die *Verstädterung* als ein sozio-kulturelles Phänomen. Trotz der polit. und gesellschaftl. dominierenden Stellung der Stadt lebte die Masse der türk. Bevölk. auf dem Lande. Noch 1945 waren 82% dort und nur 18% in der Stadt heimisch; 1960 waren mit 7,2 Mio. nur 26% Städter. 1993 liegt der Anteil der städt. Bevölk. bei deutlich über 50%.

Die Verstädterung lenkt den Blick auf ein Grunddilemma der sozialen Situation: Das wirtschaftl. und soziale *Gefälle* zwischen dem entwickelteren W und dem noch immer weithin unterentwikkelten O. Bis in die 50er Jahre hatte sich die wirtschaftl. Entwicklung auf den W konzentriert. Das wachsende soziale und wirtschaftl. Gefälle hatte sich u.a. in der Bevölk.dichte, im PKE der Bevölk., dem Erziehungswesen, dem Stand der Alphabetisierung (landesweit sind noch immer etwa 30% der Männer und 40% der Frauen Analphabeten) und der Gesundheitsversorgung niedergeschlagen. Ansätze zu *Bodenreformen* sind in der Vergangenheit wiederholt gescheitert. Die landlosen Bauern, die Saisonarbeiter, die Landarbeiter sowie die Bauernfamilien mit einem Landbesitz unter 2 ha gehören zu den untersten Einkommensgruppen, die am Rande des Existenzminimums leben. Von dem *Südostanatolien-Projekt (GAP),* das seiner Vollendung entgegengeht und in dem der Wasserreichtum der Region zur Verbesserung der Landwirtschaft und Intensivierung der Energiegewinnung genutzt werden soll, könnten wohlstandsfördernde Impulse ausgehen. Bereits in den letzten Jahren hat die Region eine Anhebung des Lebensstandards durch den Ausbau der Infrastruktur und des Kommunikationsnetzes erfahren. Auch im Bildungsbereich wurden Anstrengungen unternommen. So wurden in den größeren Zentren wie u.a. in Erzurum, Elaziğ, Malatya, Kayseri, Diyarbakır, Konya, Siwas und Van Universitäten gegründet.

4. Binnen- und außenwirtschaftliche Gegebenheiten und Entwicklungsziele

Nach der Klassifizierung der Weltbank gehört die T. zur Gruppe der Entwicklungsländer mittleren Einkommens. Das PKE betrug Ende 1992 ca. 1600 US-$.

Die kümmerl. wirtschaftl. Erbmasse des ORs machte zunächst eine starke Stellung des Staates in der Wirtschaftspolitik der jungen Türk. Republik, insbes. beim Aufbau einer Industrie, erforderlich (Atatürks Prinzip des Etatismus). Ein erster Fünf-Jahres-Plan wurde 1933 in Angriff genommen. Entsprechend ihrem Kurs der *vollständigen Unabhängigkeit* verfolgte die T. weitgehend einen autozentrierten Entwicklungsweg, der zwar keine spektakulären Erfolge erzielte, es jedoch verhinderte, daß das Land in äußere Abhängigkeit geriet.

Die Neuorientierung der Innen- und Außenpolitik auf die Schaffung eines Mehrparteiensystems und die Öffnung nach außen nach dem 2. Weltkrieg haben auch Auswirkungen auf die Wirtschaftspolitik gehabt. Die *Liberalisierung* des Außenhandels, die Förderung des ausländ. Kapitals und des privaten türk. Unternehmertums waren Elemente dieser Entwicklung. Die jährl. Wirtschafts- und Militärhilfe, die die T. zunächst von den USA, später auch von anderen OECD-Staaten erhielt, der Beitritt zu NATO- und Bagdad-Pakt/CENTO mit den hieraus resultierenden Verpflichtungen sowie schließl. das Inkrafttreten des Assoziierungsverhältnisses zur EG haben die türk. Wirtschaft seit den 60er Jahren in wachsendem Maße in das internat. Wirtschaftssystem eingebunden.

Anfang der 80er Jahre erfolgte eine drast. Abkehr von der bis dahin gleichwohl etatistischen Entwicklungspolitik. Seit 1980 wird die Wirtschaftspolitik weitgehend von *marktwirtschaftl. Prinzipien* getragen und werden staatl. Eingriffe in das freie Spiel der Marktkräfte auf ein Minimum reduziert. Flexible Wechselkurse, außenwirtschaftl. Liberalisierung, Abbau staatl. Subventionen, freier Kapitalverkehr, Investitionsförderprogramme und Privatisierung von Staatsunternehmen bilden die Grundpfeiler dieser Politik. Begünstigt durch die Ausweitung der Industrieproduktion, der Exporte sowie der privaten und staatl. Investitionen stieg das reale BSP seit 1984 in der Regel jährl. um 7%.

Seit 1981 erlebt die T. eine wirtschaftl. Erholung, die vom *Export* getragen wird. Der Wegfall von Importschranken und der Devisenbewirtschaftung sowie die Gewährung von zinsgünstigen Exportkrediten und steuerl. Anreize ließen die Ausfuhren in die Höhe schnellen. Der Exportwirtschaft gelang es, ihre Absatzorganisation zu verbessern, ihre Produktpalette zu erweitern und neue Märkte zu erschließen. Mit Hilfe von *Investitionsförderungsprogrammen,* die im einzelnen für in- und ausländ. Investoren zollfreie Einfuhr von Industrieanlagen, Investitionsprämien und Steuernachlässe vorsahen, wurde versucht, industrielle Strukturen schwerpunktmäßig zu verbessern und die unterentwickelten Wirtschaftsregionen des O und des SO wirtschaftl. zu fördern.

Das rasante Wirtschaftswachstum führte 1986 zu einem Aufflammen der *Inflation,* die mit hohen Kaufkraftverlusten der Massen einherging und zur Negativbilanz in der Wirtschaftsperiode zählt. Die Hauptursachen der Inflation sind die hohen Haushaltsdefizite als Folgen staatl. Investitionsausgaben für Infrastruktur, die hohen Kreditzinsen, die fortdauernde Abwertung der Lira, die wachsende Einfuhr bei verschlechterten terms of trade, d. h. bei steigenden Preisen für Einfuhrgüter und sinkenden für Ausfuhrgüter, sowie die *Auslandsschulden.* Der jährl. Schuldendienst erweist sich als eine schwere Belastung für die Volkswirtschaft; inzwischen macht er um 60% der Exporte aus. Zwar konnte die T. bislang ihren Zahlungsverpflichtungen pünktl. nachkommen und ihre Kreditwürdigkeit beweisen; dies war z. T. jedoch nur durch Aufnahme neuer Auslandskredite möglich.

5. *Zusammenfassende Charakterisierung der gegenwärtigen innen-, außen- und sicherheitspolitischen Situation*

Die T. hat nach der Rückkehr zur Demokratie 1983 einen bemerkenswerten Prozeß der Demokratisierung durchgemacht. Die Betonung von wirtschaftl. Wachstum und innerer Stabilität führte freilich dazu, daß der Verwirklichung der *Menschenrechte* zuwenig Beachtung geschenkt wurde. Die Regierung Demirel, die im Nov. 1991 an die Macht gekommen ist, hat sich in ihrem Programm vorgenommen, diese Defizite abzubauen und europ. Standard zu erreichen.

Zum größten innenpolit. Problem entwickelte sich Anfang der 90er Jahre die *Kurdenfrage.* Unübersehbar ist, daß es sich bei den militanten Auseinandersetzungen im SO nicht mehr nur um Anschläge der terrorist. PKK handelt, sondern daß unter weiten Teilen der kurd. Bevölk. eine nationale Bewegung entstanden ist, die sich von der PKK mobilisieren läßt. Unter Teilen der türk. Führung hat sich spätestens seit dem 2. Golfkrieg insofern eine neue Entwicklung ergeben, als die Existenz eines kurd. Volkes mit eigener ethn. und kultureller Identität nicht länger geleugnet wird. Die türk. Regierung räumt in ihrem Programm zwar erhebl. kulturelle kurd. Ausdrucksmöglichkeiten ein und hat das „Sprachverbot“ aufgehoben. Grundsätzl. Veränderungen des polit. Status der Kurden in SO-Anatolien werden aber nicht erwogen.

Mit Beginn der 90er Jahre sind erhebl. Veränderungen im *außenpolit.* Umfeld der T. eingetreten. Insbes. der Zusammenbruch der SU und die damit verbundene Entstehung eines Gürtels neuer Staaten im N und NO der T. von Georgien bis Kirgisien haben dem Land ein neues polit. Hinterland geschaffen, bei dessen polit. Gestaltung sich die Regierung in Ankara zunehmend engagiert. Dabei konzentriert sie sich auf die fünf turksprach. Republiken. Ziel ist es, die polit., wirtschaftl. und kulturellen Bindungen unter den Turkvölkern auszubauen und somit den Einflußbereich der T. auszuweiten. Die Schaffung einer gemeinsamen Schriftsprache, die Einführung der Marktwirtschaft und die Gründung übergreifender polit. und wirtschaftl. Institutionen sind diesbezügl. Instrumente.

Der Zusammenbruch der alten polit. Ordnungen im W (Jugoslawien) und im N (SU) hat aber auch *militante Konflikte an der türk. Grenze* entstehen lassen, von denen die T. nicht unberührt bleibt. Zwar setzt Ankara bei der Beilegung der Konflikte auf dem Balkan und im Kaukasus (insbes. armen.-aserbaidschan. Konflikt) auf die internat. Gemeinschaft und ihre Konfliktregelungsmechanismen (UNO, KSZE etc.). Doch ist eine Intensivierung türk. Parteinahme nicht auszuschließen, falls sich diese als nicht fähig erweisen, stabile Lösungen zu schaffen, und türk. Interessen negativ berührt werden. Die Zuspitzung des armen.-aserbaidschan. Konflikts hat sich auch auf die türk.-iran. Beziehungen belastend ausgewirkt. Die Regionalisierung des Kurdenproblems nach dem Ende des 2. Golfkriegs in Verbindung mit der Frage nach der Teilung des Wassers von Euphrat und Tigris lassen auch die Zukunft der Beziehungen der T. zu ihren arab. Nachbarn ungewiß erscheinen.

Der 2. Golfkrieg und die skizzierten Veränderungen im regionalen Umfeld haben die Stellung der T. im internat. Kontext gestärkt. Dies gilt insbesondere für die Beziehungen zu den USA, die die T. als wichtigen Pfeiler der Absicherung westl. Interessen innerhalb einer instabilen und konfliktreichen Region ansehen. Die Beziehungen zur EG haben für die Regierung in Ankara angesichts der veränderten Situation nicht mehr oberste Priorität. Doch hat diese ihr langfristiges Ziel einer Vollmitgliedschaft nicht aufgegeben. Sie ist vielmehr bemüht, die neue Bedeutung des Landes so zu „verkaufen“, daß die Dringlichkeit einer Partnerschaft im Rahmen der EG suggeriert wird.

Ob die T. die Rolle einer regionalen Großmacht, in der sie sich selbst für die Zukunft sieht, wird spielen können, wird von der wirtschaftl. Entwicklung wie von der innenpolit. Stabilität abhängen. Solange freilich die kurd. Frage polit. ungelöst bleibt, wird auch die Außenpolitik Ankaras einer Belastung ausgesetzt bleiben, die ihre regionale und internat. Entfaltung begrenzt.

Udo Steinbach

Lit.: Mustafa Kemal Atatürk. Vorträge und Aufsätze zu seinem 100. Geburtstag, Heidelberg 1981. *Grothusen, K.-D.* (Hrsg.), Türkei, Südosteuropa-Handbuch, Bd. IV, Göttingen 1985. *von Grunebaum, G. E.* (Hrsg.), Der Islam II. Die islamischen Reiche nach dem Fall von Konstantinopel, Fischer Weltgeschichte, Bd. 15, Frankfurt a. M. 1971. *Hütteroth, W.-D.*, Türkei, Wissenschaftliche Länderkunden, Bd. 21, Darmstadt 1982. *Kreiser, K.*, Kleines Türkei-Lexikon, München 1992. *Kündig-Steiner, W.* (Hrsg.),

Die Türkei. Raum und Mensch, Kultur und Wirtschaft in Gegenwart und Vergangenheit, Tübingen 1974. *Matuz, J.*, Das Osmanische Reich. Grundlinien seiner Geschichte, Darmstadt 1985. *Rill, B.*, Kemal Atatürk, rowohlts monographien NR. 234, Reinbek 1987. *Wehling, H. G.* (Hrsg.), Die Türkei und die Türken in Deutschland, Stuttgart 1982. *Weiher, G.*, Militär und Entwicklung in der Türkei, 1945–1973, Opladen 1978.

Vereinigte Arabische Emirate (VAE)

Grunddaten: *Fläche:* 83600 km². *Einwohner:* 1,8 Mio. *Einschulungsrate:* 111% (1989). *Lebenserwartung:* 71 Jahre. *Verstädterung:* 78% (1990). *Anteile am BIP:* Landwirtschaft: 2%, Industrie: 55%, davon Verarbeitendes Gewerbe: 9%, Dienstleistungen: 43% (1990); Mitglied der OPEC, 91% der Warenausfuhr sind Brennstoffe/Mineralien. *PKE* (in US-$): 19860 (1990). *BIP* (in Mio. US-$): 28270 (1990). *Währung:* 1 Dirham = 100 Fils; 1 DM ~ 2,27 DH (Dez. 1992).

1. Historischer Überblick

Polit. und ökonom. Zwänge von außen ließen seit Ende der 1960er Jahre ein Gebilde zusammenwachsen, das statist. zu den reichsten Flächenstaaten der Erde gehört, innerl. jedoch aus seiner divergierenden Geschichte und den ungleich verteilten Ressourcen heraus sehr heterogen ist. Der 1971 gegr. Staat Vereinigte Arabische Emirate (VAE) ist näml. eine Föderation mit insgesamt ca. 1,84 Mio. Einwohnern (1992) aus den bis dahin souveränen und heute noch teilweise eigenständigen Emiraten (Fläche und Bevölkerung s.u.) *Abu Dhabi, Dubai, Sharjah, Ras al-Khaimah, Fujairah, Umm al-Qiwain* und *Ajman.* Die Größenangaben für den Gesamtstaat schwanken zwischen 67300, 83600 (internat. Statistiken) und 90559 km² (Angaben VAE).

Frühgeschichtl. Funde in al-ʿAin deuten für das 3. Jt. v. Chr. auf enge Beziehungen zu den Induskulturen hin. Die günstige Lage der in die wüstenhafte Küste eingeschnittenen, mit dem Meer kommunizierenden Rinnen (engl.: *creek;* arab.: *khûr*) von Dubai, Sharjah, Ajman und Umm al-Qiwain nutzten arab. und pers. Händler. Bereits beim Tod des Propheten Mohammed war der Raum vollständig islamisiert, einzige (seßhafte) Dauersiedlung war aber wohl die Oase al-ʿAin an der Grenze zu Oman. Die heutigen Großstädte Abu Dhabi (dt.: Vater der Gazelle) und Dubai bestehen erst seit der 2. Hälfte des 18. Jh. als Siedlungen. Portug. und pers. Vorstöße hinterließen wenige Spuren. Bedeutsamer war das *Eindringen GBs,* das seinen Seehandel durch die „Piratenküste“ bedroht fühlte. Dort waren nämlich im 18. Jh. aus dem Inneren der Halbinsel über die Liwa-Oasen Teile des Stammes der *Bani Yas* eingewandert, die sich aufteilten in die Sippen der Al Bu Falah (Abu Dhabi, ab 1760/1793) und Al Bu Falasa (Dubai, ab 1833). Als Gegenmacht konsolidierte sich unter den ursprüngl. Bewohnern (den oman. Hawala) der Stamm der *Qawasim,* die heute noch Sharjah und Ras al-Khaimah beherrschen. Diese beiden Gruppen lagen im ständigen Streit untereinander sowie mit den Nachbarmächten, insbes. Oman, wo der Sultan von Muscat versuchte, seine im 17. Jh. ausgeübte Autorität v. a. bei den Qawasim wiederherzustellen. Vielleicht nicht zuletzt deswegen neigten die Qawasim zur wahhabitischen Erneuerungsbewegung der Saʿud. Auch der Gegensatz zwischen den beiden oman. Fraktionen trennte die Gruppen: Während die Bani Yas – ebenso wie die Herrscherfamilie der Al Bu Saʿid von Oman – Hinawi waren, bezeichneten sich die Qawasim als Ghafiri.

Perlenfischen und *Handel* mit der Gegenküste, aber auch *Piraterie* waren die Hauptbeschäftigung der Golfanrainer, womit sie sich schnell den Ärger GBs zuzogen. Nach mehreren engl. Verstößen (1809; 1819 Zerstörung von Ras al-Khaimah) schlossen 1820 9 Scheiche einen Vertrag ab, in dem sie der Piraterie abschworen. Nach weiteren Abkommen untereinander 1835 kam es 1853 zum „ewigen Frieden“ zwischen GB und den Scheichen von Sharjah, Abu Dhabi, Dubai, Ajman und Umm al-Qiwain, dem damit sog. „Vertrags-Oman“ (engl.: *Trucial Oman*). Ein weiterer Vertrag von 1892 untersagte jeden außenpolit. Kontakt und Konzessionen für Nicht-Briten, ohne daß sich die (inoffizielle) Protektoratsmacht in die inneren Angelegenheiten einmischte. Die regionalen Streitigkeiten hielten an und führten u. a. zum Abfall von Sharjah der Qasimi-Herrscherfamilie in Ras al-Khaimah (1948) und in Fujairah (lokale Familie, 1952).

Den Niedergang der Perlenfischerei ab den 30er Jahren (Konkurrenz durch Japan) kompensierte die zunehmende strateg. Bedeutung durch die Niederlassung eines brit. polit. Residenten (1937) und den Bau eines Flughafens in Sharjah (1932) nur teilweise. Mit der ind. Unabhängigkeit und den vielfältigen Handelsmöglichkeiten dorthin (Goldexport) begann der Wiederaufschwung von Dubai (ab 1953 Sitz des brit. Residenten), während Abu Dhabi sein Wiedererstarken dem *Erdöl* (erste Konzessionen 1953, Export

1962) verdankte. Die zunehmenden ökonom. Disparitäten zwischen den nominell immer noch unabhängigen Staaten, die ledigl. durch die alten Verträge sowie eine 1951 durch GB geschaffene Streitmacht *(Trucial Oman Scouts)* und einen *Rat der Herrscher* (1951) verbunden waren, und der 1968 verkündete Abzug der Briten östl. von Suez erzwangen Handeln.

Nasserist. und baathist. Strömungen auch am Golf zeigten den 7 Herrschern über 180000 Menschen (1968), daß nur gemeinsames Vorgehen ihren Thron retten könnte. Einem Kern von Abu Dhabi und Dubai sollten sich die übrigen Emirate anschließen, woran bis 1970 auch Bahrain und Katar interessiert waren. Territoriale Ansprüche, z.B. von Saudi-Arabien (S.-A.) auf die Buraimi-Oase (1952–1955 teilweise besetzt), von Iran auf Abu Musa und Tanab-Inseln (s.u.) und der Nachbarn untereinander verzögerten die *Gründung der VAE* bis zum 2. 12. 1971; Ras al-Khaimah schloß sich im Frühjahr 1972 an. Der neue Staat wurde Mitglied in der Arabischen Liga und der OPEC.

Der rasche Aufschwung der Erdölproduktion (Abu Dhabi, Dubai ab 1966, Sharjah ab 1974) und die Erdölpreissteigerungen 1973 und 1979/80 machten die VAE zu einem der reichsten Flächenstaaten der Welt und formten die ärml. Wüstenregion völlig um. Während man vom Krieg zwischen Iran und dem Irak 1980–88 profitierte (Dubai als Handelsdrehscheibe), versetzte der Krieg um Kuwait 1990/91 dem Land einen Schock, von dem es sich nur langsam erholt hat. Die Fragilität eines polit. und Wirtschaftssystems in einer Umwelt ohne Ressourcen außer Öl, umgeben von gierigen, großen Nachbarn, ist den Herrschern in ihrer glitzernden, Kalifornien nachgeahmten künstl. Umwelt nun zu Bewußtsein gekommen. Die einheitl. Mitgliedschaft im *Golfkooperationsrat* (GCC; seit 1981) und die Wirtschaftskrise seit Mitte der 80er Jahre haben den einzelnen Emiraten gezeigt, daß sie die Zukunft nur gemeinsam gestalten können. Die Einheit des Staates, den allerdings auch weiterhin fast ausschließl. Abu Dhabi (70% des Budgets) und Dubai (20%) finanzieren, wird nicht mehr in Frage gestellt.

2. Das politische System

Dem Bundesstaat haben die 7 Mitglieder nur einen Teil ihrer Souveränität – für die Bereiche Außenpolitik, Verteidigung, Infrastruktur (nur Post, Straße, Telefon), Erziehung, Gesundheit, Geldpolitik Statistik, Wirtschafts- und Sozialgesetzgebung – abgegeben.

Insbes. im wirtschaftl. Bereich haben die Einzelstaaten weiterhin Eigenständigkeit (Erdöl, Erdgas, Wirtschaftsplanung), dies gilt auch für die Hafen- und Luftverkehrsinfrastruktur. Allerdings besitzt keines der Emirate eine Verf.; Abu Dhabi, Dubai und Sharjah besitzen eigene (Regional-)Regierungen mit Verwaltungsämtern (ähnl. Länderministerien in Deutschland). Abu Dhabi hat seit 1971 einen eigenen *Nationalen Konsultativrat.*

2.1. Verfassung und formale Legitimationsbasis. Der seit 1951 bestehende Rat der Herrscher ist die Keimzelle des Staates und versteht sich – seit 1971 als *Oberster Rat* institutionalisiert – als die aus der Geschichte (und von Gott) legitimierte Führungskraft. Er ist Legislative und Exekutive.

Die vorläufige Verf. von 1971, die ursprüngl. nur 5 Jahre gültig sein sollte, ist seitdem immer wieder verlängert worden. Sie bezieht sich auf ein einheitl. Staatsvolk mit einheitl. Sprache *(Arabisch)* und Religion *(Islam).* Jenseits der Wirtschafts- und Zollunion behalten aber die einzelnen Emirate über alle Bereiche, die nicht von der Verf. abgedeckt sind, ihre Souveränität. Die provisor. Hauptstadt Abu Dhabi soll ersetzt werden durch eine noch zu bauende *neue Kapitale* an der Grenze zwischen Abu Dhabi und Dubai. Dies wäre etwas südl. des heutigen Hafens Jabal Ali.

Höchste Autorität ist der *Oberste Rat der Herrscher*, der beschlußfähig ist mit 5 von 7 Stimmen; Abu Dhabi und Dubai haben Vetorecht. Er legt die polit. Leitlinien fest, bestellt und entläßt den Premierminister und schließt internat. Verträge. Er wählt aus seiner Mitte für jeweils 5 Jahre den *Präsidenten* als Staatsoberhaupt, Chef der Streitkräfte und der Exekutive, bisher traditionsgemäß der Herrscher von Abu Dhabi (seit 1971: *Shaikh Zayed bin Sultan Al Nahayan*, geb. ca. 1919) und den Vizepräsidenten, traditionsgemäß aus Dubai (bis 1990 Shaikh Rashid bin Saʿid Al Maktoum, seitdem sein Sohn *Maktoum bin Rashid*). Letzterer ist gleichzeitig Vorsitzender des Ministerrates. Von den 21 Fachministern und weiteren 4 Staatsministern stammen 40% aus den Herrscherfamilien. Der *Ministerrat* erarbeitet Budget und Gesetze zur Vorlage bei Präsident (Zustimmung) und Nationalem Föderationsrat (Beratung) und überwacht ihre Durchführung. Der *Nationale Föderationsrat* mit seinen 40 Mitgliedern (Abu Dhabi und Dubai je 8, Sharjah und Ras al-Khaimah je 6, übrige 4) hat beratende Funktion, allerdings genießen die entsandten (in der Regel ernannten) Mitglieder parlamentar. Immunität. Durch aktive Mitarbeit am Gesetzgebungsprozeß hat dieser Vorläufer eines Parlamentes Respekt erlangt. Ein Oberster Gerichtshof (Mitglieder vom Präsidenten ernannt) und zwei Berufungsgerichte sind der erste Schritt zu einem noch zu schaffenden einheitl. *Gerichtswesen*, das auf den Prinzipien der islam. Sharî'a aufbaut. Strafrecht bleibt Sache der einzelnen Emirate.

2.2. Politische Strukturen. Die tragenden Schichten der Staatsangehörigen in den einzelnen Emiraten sind kleine, nach außen geschlossen erscheinende Gruppen. Die bestimmenden *Sippen* (Herrscherhaus und Angehörige des gleichen Stammes) dürften in Abu Dhabi, Dubai und Sharjah jeweils kaum mehr als 10000 Personen stark sein, davon vielleicht 2500 erwachsene Männer. Hier werden im Rahmen interner Abstimmungen und Konsultationen die polit. Leitlinien festgelegt und der Zugang zu Regierungsämtern geregelt, ohne daß üblicherweise Einzelheiten nach außen dringen. Die herrschenden Familien assoziieren sich mit den großen Händlerfamilien und ihren weltweiten Beziehungsnetzen. *Herrscher und Händler* kontrollieren auch den Landbesitz und die gewerbl. Entwicklung, zumal Ausländer nur mit Erlaubnis eines einheim. Sponsors Geschäfte betreiben dürfen. Gewerkschaften und polit. Parteien sind nicht zugelassen, unerwünschte polit. Betätigung führt zu *Ausweisung*, wie man bei den Palästinensern 1990 erlebte (500 Ausgewiesene). Unruhig ist die Situation im Herrscherhaus von Sharjah (s.u.). Die Angst um Erhaltung des Status quo stabilisiert jedoch auch dort den „legitimen" Herrscher.

Es ist keine Frage, daß die bisherigen und aktuellen polit. Strömungen am Golf, wie Nasserismus/Baathismus und v.a. islam. Fundamentalismus, Widerhall bei der arab. Bevölkerung fanden. Der Niedergang der sozialist. Staaten ebenso wie die sich radikal gebenden islam. Staaten (Iran, teilweise Pakistan) vor der Haustüre haben aber gezeigt, daß es sich in einem paternalist. Staat mit „guten" (und daher von der islam. Gemeinschaft zu akzeptierenden) Herrschern, die auch genügend von dem Reichtum verteilen, nicht schlecht lebt.

2.3. Partizipation der Bevölkerung. Zwei „offizielle" Kanäle zur Abstimmung zwischen arab. Staatsvolk und Herrscher gibt es: Den *Nationalen Föderationsrat* und die wöchentl. öffentl. *Versammlung des Herrschers (Majlis)*, zu der jeder der ca. 95000 männl. erwachsenen Staatsbürger freien Zutritt hat. Die *Ausländer*, die ca. 80% der Bewohner ausmachen, sind polit. nicht präsent. Sie dürfen allerdings Vereine gründen und sich auch zur Tagespolitik in ihrem Heimatland äußern, solange sie dabei auf der offiz. Linie liegen. Mit der einflußreichen iran. und ind. Kaufmannschaft (vor allem in Dubai) sowie der islam. Geistlichkeit *('Ulamā')* gibt es auch direkte Abstimmung der Herrscher. Für Fragen der Entwicklungspolitik nutzen diese daneben brit. und US-amerik. Berater sowie internat. Consultingfirmen.

3. Bevölkerung und soziale Strukturen

Mit dem Erdölboom ist es in den Emiraten, die schon früher während Zeiten guter Konjunktur (Perlenfischerei) Einwanderungsland waren, zu einer ungeahnten *Bevölkerungsexplosion* gekommen. Die vorliegenden Zahlen sind – wie für andere Golf-Staaten – mit Vorsicht zu betrachten und z.T. Hochrechnungen des Autors. Über die Entwicklung seit der letzten Volkszählung 1985, insbes. das Ausmaß der Ausländerabwanderung im Gefolge des Kuwait-Krieges, wissen wir wenig; zum anderen sind die Gastarbeiter insgesamt schwierig zu erfassen. Man geht davon aus, daß entgegen den – 1983 verschärften – Bestimmungen ca. die Hälfte der Ausländer ohne festen Arbeitskontrakt und ohne „Sponsor" im Lande ist.

3.1. Bevölkerungsentwicklung und -struktur. Von der Jahrhundertwende bis 1968 stieg die Bevölk. von ca. 80000 auf 180000 Menschen relativ langsam, bestand aber bereits teilweise aus Ausländern. Einwohnerstärkstes Emirat war 1968 Dubai (95000 Einwohner, davon nur 13% einheim. Araber) vor Abu Dhabi (46000, 40%) und Sharjah (32000, 41%). Weitere *Gastarbeiterzuwanderungen* erhöhten die Gesamtzahl schnell über 0,56 Mio. (1975) und 1,62 Mio. (1985) auf 1,84 Mio. (Schätzung 1991). Die hohe Fruchtbarkeitsrate der Einheimischen und die erleichterte Einbürgerung (insbes. für ausländ. Ehefrauen) ließ die Zahl der Staatsbürger 1980–85 um 3,8% p.a. wachsen. Damit dürften heute ca. 23% der Bewohner Staatsbürger sein.

Ein Leben ohne Gastarbeiter ist in diesem klassischen *„Rentner-Staat"*, in dem nur 78000 Staatsbürger (17% dieser Gruppe, 1987) ökonom. aktiv sind, nicht denkbar. Versuche, den Zufluß zu bremsen und die „Illegalen" auszuweisen, wurden schnell abgebrochen. Dadurch wären die billigsten Arbeitskräfte (Tagelöhner ohne soziale Absicherung), aber auch die Kaufkraft verloren gegangen, wird doch das Einkommen oft in Form von Konsumgütern in die Heimat transferiert. Von den ca. 1,47 Mio. Ausländern sind 70% Männer; 72% kommen aus Asien, insbes. aus Indien (32%), Pakistan (29%), Bangladesh, Philippinen und Sri Lanka, teilweise auch Südkorea und Taiwan. Der Einzel- und Großhandel wird seit den 80er Jahren zunehmend von Iranern monopolisiert, die sich nach der islam. Revolution in ruhigere Gefilde absetzten. Araber machen ca. 26% der Ausländer aus, wobei die schon immer weniger willkommenen Palästinenser seit 1990 durch Ägypter (in der Verwaltung) noch weiter zurückgedrängt wurden. Inländer stellten 1987 ganze 12% der 624000 Erwerbstätigen, sie sind zu ⅔ bei den Verwaltungen der Emirate und der Föderation beschäftigt, weitere 10% im Handel. Nur 2% der einheim. Frauen sind erwerbstätig.

In einer Gesellschaft, die sich durch so starke Außenbeziehungen in ständigem Wandel befindet, von präzise umrissenen sozialen Gruppen zu sprechen, ist schlecht möglich. Zweifellos gibt es eine sozio-ökonom. Hierarchie, wobei die jeweilige *Herrscherfamilie* und die mit ihr eng verwandte *Sippe* (Abu Dhabi: Al Nahayan; Dubai: Al Maktoum, beide zum Stamm der ursprüngl. nomad. Bani Yas gehörend; Sharjah und Ras al-Khaimah: immer seßhafte Al Qasimi mit mehreren, z.T. verfeindeten Zweigen; Ajman: Al Nuʿaimi; Umm al-Qiwain: Al Mualla; Fujairah: Al Sharqi) an der Spitze steht. Eine Trennung zwischen Beduinen und Seßhaften ist heute nicht mehr sinnvoll; alle Gruppen sind vollständig urbanisiert.

Es folgen die übrigen Staatsangehörigen, die alle Araber und (sunnit.) Muslime sein müssen, und die als Staatsangestellte und/oder Sponsoren von Ausländern an der Erdölrente partizipieren, daneben vom Staat ein festes Monatseinkommen erhalten. An der Spitze der *Ausländerhierarchie* stehen neben europ. Beratern die alteingesessenen Kaufleute aus Iran und Pakistan (Belutschistan), gefolgt von ägypt. Professoren, Lehrern und Verwaltungsbeamten. Die asiat. Arbeiter sind zwar weitgehend rechtlos, profitieren aber trotzdem vom Wohlstand, der ihnen den Unterhalt ihrer Familie in der Heimat erlaubt.

3.2. Gesundheit und Bildung. In einem Land, in dem etwa in Dubai und Abu Dhabi bis Mitte der 60er Jahre ein Großteil der Bevölk. in Hütten aus Palmzweigen *(Barastis)* lebte, wo das Trinkwasser per

Schiff gebracht wurde (Abu Dhabi), waren die Veränderungen der sozio-ökonom. Bedingungen enorm. 1953 eröffnete die erste Schule in Sharjah für Knaben, 1971 führte man die *Schulpflicht* ein. 1987 gab es bereits 193000 Grundschüler, 79000 Oberschüler und ca. 10000 Studenten. Die oft analphabet. südasiat. Gastarbeiter drükken allerdings die Alphabetisierungsquote auf 55% (1989). Abu Dhabi finanziert seit 1976/77 die Universität in al-'Ain, die heute ca. 12000 Studenten (56% Frauen) in 6 Fakultäten hat, mit Lehrpersonal überwiegend aus Ägypten ('Ain Shams-Universität). Die heimischen männl. Jungakademiker bevorzugen das Studium im anglophonen Ausland.

Ebenso rasch entwickelte sich das Gesundheitswesen. Aus dem ersten Krankenhaus 1949 in Dubai entstand eine umfassende, für Staatsbürger kostenlose Ausstattung mit 2600 Ärzten (734 Einwohner pro Arzt) und 6500 Klinikbetten (294 Einwohner/Bett). Die Durchschnittslebenserwartung liegt bei 71 Jahren. Die günstigen Zahlen resultieren natürlich auch aus der Tatsache, daß in der Bevölk. die Jugendlichen und die aktiven Altersgruppen überwiegen, kranke und alte Gastarbeiter mit Ablauf ihrer Aufenthaltsgenehmigungen aber in die Heimat zurück müssen.

4. Naturraum und wirtschaftliche Entwicklung

4.1. Naturraum. Im subtrop. Wüstengürtel gelegen, gehören die VAE zu den von der Natur besonders stiefmütterlich behandelten Regionen. Der größte Teil besteht aus flachwelligen, von jungen Sand- und Schotteralluvionen gebildeten *Ebenen,* die sich bis zum Fuß des omanischen Hajargebirges hinziehen. Im S gehen sie in die Wüste der Rub' al-Khali über. Der Küstensaum besteht überwiegend aus amphib. *Salzmarschen (Sabkhas)* mit unmerklichem Übergang zwischen Land und See; er ist auch durch zahlreiche Korallenriffe äußerst verkehrsfeindlich. Das Klima ist im Sommer mit Tagestemperaturen zwischen 38–50° bei Luftfeuchtigkeit bis über 90% kaum auszuhalten; im Winter „kühlt" es auf 20–38° ab. Die geringen Regenfälle (50–100 mm im langjähr. Mittel) fallen unregelmäßig als Starkregen und führen dann zu Überschwemmungen. Nur wenige *Oasen* am Meer (Abu Dhabi) und im Inland (Liwa-Oasen, Buraimi/al-'Ain) gaben Ansätze zu dauerhaften Siedlungen. Die Ränder des bis 2100 m hohen omanischen *Hajargebirges* sind dagegen (relative) Gunsträume mit bis zu 300 mm

Niederschlag. Hier befindet sich auch ein Großteil der landwirtschaftl. genutzten Fläche, die 0,2% des Territoriums ausmacht. Eine Strauch- und Baumvegetation (Akazien) ermöglicht Weidewirtschaft (Rinder, Ziegen) und mit Zusatzbewässerung (z.T. Grundwassergalerien/*Falaj*) Getreide- und Gemüseanbau. Hieraus erklärt sich auch die territoriale Zersplitterung: Alle am Meer in Handel und Perlenfischerei tätigen Stämme benötigten landwirtschaftl. Produktionsräume am Gebirgsland zur Versorgung mit Grundnahrungsmitteln.

4.2. Natürliche Ressourcen. Die einzigen nutzbaren Bodenschätze, abgesehen von den Kohlenwasserstoffen, sind *Kalke,* die in 8 Betrieben mit einer Kapazität von 8,5 Mio. t zu Zement verarbeitet werden. Nachdem die lokale Nachfrage seit Mitte der 80er Jahre bei 2 Mio. t p.a. stagniert, muß der Überschuß zu Dumpingpreisen exportiert werden.

Im *Erdölbereich* betreibt weiterhin jedes Emirat seine eigene Politik und ist OAPEC-Mitglied. Den ersten Höhepunkt in der 1962 begonnenen Produktion (Abu Dhabi) gab es 1977 (96 Mio. t/Jahr), der erst seit 1990 wieder übertroffen wird. 1991 förderten alle Gesellschaften nach Schätzungen 118 Mio. t. Dem stehen nach Neuentdeckungen 13,2 Mrd. t Reserven gegenüber, so daß ihre Lebenserwartung mit 112 Jahren berechnet wird. Insgesamt hält das Land 9,7% der Welt-Erdölreserven 1991. Die Einnahmen in Höhe von 14 Mrd. US-$ (1991) aus dem zu 72% nach Süd- und Ostasien gehenden Erdölexport stehen zu 82% Abu Dhabi zu, das daraus einen Großteil des Staatshaushaltes der VAE (Einnahmen: 4,15 Mrd. US-$) bestreitet.

Die *Gasreserven* wurden bisher auf 5630 Mrd. m^3 geschätzt, davon Abu Dhabi 92%. 1992 gab Abu Dhabi sogar 8900 Mrd. m^3 an. Fast das gesamte assoziierte und trockene Erdgas wird inzwischen gesammelt und teils als Flüssiggas exportiert, teils in den neuen Industriebetrieben und zur Wasser- und Stromerzeugung genutzt. Das im Vergleich zum Erdöl schwer transportierbare und bis in die 80er Jahre überwiegend abgefackelte Gas war – ähnlich wie in Katar – der eigentl. Motor der indust. Entwicklung.

4.3. Die gewerbliche Entwicklung. Im Vergleich zu den Nachbarstaaten setzte die *Industrialisierung* später ein und hing sowohl von den Gasressourcen als auch vom Entwicklungskonzept insgesamt ab. Heute bestreitet die Industrie bereits 35% des Gesamtexports (allerdings einschließl. Re-Exporte); sie ist mit 10% am BSP von (1991) 123 Mrd. VAE Dirham (= 18200 DM pro Person) beteiligt.

5. Die einzelnen Emirate

Abu Dhabi. Die Größe des von *Shaikh Zayed bin Sultan Al Nahayan* (gleichzeitig Staatspräsident der VAE) regierten Landes wird auf 65000 bis 80000 km^2 geschätzt; es umfaßt 38% der Gesamtbevölk. Die Verwaltung wird von einer eigenen Regierung mit 16 Ministern, davon die Hälfte aus der Familie Nahayan, ausgeübt. Der am stärksten vom Öl geprägte Staat mit 12,4 Mrd. t oder 92% der Erdölreserven, 82% der Produktion und der Einnahmen hat bisher seine Wirtschaft am wenigsten diversifiziert. Seit Mitte der 70er Jahre besitzt die nat. Erdölgesellschaft ADNOC Mehrheitsbeteiligungen an allen Erdölgesellschaften. Erdöl war der Auslöser zum schnellen Aufstieg der Stadt Abu Dhabi (ca. 600000 E.) als Kapitale des Landes. Hier ist auch Sitz der VAE-Zentralbank und des Arab Monetary Fund. Zweite städt. Agglomeration ist al-ʿAin am Gebirgsrand mit der VAE-Universität und intensiver landwirtschaftl. Produktion (Obst, Gemüse). Zu den Erdöl und Erdgas nachgeschalteten Aktivitäten gehören Erdölraffinerien in Ruwais (1981) und Umm al-Nar (1985, Kapazität zusammen 1,9 Mio. t/Jahr), eine Gasverflüssigungsanlage für Export auf der Insel Das (seit 1977, 3,5 Mio. t Flüssiggas, Propan, Butan und Pentan) und die Stickstoffdüngerfabrik in Ruwais (1984, Kapazität: 450000 t/Jahr). Die Wasserversorgung sichern die Entsalzungsanlagen von Umm al-Nar und Tawilah (Kapazität: 80 Mio. m^3/Jahr). Ein eigenes Amt fördert die Ansiedlung weiterer petrochem. und Konsumgüterindustrien; allerdings will man einen Großteil der auf 40–50 Mrd. US-$ geschätzten Kapitalreserven (u.a. Anteil an internat. Erdölkonzernen und -raffinerien in Europa und Asien) weiterhin im Ausland lassen. Daß die Anlagepolitik nicht immer mit Erfolg gekrönt ist, zeigte 1991 die Liquidation der Bank of Credit and Commerce International (BCCI), an der das Herrscherhaus zum Schluß 77% der Anteile hielt. Die Verluste wurden auf bis zu 1,2 Mrd. US-$ geschätzt. Mit S.-A. entstanden im Herbst 1992 Spannungen wegen des Erdölfeldes Shaybah/Zarara (vermutete Reserven: 950 Mio. t), wo die saud. Petromin mit der Erschließung begonnen hat, obwohl es nach Ansicht von Abu Dhabi beidseits der Grenze liegt.

Dubai. Das Nachbaremirat Dubai mit einer Fläche von 3900 km² und 32% Anteil an der Gesamtbevölk. besitzt eine eigene Regionalverwaltung unter Herrscher *Maktoum bin Rashid Al Maktoum* (seit 8. 10. 1990), der Vorsitzender des Ministerrats der VAE ist. Mit Erdölvorräten von 540 Mio. t und einer Produktion von 20 Mio. t (1991, 16% von Gesamt-VAE) ist das OAPEC-Mitglied viel schwächer vom Erdöl geprägt als das stammesverwandte Abu Dhabi, zumal die Lebensdauer der Reserven nur mit 26 Jahren berechnet wird. Dubai Stadt, auf die sich das ganze Territorium mit Ausnahme der von Oman umgebenen Gebirgsoase Hatta orientiert, ist das vielleicht letzte klassische Handelsemporium der Welt, zum Meer hin gerichtet, ohne starke Hinterlandverflechtungen. Zu Beginn des Jh. ließen sich arab. Händler von der pers. Gegenküste (Lingeh) beidseits des Creeks von Dubai insbes. als Perlenhändler nieder. Aufschwung brachten die Unabhängigkeit des ind. Subkontinents (Re-Exporte von Gold und Konsumgütern), die Erdölfunde in Abu Dhabi und im Lande selbst (seit 1966), die Verlagerung von arab. Banken aus Beirut (Mitte der 80er Jahre: 53 Banken, seitdem Konzentration) und der Krieg Iran-Irak 1980–88. 1991 betrug der Wert des (registrierten) Außenhandels 13,2 Mrd. US-$. Die aus Ostasien und USA kommenden Güter werden auf dem Landweg oder mit tradit. Schiffen *(Dhaus)* nach S.-A., Iran, IND und Pakistan verteilt. In der Freihandelszone Jabal Ali, am größten künstl. Hafen der Welt, haben seit 1987 175 internat. Unternehmen über 1 Mrd. US-$ investiert, um zu produzieren und hochwertige Güter zwischenzulagern. Daneben sollen verschiedene Betriebe die Wirtschaft diversifizieren, wie die Reparaturwerft mit drei Trockendocks (seit 1983, Kapazität: 1 Mio. t), die Aluminiumhütte Dubal (seit 1979, Kapazität 240000 t/Jahr, zu 90% nach Japan exportiert) und Anlagen für petrochem. Zwischenprodukte wie Kunstdünger, Azethylen und Säuren. Jabal Ali und der an der Stadt gelegene Port Rashid gehören zu den bedeutendsten Häfen am Golf mit einem Umschlag von 13 bzw. 10 Mio. t/Jahr (zu ⅔ Container), wovon ein großer Teil Re-Exporte sind.

Sharjah. Das Emirat Sharjah (2600 km², 15% der VAE-Bewohner) besteht aus der gleichnamigen Stadt am Creek und ihrem Umland, das bis zum Gebirge reicht, sowie den Exklaven Diba (mit Oman und Fujairah geteilt), Khor Fakkan und Kalba am Indischen Ozean. Das Land mit einer eigenen Administration wird beherrscht von *Shaikh Sultan bin Mohammed Al Qasimi.* Ein seit Jahrzehnten schwelender Streit trennt die Herrscherfamilie. Sein Bruder Shaikh Abdulaziz, der als volksnah gilt, wollte 1987 den Herrscher verdrängen.

Ursprüngl. gegenüber Dubai der bedeutendere Staat, ist Sharjah in der Erdölausstattung (Reserven: 202 Mio. t, Förderung seit 1974; 1991: 1,7 Mio. t) benachteiligt. Allerdings fördert das Saja'a-Erdgasfeld mit 2,1 Mrd. m^3/Jahr genügend, um die eigene junge Industrie zu versorgen und die Überschüsse an Dubai-Aluminium zu liefern. Der umfangreiche Infrastrukturausbau mit Tiefseehäfen in Sharjah (Port Khalid) und Khor Fakkan (Umschlag: 140000 Container/Jahr), der internat. Flughafen – 15 km vom Großflughafen Dubai entfernt – sowie der rasche Ausbau der Großstadt führten zu einer ernsten Finanzkrise 1987, als das Emirat 1 Mrd. US-$ Schulden hatte (dagegen Erdöleinnahmen derzeit 250 Mio. US-$/Jahr). Sehr gut entwickelt ist die Leichtindustrie (Baumaterialien, Konsumgüter), die ein Entwicklungsplan 1989–93 weiter fördern will und wo ausländ. Investoren relativ freizügig wirtschaften können. Im Schwerindustriebereich gibt es Zementfabriken und Stahlrohrwerke. Petrochem. Betriebe (Methanol, Harnstoff) sind bisher in der Planung geblieben. Der Streit mit Iran, das im Nov. 1971 die Insel Abu Musa okkupierte und dafür eine jährl. Rente an das Herrscherhaus zahlte, flackerte im Frühjahr 1992 wieder auf, als Iran arab. Arbeiter und Lehrer vertrieb. Allerdings wird das Abkommen zur Teilung des Erdölertrags der dortigen Gewässer (Mubarak-Feld, 0,7 Mio. t/Jahr) von Iran eingehalten.

Ras al-Khaimah. Das Emirat ist 1700 km^2 groß, mit einem Anteil von 6,5% an der Gesamtbevölk., wird von *Shaikh Saqr bin Mohammed Al Qasimi* beherrscht. Von dem zum Golf hin orientierten Küstenstreifen getrennt, gehören noch große Landstriche im omanischen Hajargebirge zum Emirat. Zu den tradit. Ressourcen Fischfang, Bootsbau und Landwirtschaft (Musterviehfarm im Digdaga) traten 1984 Erdöl und Erdgas aus dem Saleh-Feld, das jedoch inzwischen fast erschöpft ist. Das noch vorhandene Erdgas (ca. 100 Mio. m^3/Jahr) versorgt zwei Zementfabriken in Khor Khuwir. Zu Ras al-Khaimah gehörten auch die am 30. 11. 1971 von Iran besetzten Große und Kleine Tanab-Inseln im Golf. Der Streit um die Insel Abu Musa (s. Sharjah) hat wieder den Blick auf diesen

Konflikt gelenkt. Iran lehnt jedoch alle Ansprüche ab und verweist auf seine legitimen strateg. Interessen.

Ajman. Unter den kleineren Emiraten ist *Ajman* (259 km^2, 3,5% der Gesamtbevölk.), beherrscht von *Shaikh Humaid bin Rashid Al Nu'aimi,* vollständig von Sharjah umgeben. Daneben besitzt es die Exklaven Masfut und Manama im Gebirge. Kohlenwasserstoffe fehlen, allerdings wird eine Stickstoffdüngerfabrik (Kapazität: 200000 t/Jahr) mit importiertem Erdgas betrieben. Der gut erschlossene Küstenort ist außerdem beliebtes Wohngebiet für Pendler nach Sharjah und Dubai.

Umm al-Qiwain. Im ärmsten Emirat der VAE (777 km^2, 2% der Gesamtbevölk.), beherrscht von *Shaikh Rashid bin Ahmad Al Mualla,* brachte die Erdöl- und Erdgassuche seit den 70er Jahren keine Ergebnisse. Daher kamen auch Projekte wie eine Aluminiumhütte (1986) nicht weiter. Hauptaktivitäten bleiben der Fischfang sowie in Falaj al-Mualla am Gebirgsrand Geflügelzucht und Gemüseanbau.

Fujairah. Als einziges Emirat liegt Fujairah (1300 km^2, 3% der Gesamtbevölk.), beherrscht von *Shaikh Hamad bin Mohammed Al Sharqi,* vollständig am Indischen Ozean. Eine Enklave von Sharjah trennt es in zwei Teile. Die Erdölsuche war bislang erfolglos, allerdings hat der Kuwait-Krieg (1991) die strateg. Bedeutung einer evtl. Erdölleitung an die Ozeanküste gezeigt. Ebenfalls aus strateg. Gründen wird der neue Containerhafen (Konkurrenz zu Khor Fakkan in Sharjah) ausgebaut; er schlug 1991 mit 476000 TEU-Einheiten fast doppelt so viel wie 1989 um. Das tourist. Potential nutzen einige moderne Hotels.

6. Zusammenfassende Charakterisierung

Am Ende von zwei märchenhaften Wachstumsdekaden hat die Kuwait-Krise 1990/91 die Emirate auf ihre substantiellen Schwächen hingewiesen. Zwar ist wohl die polit. Auseinandersetzung zwischen den *Ittiḥâdiyîn,* die einen lockeren Verbund, und den *Waḥdawiyîn,* die den Einheitsstaat wünschen, zugunsten der letzteren ausgegangen. Die regionalen Streitigkeiten haben sich mit der Wachablösung durch eine jüngere Herrschergeneration gemildert. Trotzdem wirtschaften die Emirate weiterhin eigenständig und nicht immer klug; die Defizite zahlt der „gute Onkel“ Abu Dhabi als Motor der Föderation. Die fehlende demokrat. Legitimation der Herrscherfamilien ist zwar kein aktuelles polit. Problem, wird aber von den Hegemonialmächten (Iran, ggf. künftig wieder Irak) genutzt, um den ganzen Staat in Frage zu stellen. Im Kampf um die (regionale) Vormacht am Golf stehen sich Iran, S.-A. und Ägypten gegenüber, wobei v.a. Iran betont, es habe seit jeher die Souveränität über den Persischen Golf innegehabt. Zu Ägypten existiert für die Emirate keine besondere Affinität, mit S.-A. gibt es histor. Konfliktstoff (Buraimi, Grenze zu Abu Dhabi), der latent wirksam bleibt. Akuter sind die Streitigkeiten mit Iran um die Inseln Abu Musa und Tanab.

Abschließend sei darauf hingewiesen, daß die ökonom. Erfolge des reichsten arab. Landes (BSP 1991 ca. 19000 Mio. US-$, zu 47% aus Erdöleinnahmen bestehend) zwar zum einen auf den natürl. Rohstoffen Erdöl und Erdgas basieren, zum anderen aber auf der rigorosen Nutzung der Arbeitskraftreserven Südasiens. Befreit von den Naturkatastrophen Bangladeshs, der lähmenden Bürokratie INDs und der polit. und relig. Unrast Pakistans können sich die Gastarbeiter entfalten und fühlen sich trotz niedrigster Löhne (Dubai wirbt mit 150–220 US-$/Monat für ungelernte Arbeiter) und fehlender Alters- und Invaliditätsversicherung nicht einmal ausgebeutet. Auch die Entsendeländer fördern die Emigration, sind doch die Gastarbeiterüberweisungen inzwischen eine der wichtigsten Devisenquellen. Die Flucht von Gastarbeitern und Kapital (Bankeneinlagen sanken von 50 Mrd. auf 18 Mrd. US-$) im Herbst 1990 infolge der Kuwait-Krise und der Vertrauensverlust bei den internat. Investoren haben dem Staat sehr geschadet. In Anbetracht der latenten Bedrohungen ist es fraglich, ob eine den „goldenen 80ern“ vergleichbare Periode wiederkommen wird.

Konrad Schliephake

Lit.: *Gabriel, E. F.* (Hrsg.), The Dubai Handbook, Ahrensburg 1987. *Ders.*, Zu den Beziehungen zwischen den Vereinigten Arabischen Emiraten und der Bundesrepublik Deutschland, in: Shanneik, G. (Hrsg.), Die Beziehungen zwischen der Bundesrepublik Deutschland und den Arabischen Golfstaaten (GCC), S. 43–56, Bonn 1990. *Heard-Bey, F.*, From Trucial States to United Arab Emirates, London/New York 1982. *Dies.*, Vereinigte Arabische Emirate, in: Scholz, F. (Hrsg.), Die kleinen Golfstaaten, S. 189–225, Stuttgart 1985. *Khalifa, M. A.*, The United Arab Emirates, Unity in Fragmentation, Boulder/London 1979. *Maull, H. W.*, Vereinigte Arabische

Emirate, in: Steinbach, U./Robert, R., Der Nahe und Mittlere Osten, Bd. 2, S. 451–467, Opladen 1988. *Said Zahlan, R.*, The Origins of the United Arab Emirates, London 1978. *Schmid, C./Pawelka, P.*, Der moderne Rentierstaat im Vorderen Orient und seine Strategie der Krisenbewältigung, in: Pawelka, P./A. Maho Aves (Hrsg.), Arabische Golfstaaten in der Krise, S. 91–117, Frankfurt a.M. 1990. U.A.E – Meed Practical Guide, London ²1986.

Westsahara

1. Landeskundlicher Überblick

Die 284 000 (nach anderen Quellen 266 000) km² große Westsahara (W.), früher *Spanisch-Sahara,* ist ein Teil der unwirtlichen, dünn besiedelten westl. Sahara. Das nördl. Drittel bildet Saqiya al-Hamra mit der Hauptstadt al-Ayun und der Stadt Smara, die beiden südl. Drittel bildet Wadi adh-Dhahab (Río de Oro) mit dem Hauptort Dakhla. Die Wüsten ernähren v.a. Kamele, Ziegen und Schafe. Ackerbau ist nur an wenigen begünstigten Stellen möglich. Oasen sind selten. Dagegen sind die Küstengewässer reich an Fisch und Schalentieren. Die Phosphatvorkommen der Saqiya al-Hamra werden auf 10 Mrd. t geschätzt. Bereits erschlossen sind die Lager von Bu Craa (moderne Aufbereitungs- und Verschiffungsanlagen bei al-Ayun). Eisen, Kupfer, Erdöl und Zink sind nachgewiesen; Uran wird vermutet.

Die *Mauren* der W., sunnit. Muslime, sind eine arab.-berber.-schwarzafrik. Mischbevölkerung, die wie die mauretan. Mauren den arab. Dialekt Hassaniyya spricht. Bis zum Ende der 1950er Jahre lebten sie überwiegend in sozial stark gegliederten Nomadenstämmen (Raqibat, Ulad Dlim, Tekna u.a.) von Viehzucht und Handel. Der letzte span. Zensus (1974) zählte 73 497 *Sahrauis* (arab. Sahrawiyyun, sing. Sahrawi). Schätzungen der Gesamtzahl reichen von 230 000 bis 300 000; sie beziehen diejenigen Sahrauis mit ein, die 1974 nicht mitgezählt wurden oder in Nachbarländern lebten.

Die bedeutendste Staatsschöpfung in der zunächst von negriden, dann zunehmend von berber. Völkern besiedelten, seit der 1. arab. Invasion (7./8. Jh.) islamisierten und vom Ende des 12. Jh. an allmähl. arabisierten westl. Sahara war das *Almoravidenreich* (11./12. Jh.). Im Bereich der heutigen W. gab es danach keine polit. Ordnung von Dauer, die über den Stamm bzw. Stammesbündnisse hinausging. Auf der Suche nach Weiden durchschweiften die unabhängigen Stämme die Gesamtregion, später auch ohne Rücksicht auf koloniale und nachkoloniale Grenzen. Im 19. Jh. rivalisierten SP und F als Kolonialmächte. Von 1884 bis 1934 annektierte SP die W. und verwaltete sie seit 1958 als direktes Hoheitsgebiet. Als SP in den 1960er Jahren begann, die W. wirtschaftl. und in bescheidenem Maß sozial zu entwickeln, waren sämtl. Nachbarstaaten bereits unabhängig geworden.

2. Politische Entwicklung

2.1. Das Ende der spanischen Herrschaft. Erst Ende der 1960er Jahre entwickelte sich ein modernes *sahrauisches Nationalbewußtsein.* 1973 entstand, z.T. aus Anhängern einer 1970 von SP zerschlagenen ersten Befreiungsorganisation, die *Volksfront für die Befreiung von Saqiya al-Hamra und Río de Oro* (span.: *Frente Popular para la Liberación de Saguia El Hamra y Río de Oro,* abgekürzt *Polisario-Front*) und nahm den bewaffneten Kampf gegen die span. Verwaltung mit dem Ziel auf, die W. zu einem unabhängigen Staat zu machen. Hilfe erhielt sie von Libyen und Algerien. Die *W.* wurde indes bereits seit den 1950er Jahren *auch von Marokko (Mar.) und Mauretanien (Mau.) beansprucht.* Mau. wies v.a. auf die ethn., kulturelle und soziale Einheitlichkeit der beiden Gebiete hin. Mar. begründete seinen Anspruch, der ursprüngl. auch Mau. sowie Teile Algeriens und Malis umfaßte, historisch (z.B. hatten zeitweilig einige westsah. Stämme dem marokk. Sultan gehuldigt, der weltl. und geistl. Oberhaupt ist). Der Internationale Gerichtshof hielt jedoch in seinem Gutachten von 1975 keinen der beiden Souveränitätsansprüche für gerechtfertigt. Dennoch betrachteten und betrachten Mar.s König und alle legalen polit. Parteien die W. als marokkanisch. Mar. und Mau. stimmten ihre Interessen ab und schlossen mit SP am 14. 11. 1975 das *Abkommen von Madrid,* ohne daß die darin vorgesehene Befragung der sahr. Bevölkerung stattgefunden hatte. Danach fielen die beiden nördl. Drittel der W. an Mar., während Mau. den Rest erhielt. Am 26. 2. 1976 endete offiziell die span. Herrschaft. Einen Tag später rief der provisor. sahr. Nationalrat die *Demokratische Arabische Republik Sahara* (DARS) aus. Die Polisario-Guerilleros richteten ihren Widerstand zunächst v.a. gegen Mau. Am 10. 7. 1978 stürzte eine Militärjunta den mauret. Staatspräsidenten und schloß am 5. 8. 1979 mit der Polisario-Front ein Friedensabkommen, wonach

Mau. auf alle territorialen Ansprüche in der W. verzichtete und das Recht der Sahrauis auf Selbstbestimmung anerkannte. Darauf besetzte Mar. auch das südl. Drittel der W.

2.2. Die Flüchtlingslager bei Tindouf. Viele Sahrauis flohen vor den marokk. und mauret. Truppen nach SW-Algerien in die Gegend von Tindouf. Seither leben die Flüchtlinge, meist Frauen, Kinder und alte Männer, von Algerien sowie nat. und internat. Hilfsorganisationen unterstützt, auf 25 Lager (sog. Kreise) verteilt in Zelten, in einem mehrere hundert km^2 großen, unwirtl. Gebiet. Die Kreise bilden 4 Provinzen, die nach den westsahar. Orten al-Ayun, Smara, Dakhla und Ausert benannt sind. Jeder Erwachsene ist durch Mitarbeit in einem von 5 *Volkskomitees* (für Erziehung, Soziales/Justiz, Gesundheit, Versorgung und Handwerk) an der Organisation des Lagerlebens beteiligt. Großer Wert wird auf die *Alphabetisierung* der Erwachsenen gelegt, gerade auch der Frauen, die zwangsläufig, aber auch tradit., im Lagerleben eine große Rolle spielen, sowie auf die *Schul- und Berufsbildung* der Kinder und Jugendlichen. Verbreitung und Vertiefung des *Nationalbewußtseins* anstelle des tradit. Stammesdenkens sind wichtige Ziele der staatsbürgerl. Erziehung. Nach und nach konnten die Lager mit Kindergärten und Koranschulen, mit Grund- und Hauptschulen, Sanitätsstationen und Mutter-Kind-Zentren (die Front befürwortet Kinderreichtum) sowie einem Zentralkrankenhaus, einem Berufs- und einem Frauenbildungszentrum ausgestattet werden. Oberstufenschüler und Studenten werden im Ausland ausgebildet. Nach Angaben des UN-Flüchtlingshochkommissars lebten 1985 in den Lagern 165000 Personen. Nach marokk. Ansicht befinden sich darunter zahlreiche Nichtsahrauis.

2.3. Die Polisario-Front und die DARS. 1976 verabschiedete der *3. Allgemeine Volkskongreß* der Polisario-Front Grundsatzdokumente und die *Verfassung der DARS.* Diese Verf. wurde 1989 vom 7. Allgemeinen Volkskongreß erweitert und modifiziert. Danach war die DARS eine „demokratische arabische Republik", die den Islam zur Staatsreligion und Rechtsquelle und Arabisch zur National- und Amtssprache erklärte, ausführlicher als im Text von 1976 die Grundfreiheiten und sozialen Rechte der Bürger garantierte und „Sozialismus" und „soziale Gerechtigkeit" anstrebte, ohne jedoch „nichtausbeuterisches" Privateigentum in Frage zu stellen.

Polisario-Front und Regierung bzw. Verwaltung des Flüchtlingsstaats wurden eng miteinander verzahnt. Einerseits legten die Front-Verantwortlichen Wert auf die Mitsprache der Bevölkerung, andererseits übten sie strikte polit. Kontrolle aus. Die Mitglieder der Front, d.h. die erwachsenen Sahrauis der Lager und der Armee, wurden in 11köpf. *Zellen* (je 2 Vertreter der 5 Volkskomitees und 1 gewählter Präsident) organisiert. Jährl. auf Lagerebene tagende *Basisvolkskongresse* (die laut Verf. die oben erwähnten Volkskomitees ernennen) wählten die Delegierten zum *Allgemeinen Volkskongreß,* der in mehrjähr. Abständen zusammentrat. Dieser wählte das *Politbüro* (27 Mitglieder, darunter von Amts wegen die 4 Provinzgouverneure und die Generalsekretäre der 3 nationalen Verbände [Frauen, Arbeiter, Studenten]) sowie den 7köpf. *Exekutivausschuß* mit dem *Generalsekretär.* Exekutivausschuß und Generalsekretär übernahmen die Rolle des von der Verf. als oberstes staatl. Organ vorgesehenen Kommandorates der Revolution und von dessen Vorsitzenden, der seit der Aufnahme der DARS in die OAU gleichzeitig Staatschef war (Verf.änderung von 1982). Der Kommandorat bzw. sein Vorsitzender hatte als höchster Vertreter von Exekutive *und* Legislative die eigentl. polit. Macht. Die Legislativgewalt teilte er mit einem eher beratenden „Parlament", dem Nationalrat, dem das Politbüro der Front und die von den Basisvolkskongressen gewählten Vorsitzenden der Lager-Volksräte angehörten.

In Erwartung eines Unabhängigkeitsreferendums und unter dem Eindruck von Machtmißbrauch und Menschenrechtsverletzungen durch Teile der polit. Führung nahm der 8. Kongreß der Polisario-Front am 19. 6. 1991 eine *Übergangsverfassung* an, die als Grundlage für eine nach der Unabhängigkeit zu diskutierende und in einer Volksabstimmung anzunehmende endgültige Verf. dienen soll. Deutlicher als ihre Vorgängerin garantiert sie die *Grundfreiheiten* der Bürger (schafft z.B. die Todesstrafe ab und verbietet die Folter) sowie deren soziale und wirtschaftl. Rechte (explizit auch die der Frau), stellt für die Zeit nach der Unabhängigkeit ein *Mehrparteiensystem* in Aussicht und bekennt sich zur *Marktwirtschaft.* Sie sieht ein auf drei Jahre gewähltes Parlament sowie die Unabhängigkeit der Judikative vor und macht den Präsidenten der Republik (in der Übergangsphase identisch mit dem Generalsekretär der Front) zum Träger der mit großen Vollmachten ausgestatteten Exekutive. Bis zur Parlamentswahl soll der Nationalrat seine Funktion beibehalten. Auch die Volkskomitees sowie die Volkskongresse arbeiten vorläufig weiter. Ebenfalls beim 8. Kongreß wurden der Exekutivausschuß und das Politbüro der Front durch ein 73köpf. *Nationalsekretariat* ersetzt, dem auch die alte Führung (darunter nur eine Frau) angehört und in dem 20 Plätze für Vertreter der besetzten Gebiete freigehalten wurden. *Generalsekretär* der Polisario-Front (seit 1976) und *Staatschef* der DARS (seit 1982) ist *Mohammed Abdelaziz* (zuletzt 1991 vom 8. Kongreß im Amt bestätigt).

2.4. Die militärische Lage. Die vermutl. 10000 Mann starke sahr. Armee versorgte sich zu einem großen Teil mit erbeutetem marokk. Material selbst. Sie wurde ferner von Drittweltstaaten, v.a. Algerien, unterstützt. Libyen stellte seine Hilfe 1983 nach der Annäherung an Mar. ein. Die Stärke des in der W. eingesetzten marokk. Militärs wurde auf 100000 Mann, etwa die Hälfte der gesamten Streitkräfte, geschätzt (von Mar. 1991 jedoch mit 167000 angegeben), die Kriegslast auf 1–4 Mio. US-$ täglich. Besonders F, die USA und SP – aus unterschiedl. Gründen an stabilen Verhältnissen in Mar. und an guten bilateralen Beziehungen interessiert – unterstütz(t)en Mar. durch Waffenlieferungen, techn. Anleitung usw., v.a. seit Beginn der 80er Jahre, als Mar. auf ein Viertel des Gebiets der W. zurückgedrängt und gezwungen war, sich durch den Bau von Wällen zunächst auf die Verteidigung des besetzten Teils zu konzentrieren, um dieses Gebiet dann allmähl. auszudehnen. Der derzeitige, 1987 fertiggestellte, über *2000 km lange Wall,* der mit Radar, elektron. Bodensensoren und Minen ausgestattet ist, verläuft von N her zuerst parallel und z.T. in nahem Abstand zur alger. und mauret. Grenze, dann in südwestl. Richtung über Amgala und Guelta Zemmur bis östl. von Tichla und ab dort parallel und in geringer Entfernung zur mauret. Grenze nach W an den Atlantik, so daß gut ⅔ der W. von Mar. besetzt sind. Im Restgebiet halten sich sahr. Soldaten und vereinzelt Nomaden auf. Wenn auch die sahr. Armee in der Lage war, den Wall immer wieder kurzfristig zu durchbrechen, stand doch bald fest, daß keine der beiden Seiten eine militär. Lösung herbeiführen konnte.

2.5. Die Lage in der von Marokko besetzten W. Mar. verzahnte die W. administrativ mit dem marokk. Kerngebiet und investierte erhebl. in die *Infrastruktur* sowie die wirtschaftl. und soziale Entwicklung. Seit 1982 baut die staatl. marokk. „Phosboucraa"-AG, die 65% der span. Aktien erworben hat, nach 6jähr. Unterbrechung in geringem Umfang wieder *Phosphat* ab. Zollfreie Importe von den Kanarischen Inseln und Steuervergünstigungen zogen Zehntausende von Marokkanern an. 1990 wies die marokk. Statistik für die 4 Provinzen der W. 199000 Einwohner aus (davon 139000 in al-Ayun); Polisario-Kreise schätzen den sahr. Anteil auf 35000–50000. Diese Sahrauis werden von den marokk. Behörden streng überwacht. Seit 1975 ließ Mar. in der W. und im Kerngebiet mehr als 800 Sahrauis „verschwinden" (gut 300 wurden 1991 freigelassen) und versuchte 1988/89, junge Sahrauis in den N umzusiedeln. Mar. wiederum und, seit 1988, auch Überläufer der Polisario-Front, beschuldigen die Front, rückkehrwillige Sahrauis am Verlassen der Lager zu hindern.

2.6. Die diplomatische Lage. Die DARS war 1993 von über 70 Staaten (darunter 5 arab. und 2 osteurop.) diplomat. anerkannt und ist seit 1982 *Mitglied der OAU.* Als sie 1984 erstmals ihr Stimmrecht nutzte, trat Mar. aus der OAU aus. Zahlreiche polit. Parteien und Staaten, auch westeurop., nicht jedoch die Sowjetunion/GUS, erkennen die Polisario-Front als legitime Vertretung des sahr. Volkes an, während die USA und einige offiz. neutrale westeurop. Regierungen, v.a. F und SP, Mar. nicht nur militär., sondern auch diplomat. und wirtschaftl. unterstütz(t)en. Allmählich zeichnete sich ein internat. Konsens zur Lösung des Konflikts auf der Basis eines *UN/OAU-Friedensplans* ab, mit dessen Durchführung der UN-Generalsekretär 1986 beauftragt wurde und dem beide Parteien 1988 „im Prinzip" zustimmten. Grundlage hierfür sind die OAU-Resolution 104 AHG von 1983 sowie gleich oder ähnlich lautende Resolutionen, die die UN-Vollversammlung seit 1985 jedes Jahr mehrheitl. und 1989 erstmals einstimmig verabschiedete und die das *Recht* der sahr. Bevölkerung *auf Selbstbestimmung und Unabhängigkeit* anerkennen. Danach soll eine UN-Friedenstruppe „ohne militärischen und administrativen Zwang" in der W. ein *Referendum* durchführen, in dem sich die Sahrauis für die Unabhängigkeit oder die Integration in Mar. entscheiden. Am 29. 4. 1991 nahm der Sicherheitsrat die endgültige Fassung des Friedensplans an; am 6. 9. 1991 trat der Waffenstillstand in Kraft, während die ersten Kontingente der Friedenstruppe MINURSO ihre Arbeit aufnahmen. Das eigentl. für Jan. 1992 geplante Referendum fand indes bis Mitte 1993 nicht statt, weil Mar. die ursprüngl. auf der

Wir lernen so viele Dinge,
die, bei Licht besehen,
niemals den Stellenwert haben können,
den wir ihnen beimessen.
Das Wesentliche übersehen wir
mit einer seltsamen Blindheit des Herzens.
Ob es nicht menschlicher
her- und zuginge auf unserer Welt,
wenn das Fühlenkönnen
in gleicher Weise gefördert würde
wie das Denken?
Die innere Eiszeit,
die in unseren Tagen
so sehr um sich gegriffen hat,
läßt sich überwinden,
wenn wir den Reichtum
unserer Gemütskräfte wiederentdecken.
Dazu bedarf es der Menschen,
die sich ihr Fühlenkönnen
bewahrt haben.

Basis des letzten span. Zensus auszuarbeitenden Wählerlisten wesentl. erweitern will.

Mar. und Algerien, die seit 1975 wegen der W. zerstritten waren, söhnten sich 1988 aus und ermöglichten so die Gründung der *Union des Arabischen Maghreb* (1989). Solange der W.-Konflikt nicht gelöst ist, sind jedoch wesentl. Schritte in Richtung Integration dieses Raums schwer vorstellbar.

Ursel Clausen

Lit.: *Barbier, M.*, Le conflit du Sahara Occidental, Paris 1982. *Berramdane, A.*, Le Sahara Occidental. Enjeu maghrébin, Paris 1992. *Clausen, U.*, Der Konflikt um die Westsahara, Hamburg 1978. *Diego Aguirre, J.R.*, Historia del Sahara Español, Madrid 1988. *Ders.*, Guerra en el Sahara, Madrid 1991. *Gesellschaft der Freunde des Sahrauischen Volkes* (Hrsg.), Der Konflikt um die Westsahara, Hamburg 1990. *Gnidil, A.*, Die völkerrechtliche Lage der ehemaligen Spanischen Sahara, Tübingen 1987. *Hassan II.* (Vorw.), La Marche Verte, Paris 1990. *Hodges, T.*, Historical Dictionary of Western Sahara, Metuchen/London 1982. *Ders.*, Western Sahara. The Roots of a Desert War, Westport/Beckenham 1983. *Rössel, K.*, Wind, Sand und (Mercedes-)Sterne. Westsahara: Der vergessene Kampf für die Freiheit, Unkel/Bad Honnef 1991. *Zoubir, Y.H.* (Hrsg.), International Dimensions of the Western Sahara Conflict, Westport 1993.

Transkaukasien und Zentralasien

1. Historischer Überblick

1.1. Transkaukasien. Die Geschichte Transkaukasiens (T.) ist geprägt durch das Ringen der Mächte Rußland (R), Persien und Türkei (Tü.) um Einflußnahme sowie durch den Gegensatz zwischen christl. und muslim. Völkern. Dies gilt v.a. für die drei größten Völker des Transkaukasus: Georgier, Armenier und Aserbaidschaner.

Georgiens (G.) Geschichte entwickelte sich vor dem Hintergrund der arab. und pers. Welt. Die blühende georg. Kultur des Mittelalters wurde durch die *Mongolen* zerstört, der darauf einsetzende Niedergang zog sich bis ins 18. Jh. Der größte Teil G.s. kam im 19. Jh. allmähl. unter *russ. Herrschaft.* Die zwiespältige Haltung zu R resultierte aus der Unterwerfung und der Verteidigung durch R gegenüber den muslim. Nachbarn. Ende des 19. Jh. führte die

Opposition zu R zur Bildung einer nationalen Befreiungsbewegung unter der Intelligenz, die zunehmend sozialist. wurde, während die Bourgeoisie hauptsächl. aus Russen und Armeniern bestand.

Garant der nationalen Identität *Armeniens (Ar.)*, dessen Gebiet immer umkämpft war, waren die *armen. Kirche* und die *armen. Sprache* mit eigener Schrift. Trotz gelegentl. Unabhängigkeit einzelner Teile hatte es bis 1918 keinen unabhängigen Staat Ar. gegeben. Im 15. und 16. Jh. wurde es von Osmanen und Persern in eine westl. und eine östl. Hälfte geteilt. Im 18. Jh. gewann das zarist. R von Iran das östl. und vom Osmanischen Reich Teile des westl. Ar.

Aserbaidschaner sehen sich als Nachfahren der einheimischen Völker und der von O eingewanderten türk. Stämme, deren Sprache sich durchgesetzt hat. Ende des 7. Jh. wurde der *Islam* durch das Vordringen der Araber zur vorherrschenden Religion. Es gab eine Anzahl islam. Kulturzentren, unter pers. Einfluß entstand eine Reihe kleiner feudaler Staaten. Wendepunkt in der Geschichte Aserbaidschans (As.) war der Einbruch des russ. Einflusses. Der pers.-russ. *Vertrag von Turkmantschai 1828* brachte die bis heute andauernde Teilung in einen zu R und einen zu Iran gehörenden Teil.

Durch die Entwicklung des *Nationalismus* in T. im 19. Jh. entstanden neue territoriale Ambitionen. Der armen. Nationalismus mit starker Betonung der Religion entwickelte sich im Kampf um die Unabhängigkeit vom Osman. Reich. Mit der empfindl. Situation an der Grenze zu einem expansionist. R und einem schwachen Osman. Reich führte er zur Tragödie von 1915, bei der Hunderttausende anatolische Armenier umgebracht wurden und viele in das von Russen beherrschte Ost-Ar. flüchteten.

Die Politisierung der aserbaidschan. Bevölk. erfolgte nach 1905 durch den Gegensatz zur wirtschaftl. überlegenen armen. Volksgruppe, was im sogenannten *tartar.-armen. Krieg* gipfelte.

Nach der russ. Februarrevolution von 1917 schlossen sich G., Ar. und As. zu einem *Transkaukasischen Kommissariat* zusammen, das von den georg. Menschewisten dominiert wurde. Am 21. 4. 1918 erklärten sie ihre Unabhängigkeit von R und riefen die *Transkaukasische Föderative Republik* aus. Aufgrund des ethn. Konflikts zwischen Armeniern und Aserbaidschanern hielt diese jedoch nur einen Monat. Nacheinander erklärten sich G., As. und Ar. für unabhängig. Die Zeit der Nationalstaaten von 1918 bis 1920 war geprägt durch territoriale Streitigkeiten und ethn. Konflikte, in die neben den Osmanen auf aserbaidschan. Seite auch GB verwickelt war. Nach dem Abzug GBs aus T. konnten weder Ar., das sich zudem in einem Krieg mit der Tü. Atatürks befand, noch G. und As. den heranrückenden kommunist. Truppen standhalten. 1920 wurden sie in sozialist. Republiken umgewandelt.

1922 wurden G., Ar. und As. zu einer *Föderativen Sozialistischen Transkaukasischen Sowjetrepublik* zusammengeschlossen, 1936 erhielten sie ihren eigenen Republikstatus als Sozialistische Sowjetrepubliken. Die folgende Entwicklung gleicht denen anderer Republiken: Niederschlagung von Aufständen wie 1922 und 1924 in G., Zwangskollektivierung der Bauern bzw. ihre Deportierung, Dezimierung der Intelligenz durch Massensäuberungen besonders zwischen 1936 und 1938, strenge Säkularisierung.

Trotz der Zwangsmaßnahmen konnte der in T. bes. nach den Jahren der Unabhängigkeit ausgeprägte Nationalismus nie ausgeschaltet werden. Dies gilt in erster Linie für den vom Trauma von 1915 gezeichneten armen. Nationalismus, der sich auch mit den Gebietszuteilungen von *Nachitschewan* 1921 und *Berg-Karabach* 1923 an As. nie abgefunden hat. So war die zwangsläufige Folge der Lockerung in der Gorbatschow-Ära das Wiederaufrollen des Karabach-Problems, wobei die nationalist. Hoffnungen auf ein realist. erscheinendes Ziel fixiert wurden.

1.2. Zentralasien. Die Eroberung *Zentralasiens (Z.)* und *Kasachstans (Ka.)* durch das zarist. R war bis zu den 60er und 70er Jahren des 19. Jh. abgeschlossen. Während *Turkestan* bis zu diesem Zeitpunkt von russ. Armeen erobert wurde, waren die Kasachensteppen langsam durch die Errichtung von Protektoraten bis zur Einrichtung der direkten Verwaltung in der ersten Jh.Hälfte unter russ. Herrschaft gekommen.

Nach der Eroberung des Gebietes der Turkmenen 1874 wurde ein *Generalgouvernement Turkestan* mit dem Zentrum Taschkent eingerichtet. Der Widerstand gegen die russ. Kolonisation begann in den 80er Jahren mit spontanen Bewegungen relig. Charakters, die leicht unterdrückt werden konnten. Danach formierte sich der Widerstand in der Gestalt panturkist. Reformbewegungen. Der erste Muslimische Kongreß, der 1917 in Taschkent tagte, setzte als Interessenvertretung der Muslime einen *Zentralrat der Muslime von Turkestan* ein; dieser konnte sich aber gegen die russ. Sowjets, die sich in Taschkent und den anderen Städten gebildet hatten, nicht durchsetzen.

Die Oktoberrevolution hatte in Z. im wesentlichen die Funktion eines Zusammenschlusses der Russen, um den nationalen Forderungen der Einheimischen Einhalt zu gebieten. Der Einmarsch der Roten Armee Ende 1919 *beseitigte* die *Khanate von Chiwa und Buchara* und wandelte sie in die vom Sowjetstaat noch unabhängigen *Volksrepubliken von Choresmien und Buchara* um. Turkestan war nun in nationale Staaten aufgeteilt. Der Prozeß ihrer Eingliederung in die SU wurde ab 1920 in die Wege geleitet, zunächst durch die Bildung eines *Zentralen Wirtschaftsrates Zentralasiens.* Gefahr drohte der Revolution durch Aufstände der Landbevölkerung. Die Revolte der *Basmatschis* zog sich als muslim. Guerillabewegung bis in die 30er Jahre hin. Eine andere Gefahr stellten die ehemaligen nationalist. und panturkist. Reformer dar, die 1920 geschlossen in die KP eintraten und für einige Jahre das polit. Leben bestimmten. Gegen ihr Ziel, die Schaffung eines nationalkommunist. turkestan. Einheitsstaates, setzte die Sowjetmacht das Konzept der Nationalitätentrennung.

Im Okt. 1924 wurden deshalb zunächst zwei sozialist. Republiken gegründet: *Usbekistan (Us.)* aus Teilen der Emirate von Chiwa und Buchara sowie Gebieten von Samarkand und Fergana, die früher zum Generalgouvernement Turkestan gehört hatten, und *Turkmenistan (Tu.),* das die westl. Teile von Chiwa und Buchara erhielt. Mit *Tadschikistan (Ta.),* bestehend aus dem Bergland Bucharas mit hauptsächl. persischsprachiger Bevölk., und *Kasachstan (Ka.)* kamen zwei Autonome Republiken dazu. Kirgisen und Karakalpaken (1932 Autonome Republik, 1936 Anschluß an Usbekistan) erhielten Autonome Gebiete. 1929 wurde Tadschikistan Unionsrepublik, 1936 *Kirgisien (Ki.)* und Ka.

Die Schaffung neuer, künstl. Nationen wurde begleitet von den seit 1930 stattfindenden *Massensäuberungen,* in denen der größte Teil der nationalen Intelligenz liquidiert wurde. Durch Ersetzung der einheim. Regierungskader mit Europäern wurde die Entnationalisierung der Parteiorganisationen abgeschlossen. Auch den ideolog. Grundlagen für die Schaffung eines einheitl. Turkestan ging man zu Leibe. Nachdem bis 1927 die islam. Rechtsprechung überall durch sowjet. Gerichtsbarkeit ersetzt worden war, wurden gegen die Tendenz, eine einheitl. Turksprache zu schaffen, die einzelnen Nationalsprachen gefördert. Zunächst wurde das arab. Alphabet durch das latein. ersetzt, wodurch die Bindungen zur Tü. Atatürks neue Nahrung erhielten. Es war dies aber nur der erste Schritt zu einer grundlegenden Reform, der *Einführung des Kyrillischen,* die bis 1942 überall abgeschlossen war. Der Widerstand dagegen war gering, da die nationale Intelligenz größtenteils vernichtet war. Durch die Ausschaltung der Grundlagen von Islam und Panturkismus geriet die Idee eines vereinigten Turkestan erst einmal in Vergessenheit.

2. *Entwicklung des politischen Systems während und nach dem Zerfall der Sowjetunion (bis Sommer 1992).*

2.1. Georgien

Grunddaten: *Fläche:* 69700 km². *Einwohner:* 5,5 Mio. *Nationalitäten:* Georgier 70%, Russen 6%, Armenier 8%, Aserbaidschaner 6%, Osseten 3% (1990).

Mit Beginn der Perestroika wurden in G. gesellschaftl. Fragen wie ökolog. oder Minderheitenprobleme öffentl. diskutiert. Nachdem am 9. 4. 1989 in Tbilisi eine friedl. Kundgebung durch Moskauer Sondertruppen mit brutaler Gewalt (20 Tote) aufgelöst worden war, erhielten die oppositionellen Gruppen starken Zulauf. Die Radikalen bildeten das *Nationale Forum* gegenüber dem *Runden Tisch* mit radikalen und gemäßigten Gruppen unter der Führung des ehem. Dissidenten *Sviad Gamsachurdia.* Bei den Wahlen am 28. 9. 1990 gewann der Runde Tisch 155 der 250 Sitze, 64 erhielten die Kommunisten. Gamsachurdia wurde Parlamentspräsident und konsolidierte in der Folgezeit seine Macht, indem er in den Lokalverwaltungen die Kommunisten durch seine Leute ersetzte.

Nach einer Volksabstimmung wurde am 9. 4. 1991 die *Unabhängigkeit* erklärt. Am 14. 4. wurde Gamsachurdia vom Parlament zum Präsidenten erklärt, bei den Präsidentschaftswahlen am 26. 5. erhielt er 86,5% der Stimmen. Sein diktator. Regierungsstil, die Übersteigerung des Nationalismus und sein übertriebenes Sendungsbewußtsein brachten Gamsachurdia zu Fall. Er sagte lokale Wahlen ab, schaffte den Autonomiestatus des *Südossetischen Autonomen Gebietes* entgegen früheren anderslautenden Versprechungen ab, verbot die oppositionelle Presse und nahm Oppositionspolitiker in Haft. Polit. und ökonom. Reformen wurden abgesagt, die Legitimität des gewählten Parlaments nicht geachtet. Auf der anderen Seite erlaubt das Präsidentschaftsgesetz die Ausstattung des Präsidenten mit nahezu unbegrenzten Möglichkeiten: er nominiert die Minister, ist Befehlshaber der Streitkräfte, kann Kriegsrecht und präsidentielle Herrschaft erklären und besitzt gesetzl. Immunität.

Die Opposition bestand zunächst hauptsächl. aus der *Kommunistischen Partei*, die jedoch aus dem Parlament entfernt wurde. Im Sept. 1991 wurde die Macht Gamsachurdias herausgefordert, als es zum Bündnis des zurückgetretenen Ministerpräsidenten Tengiz Sigua mit dem Chef der georg. Nationalgarde, Tengiz Kitovani, kam. Die Volksfront und die meisten Parteien schlossen sich den Forderungen nach Rücktritt Gamsachurdias und neuen Parlamentswahlen an. In der Zwischenzeit weigerte sich G., den GUS-Vertrag zu unterschreiben. Am 24. 12. 1991 wurde von Gamsachurdia doch der Beitritt gesucht, die Bitte aber von den Präsidenten der Republiken wegen Menschenrechtsverletzungen in G. abgelehnt. Die *Volksfront* und die *Nationaldemokratische Partei* sind weiter gegen den Beitritt.

Nach bewaffneten Kämpfen zwischen Präsidentenanhängern und der Opposition und der Flucht Gamsachurdias erklärte eine Koalition aus gemäßigten und radikalen Gruppen zusammen mit zwei Milizen den Präsidenten am 2. 1. 1992 als abgesetzt. Ein 7köpf. Militärrat unter Führung von T. Kitovani und Dzaba Joseliani, den Führern der Milizen, übernahm die Macht, bildete eine provisor. Regierung und lud alle Oppositionsgruppen zur Bildung eines *Konsultativen Rates* ein, der Neuwahlen vorbereiten soll. Vom Militärrat wurde Tengiz Sigua zum Ministerpräsidenten ernannt. Das Dilemma ist, daß der legal gewählte Präsident nicht durch Parlamentsbeschluß abgesetzt wurde, sondern durch eine militär. Aktion. Um sich – auch im Ausland – zu legitimieren, wurde der frühere sowjet. Außenminister *Edvard Schevardnadze*, der 1972–85 erster Sekretär der Georgischen KP war, zu Hilfe gerufen. Am 10. 3. 1992 wurde bei einer Sitzung des Militärrates und des Konsultativrates die Auflösung beider Organe beschlossen und ein temporärer *Staatsrat* als legislativer und exekutiver Körper gebildet, als dessen Vorsitzender Schevardnadze fungiert. Ihm gehören außerdem Joseliani als Stellvertreter sowie Ministerpräsident Sigua und Kitovani an.

Den georg. Bestrebungen nach Unabhängigkeit standen in den letzten Jahren Sezessionsabsichten der *Osseten* und *Abchasen* in G.

selbst gegenüber. Die Osseten streben eine Vereinigung mit der *Nordossetischen Autonomen Republik,* die zu R gehört, an, was zu blutigen Auseinandersetzungen im *Südossetischen Autonomen Gebiet* führte. Entspr. Beschlüsse des Südossetischen Parlamentes über Selbständigkeit bzw. Anschluß an R wurden vom georg. Parlament annulliert. Der Kampf der Abchasen, die in ihrer Autonomen Republik nur eine Minderheit (17,8%) sind, um Unabhängigkeit weitete sich zu einem blutigen Sezessionskrieg aus, in den auch russische Truppen verwickelt sind. Unter den Abchasen gibt es zusammen mit Tschetschenen Bestrebungen zur Bildung einer Nordkaukasischen Republik.

2.2. Armenien

Grunddaten: *Fläche:* 29800 km². *Einwohner:* 3,3 Mio. *Nationalitäten:* Armenier 93%, Russen 2%, Aserbaidschaner 3% (1. 1. 1990, 1993: keine mehr), Kurden 2%.

Bei den Wahlen im Juli 1990 ergab sich in Ar. eine Mehrheit der Nichtkommunisten im Parlament; Wahlsieger wurde die *Armenische Gesamtnationale Bewegung,* deren Vertreter hauptsächl. aus der *Volksfront* und dem *Karabach-Komitee* hervorgegangen waren. Die armen. Oppositionsbewegung hatte sich in erster Linie durch die Bewegung für den Anschluß Berg-Karabachs (B-K.) an Ar. seit 1988 entwickelt. Im Aug. 1990 wurde der Vorsitzende der Armenischen Gesamtnationalen Bewegung, *Levon Ter-Petrosjan,* zum neuen Präsidenten gewählt, die *Unabhängigkeitserklärung* des Parlamentes folgte am 23. 8. 1990.

Der größte Fortschritt auf dem Weg zu einer Demokratie westl. Stils wurde 1991 gemacht. Die *Kommunistische Partei,* die sich 1990 von der KPdSU gelöst hatte, beschloß nach dem Moskauer Putschversuch die Selbstauflösung. Nach dem Putsch wurde die Unabhängigkeitserklärung durch das Referendum am 21. 9. 1991, bei dem 94% für die Unabhängigkeit votierten, in Kraft gesetzt.

Bei den Präsidentschaftswahlen am 16. 10. 1991 wurde Ter-Petrosjan mit 83% zum Präsidenten gewählt. Kritik an der neuen Regierung erfolgte von Seiten der Opposition wegen der pragmat. Haltung zur Tü.: Die Führung habe das B-K.-Problem als Sprungbrett zur Macht ausgenutzt und dann die nationalen Interessen verraten, wie durch die schrittweise Aufgabe territorialer Forderungen gegenüber der Tü. Die Opposition setzt sich aus verschiedenen Kräften zusammen: Dazu gehören die radikale *Union für Nationale Selbstbestimmung* des ehemal. Dissidenten Paruir Hairkijan, die vom zurückgetretenen Ministerpräsidenten Vazgen Manukjan gegr. *Armenische Nationaldemokratische Union* sowie die nationalist. *Daschnakzutjun* (Föderation). Letztere dominiert in B-K. selbst, das sich am 10. 12. 1991 unabhängig erklärte, das Parlamentspräsidium. Anfang Juli 92 sprach sich das armen. Parlament für die *Anerkennung B-K.s* aus.

Mit dem *Beitritt zur GUS* hatte die Regierung zunächst gezögert, dann aber das Abkommen von Alma-Ata vom 21. 12. 1991 mit Vorbehalten unterzeichnet. Wegen der ökonom. Krise hatte Ar. kaum eine andere Wahl (Erdbeben, aserbaidschan. Blockade mit katastrophalen Auswirkungen auf die Energieversorgung, Schließung des Atomkraftwerks Medzamor).

2.3. Aserbaidschan

Grunddaten: *Fläche:* 86600 km². *Einwohner:* 7,1 Mio. *Nationalitäten:* Aserbaidschaner 83%, Russen 6%, Armenier 6% (1. 1. 90, 1993: fast keine mehr).

Die polit. Entwicklung As. im Laufe des Zerfalls der SU ist geprägt durch den Konflikt mit Ar. um die Autonome Region B-K. sowie durch den Machtkampf zwischen der kommunist. Machtelite und der demokrat. Opposition. Die 1988 von armen. Nationalisten begonnene Kampagne für den Anschluß B-K.s, das mehrheitl. von Armeniern bewohnt wird, an Ar. führte dazu, daß B-K. für die Aserbaidschaner zum Symbol für territoriale Souveränität wurde. Getragen wurde die Unabhängigkeitsbewegung durch die von intellektuellen Dissidenten gegründete *Volksfront.* Als die Demonstrationen und Streiks im Jan. 1990 einen Höhepunkt erreichten, konnte die Herrschaft der Kommunisten nur durch Intervention Moskaus erhalten werden. Unter dem Vorwand, die bedrohte armen. Bevölkerung Bakus zu schützen, besetzte die Rote Armee Baku, wobei 130 Menschen ums Leben kamen.

Die Januarereignisse bewirkten eine vorübergehende Paralyse der Kräfte der Volksfront, die durch Verfolgung sowie innere Spaltungen geschwächt wurde. Der Neue Vorsitzende der KP, *Ajaz Mutalibov*, ließ sich vom Obersten Sowjet zum Präsidenten wählen. Bei offensichtl. gefälschten Wahlen im Sept. 1990 konnten die Kommunisten 240 der 350 Sitze gewinnen, während der neuformierte *Demokratische Block,* der sich aus über 50 polit. Oppositionsgruppen unter Führung der Volksfront gebildet hatte, ledigl. 40 Sitze erhielt. Das Ergebnis des *Referendums* vom 17. 3. 1991 über die Zukunft der SU, bei dem 92% für die Erhaltung der Union stimmten, wurde von der Opposition als gefälscht bezeichnet.

Der Moskauer Augustputsch wurde von Mutalibov zunächst begrüßt, nach seinem Scheitern trat er als Parteivorsitzender zurück, während der Oberste Sowjet die *Unabhängigkeit* A.s proklamierte. Die Präsidentschaftswahlen vom Sept. 1991 brachten dem einzigen Kandidaten Mutalibov noch einmal einen Triumph. Mitte Sept. löste sich die KP selbst auf, wobei die alte Nomenklatura jedoch im Verwaltungsapparat ihre Machtpositionen behielt. Unter dem Druck der Streik- und Boykottaktionen der Opposition mußte Mutalibov einen Monat später der Bildung eines *Nationalen Rates* zustimmen, der z.T. die Funktion des Parlamentes übernahm und zu gleichen Teilen aus Vertretern der alten Kommunisten und des *Demokratischen Blocks* bestand. Die unklare Machtfrage zeigte sich nach Auflösung der SU in der Frage des Beitritts zur GUS. Während die Opposition die Mitgliedschaft As.s in der GUS ablehnte, unterschrieb Mutalibov den Vertrag von Alma-Ata, der jedoch vom Parlament nicht ratifiziert wurde. Die Einnahme aserbaid. Orte durch armen. Kampfverbände in B-K., verbunden mit einem Massaker an aserbaid. Zivilisten im Febr. 1992, führten im Zusammenhang mit dem Vorwurf, die aserbaid. Bevölk. B-K.s nicht schützen zu können, zur Ablösung Mutalibovs am 6. 3. 1992.

Angesichts der für den 7. Juni angesetzten Präsidentschaftswahlen versuchte Mutalibov, mit Hilfe des Parlaments am 14. 5. durch einen Staatsstreich die Macht zurückzuerlangen; dieser scheiterte jedoch am Widerstand der Volksfront und ihrer Anhänger in den Straßen Bakus. Die Übernahme der Macht durch die *Volksfront* war damit vollzogen, doch blieben große Teile der Wirtschaftsverwaltung, die mittleren Positionen in der Regionalverwaltung wie auch Kabinettssitze in den Händen der alten Nomenklatura. Bei den ersten demokrat. Wahlen in As. wurde der Vorsitzende der Volksfront, *Ebulfez Elçibey,* zum Präsidenten gewählt. Die Wahl eines neuen Parlaments und die Ausarbeitung einer neuen Verfassung werden angestrebt; doch der durch den Krieg gegebene Ausnahmezustand begünstigt die Tendenz zu einem autokratischen System.

Die wichtigste Oppositionspartei ist die von der Volksfront abgespaltene *Nationale Unabhängigkeitspartei*; von Bedeutung sind die ebenfalls aus der Volksfront hervorgegangenen *Neue Gleichheits- (Müsavat) Partei* und die *Sozialdemokratische Partei*. Elçibey vertritt eine enge Anlehnung an die Tü. und an den Westen, den Austritt aus der GUS sowie eine feindl. Haltung gegenüber dem iran. Regime. Die Vereinigung mit den 15-20 Mio. iran. Aseris ist das langfristige Ziel der Volksfront.

Der Konflikt um Berg-Karabach. Der Erfolg demokrat. Reformen in As., aber auch die innere Entwicklung Ar.s sowie die außenpolit. Orientierung beider Staaten sind in erster Linie abhängig von der Entwicklung des Konfliktes, der zu einem offenen Krieg zwischen beiden eskaliert ist. Während Ar. inzwischen von der Forderung des Anschlusses von B-K. wieder abgerückt ist und den Konflikt als Problem des Selbstbestimmungsrechts der Armenier B-K.s darstellt, betrachtet As. ihn als armen. Aggression mit dem Ziel der Schaffung eines größeren Ar. Die Unabhängigkeitserklärung B-K.s durch das Parlament von B-K. beantwortete Baku mit der Annullierung des Autonomiestatus. Durch die Unabhängigkeit Ar. und As. sowie die Aufnahme beider Staaten in die KSZE hat der Konflikt inzwischen internat. Dimensionen angenommen und kann nur durch internat. Vermittlung gelöst werden. Auf der anderen Seite ist die Gefahr der Ausweitung des Konfliktes gegeben, da hinter Armenien Rußland, hinter Aserbaidschan die Türkei als Schutzmächte stehen.

2.4. Turkmenistan

Grunddaten: *Fläche:* 488100 km². *Einwohner:* 3,6 Mio. *Nationalitäten:* Turkmenen 72%, Russen 9,5%, Usbeken 9%, Kasachen 2,5% (1990).

Turkmenistan (Tu.) ist (1993) polit. die rückschrittlichste Republik in Z., der Weg zu demokrat. Reformen scheint hier am längsten zu sein. Die Macht liegt noch ungebrochen in den Händen der alten kommunist. Parteieliten. Sie ist konzentriert bei den Mitgliedern der *Teke*, einer der drei wichtigsten Stammesgruppen, deren Rivalität die polit. Auseinandersetzung prägt.

Präsident *Saparmurad Nijasov*, der Vorsitzende der KP, gründet seine Macht vorwiegend auf russ. Verwaltungsbürokraten. Bei den Wahlen 1990 erhielten die Kommunisten 90% aller Mandate.

Im Okt. 1990 wurde das Präsidialsystem eingeführt; nach dem Moskauer Augustputsch wurde Ende 1991 die KP in *Demokratische Partei Turkmenistans* umbenannt. Eine wirkliche Opposition ist so gut wie nicht vorhanden. Kritik gibt es hauptsächl. aus den Reihen der eigenen Partei, während die 1989 von Intellektuellen gegr. informelle Bewegung *Agzıbirlik* mit panturkist. Orientierung noch schwach entwickelt erscheint und von der Regierung unterdrückt wird.

Die *Unabhängigkeitserklärung* Tu.s erfolgte am 27. 10. 1991; auf der Konferenz von Alma-Ata trat Tu. wie die übrigen zentralasiat. Republiken der GUS bei. Nijasov ließ sich im Juni 1992 erneut – als einziger Kandidat erhielt er offiz. 99,5% der Stimmen bei einer Wahlbeteiligung von 99,8% – zum Präsidenten wählen.

Tu. ist der erste Staat in Zentralasien, der nach der Unabhängigkeit eine neue *Verfassung* erhielt. Die vom Obersten Sowjet am 18. 5. 1992 verabschiedete Verf. sieht ein *Präsidialsystem* vor, das dem Staatspräsidenten, der gleichzeitig Regierungschef ist, weitreichende Rechte einräumt. Seine Regierungszeit ist auf zwei 5jähr. Amtszeiten beschränkt. Der Oberste Sowjet wurde in *Turkmenische Versammlung (Meclis)* umbenannt, während als höchstes exekutives Organ der *Volksrat* fungiert. Polit. Pluralismus wird garantiert, ethn. und relig. Parteien sind jedoch verboten.

Ethn. Konflikte sind bis jetzt noch nicht aufgetreten. Konflikte mit den Nachbarrepubliken könnte es in Zukunft um die Nutzung von Wasserrechten geben.

2.5. *Usbekistan*

Grunddaten: *Fläche:* 447400 km². *Einwohner:* 20,3 Mio. *Nationalitäten:* Usbeken 71%, Russen 8%, Tadschiken 5%, Kasachen 4%, Tataren 2%, Karakalpaken 2% (1990).

Die polit. Gruppierungen innerhalb der (ehemal.) *KP* repräsentieren die regionalen Zentren wie das Ferganatal oder Samarkand, deren Parteihierarchien bis heute stabil und autonom sind. Seit dem Tod des Parteichefs Scherif Raschidov aus der Breschnew-Ära sind die polit. Koalitionen fließender, doch haben die Baumwollinteressensvertreter aus Fergana immer eine Schlüsselposition inne *(Baumwollmafia)*.

Trotz der Umbenennung der KP in *Volksdemokratische Partei* am 31. 10. 1991 hat sich an der Machtstruktur im Parlament wenig geändert. Präsident *Islam Kerimov* regiert Us. seit Juni 1989 autoritär, hauptsächl. mit dem Mittel präsidentieller Dekrete, wobei ihn ein *Präsidentieller Rat* berät.

Von den oppositionellen Gruppen ist nur die islam.-panturkist. Partei *Erk* (Unabhängigkeit) von Kerimov legalisiert, die im Parlament einen kleinen Oppositionsblock bildet. Bei den Präsidentschaftswahlen am 29. 12. 1991 war ihr Vorsitzender, der Schriftsteller Mohammed Salih, der einzige Gegenkandidat Kerimovs, welcher 86% der Stimmen erhielt. Die größte Oppositionsgruppe, die usbek. Volksfront, die 1989 von Intellektuellen gegründete Gruppe *Birlik* (Einheit), wurde bisher nur als Bewegung offiz. registriert, nicht aber als polit. Partei. Nach eigenen Angaben hatte Birlik 1990 500–800000 Mitglieder. Birlik fordert konsequente Demokratisierung und tritt für ein vereintes Turkestan ein. Die *Islamische Wiedergeburtspartei* könnte zur stärksten Bedrohung der kommunist. Macht werden. Obwohl sie bis jetzt verboten ist, gewinnt sie immer mehr an Einfluß. In ihr vereinen sich verschiedene Richtungen des Islam, doch scheint eine islamist. Ausrichtung zu überwiegen. Zusammen mit der *Turkestanischen Volksbewegung* bilden die Islamische Wiedergeburtspartei und Birlik eine oppositionelle Aktionsgemeinschaft für den Sturz der konservativen Regierung und den Austritt von Us. aus der GUS.

2.6. Kasachstan

Grunddaten: *Fläche:* 2717500 km². *Einwohner:* 16,7 Mio. *Nationalitäten:* Kasachen 40%, Russen 38%, Deutsche 6%, Ukrainer 5%, Usbeken 2%, Tataren 2% (1990).

Die ersten sichtbaren ethn. Spannungen in der SU traten 1986 in Alma-Ata auf, als es zu Demonstrationen gegen die Wahl eines Russen ohne Verbindung zu Kasachstan (Ka.) an die Spitze der kasach. KP kam. Interethn. Spannungen gab es auch bei der Einführung des Kasachischen als erste Amtssprache 1989. Wegen der interethn. Beziehungen war Ka. eine der letzten Republiken, die eine Souveränitätserklärung herausgab.

Seit 1990 ist *Nursultan Nazarbajev* Präsident; er gilt als entschlossener, autoritärer Reformer. Nach dem Moskauer Augustputsch wurde die KP verboten; ihrer Nachfolgeorganisation, der *Sozialistischen Partei*, trat Nazarbajev nicht bei. Die kasach. nationalist. Gruppe *Azad* (Freiheit), die einen gemäßigten Panturkismus vertritt, bildete sich 1988 zur Unterstützung der Perestroika; im Sept. 1991 erhielt sie den Parteistatus. Eine radikale nationalist. und panturkist. Partei ist *Alasch,* deren Ziel ein großtürk. Reich vom Balkan bis nach China ist, die aber – wie auch die islamist.-nationalist. geprägte Bewegung *Yeltoksan* — ohne großen Einfluß ist.

Die wichtigste informelle Gruppierung ist die Bewegung *Nevada-Semipalatinsk*, die für die Einstellung der Atomwaffenversuche in der kasach. Steppe kämpfte und zur stärksten Volksbewegung in der damaligen SU wurde. Nach dem Moskauer Augustputsch wurde das Testgelände von Nazarbajev geschlossen.

Als Gegengewicht zur Sozialistischen Partei, die an der Aufrechterhaltung ihrer Machtbasis gehindert werden soll, wurde im Okt. 1991 der *Volkskongreß von Kasachstan* gegr., der die für 1993 geplanten Wahlen auf der Basis von Parteilisten vorbereiten soll. Der Kongreß, dem auch Nazarbajev angehört, will eigene Kandidaten stellen, doch können auch Parteien mit eigenen Kandidaten Fraktionen bilden. Geführt wird der Kongreß von den prominenten Schriftstellern Olchas Suleimanov, gleichzeitig Vorsitzender der Bewegung Nevada-Semipalatinsk, und Muchtar Schachanov.

Die Bildung der GUS war für Ka. von besonderer Wichtigkeit, da es erst durch die Auflösung der SU unabhängig wurde. Es wurde befürchtet, daß eine vorzeitige Unabhängigkeit N-Ka. dazu veranlassen könnte, sich R anzuschließen. Die Zukunft. Ka.s ist von zwei Hauptbedingungen abhängig: Ethn. Harmonie und die Lösung der ökonom. und ökolog. Probleme (Aralsee, Kaspisches Meer). Wegen der strateg. Atomwaffen auf seinem Gebiet wurde Ka. für den Westen zum wichtigsten Land in Z. Der Nuklearstatus wurde von Nazarbajev erfolgreich für die Stärkung der Position Ka.s in der Welt ausgenutzt.

2.7. Kirgisien

Grunddaten: *Fläche:* 198500 km². *Einwohner:* 4,4 Mio. *Nationalitäten:* Kirgisen 52%, Russen 21,5%, Usbeken 13%, Ukrainer 3%, Deutsche 2%, Tataren 2% (1990).

In Kirgisien (Ki.) ist von allen zentralasiat. Staaten die *Demokratisierung* bisher am weitesten fortgeschritten. Die blutigen ethn. Konflikte von Osch im Sommer 1990 zwischen Kirgisen und Usbeken gaben der polit. Opposition innerhalb der KP die Gelegenheit, sich gegen den bisherigen konservativen Parteivorsitzenden Absamat Masalijev zusammenzuschließen. Nach der Wahl des neuen Obersten Sowjets im Frühjahr 1990 bildete sich ein demokrat. Block innerhalb der KP, der zusammen mit der nichtkommunist. *Demokratischen Bewegung für Kirgisien* im Obersten Sowjet den Vorsitzenden der Akademie der Wissenschaften, *Askar Akajev*, am 28. 10. 1990 zum ersten Präsidenten Ki.s wählte. Es gelang Akajev, die radikaldemokrat. Opposition ins Parlament zu integrieren. Er berief junge, reformfreudige Spezialisten aus der wissenschaftl. Elite in den Präsidentenrat. Die Macht der alten Kommunisten an der Spitze des Staates konnte erfolgreich eingeschränkt werden, im April 1991 wurde der Parteivorsitzende Masalijev abgesetzt, nach dem Moskauer Augustputsch wurde die KP verboten. In der lokalen Verwaltungsbürokratie blieben die alten Machtstrukturen trotz versuchter Reform der Verwaltungsstruktur jedoch unangetastet, da sie weitgehend durch das Clansystem geprägt sind.

Das *politische System* ist eine Mischform aus parlamentar. und Präsidialdemokratie. Eine Umstrukturierung im Feb. 1992 deutet auf eine Verstärkung der präsidialen Elemente hin. Akajev halbierte die Zahl der Ministerien und stellte sich selbst an die Spitze der Regierung. Da das Präsidialsystem noch an ein autoritäres Rechtssystem gebunden ist, besteht durch die großen Machtbefugnisse die Gefahr des Machtmißbrauchs. So wurde Akajev vor den ersten Präsidentschaftswahlen im Okt. 1991 von der Demokratischen Bewegung kritisiert, das neue Gesetz über die Präsidentschaftswahlen manipuliert zu haben, um als einziger Kandidat aufzutreten.

Die *Demokratische Bewegung für Kirgisien* ist eine Dachorganisation informeller Gruppen. Sie fordert die wirtschaftl. Unabhängigkeit, allg. Präsidentschaftswahlen und ein Mehrparteiensystem. Einige ihrer Gruppen weisen chauvinist. Tendenzen auf. So trägt die Bewegung einerseits zum Demokratisierungsprozeß bei, fördert aber auch durch einen übersteigerten Nationalismus den Emigrationsprozeß russ. Facharbeiter, der die ökonom. Situation noch verschlechtert. Da die Demokratische Bewegung keine Nicht-Kirgisen erreicht, verläuft die Trennung zwischen den demokrat. Kräften entlang ethn. Linien. So vertritt *Usbek Adelet* die Minderheitenrechte der Usbeken, während die Organisation *Slawischer Fonds* die Russen organisiert, d.h., hauptsächl. deren Emigration. Eine loyal zu Akajev stehende Sozialdemokratische Partei wird von ehemal. gemäßigten Kommunisten gebildet.

2.8. Tadschikistan

Grunddaten: *Fläche:* 143100 km^2. *Einwohner:* 5,2 Mio. *Nationalitäten:* Tadschiken 62%, Russen 8%, Usbeken 23,5%, Tataren 1% (1990).

In Tadschikistan (Ta.) ist die Auseinandersetzung zwischen den die Macht verteidigenden Kommunisten und der Opposition früher als erwartet ausgebrochen. Die Opposition wird von drei außerparlamentar. Gruppen getragen: Die *Demokratische Partei Tadschikistans* wurde 1990 von westl. orientierten Intellektuellen gegr. und hat als einzige Gruppe sowohl Tadschiken als auch Russen als Mitglieder. Die volksfrontähnl. Bewegung *Rastochez* (Auferstehung) wird gebildet aus Nationalisten und gemäßigten Muslimen. Sie leitete die Demonstrationen in der Hauptstadt Duschanbe 1990, als der Rücktritt des damal. Parteichefs und Präsidenten Chakar Machkamov gefordert wurde, worauf die Führung Verfolgungen ausgesetzt war. Als noch gefährlicher wurde die *Islamische Wiedergeburtspartei* eingeschätzt, deren tadschik. Zweig bis Okt. 1991 verboten war. Sie befürwortet einen islam. Staat und besitzt großen Rückhalt in der Landbevölkerung.

Ta.s Unabhängigkeitserklärung nach dem Moskauer Augustputsch 1991 war mehr ein Versuch, Druck für die Bildung einer zukünftigen Union auszuüben, als die Absicht, wirkliche Unabhängigkeit zu erlangen. Daraufhin erreichte eine Koalition der drei Oppositionsgruppen durch Massendemonstrationen den Rücktritt Präsident Machkamovs, an dessen Stelle Kadriddin Aslonov trat. Die Umbenennung der *KP* nach dem Augustputsch war der Opposition nicht genug, sie forderte deren Auflösung. Als Aslonov unter dem Druck der Proteste nachgab und die KP auflöste, wurde dies von den Kommunisten im Obersten Sowjet widerrufen. Der *Notstand* wurde ausgerufen und Aslonov durch *Rachmon Nabijev*, der bis 1985 Chef der KP gewesen war, ersetzt. Trotz des Kriegsrechtes gingen die Proteste weiter, so daß Nabijev sich gezwungen sah, von der Präsidentschaft zurückzutreten und den Bann gegen die KP zu erneuern. Die Präsidentschaftswahlen vom 24. 11. 1991 konnte er jedoch gewinnen, so daß die KP unter ihrem alten Namen wieder zugelassen wurde und ein Präsidialsystem mit großen Vollmachten des Präsidenten eingeführt wurde. Im Frühjahr 1992 brachen die Protestdemonstrationen erneut aus, was zu einem Kompromiß der Regierung mit der Opposition führte, der vom Oberhaupt der tadschik. Muslime, Achbar Turadschon-Soda, vermittelt wurde. Das

Abkommen vom 10. 5. 1992 sah eine Koalitionsregierung mit 8 Ministern der Opposition (von 24) und eine neue Nationalversammlung mit gleicher Anzahl von Vertretern des bisherigen Parlaments und der Opposition vor. Doch auch dies konnte den Ausbruch eines *Bürgerkrieges* nicht verhindern. Nabijev, der der mächtigsten polit. Stammesgruppe, der von Chodschent, angehört, das sprachl. und geograph. zum usbek. Ferganatal gehört, der aber auch im Süden um Kuljab eine Basis besitzt, wurde am 7. 9. 1992 zum Rücktritt gezwungen; vorläufiger Präsident wurde der Parlamentsvorsitzende *Achbar Iskandarov*. Die Kämpfe zwischen Oppositionsgruppen und Kommunisten, zwischen Gegnern und Anhängern Nabijevs, gleichzeitig zwischen verschiedenen Clangruppen, könnten eine Abspaltung des N mit Chodschent und einen Anschluß an Usbekistan zur Folge haben. Ihr Zentrum liegt im Gebiet von Kurgan-Tjube in der Nähe der afghan. Grenze. Ein weiterer Unsicherheitsfaktor für die Region ist die Forderung der tadschik. Nationalisten nach Grenzkorrekturen mit Us., da die Städte Buchara und Samarkand als tadschik. Gebiet angesehen werden.

3. Merkmale der politischen und gesellschaftlichen Struktur

Der Auflösungsprozeß der SU brachte eine zwiespältige Betonung des *ethnischen Elements* mit sich, die zwar die Entwicklung zur Bildung von – wenn auch noch nicht vollständig – vom ehemal. Zentrum emanzipierten, so doch nominell unabhängigen neuen Nationalstaaten forcierte, auf der anderen Seite aber auch gerade in T. und in Z. eine Reihe von interethn. Konflikten auslöste. Die 1988 einsetzenden Unabhängigkeitsbewegungen führten nicht nur zum vertikalen Konflikt zwischen Zentrum und der kolonialisierten Peripherie, sondern auch zu horizontalen Konflikten zwischen Volksgruppen, zwischen einzelnen Republiken, zwischen Titularnationen und Minderheiten.

Der Prozeß der *nationalen Identitätsbildung* war in Z., wo man sich eher durch die Idee des alten Turkestan verbunden fühlte, weit weniger fortgeschritten als im T. Durch nationale, willkürl. Abgrenzungen sollten panislam. und panturkist. Bindungen zerstört und neudefinierte Nationen in die SU integriert werden. Trotz ethn. Vermischung wurden so nationale Gliedstaaten mit künstl. Grenzen errichtet, die heute aufgrund des Strebens der jeweiligen Titularnationen nach Dominanz die Grundlage für gewaltsame ethn. Konflikte bilden. V.a. in den Auseinandersetzungen zwischen Kirgisen und Usbeken im Sommer 1990 in der Region von Osch, die fast zu einem militär. Konflikt zwischen den Republiken geführt hatten, kam dies zum Ausdruck. Kaum eine heutige Grenze ist historisch, ethnisch und juristisch gesichert.

Die nationalen Identitäten auf Grundlage der Republikgrenzen haben sich im Bewußtsein der Völker Z.s gefestigt, durch die Erlangung der Unabhängigkeit wurden sie noch verstärkt. Daneben sind v.a. die *Kennzeichen traditioneller Gesellschaften* wie verwandtschaftsorientiertes Sozialverhalten und Loyalität gegenüber Sippe und Stamm dominant. Die Clan- und Sippenstruktur konnte sich hervorragend an das sozialistische hierarchische System anpassen. Auf Grundlage der Clanverbundenheit konnte sich unter der kommunist. Nomenklatura eine Schicht von Parteifunktionären bilden, die eine national ausgerichtete eigenständige Politik gegenüber Moskau vertrat. Dabei übernahm sie Ideen von den eigentl. Trägern nationalist. Ideologien, der nationalen Intelligenz; aus regierenden Kommunisten wurden so regierende Nationalisten, wobei die Herrschaftsstrukturen die gleichen geblieben sind. In Tu. erscheinen diese Strukturen noch am ungebrochensten, während in Ta. der Machtkampf zwischen der alten Nomenklatura und der neuen Opposition bereits entbrannt ist und in Us. vermutlich als nächstem Land aktuell werden wird. In diesen beiden Ländern ist der Einfluß islamist. Strömungen am größten.

Neben einem tadschikischen, usbekischen usw. Nationalismus läßt sich in Zentralasien aber auch das Anwachsen eines *republikübergreifenden Bewußtseins* feststellen. Extrem *panturkistische Organisationen*, die einen Staat aller Turkvölker einschließlich der des Kaukasus befürworten, sind noch ohne nennenswerten Einfluß, die Idee einer Turkestanischen Föderation findet aber unter Intellektuellen immer mehr Anhänger. Populär ist diese Idee besonders in Usbekistan, was jedoch einen usbekischen Hegemonieanspruch einschließen kann, der von den anderen Völkern, besonders von den Tadschiken, mit Mißtrauen betrachtet wird.

Zu erwartende *materielle Krisen* erhöhen die Gefahr zukünftiger ethn. Konflikte, seien es Konflikte um Minderheiten, Autonomiekonflikte innerhalb der Republiken, territoriale Konflikte aufgrund umstrittener Grenzen oder Konflikte um Wasserrechte. Das Beispiel Ferganatal zeigt, daß sich ethn. Unruheherde mit Zonen materiellen Notstands decken. Arbeitslosigkeit, Bodenverknappung und katastrophale Umweltschäden zusammen mit strittigen Grenzziehungen und diskriminierten Minderheiten sowie Entartungen eines übersteigerten Nationalismus ergeben ein ideales Feld für das Aufflammen ethn. Auseinandersetzungen.

T. und mehr noch Z. weisen heute Indikatoren auf, die sie, mit Ausnahme der Bildungsrate der Bevölkerung, der *Dritten Welt* zuordnen. Die Säuglingssterblichkeit ist die höchste innerhalb der alten SU; medizin., soziale, ökonom. und ökolog. Mißstände sind hier am ausgeprägtesten, dazu kommt der höchste Bevölkerungszuwachs. Die Zerstörung des traditionellen Systems der Landwirtschaft zugunsten einer *Baumwollmonokultur*, ihre Chemisierung, die Vergiftung des Bodens sowie der Raubbau an den natürl. Wasserreserven wurde nirgends so weit getrieben wie in Z., das sich heute nicht mehr selbst ernähren kann. Wie die gewaltigen Umweltschäden sowie die Monokulturen saniert werden sollen, ist ebenso unklar wie die Frage, woher die Investitionen zum Aufbau von Arbeitsplätzen genommen werden sollen. Angesichts der fehlenden Infrastruktur, der unsicheren polit. Situation und der ungenügenden gesetzl. Garantien ist es schwierig, ausländ. Unternehmen zum Investieren zu bewegen. Das meiste ausländische Kapital hat bisher Ka. aufgrund seines Rohstoffreichtums (Erdöl, Kohle) angezogen. Auch Tu. (Erdgas) und zum Teil As. (Erdöl) haben wegen ihrer Energievorkommen bessere Aussichten als die armen Länder wie Ta., Ki. oder Ar.

Wirkl. Transformationen des Wirtschaftssystems sind bisher (1993) kaum zu erkennen. Dies gilt ebenfalls, wenn auch in geringerem Maße, für Ka. und Ki., wo man sich deutlich um die Verwirklichung von *Privatisierungsprogrammen* bemüht, bisher aber in der Bevölk. wenig Resonanz gefunden hat. Ledigl. in Ar. sind seit Jan. 1991 drei Viertel der landwirtschaftl. Flächen privatisiert worden. Konsequente Reformen scheitern in den meisten Fällen noch an den alten Machtstrukturen auf Regionalebene.

Eine *unabhängige Wirtschaftspolitik* der neuen Staaten ist wegen der strukturpolit. Ausrichtung auf das Zentrum und die ehemaligen Sowjetrepubliken nicht möglich. So hatten alle Republiken den Vertrag über die Wirtschaftsgemeinschaft im Okt. 1991 als letzten Vesuch, die Union zu retten, unterzeichnet. Eine Koordinierung ihrer Wirtschaftspolitik wurde von den zentralasiat. Republiken aber schon vor dem Zerfall der Union in die Wege geleitet und seitdem durch Verträge ausgebaut. Daneben werden verstärkt wirtschaftl. Beziehungen zu den südl. islam. Nachbarstaaten geknüpft, von denen man sich aufgrund der relig. und ethn. Bindungen besonders viel verspricht. Eine Grundlage der Zusammenarbeit soll die Erweiterung der *Economic Cooperation Organization* (ECO) um die zentralasiat. Staaten und As. sein, die bis Feb. 1992 aus Iran, Pakistan und der Türkei bestand. Die Tü. selbst legt mehr Gewicht auf die Errichtung der *Schwarzmeer-Freihandelszone*, die u.a. As. und Ar. mit einschließt. Sie soll als Brücke zum zentralasiat. Markt ausgebaut werden und die polit. Stabilität in der Region sichern. Eine weitere Organisation ist die *Kooperationszone Kaspisches Meer*, an der die Anrainerstaaten R, As., Iran, Tu. und Ka. beteiligt sind. Daneben gibt es zahlreiche bilaterale Wirtschaftsabkommen der neuen Staaten mit Iran und der Tü. Das Wirtschaftssystem der Tü. wird als nachvollziehbares Modell angesehen, darüberhinaus ist sie in erster Linie als Vermittler von wirtschaftl. Know how, beim Ausbau der Infrastruktur und bei der Vermittlung von westl. Kapital tätig.

Auch auf polit. Gebiet gilt für die Turkrepubliken das *laizistische System der Türkei* als angestrebtes Modell. Besonders trifft dies auf As. zu, für das die Tü. als Schutzmacht auftritt. In Z. hat Us. die engsten Beziehungen zur Tü. aufgenommen. Sowohl von den zentralasiat. Staaten und As. wie auch von den USA und der NATO wird die Tü. als wichtige Brücke zwischen westl. Welt und Z. angesehen. Das persischsprachige Ta. orientiert sich mehr an Iran, eine Übernahme des Modells Iran als islam. Staat wird jedoch auch von den tadschik. Islamisten abgelehnt.

Für die *zukünftige Entwicklung* wird der Verlauf des Machtkampfes zwischen den alten Parteioligarchien und den nationalen Oppositionsbewegungen entscheidend sein. Neben verschiedenen wirtschaftl. Gemeinschaften können auch neue Staatenbünde wie eine Zentralasiatische Föderation entstehen. Die Frage ist, ob islam. wie auch panturkist. Bewegungen die Gefahr interethn. und zwischennationaler Auseinandersetzungen eindämmen können oder ob die Ausbreitung radikaler islamist. wie auch chauvinist. Strömungen auf der Basis der katastrophalen ökonom., ökolog. und sozialen Situation die Eskalierung vorantreiben.

Eine Signalwirkung wird der weitere Verlauf des B-K.-Konfliktes haben, der ebenso wie die Entwicklung in Ka. mitentscheidend für das Verhältnis zwischen Russen und Muslimen sein wird. Durch die Aufnahme der GUS-Staaten in die Konferenz für Sicherheit und Zusammenarbeit in Europa (KSZE) ergibt sich für die Staaten Z.s und T.s ebenso eine Verpflichtung zu Demokratie und Marktwirtschaft wie auch für Europa eine Verpflichtung, Koopertionsangebote zum Aufbau einer marktwirtschaftl. und demokrat. Ordnung zu machen und bei der Schlichtung von gewaltsamen Konflikten zu vermitteln.

Rainer Freitag-Wirminghaus

Lit.: Mittelasien: Islam, Nation, soziale Krise (Beiträge von U. Halbach, P. Kappert, B. Fragner, G. Bahro, A. Bozdag, R. Freitag-Wirminghaus u.a.), in: Der Überblick 2/92, Hamburg. *Akiner, S.*, Islamic Peoples of the Soviet Union, London 1983. *Allworth, E.* (Hrsg.), Central Asia. 120 Years of Russian Rule, London 1989. *Atkin, M.*, Islamic Assertiveness and the Waning of the Old Soviet Order, in: Nationality Papers, Vol. XX, No. 1, 1992. *Benningsen, A./Wimbush, A. S.*, Muslims of the Soviet Empire: a Guide, London 1986. *Götz, R./Halbach, U.*, Politisches Lexikon GUS, München 1992. *Kappeler, A./Simon, G./Brunner, G.* (Hrsg.), Die Muslime in der Sowjetunion und in Jugoslawien, Köln 1989. *Olcott, M. B.*, Central Asia's Post Empire Politics, in: Orbis, Spring 1992. *Smith, G.* (Hrsg.), The Nationalities Question in the Soviet Union, London 1990.

Palästinenser und PLO

Die Palästinenser 1987 (Schätzung)

ehemaliges Mandatsgebiet Palästina	2140000	41,6%
Israel	645000	12,5%
Westbank	937400	18,2%
Gaza-Streifen	558000	10,9%
unmittelbare Aufnahmeländer	1873600	36,5%
(Trans-)Jordanien	1252000	24,4%
Syrien	284000	5,5%
Libanon	337000	6,6%
sonstige Länder	1125000	21,9%
arabische Länder	927000	18,0%
nichtarabische Länder	198000	3,9%
Gesamtzahl	5139000	

Quelle: Friedhelm Ernst: Die Bevölkerungsentwicklung der Palästinenser zwischen 1952 und 1987, Berlin 1987, S. 43.

1. *Historischer Überblick*

1.1. Entwicklungen in Palästina bis 1967. Die Bevölk. Palästinas (P.s) ist im Gefolge der arab.-islam. Eroberung (634 n. Chr.) arabisiert worden und blieb auch unter der Herrschaft der *Kreuzritter* (1099–1244) und der türk. *Osmanen* (1516–1917) zu über 90% arab. (davon 80–85% sunnit.-muslim. und 10–15% christlich). Als geograph.-polit. Einheit wurde P. jedoch erst durch die Grenzziehung der Briten 1920/21 und das brit. Mandat (1922–1948) zum Begriff.

Das *brit. Mandatsgebiet P.* erhielt durch die Abtrennung der Gebiete östl. des Jordanflusses und einen Grenzvertrag mit dem franz. Mandatsgebiet Libanon (L.) seine Konturen. In diesem Territorium förderte GB (gemäß dem Versprechen der *Balfour-Deklaration* von 1917) die jüdisch-zionist. Einwanderung und Kolonisation. Zwischen 1919 und 1948 wanderten ca. 500000 *Juden* aus Europa nach P. ein. Aufstände der arab. Bevölkerung 1920, 1929 und 1936–39 führten erst 1939 zu einer restriktiveren brit. Einwanderungspolitik, während die polit. zerstrittene pal. Oberschicht der jüd. Expansion teilweise durch Landverkauf Vorschub leistete oder mit der brit. Mandatsmacht kollaborierte. Während der letzten Jahre des Mandats eskalierten Kämpfe zwischen jüd. Siedlern und bewaffneten arab. Gruppen jedoch schon zum Dauerkleinkrieg.

Die pal. Araber, Anfang 1948 noch ca. 1350000 gegenüber 600000 Juden, lehnten den *Teilungsplan der Vereinten Nationen* vom Nov. 1947 ab, der in P. einen jüd. Staat von 15100 km², einen arab. Staat von 11600 km² und eine internat. Zone um Jerusalem von 176 km² vorsah. Sie verließen sich auf die Hilfe der arab. Nachbarstaaten, die sofort nach dem Abzug GBs und der *Ausrufung des Staates Israel* (14. 5. 1948) diesen militär. zu zerschlagen versuchten. Im Krieg von 1948/49 erweiterte Israel (I.) jedoch sein Terrain auf 20700 km² und vertrieb 700–750000 arab. Palästinenser. Innerhalb der neuen Grenzen I.s blieben nur 160000 Araber. Ägypten (Ä.) besetzte einen 380 km² großen Küstenstreifen bei *Gaza,* und Jordanien (J.) annektierte den Rest P.s einschließl. der Osthälfte von Jerusalem (sog. *Westbank,* 5700 km²).

In der Folgezeit bis 1964 blieben die arab. Palästinenser ohne eigenständige polit. Repräsentation. Die im Land Verbliebenen wurden als israel., jordan. oder ägypt. Staatsbürger – jeweils mit eingeschränkten Rechten – behandelt. Die *Flüchtlinge* wurden in

Lagern im Gaza-Streifen und in der Westbank sowie in J., Syrien (S.) und dem L. notdürftig untergebracht. Die Aufnahmeländer taten nur wenig zu ihrer Integrierung; statt dessen wurde die *UNRWA (United Nations Relief and Works Agency)* zur wichtigsten Hilfsquelle. Die UNRWA versorgte schon im Gründungsjahr 1950 925000 Personen, 1992 waren über 2,5 Mio. Personen als ihre Hilfsempfänger registriert.

Der *Junikrieg 1967* zwischen I. und Ä., S. und J. brachte ganz P. unter israel. Herrschaft. Aus Westbank und Gaza-Streifen flohen nochmals 200–300000 Personen bzw. wurden vertrieben, davon die Hälfte zum zweiten Mal seit 1949.

1.2. Der Aufstieg der PLO 1964–1974. Die Gründung der PLO *(Palestine Liberation Organisation)* geschah durch die Arabische Liga, u.a. um die wachsende Unzufriedenheit der Flüchtlinge in kontrollierbare polit. Bahnen zu lenken. Im Auftrag der ersten arab. Gipfelkonferenz (Jan. 1964) entwarf der pal. Politiker *Ahmad Shuqairi* eine *Palästinensische National-Charta* und wählte in Absprache mit den Regierungen der arab. Gastländer 422 Personen aus, die vom 25. 5. bis 2. 6. 1964 in Ost-Jerusalem erstmals als *Palästinensischer Nationalrat* (PNR) tagten und dieses Manifest verabschiedeten. Es erklärte zwar P. innerhalb der Grenzen des ehemal. brit. Mandats als „unteilbare Einheit“ (Art. 2), verzichtete aber auf die „Souveränität“ der PLO über die damals noch jordan. und ägypt. kontrollierten Landesteile (Art. 24).

Die PLO war noch bis zum Junikrieg 1967 v.a. ein Instrument Ä.s und anderer arab. Staaten. Nach der Desillusionierung über die Fähigkeit der regulären arab. Armeen, P. zu „befreien“, richtete sich die Hoffnung der Palästinenser auf ihre eigenen paramilitär. Organisationen, die aus den Flüchtlingslagern rekrutiert wurden. *Guerillagruppen* wie *al-Fatah* hatten seit Anfang 1965 von libanes. und jordan. Territorium aus mit Anschlägen gegen Ziele in I. begonnen. Ab Ende 1967 gewannen die pal. *Fedayin* (arab.: „die sich Aufopfernden“) schnell großes Prestige (besonders durch die *Schlacht von Karameh* am 21. 3. 1968) und konnten von den geschwächten arab. Regimen Solidarität einfordern. Auf der 4. Tagung der PNR (Juli 1968) mußte den Guerillagruppen und ihren Sympathisanten bereits die Mehrheit der Delegiertensitze eingeräumt werden, und die 5. Tagung der PNR (Feb. 1969) wählte den al-Fatah-Chef *Yassir Arafat* zum Vorsitzenden der PLO.

Den Aufstieg der PLO zur bewaffneten Macht förderten bes. S. und Ä. – allerdings ohne deren Guerilla-Aktivität vom eigenen Staatsgebiet aus zu dulden – und vom Schauplatz entferntere Staaten wie der Irak, Libyen und Algerien. Die reichen Ölstaaten der Arabischen Halbinsel engagierten sich finanziell. Die Last des PLO-Guerillakampfes und der harten israel. Vergeltungsschläge wurde dagegen allein J. und dem L. aufgebürdet. In J., wo auch die größte Konzentration pal. Bevölk. lebt, war die PLO bereits 1970 so stark, daß sie die Monarchie zu stürzen drohte, wurde dann aber nach Kämpfen mit der regulären Armee („Schwarzer September") bis Ende 1971 ganz aus diesem Land vertrieben. In S. wurden zwar pal. Einheiten aufgestellt (*Sâʿiqa* und PLA), diese blieben jedoch ganz unter Kontrolle der Regierung. Der L. war ab 1971 die einzige unabhängige Machtbasis der PLO.

In der westl. Welt galt die PLO in ihren Anfangsjahren überwiegend noch als bloße „Terror-Organisation". Eine deutl. *internat. Aufwertung* erfuhr sie erst nach dem Oktoberkrieg 1973 und der folgenden Ölkrise. Nachdem eine arab. Gipfelkonferenz in Rabat (Okt. 1974) die PLO zur „einzig legitimen Vertretung des pal. Volkes" erklärt hatte, durfte Arafat am 13. 11. 1974 vor der UNO-Vollversammlung sprechen. In vielen westl. Hauptstädten wurden ständige Vertretungen der PLO eröffnet. Auch die SU, die schon seit Ende der 60er Jahre die PLO mit Waffen beliefert hatte, pflegte erst ab 1974 offiz. Kontakte zu ihr.

1.3. Zerreißproben für die PLO 1975–1987. Nach ihren diplomat. Erfolgen 1974 wurde die Verwicklung in den *libanesischen Bürgerkrieg* 1975/76 zum neuerl. Rückschlag für die PLO. Sie hatte im L. von ihrem durch das *Abkommen von Kairo* (Nov. 1969) sanktionierten Freiraum exzessiv Gebrauch gemacht und eine Guerilla-Armee von über 20000 Mann aufgestellt sowie zahlr. verbündete lib. Gruppen bewaffnet. Dadurch wurde sie 1975 zur Partei im Bürgerkrieg der muslim. Opposition gegen die Vormacht der lib. Christen. Als PLO und muslim. Milizen im Frühj. 1976 80% der Landesfläche kontrollierten, intervenierte S. gegen sie, um das Gleichgewicht im L. wiederherzustellen und selbst eine beherrschende Position als „Ordnungsmacht" zu gewinnen.

Ab Ende 1976 mußte die PLO S.s Vormacht im L. respektieren und behielt nur im südl. Landesviertel eine autonome Basis. Dort führte I. im März 1978 einen ersten Feldzug gegen sie und bediente sich in der Folgezeit einer lib. Hilfstruppe, um seine Nordgrenze zu schützen. Im Juni-Aug. 1982 zerschlug eine *israel. Großinvasion* die militär. Infrastruktur der PLO vom S-L. bis Beirut. 12000 überlebende PLO-Kämpfer wurden evakuiert und in verschiedene arab. Staaten zerstreut, während christl. lib. Milizionäre ein Massaker an pal. Zivilisten in den Beiruter Lagern Sabra und Shatila verübten (Sept. 1982). Die PLO mußte ihr Hauptquartier nach Tunis verlegen, ihre militär. Kräfte gelangten überwiegend unter syr. Aufsicht.

Arafat tat in den folgenden Jahren sein Möglichstes, um eine Vereinnahmung der PLO durch S. abzuwenden. In Reaktion auf eine Nahost-Initiative der USA (*Reagan-Plan*, Sept. 1982) suchte er 1983 und dann wieder 1985 die Zusammenarbeit mit König Husain von J., um von I. als Verhandlungspartner akzeptiert zu werden, jeweils ohne Erfolg. Dieser „Kapitulationskurs" Arafats spaltete die PLO. Eine von S. geförderte Rebellion in der al-Fatah führte im Dez. 1983 zur zweiten *Vertreibung Arafats* aus dem L. (Tripoli). Im März 1985 gründeten prosyr. Gruppen (al-Fatah-Rebellen, Sâ'iqa, PFLP-GC u.a.) eine sog. *Rettungsfront* gegen Arafat. Die Institutionen der PLO blieben jedoch in der Hand von Arafat-Loyalisten, und auf der 18. Tagung des PNR (Algier, Mai 1987) konnte Arafat auch wieder die bedingte Rückendeckung der wichtigen Gruppen PFLP und DFLP gewinnen.

Die militär. Präsenz der PLO im L. konnte ab 1983 schrittweise wiederhergestellt werden. In den syr. besetzten Landesteilen war sie nie unterbrochen, und ab 1985 kehrten Arafat-treue Einheiten auch in den S-L. zurück und bauten gegen den heftigen Widerstand der schiit. *Amal-Miliz* neue Machtpositionen um Sidon und Tyros aus. Erst im Juli 1991 begann die lib. Armee mit Billigung S.s die gewaltsame Entwaffnung der PLO im Süden. Das *Kairo-Abkommen* (s.o.) ist schon im Mai 1987 vom lib. Parlament ersatzlos aufgehoben worden.

1.4. Von der „Intifada" zur Nahost-Konferenz. In den 1967 besetzten Gebieten Westbank und Gaza-Streifen hat I. durch Ausweisungen, Enteignung von Land und Bau von jüd. Siedlungen (bis Anfang 1992 ca. 200000 Siedler einschließl. derer im 1980 annektierten O-Jerusalem) ständig neue Tatsachen zu Lasten der Palästinenser geschaffen. Nur 1972 und 1976 erlaubte I. Kommunalwahlen in der Westbank. Die im israel.-ägypt. *Camp-David-Abkommen* von

1978 vorgesehenen Verhandlungen über eine Autonomie der besetzten Gebiete wurden 1982 ergebnislos eingestellt.

Ab Dez. 1987 entwickelte sich in Westbank und Gaza-Streifen eine umfassende und langanhaltende *Aufstandsbewegung (Intifada)*, deren Träger v.a. die unter israel. Besatzung aufgewachsene junge Generation war. Zu den zunächst spontanen und unkoordinierten Widerstandsformen (Demonstrationen, Streiks, Boykott israel. Waren, Steine und Brandflaschen gegen israel. Ordnungskräfte) wurde seit Jan. 1988 von einer *Vereinigten Nationalen Führung* des Aufstandes aufgerufen, in der die Untergruppen der PLO eine wichtige Rolle spielen, aber auch islam. Fundamentalisten (*Hamas* u.a., vgl. 2.2.). Unter dem seither ständig gestiegenen Einfluß der Fundamentalisten häuften sich ab 1990 Anschläge gegen Israelis mit tödl. Waffen und Morde an „Verrätern" in den eigenen Reihen.

Die erste wichtige Konsequenz der Intifada war der Entschluß König Husains, die administrative Zuständigkeit J.s für die Westbank aufzugeben (31. 7. 1988). Die PLO reagierte auf der 19. Tagung der PNR (Algier, 12.–15. 11. 1988) mit der Proklamation eines *unabhängigen Staates Palästina*, eine einstweilen noch symbol. Handlung, die aber bis 1990 von über 100 Staaten anerkannt wurde (nicht von den USA und den wichtigsten westl. Staaten). Sie rang sich gleichzeitig erstmals zu einer indirekten Anerkennung der Existenz I.s durch (Anerkennung der UN-Resolutionen 242 und 338) und schwor dem Terrorismus als polit. Kampfmittel ab. Am 1. 4. 1989 wurde Arafat vom PLO-Zentralrat zum „Präsidenten Palästinas" gewählt.

Ab 1989 erlebte die PLO jedoch überwiegend Rückschläge. I.s Regierungen, gestärkt durch den Beginn einer neuen Einwanderungswelle von Juden aus der SU ab 1989, blieben bei ihrer Weigerung, mit der PLO zu verhandeln, u.a. mit dem Argument der nach wie vor gültigen pal. *National-Charta,* in der die Zerschlagung des zionist. „Gebildes" gefordert wird. Die Aussage Arafats vom Mai 1989, die Charta sei inzwischen „in vielen Teilen hinfällig" (*caduc*), wurde in I. als bloße unverbindl. Taktik abgetan. Die USA beendeten ihren erst im Dez. 1988 begonnenen offiz. Dialog mit der PLO im Juni 1990 wegen eines größeren (gescheiterten) Kommando-Unternehmens der PLF auf israel. Staatsgebiet (30. 5. 1990).

Der zivile Aufstand in P. forderte bis Anfang 1992 über 1000 Tote und Zehntausende von Verletzten und schädigte auf die Dauer mehr das wirtschaftl. Leben der Palästinenser als die Besatzungsmacht, die es lernte, ihn „unauffälliger" für die internat. Medien zu bekämpfen. Dadurch flaute das anfängl. starke Interesse der Weltöffentlichkeit für die Intifada ab, noch bevor die Palästinenser durch demonstrative *Parteinahme für Saddam Husain* während der *Kuwait-Krise* und des Golfkriegs 1990/91 viele Sympathien in westl. und arab. Staaten verloren. S.-A. und die Golf-Emirate reduzierten erheblich ihre finanz. Zuwendungen und wiesen 1990/91 die meisten Palästinenser aus (bis 1990 lebten allein in Kuwait ca. 350000). Die geschwächte Position der PLO und der arab. Staaten insgesamt nach dem Golfkrieg ermöglichte am 30. 10. 1991 die Eröffnung der *Internationalen Nahost-Konferenz.* Die gemäßigten Kräfte in der PLO erreichten bei der Tagung des 20. PNR (Algier, 23.–28. 9. 1991) ein klares Votum für pal. Beteiligung, das auch nach Durchsetzung eines israel. Vetos gegen Mitglieder der PLO und Bürger O-Jerusalems als Verhandlungspartner nicht widerrufen wurde. Die Mitglieder der *pal.-jordan. gemischten Delegation* aus den besetzten Gebieten etablierten sich als die wichtigsten Sprecher für die pal. Sache auf internat. Ebene, erklärten aber auch ihre Solidarität mit der PLO-Führung.

Angesichts der Stagnation in den Verhandlungen vereinbarten die isr. Regierung und die PLO geheime Gespräche unter norweg. Vermittlung. Diese mündeten in ein „Übergangsabkommen", in dem weitgehende Autonomie zunächst für den Gaza-Streifen und Jericho vereinbart wurde. Verhandlungen über die Autonomie der übrigen Westbank und deren endgültigen Status sollen folgen. Das „Übergangsabkommen" wurde am 13. 9. 1993 in Washington unterzeichnet.

2. Politische und militärische Institutionen

2.1. Organisationsformen des PLO-Dachverbandes. Das oberste polit. Gremium der PLO, der *Palästinensische Nationalrat (PNR, al-Majlis al-waṭanî al-filasṭînî),* ist von Anfang an durch *Ernennung* gebildet worden. Vor seiner 4. Tagung (Juli 1968) wurde er grundlegend reformiert: Von den nur noch 100 Delegierten waren 50 Vertreter der Guerilla-Gruppen, viele der übrigen deren Sympathisanten. Der 4. PNR verabschiedete eine neue Version der *National-Charta,* die u.a. den bewaffneten Kampf zum „einzigen Weg der Befreiung P.s" erklärte (Art. 9), sowie eine *Verfassung der PLO.* Seitdem wurde die Delegiertenzahl schrittweise bis auf 468

(20. PNR, 1991) erhöht. Offiziell stellten die Guerilla-Gruppen dabei jeweils weniger als die Hälfte, de facto bestimmten sie aber auch die meisten Vertreter der „Unabhängigen" und der „Massenorganisationen" (jeweils *General-Union* pal. Frauen, Arbeiter, Bauern, Ingenieure, Lehrer, Studenten, Ärzte, Rechtsanwälte, Künstler, Schriftsteller u. Journalisten). Über die Auswahl neuer Delegierter entscheidet das Exekutivkomitee (s. u.), in dem die Guerilla-Gruppen seit 1968 stets tonangebend waren. Wegen Sanktionsdrohungen I.s gegen Teilnehmer am PNR blieben die Palästinenser der besetzten Gebiete bisher unterrepräsentiert. Für diese Gruppe wurden seit 1972 jeweils symbol. Plätze freigehalten. Der PNR tagt in unregelmäßigen Abständen in verschiedenen arab. Hauptstädten. Schon 1971 sind Teile der Aufgaben des PNR an einen aus dessen Mitte gewählten *Zentralrat* delegiert worden, der leichter einberufen werden kann und häufiger zusammentritt. Dem Zentralrat gehörte jeweils etwa ein Fünftel der Mitglieder des PNR an.

Das Führungsgremium der PLO ist das ebenfalls vom PNR gewählte *Exekutivkomitee* (EK, seit 1991, 18 Mitglieder). Ihm unterstehen verschiedene *Departments,* z.B. für Finanzen, Information und polit. Beziehungen, und die *Palestine Liberation Army* (PLA). Die PLA besteht seit 1964 aus pal. Einheiten in den regulären Streitkräften der Staaten Ä., J., S. und Irak. Ihre Hauptkräfte (10–15000 Mann) waren ab 1970 in S. stationiert. Der Oberbefehl der PLO-Führung über die PLA war nur nominell, so kämpften z.B. 1976 im L. Teile der PLA auf Seiten S.s gegen die PLO-Mehrheit. Das PLO-EK funktioniert theoret. wie ein Exil-Kabinett, einzelne Gruppen innerhalb der PLO setzten sich jedoch häufig über seine Entscheidungen hinweg.

Die wichtigste integrierende Funktion hat neben PNR, Zentralrat und EK die 1968 reformierte pal. *National-Charta.* Sie konstatiert die absolute Illegitimität der zionist. Staatsgründung in P. und spricht den Juden generell den Charakter einer Nation ab (Art. 19 u. 20). Nach der angestrebten Schaffung eines arab. Staates in ganz P. sollen nur solche jüd. Bürger ein Bleiberecht behalten, die „vor Beginn der zionist. Invasion" (nach gängiger Interpretation vor 1917) in P. ansässig waren (Art. 6). Die National-Charta kann nur durch ein ⅔-Votum des PNR geändert werden. Dies ist bis 1991 nicht geschehen, obwohl eine Resolution des PNR schon 1970 die Haltung zu den Juden in P. durch das Projekt eines „säkularen demokratischen Staates für alle Religionsgruppen" modifiziert hat.

Auch der Beschluß des 12. PNR (Juni 1974), eine „kämpfende nationale Autorität auf jedem befreiten Teil des pal. Territoriums" schaffen zu wollen, wurde noch ausdrückl. als takt. Schritt auf dem Weg zur „Befreiung ganz P.s" dargestellt. (Trotzdem reagierten PFLP, PFLP-GC, ALF *(Arab Liberation Front)* und andere Gruppen im Sept. 1974 mit der Bildung einer Ablehnungsfront gegen den PNR-Beschluß, ohne indessen den PLO-Dachverband zu verlassen). Ein grundlegender Wandel in der Haltung der PLO zu I. hat sich erst 1983 angebahnt (s. 1.3.).

2.2. Einzelne Mitgliederorganisationen der PLO. Die größte PLO-Untergruppe, *al-Fatah (fatḥ*, arab. „Sieg", umgekehrtes Akronym für *Ḥarakat taḥrîr filasṭîn, Bewegung zur Befreiung Palästinas)*, ist ideolog. am wenigsten festgelegt. Sie versteht sich als Sammelbekken der verschiedensten Tendenzen, für die das Ziel der „Befreiung P.s" Vorrang vor allen übrigen Fragen haben soll. Auch in ihren außenpolit. Beziehungen ist al-Fatah sehr flexibel. Seit 1968 bis heute hatte al-Fatah stets ein starkes Übergewicht in allen PLO-Institutionen, das auch die Abspaltung prosyr. Elemente 1983 kaum beeinträchtigen konnte. Dieselben Personen, die schon 1958 al-Fatah als kleine polit. Zelle im Exil in Kuwait gegründet haben – Y. Arafat, Salah Khalaf (Abu Iyad, ermordet 1991), Khalil al-Wazir (Abu Jihad, erm. 1988), Khalid al-Hasan, Faruq Qaddumi u. a. – stellten jahrzehntelang ihren inneren Führungskreis und nahmen Schlüsselpositionen in der PLO wahr. Erst 1965 begann al-Fatah mit Hilfe S.s mit der Aufstellung bewaffneter Kommandos. Während der Höhepunkte ihrer militär. Stärke (1970, 1975/76, 1981) dürften 15–20000 Kämpfer zur al-Fatah gehört haben.

Die militär. – aber nicht polit. – zweitstärkste Gruppe war seit ihrer Gründung 1966 stets die *Sâʿiqa* („Blitzstrahl"). Sie wurde als bewaffneter pal. Zweig der seit 1963 in S. herrschenden Baath-Partei geschaffen und blieb unter strenger Kontrolle des syr. Regimes; ein Teil ihrer Mannschaften und Offiziere waren jeweils Syrer. Die Sâʿiqa strebt gemäß der Baath-Ideologie die „Befreiung P.s" nur als Vorstufe zu dessen Eingliederung in einen großen arab. Staat bzw. in ein Groß-S. an. Als Pendant zur Sâʿiqa schuf der seit 1968 im Irak an die Macht gelangte rivalisierende Zweig der Baath-Partei 1969 die *Arab Liberation Front* (ALF). Die ALF ist von allen pal. Gruppen am stärksten panarab. orientiert. Sie hat ab 1977 nur noch außerhalb der syr. besetzten Teile L.s operieren können.

Die wichtigste ideologisch geprägte PLO-Gruppe, die *Popular Front for the Liberation of Palestine* (PFLP), die 1967 aus der panarab. Untergrundpartei *Arab National Movement* hervorgegangen ist, blieb ihrerseits v.a. an der Person ihres Führers *George Habbash* orientiert. Die PFLP stellte den Kampf gegen den Zionismus in P. als Teil eines weltweiten Kampfes „progressiver Kräfte“ gegen den US-Imperialismus dar und postulierte den Sturz „reaktionärer arab. Regime“ als notwendige Voraussetzung für einen Sieg in P. Mit dieser Haltung förderte die PFLP maßgebl. die Verwicklung der PLO in die Kämpfe in J. und im L. Sie war trotz ihrer geringen militär. Stärke (2000–3000 Bewaffnete) jahrelang der schärfste polit. Konkurrent von al-Fatah und tat sich mit spektakulären Kommando-Aktionen (Flugzeugentführungen u.a.) hervor.

Von der PFLP spaltete sich Anfang 1969 ein Kreis um *Nayef Hawatmeh* ab und gründete die *Democratic Popular Front for the Liberation of Palestine* (DPFLP oder DFLP), die sich als marxist. bezeichnete und der PFLP „Revisionismus“ vorwarf. Die DFLP hat aber in späteren Jahren oft eine polit. Mittlerrolle zwischen al-Fatah und den Radikalen wahrgenommen. 1991 spaltete sie sich in zwei Flügel.

Schon 1968 trennten sich auch die Anhänger von Ahmad Jibril, einem pal. Offizier der syr. Armee, von der Gruppe Habbashs und gründeten ein sog. *Generalkommando* (GC) der PFLP, das dank syr. Förderung seinen Platz in der PLO-Hierarchie behaupten konnte. Das PFLP-GC hat sich allerdings – wie die Sâʿiqa – seit dem Bruch S.s mit Arafat 1983 selbst aus den PLO-Gremien ausgeschlossen. Die Gruppe unterhält seit einigen Jahren auch intensive Beziehungen zu Iran.

Weitere in den PLO-Organen vertretene Gruppen mit nur geringem militär. Stamm (200–300 Mann) sind die 1968 gegründete *Palestine Popular Struggle Front* (PPSF) und die *Palestine Liberation Front* (PLF), letztere eine Abspaltung (1977) vom PFLP-GC. Daneben gab es noch Dutzende, oft nur kurzlebige kleinere Gruppen ohne besondere Bedeutung. Eine wichtige Rolle innerhalb der PLO (mit mehreren Sitzen im EK) spielte dagegen die *Palestine National Front* (PNF), die seit 1973 als Untergrundbewegung im besetzten P. tätig ist. Trotz israel. Gegenmaßnahmen wie Ausweisungen konnten PNF-Anhänger bei den Kommunalwahlen von 1976 in der Westbank 148 von 205 Mandaten gewinnen. Dort und im Gaza-Streifen formierte sich in den 80er Jahren die fundamentalist. *Hamas* („Eifer", Akronym für *Ḥarakat al-muqâwama al-islâmîya, Bewegung des islam. Widerstands)*, die im Aug. 1988 ihr Programm in einer Charta verbreitete. Hamas und die noch radikalere Splittergruppe *al-Jihâd al-islâmî (Islam. heiliger Krieg)* lehnen jeden Kompromiß mit I. ab und wurden bis 1991 nicht in den PNR aufgenommen.

Aus der PLO ausgeschlossen ist die seit 1974 aktive terrorist. Gruppe *al-Fatah-Revolutionsrat* von Sabri al-Banna (Abu Nidal), die auch viele Anschläge gegen PLO-Mitglieder verübt hat. Sie ist zeitweilig von S., Libyen und zuletzt vom Irak unterstützt worden.

3. Wirtschaftliche Basis

Zusammen mit der PLO wurde 1964 der *Palästinensische Nationalfonds* geschaffen, der vom PLO-EK verwaltet wird. Seine wesentl. Einnahmen sind Spenden von Palästinensern und von arab. Staaten. Im Falle der in den arab. Golfstaaten arbeitenden Palästinenser wurden 5% „Befreiungs-Steuern" direkt vom Gehalt abgezogen, ihre Beiträge sollen bis 1975 noch 80% des Nationalfonds bestritten haben (1985: 30–35%; 1990: 15%). Die Zuwendungen der arab. Staaten wurden von Jahr zu Jahr wichtiger, blieben aber stets unberechenbar. So hatte die *Arabische Liga* auf der Gipfelkonferenz von Bagdad (März 1979) der PLO 3 Mrd. US-$ Hilfe innerhalb von 10 Jahren zugesagt, aber nur *Saudi-Arabien* soll seine Verpflichtungen in Höhe von 855 Mio. $ erfüllt haben. Ebensowenig wurde ein Versprechen auf der arab. Gipfelkonferenz von Algier (Mai 1988) von 128 Mio. $ Soforthilfe zusätzlich 43 Mio. $ monatlich zur Unterstützung der Intifada eingelöst. Die PLO erhielt nach eigenen Angaben 1989 nur 150 Mio. $ von arab. Staaten bei 300 Mio. $ Ausgaben.

Eine weitere Einnahmequelle der PLO sind eigene *Kapitalinvestitionen,* die 1985 bei einem Wert von 1 Mrd. $ einen Gewinn von 100 Mio. $ erwirtschaftet haben sollen, darunter als wichtigste der Mischkonzern *Samid* („Standfest") mit einem Jahresumsatz von 400 Mio. $, der Textil- und andere Fabriken in verschiedenen arab. Staaten betreibt. Nicht der PLO, aber den Bewohnern der Flüchtlingslager kommt ferner die Hilfe der UNRWA (s. 1.1.) zugute, die 1992 einen Jahresetat von 572 Mio. $ verwaltete, und deren Mittel zu über 90% von den USA und Westeuropa gestellt wurden.

Auf der Ausgabenseite standen an erster Stelle die *Aufwendungen für die kämpfende Truppe* (1990 mit 95 Mio. $ veranschlagt), wobei den einzelnen PLO-Gruppen weitere *kostenlose Waffenhilfe* unbekannter Größenordnung von Staaten wie S., Libyen, Irak, Iran u.a. zufließen dürfte. Wichtige Posten sind ferner die Ausgaben für weltweit über 100 *diplomatische Vertretungen* der PLO (1989: 60 Mio. $), für die Renten von Invaliden und Familien gefallener PLO-Kämpfer (1985: 40 Mio. $), für Krankenhäuser und andere Einrichtungen des „Palästinensischen Roten Halbmonds", für Stipendien von ca. 15000 pal. Studenten im westl. Ausland sowie für Information und Propaganda.

Der einstweilige Verlust ihrer wichtigsten Einkunftsquellen seit der Kuwait-Krise zwang die PLO zu einschneidenden Sparmaßnahmen, besonders für ihre Auslandsvertretungen. Schon 1990 bestand ein Defizit von 340 Mio. $ im PLO-Jahresetat.

4. Die gegenwärtige Situation

Die starke polit. Mobilisierung der arab. Palästinenser im Land selbst wie im Exil und die fast einmütige internat. Anerkennung der PLO als ihre polit. Vertretung haben nicht verhindern können, daß die Chancen für die Errichtung eines arab. pal. Staates seit dem brit. Mandat bis heute immer geringer geworden sind, während die demographische *(Re-)Judaisierung ganz P.s* kontinuierlich fortgeschritten ist. Auch ohne einen gewaltsamen „Transfer" der arab. Bevölk. in die Nachbarstaaten, wie er seit Mitte der 80er Jahre von radikalen israel. Parteien offen gefordert wird, besteht die Gefahr ihrer weiteren Verdrängung durch wirtschaftl. Druck, polit. Entmündigung und sonstige Repressalien, die zu einer neuen Auswanderungswelle führen könnten. Eine auch nur teilweise Rückkehr der Flüchtlinge von 1948/49 und 1967 bzw. ihrer Nachfahren nach P. erscheint derzeit völlig ausgeschlossen.

Die einzige Chance einer – eingeschränkten – Verwirklichung des polit. *Selbstbestimmungsrechts* der Palästinenser in P. selbst bestünde angesichts der regionalen Machtverhältnisse – die sich eher noch mehr zugunsten I.s verschieben dürften – in einer begrenzten *Autonomie für die Westbank und den Gaza-Streifen* im Rahmen einer *Föderation* mit bzw. *Wiederangliederung an Jordanien.* In diese Richtung weist das am 13. 9. 1993 zwischen Israel und der PLO geschlossene „Interimsabkommen". Ob die PLO ihrem polit. Ziel der Schaffung eines selbständigen Staates damit nähergekommen ist, bleibt abzuwarten.

Andreas Rieck

Lit: *Baumgarten, H.*, Palästina: Befreiung in den Staat, Frankfurt a.M. 1991. *Cattan, H.*, The Palestine Question, London 1988. *Flores, A.*, Intifada. Der Aufstand der Palästinenser, Berlin 1988. *Gresh, A.*, The PLO. The Struggle within. Towards an Independant Palestinian State, London 1983. *Mejcher, H./Schölch A.* (Hrsg.), Die Palästina-Frage 1917–1948, Paderborn 1981. *Musallam, S.*, The Palestine Liberation Organisation: Its Function and Structure, Brattleboro 1988. *O'Neill, B.*, Armed Struggle in Palestine. A Political-Military Analysis, Boulder 1978. *Peretz, D.*, Intifada: The Palestinian Uprising, Boulder 1990. *Sahliyeh, E.*, In Search of Leadership. West Bank Politics since 1967, Washington D.C. 1988. *Schiller, D.T.*, Palästinenser zwischen Terrorismus und Diplomatie. Die paramilitärische palästinensische Nationalbewegung von 1918 bis 1981, München 1982.

Regionale Gruppierungen und Organisationen

Die Regionalorganisationen im Nahen und Mittleren Osten sind durch solche polit. Umbrüche wie das separate Friedensabkommen zwischen Ägypten und Israel 1979, die iran. Revolution 1979 und die beiden Golfkriege 1980/88 und 1990/91 sowie die Strukturwandlungen der internat. Ölindustrie in Schwierigkeiten geraten. Einige von ihnen, wie z.B. das Verteidigungsbündnis *Central Treaty Organization* (*CENTO;* Iran, Türkei, Pakistan) und sein ziviles Pendant *Regional Cooperation for Development* (RCD), verloren sogar ihre Existenzgrundlage. Auf der anderen Seite entstanden neue Gruppierungen.

Die Regionalorganisationen lassen sich in zwei Kategorien einteilen:

1) Sub-Organisationen von internat., fremdregionalen oder überregionalen Gruppierungen. Diese können hier summarisch abgehandelt werden. Zu dieser Kategorie gehören hauptsächl. die zahlr. Unterorganisationen der UNO, die in den Hauptstädten der Region vertreten sind.

2) Organisationen, die auf die Nah- und Mittelostregion beschränkt sind.

1. Internationale und überregionale Organisationen

Alle Staaten der Region sind UNO-Mitglieder und unterhalten ständige Missionen in New York. Die *Palästinensische Befreiungsorganisation* (PLO), die *Liga der Arabischen Staaten* und die *Organisation der Islamischen Konferenz* (OIK) haben Beobachterstatus. Außerdem unterhalten die Nah- und Mitteloststaaten je nach geograph., polit. und/oder wirtschaftl. Lage Mitgliedschaften in solchen überregionalen Gruppierungen wie der *Organization of Petroleum Exporting Countries* (OPEC), der *Organization of African Unity* (OAU), der *Gruppe der 77* und der *Blockfreienbewegung.* Die Zentren dieser überregionalen Gruppierungen liegen außerhalb der Nah- und Mittelostregion.

Zu den im Nahen Osten aktiven *Sub-Organisationen der UNO* gehören die *Food and Agriculture Organization* (FAO), die *Educa-*

tional, Scientific and Cultural Organization (UNESCO), die *World Health Organization* (WHO), der *Children's Fund* (UNICEF), die *International Atomic Energy Agency* (IAEA) und viele andere. Für den wirtschaftl. Bereich sind besonders wichtig die *Economic and Social Commission for Western Asia* (ESCWA), die *Economic Commission for Africa* (ECA), das *Development Programme* (UNDP), der *International Monetary Fund* (IMF), die *Weltbankgruppe,* die *Conference on Trade and Development* (UNCTAD), die *International Labour Organization* (ILO) und die *Industrial Development Organization* (UNIDO). Ferner spielt die UNO eine sehr wichtige Rolle im Zusammenhang mit den regionalen Konflikten (Palästina/Israel, Libanon, Zypern, Irak/Iran, Irak/Kuwait, Horn von Afrika, Westsahara, Südsudan, Afghanistan usw.) Die Waffenstillstands- und Entflechtungsmissionen, die die UNO mit eigenem Personal und eigenen Truppen an den Fronten unterhält, sind im Laufe der Jahre zu einem Spezifikum der Konfliktkontrollmöglichkeiten geworden. Im Bereich der Flüchtlingshilfe sei nur auf die Tätigkeit der *UN Relief and Works Agency for Palestine Refugees* (UNRWA) hingewiesen, die seit nunmehr über 40 Jahren für einen Teil der palästin. Flüchtlinge sorgt.

Besondere Erwähnung verdient die 1974 gegründete *Economic and Social Commission for Western Asia* (ESCWA), die für 13 Länder zuständig ist und seit 1982 ihren ständigen Sitz in Bagdad hat. Sie erstellt Studien und Gutachten über ökonom., soziale und technolog. Fragen, die für die Mitgliedsländer von besonderer Bedeutung sind. Ihre Entwicklungspläne während der 1980er Jahre verfolgten solche Ziele wie bestmögl. Nutzung der Naturressourcen, Stärkung der regionalen Wirtschaft, Verminderung der Abhängigkeit vom Nahrungsmittelimport, Entwicklung des Humankapitals, Regulierung der Arbeitskräftemigration zwischen den Ländern und Einbeziehung der Frauen in den volkswirtschaftl. Produktionsprozeß.

2. *Liga der Arabischen Staaten (LAS)*

Die am 22. 3. 1945 gegründete *Liga der Arabischen Staaten* (LAS) ist eine der ältesten regionalen Organisationen in der Welt. Sie ist offiziell als „regionale Organisation" gemäß den Bestimmungen des Kapitels VIII der UNO-Charta anerkannt. Außerdem hat sie insofern internat. Charakter, als sie selbständig internat. Verträge schließen kann. In dieser Eigenschaft führt sie mit der EG seit 1975 den „Europäisch-Arabischen Dialog". Auf der anderen Seite ist die LAS keine supra-nationale Autorität, sondern ein polit. Instrument für nicht-verbindliche Kooperation.

1945 gab es nur 7 unabhängige arab. Staaten; diese gründeten die LAS. Die Gründung war das Ergebnis weit verbreiteter Bestrebungen nach *arabischer Einheit,* die Ende des 19. Jh. und in den ersten Dekaden dieses Jh. stark waren und sich während des 2. Weltkrieges und im Zuge der nationalen Befreiungsbewegungen weiter verstärkten. 1993 umfaßt die LAS 21 Mitgliedsstaaten: Ägypten, Algerien, Bahrain, Dschibuti, Irak, Jemen, Jordanien, Katar, Kuwait, Libanon, Libyen, Mauretanien, Marokko, Oman, „Palästina", Saudi-Arabien, Somalia, Sudan, Syrien, Tunesien und Vereinigte Arabische Emirate.

Die Ziele und organisator. Gliederung legt der Pakt der Liga der Arabischen Staaten vom 21. 3. 1945 fest. Die LAS soll die Beziehungen zwischen den Mitgliedern stärken und ihre Politik koordinieren, um sie auf das gemeinsame Wohl aller arab. Völker und Länder auszurichten und um ihre Unabhängigkeit und Souveränität zu wahren. Die in Art. 2 des Paktes festgelegten *Kooperationsbereiche* sind: (a) wirtschaftl. und finanz. Angelegenheiten, einschließl. Handel, Zölle und Währungspolitik, (b) Transport, Verkehr und Verbindungswesen, (c) Kultur, (d) Fragen der Staatsangehörigkeit, Reisepässe, Visa, Durchführung von Gerichtsurteilen, Kriminalitätsbekämpfung, (e) soziale Angelegenheiten, (f) Probleme der öffentl. Gesundheit. Ferner sollen aufgrund eines Vorschlages des gegenwärtigen LAS-Generalsekretärs Ahmad Ismat Abd al-Magid Umweltschutz, Menschenrechte, Wasserressourcen und Technologietransfer einbezogen werden. Ursprüngl. war für jeden Kooperationsbereich ein spezieller Fachausschuß zuständig, in dem alle Mitgliedsstaaten vertreten waren. Da sich im Laufe der Zeit die LAS-Aktivitäten enorm ausweiteten, wurden spezialisierte Sub-Organisationen geschaffen. Der LAS-Pakt überließ es den Mitgliedsstaaten, weitergehende bilaterale und multilaterale Integrationsprojekte zu vereinbaren und durchzuführen. So entstanden u. a. der *Golfkooperationsrat,* der *Arabische Kooperationsrat* und die *Maghreb-Union,* mit denen die LAS eng zusammenarbeitet. Eine besonders wichtige Aufgabe der LAS besteht darin, bei Differenzen zwischen den Mitgliedsstaaten zu vermitteln und *Konflikte beizulegen.* Dies gilt auch für Konflikte mit einem

Nicht-Mitgliedsstaat. Allerdings waren diesbezügl. die Erfolge der LAS bisher begrenzt.

Das *Organisationsschema* der Liga ist pyramidenförmig aufgebaut. Oberstes Beschlußorgan ist der *Ligarat*, der sich aus den Außenministern aller Mitgliedsstaaten zusammensetzt und zweimal jährl. tagt. Ihm unterstehen inzwischen 15 Ausschüsse für Politik, Wirtschaft, Kultur, Soziales, Gesundheit, Rechtswesen, Information, Menschenrechte, Jugend und Frauenfragen. Unterhalb dieser Ebene entstand eine Vielzahl von Unterorganisationen und Fachkommissionen. Darüber hinaus unterhält die LAS Büros zur Koordinierung der Tätigkeiten arab. Botschaften im Ausland.

Im Rahmen des „Abkommens über Gemeinsame Verteidigung und Wirtschaftliche Zusammenarbeit" von 1950 wurden folgende Gremien geschaffen: (a) *Arab Unified Military Command* für die Koordinierung der Politiken zur Befreiung Palästinas; (b) *Joint Defence Council*, bestehend aus den Außen- und Verteidigungsministern zur Implementierung gemeinsamer Verteidigungspolitik. Hier sind Beschlüsse, die mit ⅔-Mehrheit gefaßt werden, bindend für alle Mitglieder. (c) *Economic Council*, bestehend aus den Wirtschaftsministern, zur Harmonisierung der Wirtschaftspolitiken der Mitgliedsstaaten. Ferner wurden aufgrund der Beschlüsse des Ligarates eine Reihe regionaler Institutionen geschaffen, darunter das *LAS-Verwaltungsgericht* in Kairo (1964 gegründet), das *Israel-Boykottbüro* in Damaskus (seit 1951) und die *Akademie für Arabische Musik* in Bagdad sowie der 1975 gegründete *Arabische Fonds für Technische Hilfe an Afrikanische und Arabische Länder* in Kairo/Tunis.

Im Zeitraum 1955–1988 wurden von der LAS 17 spezialisierte Sub-Organisationen gegründet und aufgebaut (jeweils Bezeichnung, Gründungsdatum, Sitz):

- Union of Arab Broadcasting Stations, 15. 10. 1955, Tunis;
- Arab Economic Unity Council, 3. 6. 1957, Kairo;
- Arab Agency for Administrative Development, 1. 4. 1961, Amman;
- Educational, Cultural and Scientific Organization, 21. 5. 1964, Tunis;
- Arab Labour Organization, 21. 3. 1965, Kairo;
- Organization of Arab Petroleum Exporting Countries, 19. 1. 1968, Kuwait;

- Arab Fund for Economic and Social Development, 16. 5. 1968, Kuwait;
- Arab Centre for Studies on Dry and Arid Zones, 3. 9. 1968, Damaskus;
- Arab Organization for Agricultural Development, 11. 3. 1970, Khartoum;
- Inter-Arab Investment Guarantee Corporation, 16. 12. 1970, Kuwait;
- Arab Bank for Economic Development in Africa, 15. 12. 1973, Khartoum;
- Arab Maritime Transport Academy, 26. 4. 1975, Alexandria;
- Arab Organization for Satellite Communications, 21. 3. 1976, Riadh;
- Arab Organization for Industrial Development, 10. 9. 1982, Rabat;
- Council of Arab Ministers of the Interior, 13. 9. 1982, Tunis;
- Arab Atomic Energy Commission, 17. 8. 1988, Tunis.

Beschlüsse des Ligarates sind nur für diejenigen Mitgliedsstaaten bindend, die sie billigen und ratifizieren. Versuche, nicht nur einstimmige Beschlüsse, sondern auch Mehrheitsbeschlüsse generell für alle Mitglieder bindend zu machen, konnten das Ziel einer Stärkung der LAS noch nicht erreichen. Der Aktionsspielraum des Generalsekretärs blieb begrenzt.

Arab. Einigungsstreben einerseits sowie die eifersüchtige Wahrung der Souveränität der Einzelstaaten und die Einmischung raumfremder Mächte andererseits haben als antagonist. Faktoren Erfolge bzw. Mißerfolge der LAS determiniert. In den vergangenen Jahrzehnten war es der LAS gelungen, einen (begrenzten) Konsens gegen den gemeinsamen Feind Israel zu schaffen. Die Unterzeichnung des separaten ägypt.-israel. Friedensvertrages *(Camp David-Abkommen)* führte aber 1978/79 zu Spaltungen im arab. Lager und zur Suspendierung der Mitgliedschaft Ägyptens sowie zur Verlegung des LAS-Sitzes von Kairo nach Tunis und zu weitreichenden Restrukturierungen. Erst nach Rückkehr Ägyptens in den „Schoß der arabischen Familie" kehrte die LAS nach Kairo zurück. Aber bald danach brachen die irak.-kuwait. Krise und nachfolgender Krieg aus, die zu erneuten Spaltungen innerhalb der LAS führten.

2.1. Council of Arab Economic Unity (CAEU). Ein Schwerpunkt der Tätigkeit der LAS war und ist die Förderung der *intraregionalen wirtschaftl. Kooperation.* Bis Anfang der 1970er Jahre erlebte die Region umfassende Restrukturierungsversuche im Rahmen multilateraler Abkommen, die den Abbau aller Handelshemmnisse und Erleichterung des Transithandels sowie Förderung der regionalen Mobilität von Arbeit und Kapital zum Ziel hatten. Dazu gehörten das *Abkommen über Erleichterung des Warenaustausches und Regelung des Transithandels* vom 7. 9. 1953 und das *Abkommen über die Arabische Wirtschaftseinheit* von 1957, dem 12 arab. Staaten beitraten: Ägypten, Irak, Jemen, Jordanien, Kuwait, Libyen, Mauretanien, PLO, Somalia, Sudan, Syrien und die Vereinigten Arabischen Emirate. Zur Implementierung dieses Abkommens wurde 1964 der *Council of Arab Economic Unity* (CAEU) gebildet, der sich aus Vertretern der Mitgliedstaaten (Wirtschafts-, Finanz- und Handelsminister) zusammensetzt. Sein Sitz und Sekretariat befinden sich gegenwärtig in Amman/Jordanien.

Im Aug. 1964 beschloß der CAEU die Gründung eines *Gemeinsamen Arabischen Marktes* (GAM), dessen Dokumente von 7 Staaten ratifiziert wurden: Ägypten, Irak, Jemen, Jordanien, Libyen, Mauretanien und Syrien. Der vollständige Zollabbau wurde schon 1971 erreicht, nicht jedoch die Beseitigung nicht-tarifärer Handelshemmnisse und die angestrebte Zollunion. Um den GAM weiter zu entwickeln, ergriff der CAEU im Zeitraum 1978–1989 eine Reihe von Maßnahmen. Außerdem initiierte der CAEU einige multilaterale Abkommen über Sozialversicherung, Mobilität von Arbeit und Kapital, Transithandel, Vermeidung von Doppelbesteuerung und Schiedsgerichtsbarkeit. All diese Leistungen dürfen aber nicht darüber hinwegtäuschen, daß der GAM aufgrund der Zunahme des Einflusses der konservativen Golfstaaten sowie polit. Konflikte und Sachzwänge nicht weiterentwickelt werden konnte und in den 1980er Jahren an Bedeutung verlor.

2.2. Arab Monetary Fund (AMF). Der AMF-Gründungsvertrag wurde am 27. 4. 1976 von den Wirtschafts- und Finanzministern unterschrieben und trat am 2. 2. 1977 in Kraft. Alle 21 arab. Staaten sind Mitglieder. Der AMF erhielt einen modernen repräsentativen Sitz in Abu Dhabi. Seine Gründung war das Ergebnis jahrelanger Betrebungen der Arab. Liga, die *Finanz- und Währungspolitiken* ihrer Mitglieder zu *harmonisieren.* Die komplizierter gewordenen

Probleme der Zahlungsbilanzdefizite kapitalarmer Länder, die Kapitalüberschüsse der Erdölexportländer und die Problematik des Weltwährungssystems hatten die Motivationen zur Gründung eines regionalen Währungsfonds in den 1970er Jahren verstärkt. Das AMF-Kapital wurde 1991 von ursprüngl. 250 auf 600 Mio. Arab. Dinar erhöht (1 Arab. Dinar = 3 Sonderziehungsrechte), von denen 326 Mio. eingezahlt wurden. An diesem Kapital sind alle arab. Staaten beteiligt, wobei die Anteile sehr unterschiedl. sind. Die AMF-Aufgaben sind denen des IMF ähnlich, beziehen sich jedoch ausschließl. auf den arab. Raum und reflektieren regionalspezif. Zielsetzungen. Der AMF fungiert als Währungsfonds und Bank zugleich und unterhält ein eigenes Forschungsinstitut für Ausbildungszwecke.

2.3. Arab Fund for Economic and Social Development (AFESD). Die Gründung ging auf langjähr. Bestrebungen der Arabischen Liga zurück, eine gesamtarab. Finanzinstitution zur *Förderung der wirtschaftl. Entwicklung und Integration* zu schaffen. Der AFESD-Gründungsvertrag wurde am 16. 5. 1968 von den Wirtschaftsministern von 17 Staaten unterzeichnet und trat am 18. 12. 1971 in Kraft. Später traten die übrigen 4 Staaten bei, so daß vom April 1975 an alle 21 arab. Staaten als AFESD-Mitglieder gelten. Seine Tätigkeit begann Anfang 1974. Mitgliedschaft und Tätigkeit des AFESD sind auf die arab. Länder beschränkt, die Kapitalanteile nicht übertragbar. Der ständige Sitz befindet sich in Kuwait. Sein gesetzliches Kapital wurde (in Mio. Kuwaiti Dinar) von 100 im Jahr 1973 auf 800 (1982) verachtfacht. Das gezeichnete Kapital betrug am 31. 12. 1991 rund 695 Mio. KD, davon 663 Mio. eingezahlt. Unter Berücksichtigung der akkumulierten Reserven verfügte der AFESD Ende 1991 über etwa 1,3 Mrd. KD.

Oberstes Ziel des AFESD ist die Förderung einer regional „ausgewogenen" sozio-ökonom. Entwicklung. Daher liegen Schwerpunkte und Prioritäten seiner Tätigkeit in folgenden Bereichen: (1) Förderung arab. Gemeinschaftsprojekte, (2) Erschließung und Entwicklung von Bodenschätzen, (3) Durchführung regional bedeutsamer Infrastrukturprojekte, (4) besondere Hilfe für die ärmsten Länder, (5) techn. Hilfe für arab. transnationale Investoren, (6) Mobilisierung arab. und ausländ. Investitionskapitals. In all diesen Bereichen gewährt der AFESD techn. und finanz. Hilfe in Form günstiger Kredite. Bis Ende 1991 gewährte er 262 Kredite im

Gesamtumfang von 1,5 Mrd. KD an 17 Länder, von denen 710 Mio. ausgezahlt wurden. Die kostenlosen techn. Hilfeleistungen betrugen insgesamt rund 34 Mio. KD.

2.4. Arab Bank for Economic Development in Africa (ABEDA). Vor dem Hintergrund der Ölpreissteigerungen von 1973/74 schufen die arab. Erdölexportländer in den 1970er Jahren eine Reihe von Einrichtungen zur *Unterstützung der afrik. Länder südl. der Sahara.* Dazu gehörten in erster Linie die ABEDA in Khartoum und der *Arab Fund for Technical Assistance to African States* in Kairo sowie die Kapitalbeteiligungen an der *African Development Bank* in Abidjan/Elfenbeinküste und an der *Arab African Bank* in Kairo. Die Tätigkeit der ABEDA begann Anfang 1976. Ihr gezeichnetes Kapital erhöhte sich von 231 Mio. US-$ 1976 auf 1,05 Mrd. US-$ Ende 1988. An ihr sind 18 arab. Staaten beteiligt, wobei allein auf Saudi-Arabien, Libyen, Kuwait und Irak 70% des Kapitals entfallen.

Hauptziel der ABEDA ist die Förderung der wirtschaftl. finanz. und techn. Zusammenarbeit zwischen arab. und afrik. Ländern. Entsprechend sind die Aufgaben: (1) Finanzierung der Volkswirtschaftspläne und Entwicklungsprojekte in afrik. Ländern, (2) Förderung der Beteiligung arab. Kapitals (staatlich und privat) an afrik. Projekten, (3) Gewährung techn. Hilfe. Die ABEDA konzentriert sich auf kleinere und mittlere Projekte und kooperiert mit der Weltbank sowie mit den anderen arab. Entwicklungshilfe-Institutionen.

2.5. Organization of Arab Petroleum Exporting Countries (OAPEC). Sie wurde am 19. 1. 1968 von den drei konservativen Erdölmonarchien Kuwait, Libyen und Saudi-Arabien gegründet. Erst nach der libyschen Revolution (1969) und einigen Auseinandersetzungen öffnete sie sich für die Mitgliedschaft anderer arab. Staaten, in denen Erdöl eine zentrale Rolle spielt. So traten Ägypten, Algerien, Bahrain, Irak, Katar, Syrien und die VAE 1970/71 bei. Hauptaufgabe der OAPEC ist die Förderung der *regionalen Zusammenarbeit* in allen Bereichen der *Erdöl- und Erdgasindustrie* sowie der Ausbau spezialisierter *Gemeinschaftsunternehmen.* Der hohe arab. Anteil an den Erdöl- und Erdgasreserven in der Welt sowie die Restrukturierung der Ölindustrie und die Ölpreissteigerungen der 1970er Jahre verliehen der OAPEC ein größeres polit. und ökonom. Gewicht. Ihre 10 Mitglieder hatten 1988 einen 23%igen Anteil an der Welt-Ölproduktion. Die Organisation besteht aus dem *Rat der Erdölminister* (höchste Autorität) sowie dem *Exekutivbüro* und *Generalsekretariat* in Kuwait mit 4 Abteilungen für Finanzen/Verwaltung, Information, techn. und ökonom. Angelegenheiten, wobei die beiden letztgenannten Abteilungen seit 1983 das *Arab Centre for Energy Studies* bilden. Außerdem verfügt die OAPEC über ein eigenes *Judicial Tribunal* zur Schlichtung von Streitfällen zwischen den Mitgliedern bzw. zwischen der Organisation und ihren Tochtergesellschaften.

In den Jahren 1974–1991 hat die OAPEC sehr viel zur Koordinierung der Erdölpolitik, Entwicklung der arab. Ölindustrie, Nutzung des assoziierten Naturgases und Ausbildung der benötigten Fachkräfte sowie zur Ausweitung des intraregionalen Handels mit Ölproduktion beigetragen. Die Golfkrise 1990/91 und die damit verbundene Blockierung des irak. und kuwait. Ölexports haben die OAPEC-Aktivität stark beeinträchtigt.

3. Der Gulf Cooperation Council (GCC)

Der GCC, dem Saudi-Arabien, Kuwait, Bahrain, Katar, die VAE und Oman angehören, wurde am 25. 5. 1981 gegründet. Sein erklärtes Ziel ist die Verwirklichung der *Integration der Mitgliedsländer in allen Bereichen.* Seine Organe sind (a) der aus den Staatsoberhäuptern zusammengesetzte *Oberste Rat,* der die Richtlinien der Politik bestimmt, (b) der aus den Außenministern bestehende *Ministerrat,* (c) das *Generalsekretariat* in Riadh, das die Beschlüsse dieser beiden Gremien vorbereitet und ihre Durchführung verfolgt. Eines der Grundmotive für diesen Zusammenschluß war die *gemeinsame Sicherheit.* Allerdings weist der GCC aufgrund der Ausklammerung von Irak und Jemen sowie der unterschiedl. Interessen und Erwartungen seiner Mitglieder deutl. Strukturschwächen auf. Obwohl Aspekte der Verteidigungszusammenarbeit schon 1981 einbezogen wurden, gab es bisher keine wesentl. Fortschritte in den Bereichen gemeinsame Sicherheit, gemeins. Luftverteidigungssysteme und Standardisierung der Waffensysteme. Auch die Rolle des GCC bei der Beilegung der Grenzkonflikte zwischen den Mitgliedsstaaten blieb schwach.

Im Bereich der *Wirtschaftsintegration* sind die Ergebnisse der GCC-Arbeit etwas besser. Im *Einheitlichen Wirtschaftsabkommen* vom 11. 11. 1981 wurden für die Wirtschaftsintegration anspruchsvolle Ziele verankert. Im Handelsbereich konnten seit März 1983 alle *Zölle* für die innerhalb der GCC-Länder erzeugten Waren beseitigt werden, was wegen der geringen Bedeutung der Zolleinnahmen leicht war. Schwieriger gestaltete sich die Einführung eines gemeinsamen Außenzolltarifs, der bisher (Mitte 1993) noch nicht verwirklicht werden konnte. Die GCC-Bürger dürfen ohne Diskriminierung in allen Mitgliedsstaaten im Einzelhandel (seit dem 1. 3. 1987) und im Großhandel (seit dem 1. 3. 1990) tätig sein. Dagegen konnte das Handelsvertreterrecht noch nicht vereinheitlicht werden. Gute Fortschritte sind in den Bereichen *Transport und Verbindungswesen* zu verzeichnen, da die diesbezügl. Infrastruktur in der Golfregion modernisiert und gemeinschaftl. Unternehmen (Luftfahrt, Schiffahrt) aufgebaut wurden. Für die Koordinierung der Energiepolitiken sorgt seit 1982 eine ministerielle Kommission.

Von zentraler Bedeutung für die Beurteilung der Ergebnisse des Integrationsprozesses ist die Frage nach der rechtl. Gleichstellung der Bürger (natürl. und jurist. Personen), d.h. die Frage nach der Bewegungsfreiheit der Produktionsfaktoren Arbeit, Kapital und unternehmer. Tätigkeit. Die völlige Gleichstellung wurde nicht erreicht, wohl aber einige Fortschritte: GCC-Bürger dürfen sich seit dem 1. 3. 1983 als Arbeitnehmer und Unternehmer gleichberechtigt in den Bereichen Industrie, Landwirtschaft und Bauwirtschaft betätigen, wobei die *steuerrechtl. Gleichstellung* erst am 1. 3. 1989 in Kraft trat. All diese Freiheiten und Rechte betreffen hauptsächl. die berufl. Tätigkeit. Weit schwieriger ist die Frage nach dem zulässigen Erwerb von Realvermögen (insbes. Grund und Boden), der noch weitgehenden Beschränkungen unterliegt. Auch der Erwerb von Aktien und der Handel mit Wertpapieren unterliegen gesetzl. Beschränkungen. Geschäftsbanken dürfen nicht in allen Mitgliedsstaaten Filialen eröffnen.

4. Union des Arabischen Maghreb (UAM)

Die am 17. 2. 1989 gegr. UAM, die Algerien, Marokko, Mauretanien, Libyen und Tunesien umfaßt, hat verhältnismäßig gute Voraussetzungen für eine dynam. Entwicklung. Interne und externe polit. und ökonom. Faktoren haben die Kooperationsbereitschaft erhöht. Faktoraustattung und Wirtschaftsstrukturen der 5 Maghreb-Länder haben eine größere Komplementarität als z.B. im Fall des GCC. Die im Gründungsvertrag verankerten Ziele der

UAM sind die *Harmonisierung der Politiken* der Mitgliedsstaaten auf verschiedenen Gebieten (Verteidigung, Sicherheit, Wirtschaft, Kultur usw.) und die Herstellung der Freizügigkeit für Personen sowie beim Transfer von Gütern, Dienstleistungen und Kapital. Die bisher erreichten Fortschritte auf dem Wege zu diesem Ziel können sich trotz der kurzen Zeitspanne sehen lassen: Die rechtl. und institut. Basis der UAM konnte relativ schnell geschaffen werden. Dazu gehören *Präsidentenrat, Außenministerrat, Exekutivkomitee,* ministerielle *Kommissionen* (für Arbeitskräfte, Nahrungsmittelsicherheit, Infrastruktur, Wirtschaft und Finanzen), permanentes *Generalsekretariat, 100köpf. Konsultativrat* (bestehend aus 20 Parlamentariern aus jedem Mitgliedsland), *Gerichtshof* zur Schlichtung von Streitfällen und andere Institutionen. Eine Zollunion soll bis 1995 erreicht werden. Allein für den Bereich Wirtschaftskooperation wurden dem Präsidentenrat am 21. 7. 1990 24 Vertragsentwürfe vorgelegt. Die Zentralbanken schlossen Abkommen zur Harmonisierung der Geld- und Kreditpolitiken. Auch konnten einige konkrete Projekte durchgeführt werden. Die Entwicklung beschränkt sich nicht auf staatl. Aktivitäten; auch der private Sektor hat Initiativen wie z.B. die Gründung regionaler Wirtschaftsverbände, die die Integration vorantreiben sollen, entwickelt.

5. Organisation der Islamischen Konferenz (OIK)

Die im März 1970 gegründete OIK ist eine bedeutsame Gruppierung von ca. 50 Staaten in Asien und Afrika mit hohen islam. Bevölkerungsanteilen. Ihr Hauptquartier befindet sich in Djidda/Saudi-Arabien. Die in der OIK-Charta verankerten Ziele sind: a) Förderung der Solidarität und Zusammenarbeit zwischen den Mitgliedsländern, b) Bekämpfung der Rassentrennung und der Diskriminierung aller Art sowie des Kolonialismus, c) Verwirklichung eines internat. Friedens und einer langfrist. Stabilität, die auf Gerechtigkeit beruhen, d) Koordinierung der Bemühungen um die Bewahrung der heiligen Stätten und Unterstützung des palästin. Volkes bei der Befreiung seines Heimatlandes und Realisierung seiner nationalen Rechte, e) Verstärkung des Kampfes aller Muslime für ihre Menschenwürde sowie für ihre nationale Unabhängigkeit und Rechte, f) bessere Verständigung zwischen islam. und nichtislam. Partnerländern.

Hauptorgane der OIK sind die *Gipfelkonferenz,* die *Außenmini-*

sterkonferenz, das *Generalsekretariat* in Djidda und der *Islamische Gerichtshof* in Kuwait. Darüber hinaus bestehen 6 ständige Ausschüsse für al-Quds (Jerusalem), Finanzen, Wirtschaft und Kultur, techn.-wissenschaftl. Zusammenarbeit, Handelskooperation und Information. Ferner wurden im Rahmen der OIK eine Reihe *spezialisierter Einrichtungen* geschaffen: Islamischer Solidaritätsfonds, al-Quds-Fonds, Ausbildungszentrum für Statistik, Wirtschafts- und Sozialforschung, Forschungszentrum für Islamische Geschichte, Kultur und Kunst, Forschungszentrum für techn. und berufl. Ausbildung, Internationales Zentrum für Islamische Erziehung, Islamisches Zentrum für den internationalen Halbmond, Islamisches Zentrum für Handelsförderung, Internationale Kommission für den Schutz des islamischen Kulturerbes, Islamische Akademie für Jurisprudenz, Internationale Kommission für Islamisches Recht, Islamischer Verband für die zivile Luftfahrt.

Weitere *Unterorganisationen* der OIK sind: Islamische Entwicklungsbank in Dschidda, Internationale Islamische Nachrichtenagentur, Rundfunkorganisation Islamischer Staaten, Islamische Industrie- und Handelskammer, Verband islamischer Schiffseigner, Islamischer Städte-Verband, Islamische Organisation für Erziehung, Wissenschaft und Kultur, Islamische Stiftung für Naturwissenschaften und Technologie.

Diese Vielfalt der Einrichtungen und Tätigkeitsbereiche deutet darauf hin, daß sich die OIK als eine Weltorganisation unter besonderer Berücksichtigung der islam. Länder betrachtet. Ihre Entstehung und Finanzierung wären ohne die finanz. Unterstützung seitens der arab. Ölexportländer nicht denkbar gewesen. Diese trugen z.B. die Hauptlast der Kapitalausstattung der *Islamic Development Bank,* die im Zeitraum 1976–1991 Kredite und Projekte für die OIK-Mitgliedsländer im Gesamtumfang von rund 10 Mrd. US-$ finanzierte. Auf der anderen Seite darf dies alles nicht darüber hinwegtäuschen, daß das polit. Gewicht der OIK in der internat. Politik nach wie vor gering ist. Die Partikularinteressen der einzelnen OIK-Staaten und ihre unterschiedl. Bindungen an ausländ. Mächte beeinträchtigen die Konsensfähigkeit in wichtigen Fragen. Dies zeigen die Auseinandersetzungen auf den Gipfelkonferenzen sehr deutlich. Die Einwohner der OIK-Länder machen etwa 20% der Menschheit aus, sie haben aber einen Anteil am Welthandel von nur 1,2%, wobei von diesem Anteil wiederum 70% auf nur 10 Länder entfallen.

6. Weitere Ansätze regionaler Kooperation

6.1. Arabischer Kooperationsrat (AKR). Dem am 16. 2. 1989 in Bagdad gegr. AKR gehören Ägypten, Irak, Jordanien und Jemen an. Hintergrund der AKR-Gründung war die relativ enge Zusammenarbeit während des irak.-iran. Krieges. Im Sept. 1989 und Feb. 1990 ratifizierten die Staatschefs eine Reihe von *Kooperationsabkommen* in den Bereichen Industrie, Landwirtschaft, Tourismus, Wohnungsbau, Transport, Verbindungswesen, Information, Erziehung, Gesundheit, Rechtswesen und Finanzen. Allerdings hat die Kuwaitkrise eine Umsetzung in die Praxis verhindert und den AKR in zwei Lager gespalten: Während Jemen und Jordanien Verständnis für die irak. Politik zeigten, stand Ägypten auf der Seite der anti-irak. Koalition. Damit war die Voraussetzung für die Zusammenarbeit mit Ägypten nicht mehr gegeben. Aber weder trat Ägypten aus noch wurde der AKR aufgelöst.

6.2. Economic Cooperation Organization (ECO). Sie wurde 1985 von der Türkei, Iran und Pakistan gegr. und hat Sitz und Sekretariat in Teheran. Ihre Organe sind der *Außenministerrat,* der aus den Botschaftern bestehende *Deputiertenrat* sowie der *Regionale Planungsrat* (aus Beamten der Planungsministerien), der Fachausschüsse für verschiedene Kooperationsbereiche bildete. Der Gründungsvertrag sieht hauptsächl. Kooperation in techn.-wirtschaftl. und kulturellen Bereichen insbes. Handel, Industrie, Transport, Verbindungswesen und Tourismus vor. Eine gemeinsame postalische Union *(South and West Asia Postal Union)* wurde 1988 gegr. 1990 folgte die Gründung einer gemeins. Industrie- und Handelskammer. Im April 1992 wurde die Gründung einer gemeinschaftl. Handels- und Entwicklungsbank mit einem Anfangskapital von 320 Mio.US-$ vereinbart. Ferner wurde eine 10%ige Senkung der Zölle beschlossen.

Im Februar 1992 wuchs die ECO um ein großes Gebiet aus der Erbmasse der früheren SU. Auf einem Gipfeltreffen in Teheran am 16. 2. 1992 wurden die zentralasiat. Republiken Aserbaidschan, Turkmenistan, Usbekistan, Kirgisien und Tadschikistan als neue Mitglieder aufgenommen. Kasachstan, wo fast jeder zweite Bewohner Russe ist, blieb bei seinem Beobachterstatus. Mit der projektierten Aufnahme Afghanistans wird die ECO neun Mitglieder umfassen. Die Organisation gab sich ein *gemäßigtes polit. Profil* mit mittelöst.-islam. Zügen. Im polit. Teil der Erklärung des Gipfeltreffens ist die Handschrift der drei Gründungsmitglieder zu erkennen. Die Erklärung beginnt mit der Forderung nach Stabilität und Sicherheit. Auf Bestreben der Türkei ist von einer mögl. Zusammenarbeit mit der Republik Nordzypern die Rede. Pakistan wird Solidarität mit dem Unabhängigkeitskampf im ind. Jammu und Kashmir bekundet. Unterstützung für den Widerstand in Palästina wird auf Initiative Irans ausgesprochen. Von allen gemeinsam wird die Forderung nach einer Regelung in Afghanistan getragen.

Nach ihrer Erweiterung ist die ECO v.a. ein Instrument zur Entwicklung *nachbarschaftl. Beziehungen mit den zentralasiat. Ländern.* Doch ist die Stoßrichtung der einzelnen Partner noch unklar. Dies zeigt ihre Mitwirkung in einer Reihe von anderen ökonom. Gemeinschaften. Die Türkei hat die *Schwarzmeer-Wirtschaftsregion* gegr., und die zentralasiat. Republiken sind seit Juni 1990 mit Aserbaidschan in einem Kooperationsabkommen zusammengeschlossen. Auf Initiative des iran. Präsidenten Rafsandschani ist eine (von der ECO getrennte) *Gemeinschaft der Anrainerstaaten des Kaspischen Meeres* gegr. worden, was auf die Bildung einer regionalen Organisation ohne die Türkei hinausläuft. Tatsächl. kamen (am Rande des ECO-Gipfels) am 17. 2. 1992 die Staatschefs der Anrainer des Kaspischen Meeres (Iran, Rußland, Aserbaidschan, Turkmenistan und Kasachstan) zu Beratungen über den Ausbau ihrer Kooperation zusammen. Rafsandschani erklärte zum Abschluß des Treffens, daß die neue Organisation in keinem Zusammenhang mit der ECO stehe und unabhängig auf internat. Ebene tätig sein werde.

6.3. Schwarzmeer-Wirtschaftsregion. Angesichts des Zerfalls der ehem. SU und des tiefgreifenden Wandels, der sich in den Ländern des früheren Ostblocks zu vollziehen begann, entstand Ende 1990 in der Türkei die Idee, der wirtschaftl. Zusammenarbeit der Schwarzmeer-Anrainer einen institut. Rahmen zu geben. Erste Verhandlungen fanden 1990/91 zwischen der Türkei, Rumänien, Bulgarien und der damals noch existierenden SU statt. 1991 traten an ihre Stelle Armenien, Aserbaidschan, Georgien, Moldawien, Rußland und die Ukraine. Später schlossen sich Griechenland und Albanien an. Am 25. 6. 1992 unterzeichneten in Ankara die Staats- und Regierungschefs der 11 Staaten ein Kommuniqué über die Schaffung der Schwarzmeer-Wirtschaftsregion, in der in 18 Punkten ein umfangreiches Programm für die Kooperation in den Bereichen Transport, Verbindungswesen, Handel, Bergbau, Industrie, Landwirtschaft, Energie, Tourismus, öffentl. Gesundheit, Umweltschutz, Wissenschaft und Technik entworfen wurde. Diese Zusammenarbeit soll entsprechend der Helsinki-Schlußakte der KSZE, den KSZE-Folgedokumenten und den Prinzipien des internat. Rechts gestaltet werden. Es geht in erster Linie um Zollabbau, Schaffung der erforderl. transportmäßigen Infrastruktur, Erleichterung des Reiseverkehrs, Gleichberechtigung der Unternehmer und Aufbau einer gemeinschaftl. Entwicklungsbank. Neue bürokrat. Institutionen sollen nicht geschaffen werden. Die Außenminister der Teilnehmerstaaten werden regelmäßig, mindestens einmal im Jahr, zusammenkommen, um die Entwicklungen zu bewerten und neue Ziele zu setzen. Arbeitsgruppen von Experten sollen Vorschläge für die erforderl. Programme und Regelungen erarbeiten.

Aziz Alkazaz

Lit.: *Ahmed, M.*, Regionalorganisationen, in: Nahost-Jahrbuch 1987ff., Hrsg. v. Deutsches Orient-Institut/Th. Koszinowski/H. Mattes, Opladen 1988ff. *Schulze, R.*, Regionale Gruppierungen und Organisationen, in: Der Nahe und Mittlere Osten, Band 2, Hrsg. U. Steinbach/R. Robert, Opladen 1988, S. 469–477. *Regional Organizations*, in: The Middle East and North Africa 1992, London 1991, S. 211–266.

Abkürzungsverzeichnis

ABEDA .... Arab Bank for Economic Development in Africa *(Regionale Gruppierungen und Organisationen)*
ADNOC .... Abu Dhabi National Oil Company *(Vereinigte Arabische Emirate)*
AFESD .... Arab Fund for Economic and Social Development *(Regionale Gruppierungen und Organisationen)*
AGU .... Arabian Gulf University *(Bahrain)*
AI .... Agudat Israel *(Israel)*
AKR .... Arabischer Kooperationsrat *(Regionale Gruppierungen und Organisationen)*
ALF .... Arab Liberation Front *(Palästinenser und PLO)*
ALN .... Armée de Libération Nationale *(Algerien)*
AMF .... Arab Monetary Fund *(Regionale Gruppierungen und Organisationen)*
ANAP .... Anavatan Partisi/Mutterlandspartei *(Türkei)*
ANP .... Awami National Party *(Pakistan)*
ARAMCO ..... Arabian-American Oil Company *(Saudi-Arabien)*
ASBP .... Arabische Sozialistische Baath-Partei *(Irak)*
ASU .... Arabische Sozialistische Union *(Ägypten, Libyen)*
AVK .... Allgemeiner Volkskongreß *(Jemen)*
AVK .... Allgemeine Volkskonferenz *(Libyen)*
AWSA .... Solidaritätsvereinigung Arabischer Frauen *(Ägypten)*
BANOCO ..... Bahrain National Oil Company *(Bahrain)*
BCCI .... Bank of Credit and Commerce International *(Vereinigte Arabische Emirate)*
BIP .... Bruttoinlandsprodukt
BR .... Bürgerrechtsbewegung *(Israel)*
BSP .... Bruttosozialprodukt
CAEU .... Council of Arab Economic Unity *(Regionale Gruppierungen und Organisationen)*
CC .... Conseil Constitutionnel
CDT .... Confédération Démocratique du Travail/Demokratischer Arbeits-Verbund *(Marokko)*
CENTO .... Central Treaty Organization *(Afghanistan, Pakistan, Regionale Gruppierungen und Organisationen)*
CES .... Conseil Economique et Social *(Tunesien)*
CSDDH .... Commission Supérieure pour la Défense des Droits de l'Homme *(Tunesien)*

CSPN .... Conseil Supérieur du Pacte National *(Tunesien)*
D .... Deutschland
DARS .... Demokratische Arabische Republik Sahara *(Westsahara)*
DBV .... Demokratische Bewegung für Veränderung *(Israel)*
DFLP .... Democratic Front for the Liberation of Palestine *(Jordanien)*
DP............ Demokratische Partei *(Türkei)*
DPFLP .... Democratic Popular Front for the Liberation of Palestine *(Palästinenser und PLO)*
DUP .... Democratic Union Party *(Sudan)*
DVP .... Demokratische Volkspartei *(Afghanistan)*
ECO .... Economic Cooperation Organization *(Afghanistan, Pakistan, Transkaukasien und Zentralasien, Regionale Gruppierungen und Organisationen)*
EG............ Europäische Gemeinschaft
EK............ Exekutivkomitee *(Palästinenser und PLO)*
ESCWA........ Economic and Social Commission for Western Asia *(Regionale Gruppierungen und Organisationen)*
F .... Frankreich
FATA .... Federally Administered Tribal Areas *(Pakistan)*
FFS .... Front des Forces Socialistes *(Algerien)*
FIS........... Front Islamique du Salut *(Algerien)*
FJLU .... Federation of Jordanian Labour Unions *(Jordanien)*
FL .... Forces Libanaises *(Libanon)*
FLN .... Front de Libération Nationale *(Algerien)*
GAM.......... Gemeinsamer Arabischer Markt *(Regionale Gruppierungen und Organisationen)*
GAP .... Südostanatolien-Projekt *(Türkei)*
GB............ Großbritannien
GCC/GKR ..... Gulf Cooperation Council/Golf-Kooperationsrat *(Bahrain, Katar, Saudi-Arabien, Vereinigte Arabische Emirate, Regionale Gruppierungen und Organisationen)*
GP............ Gerechtigkeitspartei *(Türkei)*
HAMAS .... Ḥarakat al-mujtamaʿa al-islâmî *(Algerien)*
HIM .... Ḥizb-e inqilâb-e millî/National-Revolutionäre Partei *(Afghanistan)*
I............. Italien
IAP .... Israelische Arbeitspartei *(Israel)*
IJI/IDA .... Islami Jamhoori Ittehad/Islamic Democratic Alliance *(Pakistan)*
IND .... Indien
INOC .... Iraq National Oil Company *(Irak)*

IP .... Istiqlal-(Unabhängigkeits-)Partei *(Marokko)*
IPC .... Iraq Petroleum Company *(Irak)*
IRP .... Islamisch-Republikanische Partei *(Iran)*
IWF/IMF ...... Internationaler Währungsfonds/International Monetary Fund
JDB .... Jordanian Development Board *(Jordanien)*
JPDP .... Jordanian Popular Democratic Party *(Jordanien)*
JSP .... Jemenitische Sozialistische Partei *(Jemen)*
JUI .... Jamiat-ul-Ulema-i-Islam *(Pakistan)*
KDP .... Kurdische Demokratische Partei *(Irak)*
KIA .... Kuwait Investment Authority *(Kuwait)*
KP .... Kommunistische Partei *(Irak, Israel, Jordanien, Marokko)*
KPC .... Kuwait Petroleum Corporation *(Kuwait)*
KPM .... Kommunistische Partei Marokkos *(Marokko)*
KPP .... Kurdische Progressive Partei *(Irak)*
KPS .... Kommunistische Partei Sudan *(Sudan)*
KRP .... Kurdische Revolutionäre Partei *(Irak)*
KRR .... Kommandorat der Revolution/Majlis qiyâdat al-thaura *(Irak)*
LADH .... Ligue Algérienne des Droits de l'Homme *(Algerien)*
LAS .... Liga Arabischer Staaten *(Regionale Gruppierungen und Organisationen)*
LTDH .... Ligue Tunisienne des Droits de l'Homme *(Tunesien)*
MAJD .... Mouvement Algérien pour la Justice et la Démocratie *(Algerien)*
MB .... Muslimbruderschaft *(Ägypten, Jordanien)*
MDA .... Mouvement pour la Démocratie en Algérie *(Algerien)*
MDS .... Mouvement des Démocrates Socialistes *(Tunesien)*
MIN .... Mouvement Islamique de la Nahdha *(Tunesien)*
MINURSO ..... United Nations Mission for the Referendum in Westsahara *(Westsahara)*
MP .... Mouvement Populaire/Volksbewegung *(Marokko)*
MQM .... Muhajir Qaumi Movement *(Pakistan)*
MRD .... Movement for the Restauration of Democracy *(Pakistan)*
MTI .... Mouvement de la Tendance Islamique *(Tunesien)*
N .... Norden, Nord-
NDP .... Nationaldemokratische Partei *(Ägypten)*
NIF .... National Islamic Front *(Sudan)*
NKL .... Neue Kommunistische Liste *(Israel)*
NLF .... National Liberation Front *(Jemen)*
NLP .... National-Liberale Partei *(Libanon)*
NPF .... Nationale Progressive Front *(Irak)*

NRP .... Nationalreligiöse Partei *(Israel)*
NUP .... National Union Party *(Sudan)*
NWFP......... North Western Frontier Province *(Pakistan)*
O............. Osten, Ost-
OADP......... Organisation de l'Action Démocratique Populaire/ Organisation der Demokratischen Volksaktion *(Marokko)*
OAPEC........ Organization of Arab Petroleum Exporting Countries *(Bahrain, Vereinigte Arabische Emirate, Regionale Gruppierungen und Organisationen)*
OAU .... Organization of African Unity *(Westsahara)*
OIK........... Organisation der Islamischen Konferenz *(Afghanistan, Saudi-Arabien, Regionale Gruppierungen und Organisationen)*
OPEC .... Organization of Petroleum Exporting Countries *(Bahrain, Katar, Vereinigte Arabische Emirate, Regionale Gruppierungen und Organisationen)*
PAGS .... Parti d' Avant-Garde Socialiste *(Algerien)*
PAI .... Poale Agudat Israel *(Israel)*
PCT........... Parti Communiste Tunesien *(Tunesien)*
PDP........... People's Democratic Party *(Sudan)*
PFLP .... Popular Front for the Liberation of Palestine/Volksfront zur Befreiung Palästinas *(Palästinenser und PLO)*
PFLP-GC ...... Popular Front for the Liberation of Palestine-General Command/Volksfront zur Befreiung Palästinas – Allgemeines Kommando *(Palästinenser und PLO)*
PKE........... Pro-Kopf-Einkommen
PKK .... Partiya Karkeren Kurdistan/Arbeiterpartei Kurdistans *(Türkei)*
PLA........... Palestine Liberation Army *(Palästinenser und PLO)*
PLF .... Palestine Liberation Front *(Palästinenser und PLO)*
PLO .... Palestine Liberation Organisation/Palästinensische Befreiungsorganisation *(Israel, Jordanien, Libanon, Palästinenser und PLO, Regionale Gruppierungen und Organisationen)*
PND .... Parti National Démocratique/Nationaldemokratische Partei *(Marokko)*
PND .... Parti Néo-Destourien *(Tunesien)*
PNF .... Palestine National Front *(Palästinenser und PLO)*
PNR .... Palästinensischer Nationalrat *(Palästinenser und PLO)*
POLISARIO-FRONT .... Frente Popular para la Liberación de Saguia El Hamra y Río de Oro *(Westsahara)*

PPP .... Pakistan People's Party *(Pakistan)*
PPS .... Parti du Progrès et du Socialisme/Partei für Fortschritt und Sozialismus *(Marokko)*
PPSF .... Palestine Popular Struggle Front *(Palästinenser und PLO)*
PSD .... Parti Socialiste Destourien *(Tunesien)*
PSP .... Progressive Sozialistische Partei *(Libanon)*
PSP .... Parti Social pour le Progrès *(Tunesien)*
PT .... Parti des Travailleurs/Arbeiterpartei *(Algerien)*
PUP .... Parti d'Unité Populaire *(Tunesien)*
R .... Rußland
RCD .... Rassemblement Constitutionel Démocratique *(Tunesien)*
RCD .... Rassemblement pour la Culture et la Démocratie *(Algerien)*
RCD .... Regional Cooperation for Development *(Pakistan, Regionale Gruppierungen und Organisationen)*
RKRNR .... Revolutionärer Kommandorat der Nationalen Rettung *(Sudan)*
RNI .... Rassemblement National des Indépendents/Nationale Sammlung der Unabhängigen *(Marokko)*
RSP .... Rassemblement Socialiste Progressiste *(Tunesien)*
RVP .... Republikanische Volkspartei *(Türkei)*
S .... Süden, Süd-
SAARC .... South Asian Association for Regional Cooperation *(Pakistan)*
SEATO .... South East Asia Treaty Organization *(Afghanistan)*
SNSP .... Syrisch National-Soziale Partei *(Libanon)*
SP .... Spanien
SPA .... Sozialistische Partei der Arbeit *(Ägypten)*
SPLA .... Sudanese People's Liberation Army *(Sudan)*
SPLM .... Südsudanesische Befreiungsbewegung *(Sudan)*
SSU .... Sudanese Socialistic Union *(Sudan)*
SU .... Sowjetunion
TMC .... Transitional Military Council *(Sudan)*
TNA .... Transitional National Assembly *(Sudan)*
UAM .... Union des Arabischen Maghreb *(Regionale Gruppierungen und Organisationen)*
UC .... Union Constitutionelle/Verfassungsunion *(Marokko)*
UDU .... Union Démocratique Unioniste *(Tunesien)*
UGTM .... Union Générale des Travailleurs Marocains/Allgemeine Union der Marokkanischen Arbeiter *(Marokko)*
UGTT .... Union Générale des Travailleurs Tunesiens *(Tunesien)*
UL .... Unabhängige Liberale *(Israel)*

UMT .... Union Marocaine du Travail/Marokkanische Arbeits-Union *(Marokko)*
UNDP.......... United Nations Development Program *(Sudan)*
UNFP .... Union Nationale des Forces Populaires/Nationale Union der Volkskräfte *(Marokko)*
UNRWA....... United Nations Relief and Works Agency for Palestine Refugees *(Palästinenser und PLO, Regionale Gruppierungen und Organisationen)*
USA .... Vereinigte Staaten von Amerika
USFP.......... Union Socialiste des Forces Populaires/Sozialistische Union der Volkskräfte *(Marokko)*
VAE .... Vereinigte Arabische Emirate *(Jemen, Syrien)*
W .... Westen, West-
ZWO.......... Zionistische Weltorganisation *(Israel)*

Fachbibliotheken

In der folgenden Aufstellung sind nur die wichtigsten universitären und außeruniversitären Bibliotheken mit einem umfangreichen Literaturangebot zu Politik, Gesellschaft und Wirtschaft des Nahen Ostens/Nordafrikas berücksichtigt.

Besonders verwiesen sei auf das Referat „Vorderer Orient" der Übersee-Dokumentation (Neuer Jungfernstieg 21, 20354 Hamburg), deren Aufgabe die Erfassung und inhaltliche Erschließung von Büchern, Zeitschriften, Beiträgen zu Sammelbänden und grauer Literatur über die politische, gesellschaftliche und wirtschaftliche Entwicklung in den nahöstlichen Staaten ist. Die dort gespeicherten Informationen können gegen eine geringe Gebühr abgefragt werden.

*	Präsenzbibliothek, Benutzung in der Regel nur im Lesesaal
**	Dem auswärtigen Leihverkehr beschränkt angeschlossen
***	Ausleihbibliothek, dem auswärtigen Leihverkehr angeschlossen
****	Ausleihbibliothek, dem auswärtigen Leihverkehr über die zuständige Landes- oder Universitätsbibliothek angeschlossen

Die Ziffern in runden Klammern – z. B. (H 223) – bezeichnen die offiziellen deutschen Bibliotheks-Sigel; die Ziffern in eckigen Klammern – z. B. [M 2203] bezeichnen nicht-offizielle, von der Übersee-Dokumentation vergebene Bibliotheks-Sigel.

Berlin	***	Bibliothek des Deutschen Instituts für Entwicklungspolitik (B 1503), Fraunhoferstr. 33–36, 10587 Berlin
	***	Staatsbibliothek Preußischer Kulturbesitz (1 a), Potsdamer Str. 33, 10785 Berlin
Bochum	****	Institut für Entwicklungspolitik und Entwicklungsforschung der Ruhr-Universität Bochum (Bm 25 = 294/25), Universitätsstr. 150 (Gebäude GB/147), 44801 Bochum
Bonn	*	Bibliothek des Archivs der Sozialen Demokratie (Friedrich-Ebert-Stiftung) (Bo 133), Kölner Str. 149, 53111 Bonn
	*	Bibliothek der Deutschen Stiftung für internationale Entwicklung (Bo 149), Hans-Böckler-Str. 5, 53225 Bonn

	*	Dokumentationsstelle des Forschungsinstituts der Deutschen Gesellschaft für Auswärtige Politik (F 131), Adenauerallee 131, 53113 Bonn
Ebenhausen	*	Bibliothek der Stiftung Wissenschaft und Politik, Forschungsinstitut für Internationale Politik und Sicherheit [M 2003], Haus Eggenberg, 82067 Ebenhausen
Freiburg	*	Arnold-Bergstraesser-Institut für Kulturwissenschaftliche Forschung (Frei 119), Windausstr. 16, 79110 Freiburg i. Br.
Hamburg	*	Bibliothek des HWWA-Instituts für Wirtschaftsforschung (H 3), Neuer Jungfernstieg 21, 20354 Hamburg
	**	Bibliothek des Deutschen Orient-Instituts (H 223), Mittelweg 150, 20148 Hamburg
	*	Max-Planck-Institut für Ausländisches und Internationales Privatrecht (B 212), Mittelweg 187, 20148 Hamburg
Heidelberg	****	Bibliothek des Südasien-Instituts der Universität Heidelberg (He 77 = 16/77), Im Neuenheimer Feld 330, 69120 Heidelberg
Kiel	***	Bibliothek des Instituts für Weltwirtschaft an der Universität (206), Düsternbrooker Weg 120–122, 24105 Kiel
Köln	*	Bibliothek der Bundesstelle für Außenhandelsinformation (Kn 179), Blaubach 13, 50676 Köln
	*	Bibliothek des Bundesinstituts für ostwissenschaftliche und internationale Studien (Kn 132), Lindenbornstr. 22, 50823 Köln
München	***	Bayerische Staatsbibliothek (12), Ludwigstr. 16, 80539 München
	*	IFO-Institut für Wirtschaftsforschung (M 158 a), Poschingerstr. 5, 81679 München
Stuttgart	***	Bibliothek des Instituts für Auslandsbeziehungen (212), Charlottenplatz 17, 70173 Stuttgart
Tübingen	***	Universitätsbibliothek Tübingen (21), Wilhelmstr. 32, 72074 Tübingen

Die Autoren

Ahmed, Munir D., geb. 1936 in Rawalpindi, Pakistan. Studium der Islam-, Politik- und Vergleichenden Erziehungswissenschaften an der Panjab University, Lahore, und an der Universität Hamburg. Dr. phil.; seit 1967 wiss. Mitarbeiter im Deutschen Orient-Institut und Lehrbeauftragter an der Universität Hamburg. Zahlreiche Veröffentlichungen über sozio-kulturelle Entwicklungen im Vorderen Orient, zuletzt: „Das Genfer Afghanistan Abkommen“, in: „Nahost-Jahrbuch 1988“, Opladen 1989; „Afghan refugees in Pakistan“, Berlin 1990.

Alkazaz, Aziz, geb. 1942 im Irak. Studium der Wirtschaftswissenschaften, Statistik und Soziologie in Berlin und Kiel. Diplom-Volkswirt, Großes Deutsches Sprachdiplom; seit 1968 wiss. Mitarbeiter am Deutschen Orient-Institut, Hamburg. Forschungsbeiträge über verschiedene Grundfragen der ökonomischen Entwicklung der arabischen Länder, Energieproblematik und Europäisch-Arabischen Dialog.

Bokovoy, Douglas, geb. 1949. Studium der Geschichte und Amerikanistik am Macalester College, St. Paul, und in München. Gymnasiallehrer (seit 1992); wiss. Mitarbeiter an den Forschungs-Projekten „Die deutsch-israelischen Beziehungen“ (Stiftung Volkswagenwerk, 1986–89) und „Israel als Faktor der deutsch-amerikanischen Beziehungen“ (DFG, 1989–91) und am Historischen Institut der Universität der Bundeswehr. Koautor (mit Michael Wolffsohn): „Innenpolitische Spaltungslinien und der außenpolitische Konsens in Israel“, in Politische Bildung, Heft 1/1988, und Beiträge über Israels Geschichte und Politisches System in: Neues Lexikon des Judentums, Gütersloh 1992.

Büttner, Friedemann, geb. 1938. Studium der Politischen Wissenschaft sowie Kultur und Geschichte des Vorderen Orients in Göttingen, München, London und Oxford. M.A., Dr. phil.; seit 1979 Professor für Politik und Zeitgeschichte des Vorderen Orients an der Freien Universität Berlin, 1968–79 Wissenschaftlicher Assistent am Geschwister-Scholl-Institut der Universität München. Zahlreiche Veröffentlichungen zu Politik und Entwicklung v.a. in Ägypten; Islam und Politik, Nahostkonflikt, u.a.: „Die Krise der islamischen Ordnung“, München 1979, und zuletzt „Ägypten“ (mit Inge Klostermeier), München 1991.

Clausen, Ursel, geb. 1938. Dipl.-Übersetzerin; als DAAD Stipendiatin 1963–65 Studium der arabischen Sprache an der Universität Bonn; seit 1965 wiss. Mitarbeiterin am Deutschen Orient-Institut, Hamburg. Veröffentlichungen zur Innen- und Außenpolitik der Staaten des Maghreb, zuletzt: „Demokratisierung in Mauretanien", Hamburg 1993.

Faath, Sigrid, geb. 1952. Studium der Ethnologie (M.A.) und Politischen Wissenschaft (Dr. phil.) in Heidelberg und Hamburg. Zur Zeit wiss. Mitarbeiterin am Deutschen Orient-Institut, Hamburg. Zahlreiche Aufsätze und Monographien zu Nordafrika, u.a.: „Herrschaft und Konflikt in Tunesien", Hamburg 1989; „Algerien. Gesellschaftliche Strukturen und politische Reformen zu Beginn der neunziger Jahre", Hamburg 1990. Mitherausgeberin von „Demokratie und Menschenrechte in Nordafrika", Hamburg 1992, und der Zs. „Wuqûf. Beiträge zur Entwicklung von Staat und Gesellschaft in Nordafrika", Hamburg, jährlich seit 1986.

Freitag-Wirminghaus, Rainer, geb. 1948. Studium der Islamwissenschaft, Turkologie, Völkerkunde, Erziehungswissenschaft in Hamburg. Promotion mit einer Arbeit über islamische Häresien. 1986/87 Referent am Orient-Institut der Deutschen Morgenländischen Gesellschaft in Beirut und Istanbul. Seit 1989 wiss. Mitarbeiter am Deutschen Orient-Institut, Hamburg. Veröffentlichungen u.a.: „Aserbaidschan und die Türkei", in: Orient 4/1990; „Die Zukunft der islamisch geprägten Staaten", in: „Die Gemeinschaft Unabhängiger Staaten (GUS)", Stuttgart 1992.

Hermann, Rainer, geb. 1956. Studium der Volkswirtschaftslehre und Islamwissenschaft an den Universitäten Freiburg i.Br., Rennes, Basel und Damaskus. Dipl.- Volkswirt, Dr. phil.; 1989 Redakteur bei der Bundesstelle für Außenhandel, 1990 deren Korrespondent in Kuwait, seit 1991 in Istanbul. Veröffentlichung: „Kulturkrise und konservative Erneuerung. Muhammad Kurd Ali (1876–1953) und das geistige Leben in Damaskus zu Beginn des 20. Jahrhunderts", Frankfurt 1990.

Hofmeier, Rolf, geb. 1939. Studium der Volkswirtschaftslehre und Wirtschaftsgeographie. Dr. oec. publ., Absolvent des Deutschen Instituts für Entwicklungspolitik in Berlin, Research Fellow am Economic Research Bureau der Universität Dar es Salaam, Tansania; Berater im tansanischen Planungsministerium, Koordinator des integrierten ländlichen Entwicklungsprogramms der Tanga-Region in Tansania; Ernennung zum Research Professor der Universität Dar es Salaam. Seit 1976 Direktor des Instituts für Afrika-Kunde in Hamburg. Neben vielen anderen Veröffentlichungen Mitherausgeber u.a. des „Politischen Lexikon Afrika", München ^{4}1988, und des „Politischen Lexikon Asien, Australien, Pazifik", München ^{2}1989.

Koszinowski, Thomas, geb. 1938. Studium der Theologie, Islamwissenschaft, Semitistik und Geschichte in Berlin (Ost) und Göttingen, von 1962–

64 als DAAD-Stipendiat in Damaskus. Dr. phil.; seit 1968 wiss. Mitarbeiter am Deutschen Orient-Institut, Hamburg, von 1881–84 Vertreter der Konrad-Adenauer-Stiftung im Projekt Wissenschaftskooperation mit der AIN-Shams-Universität, Kairo. Veröffentlichungen zur politischen Entwicklung in den Ländern des arabischen Ostens.

Mattes, Hanspeter, geb. 1951. Studium der Volkswirtschaft, Entwicklungsökonomie (Diplomvolkswirt) und Politischen Wissenschaft (Dr. phil.) und der arabischen Sprache in Tunesien; zahlreiche Forschungsaufenthalte im Maghreb und Sahelraum. Seit 1983 wiss. Mitarbeiter des Deutschen Orient-Instituts, Hamburg. Mehrere Monographien, zuletzt „Wirtschaftsreform im Maghreb", Hamburg 1988, und „Die islamistische Bewegung des Senegal", Hamburg 1989; zahlreiche Aufsätze zu Libyen und den Nachbarstaaten; zusammen mit Sigrid Faath Herausgeber der Reihe „Wuqûf. Beiträge zur Entwicklung von Staat und Gesellschaft in Nordafrika", Hamburg seit 1986.

Perthes, Volker, geb. 1958. Dipl. Soz. Wiss., Dr. sc. pol.; mehrjähriger Forschungsaufenthalt in Syrien. 1991–92 wiss. Mitarbeiter am Deutschen Orient-Institut, Hamburg; Lehrtätigkeit an der Amerikanischen Universität in Beirut; ab 1992 wiss. Mitarbeiter der Stiftung Wissenschaft und Politik in Ebenhausen. Veröffentlichungen zu Syrien und allgemeinen Problemen des Nahen und Mittleren Ostens.

Reissner, Johannes, geb. 1947. Studium der Islamwissenschaft, Philosophie und Religionswissenschaften in Berlin und Wien, M. A., Dr. phil.; langjähriger Aufenthalt in Libanon, Syrien und Saudi-Arabien. Mitarbeit beim Sonderforschungsbereich 19, „Tübinger Atlas des Vorderen Orient" (TAVO). Ab 1982 wiss. Referent für Nah- und Mittelost der Stiftung Wissenschaft und Politik in Ebenhausen, Lehrauftrag an der Universität München. Veröffentlichungen u. a.: „Ideologie und Politik der Muslimbrüder Syriens", Freiburg 1980. Aufsätze zu politischen und religiösen Entwicklungen in Saudi-Arabien und Iran.

Rieck, Andreas, geb. 1954. Studium der Islamwissenschaft, Politischen Wissenschaft und Iranistik, Dr. phil. in Hamburg. 1984–87 Referent am Orient-Institut der Deutschen Morgenländischen Gesellschaft in Beirut; seit 1989 wiss. Mitarbeiter am Deutschen Orient-Institut, Hamburg. Veröffentlichungen u. a.: „Die Schiiten und der Kampf um den Libanon. Politische Chronik 1958–1988", Hamburg 1989; Forschungsschwerpunkt: moderne Geschichte und Politik im Nahen Osten, bes. Libanon, Iran, Pakistan und arabisch-israelischer Konflikt.

Schliephake, Konrad, geb. 1944, studierte Geographie, Wirtschaftswissenschaften und Orientalistik in Gießen und Würzburg, Dipl.-Geograph,

Dr. rer. nat.; 1971–75 wiss. Mitarbeiter am Institut für Afrika-Kunde, Hamburg, seit 1976 Akademischer Oberrat am Geograph. Institut der Univ. Würzburg; zahlreiche Forschungsreisen und Feldaufenthalte in fast allen arab. Ländern, u. a. als Regionalplaner in Saudi-Arabien. Veröffentlichungen in geographischen und regionalen (Orient)Zeitschriften; zuletzt Hrsg. (mit A. Hartmann): „Angewandte interdisziplinäre Orientforschung" (= Mitteilung, Deutsches Orient-Institut Hamburg 41), 1991.

Scholz, Fred, geb. 1939. Studium der Geographie, Geologie und Soziologie, Dr. rer. nat.; seit 1980 Professor für Sozial- und Wirtschaftsgeographie, Zentrum für Entwicklungsländer-Forschung (ZELF) an der Freien Universität Berlin; regionaler Forschungsschwerpunkt v. a. Vorderasien; zahlreiche Forschungsaufenthalte seit 1969 in Pakistan, Kuwait, den Vereinigten Arabischen Emiraten und im Sultanat Oman; Hrsg. der Zeitschrift „Die Erde", Mithrsg. der Zeitschrift „Socio logus" und „Arab Journal for the Humanities" (Kuwait Univ.); zahlreiche Buch- und Zeitschriftenpublikationen.

Schönborn, Mathias, geb. 1943. Studium der Politischen Wissenschaft und Geschichte in München und Bern. M. A., Dr. phil.; mehrere Forschungsaufenthalte in Ost- und Nordafrika; 1975/76 Research Associate des International Institute for Strategic Studies (IISS), London; 1976–78 Mitarbeiter der Stiftung Wissenschaft und Politik in Ebenhausen; seit 1978 wiss. Mitarbeiter im Sozialwissenschaftlichen Institut der Bundeswehr in München. Mithrsg. des „Politischen Lexikon Afrika", München ^{4}1988, und des „Politischen Lexikon Asien, Australien, Pazifik", München ^{2}1989.

Steinbach, Udo, geb. 1943. Studium der Orientalistik und Klassischen Philologie in Freiburg i. B. und Basel. Dr. phil.; 1971–75 Mitarbeiter am Nahostreferat der Stiftung Wissenschaft und Politik in Ebenhausen; 1975 Leiter der türkischen Abteilung bei der Deutschen Welle, Köln; seit 1976 Direktor des Deutschen Orient-Instituts, Hamburg. Zahlreiche Veröffentlichungen zu Politik und Gesellschaft des Vorderen Orients.

Wolffsohn, Michael, geb. 1947 in Tel-Aviv. Studium der Geschichte, Politikwissenschaft und Volkswirtschaftslehre in Berlin, Tel-Aviv und New York. Dr. phil., Doppelhabilitation in Geschichte und Politikwissenschaft. Professor für Neuere Geschichte an der Universität der Bundeswehr in München. Rund 70 wiss. Aufsätze und 16 Bücher, u. a.: „Ewige Schuld? 40 Jahre Deutsch-Jüdisch-Israelische Beziehungen", München ^{4}1991; mit Friedrich Schreiber „Nahost", Opladen ^{3}1991; „Keine Angst vor Deutschland", Berlin 1992; „Israel: Geschichte, Politik, Gesellschaft, Wirtschaft", Opladen ^{3}1991; „Spanien, Deutschland und die „Jüdische Weltmacht" ", Gütersloh 1992.

Zimmermann, Wolfgang, geb. 1948. Studium der Geographie. Dr. phil., mehrjährige Aufenthalte in Oman: als wiss. Mitarbeiter im Forschungsprojekt Südostarabien der Stiftung Volkswagenwerk (Leitung Prof. F. Scholz) und als Berater für ein UN-Dorfentwicklungsprojekt; seit 1984 Leiter des Referates für Drittlandfortbildung (dt. Berufsbildungshilfe) in der Zentralstelle für Ernährung und Landwirtschaft der Deutschen Stiftung für Internationale Entwicklung (DSE) in Feldafing/Obb.; zahlreiche Gutachten und wiss. Veröffentlichungen.

Zingel, Wolfgang-Peter, geb. 1943. Diplom-Volkswirt, Dr. rer. pol.; seit 1971 wiss. Angestellter am Südasien-Institut (SAI) der Universität Heidelberg (Lehrstuhl für internationale Entwicklungs- und Agrarpolitik), seit 1990 Leiter der Zweigstelle des SAI in New Delhi. Forschungsaufenthalte in Pakistan seit 1974; Leiter des SAI und Arbeit am Pakistan Institute of Development Economics (PIDE) in Islamabad 1980–82. Veröffentlichungen: zuletzt Hrsg. (mit Dieter Conrad) „Zweite Heidelberger Südasiengespräche: Pakistan“, Stuttgart 1992.

Karte

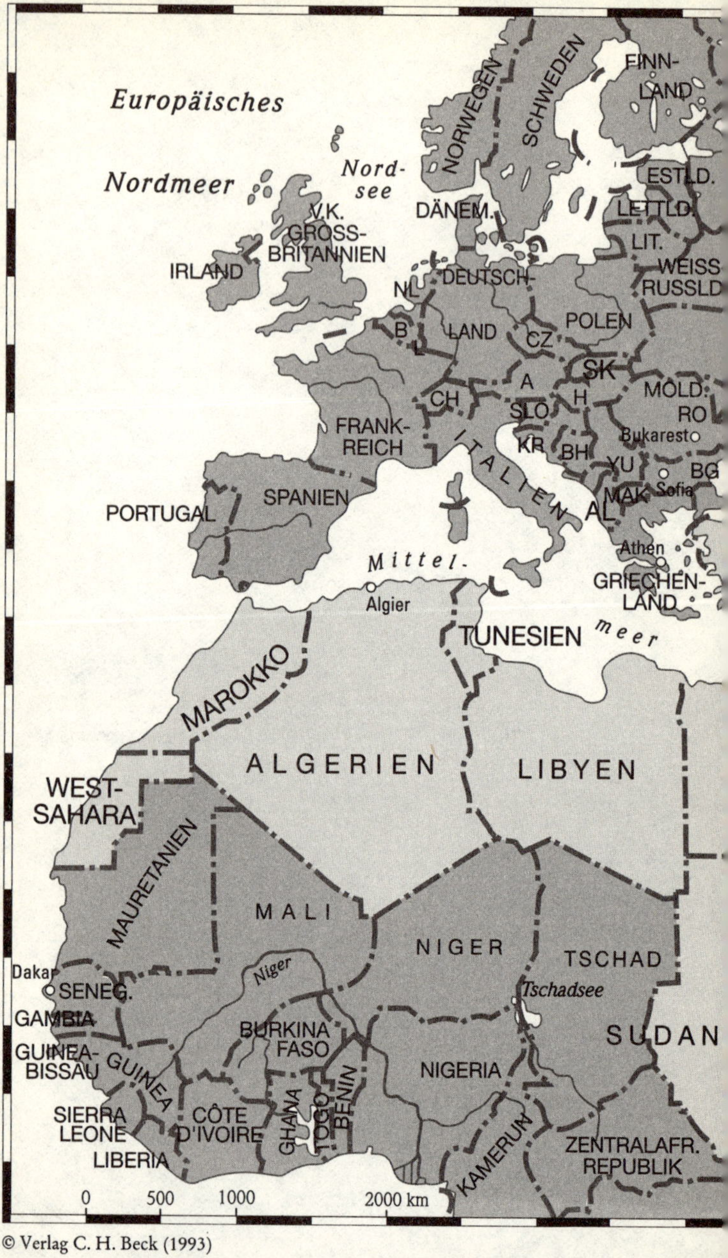
Europäisches
Nordmeer
Nord-
see
NORWEGEN
SCHWEDEN
FINN-
LAND
ESTLD.
LETTLD.
LIT.
WEISS
RUSSLD
DÄNEM.
V.K.
GROSS-
BRITANNIEN
IRLAND
NL
DEUTSCH-
LAND
B
L
POLEN
CZ
SK
A
H
MOLD.
RO
Bukarest
CH
SLO
KR
BH
YU
BG
Sofia
MAK
AL
FRANK-
REICH
ITALIEN
SPANIEN
PORTUGAL
Athen
GRIECHEN-
LAND
Mittel-
meer
Algier
TUNESIEN
MAROKKO
ALGERIEN
LIBYEN
WEST-
SAHARA
MAURETANIEN
MALI
NIGER
TSCHAD
Tschadsee
Niger
Dakar
SENEG.
GAMBIA
GUINEA-
BISSAU
GUINEA
BURKINA
FASO
SUDAN
NIGERIA
SIERRA
LEONE
LIBERIA
CÔTE
D'IVOIRE
GHANA
TOGO
BENIN
KAMERUN
ZENTRALAFR.
REPUBLIK
0
500
1000
2000 km

Ob
Ob
Irtysch
Wolga
Kama
Moskau
UKRAINE
Don
Wolga
KASACHSTAN
Balchaschsee
Aralsee
Syr-Darja
Alma-Ata
Kaspisches Meer
GEORG.
Schwarzes Meer
Tiflis
USBEKISTAN
Taschkent
KIRGISTAN
ASERB.
TURKMENISTAN
ARM.
Ankara
Baku
TADSCHIKISTAN
TÜRKEI
SYRIEN
AFGHANISTAN
Damaskus
Teheran
Kabul
RL.
Indus
Bagdad
IL.
IRAN
IRAK
JORD.
PAKISTAN
Kairo
KUW.
SAUDI-
BRN.
KATAR
ÄGYPTEN
V.A.
Er Riad
EMIR.
Rotes Meer
ARABIEN
OMAN
Nil
Arabisches Meer
Khartum
ERITREA
JEMEN
DSCHIB.
Addis Abeba
N
ÄTHIOPIEN
SOMALIA

Länder und Städte in der Beck'schen Reihe

Politisches Lexikon Afrika, hrsg. von R. Hofmeier/ M. Schönborn (BsR 810)
Ägypten, von F. Büttner/I. Klostermeier (BsR 842)
Äthiopien, Eritrea, Somalia, Djibouti. Das Horn von Afrika, von V. Matthies (BsR 846)
Algerien s. Maghreb
Politisches Lexikon Asien, Australien, Pazifik, hrsg. von W. Draguhn/R. Hofmeier/M. Schönborn (BsR 827)
Baltikum: Estland, Lettland, Litauen, von K. Ludwig (BsR 841)
Belgien, von J. Schilling/R. Täubrich (BsR 829)
Berlin, von E. S. Freyermuth/G. S. Freyermuth (BsR 490)
Bhutan, von H. Wilhelmy (BsR 830)
Bolivien, von T. Pampuch/A. Echalar A. (BsR 813)
Brasilien, von M. Wöhlcke (BsR 804)
Brüssel, von M. Döpfner (BsR 1007)
China, von O. Weggel (BsR 807)
Cypern, von K. Hillenbrand (BsR 837)
Djibouti s. Äthiopien
Kleines England-Lexikon, von P. Fischer/G. P. Burwell (BsR 814)
Eritrea, s. Äthiopien
Estland s. Baltikum
Fiji, Samoa, Tonga, von S. Bruno/A. Schade (BsR 854)
Finnland, von W. Albrecht/M. Kantola (BsR 847)
Frankreich, hrsg. von G. Haensch/H. J. Tümmers (BsR 831)
Kleines Frankreich-Lexikon, von G. Haensch/P. Fischer (BsR 802)
Großbritannien, von H. Händel/I. Friebel (BsR 835)
Politisches Lexikon GUS, von R. Götz/U. Halbach (BsR 852)
Hongkong, s. Taiwan
Horn von Afrika s. Äthiopien
Indien, von K. Gräfin v. Schwerin (BsR 820)
Indochina, von O. Weggel (BsR 809)
Irland, von M. P. Tieger (BsR 801)
Italien, von C. Chiellino/F. Marchio/G.Rongoni (BsR 821)

Kleines Italien-Lexikon, von C. Chiellino (BsR 819)
Japan, von M. Pohl (BsR 836)
Jugoslawien, von C. v. Kohl (BsR 832)
Kenia, von H. Hecklau (BsR 853)
Korea, von H. W. Maull/I. M. Maull (BsR 812)
Politisches Lexikon Lateinamerika, hrsg. von P. Waldmann/H.-W. Krumwiede (BsR 845)
Lettland s. Baltikum
Litauen s. Baltikum
Madrid, von J. Oehrlein (BsR 1008)
Maghreb: Marokko, Algerien, Tunesien, von W. Herzog (BsR 834)
Marokko s. Maghreb
Mexiko, von K. Biermann (BsR 815)
Politisches Lexikon Nahost/Nordafrika, hrsg. von U. Steinbach/R. Hofmeier/M. Schönborn (BsR 850)
Nepal, von W. Donner (BsR 833)
Neuseeland, von A. Hüttermann (BsR 844)
New York, von G. M. Freisinger (BsR 422)
Niederlande, von J. Schilling/R. Täubrich (BsR 817)
Nigeria, von H. Bergstresser/S. Pohly-Bergstresser (BsR 839)
Nordafrika s. Nahost
Norwegen, von G. Austrup/U. Quack (BsR 828)
Kleines Österreich-Lexikon, von S. Gassner/W. Simonitsch (BsR 815)
Peru, von E. v. Oertzen (BsR 822)
Philippinen, von R. Hanisch (BsR 816)
Portugal, von G. und A. Decker (BsR 806)
Samoa s. Fiji
Schweden, von G. Austrup (BsR 818)
Schweiz, von M. Schwander (BsR 840)
Somalia s. Äthiopien
Sowjetunion 1 und 2, von W. Feichtner/B. Seyr (BsR 245/246)
Spanien, von W. Herzog (BsR 811)
Kleines Spanien-Lexikon, von G. Haensch/G. Haberkamp de Antón (BsR 825)
Taiwan/Hongkong, von O. Weggel (BsR 849)
Tibet, von K. Ludwig (BsR 824)
Tonga s. Fiji
Tunesien s. Maghreb
Turin, von M. Knapp Cazzola (BsR 1019)

Türkei, von F. Şen (BsR 803)
Kleines Türkei-Lexikon, von K. Kreiser (BsR 838)
USA, von R. Rode (BsR 843)
Kleines USA-Lexikon, von J. Redling (BsR 826)